해커스
공인중개사

단원별 기출문제집

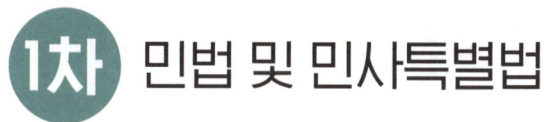

1차 민법 및 민사특별법

해커스 공인중개사

land.Hackers.com

해커스 공인중개사

공인중개사 1위 해커스
한경비즈니스 2024 한국브랜드만족지수 교육(온·오프라인 공인중개사 학원) 1위

시간이 없을수록, 기초가 부족할수록, 결국 강사력

강의만족도 96.4%
최정상급 스타교수진

[96.4%] 해커스 공인중개사 2023 수강생 온라인 설문결과(해당 항목 응답자 중 만족의견 표시 비율)

다른 학원에 비해 교수님들의 강의실력이 월등히 높다는 생각에 해커스에서 공부를 하게 되었습니다.

-해커스 합격생 김정헌 님-

해커스 교수님들의 강의력은 타 어떤 학원에 비해 정말 최고라고 단언할 수 있습니다.

-해커스 합격생 홍진한 님-

해커스 공인중개사 교수진이 정말 최고입니다. 그래서 합격했고요.

-해커스 합격생 한주석 님-

해커스의 가장 큰 장점은 최고의 교수진이 아닌가 생각합니다. 어디를 내놔도 최고의 막강한 교수진이라고 생각합니다.

-해커스 합격생 조용우 님-

잘 가르치는 정도가 아니라 어떤 교수님이라도 너무 열심히, 너무 열성적으로 가르쳐주시는데 대해서 정말 감사히 생각합니다.

-해커스 합격생 정용진 님-

해커스처럼 이렇게 열심히 의욕적으로 가르쳐주시는 교수님들 타학원에는 없다고 확신합니다.

-해커스 합격생 노준영 님-

해커스 공인중개사

공인중개사 **1위** 해커스
한경비즈니스 2024 한국브랜드만족지수 교육(온·오프라인 공인중개사 학원) 1위

무료가입만 해도
6가지 특별혜택 제공!

전과목 강의 0원

스타교수진 최신강의
100% 무료수강
* 7일간 제공

합격에 꼭 필요한 교재 무료배포

최종합격에 꼭 필요한
다양한 무료배포 이벤트
* 비매품

기출문제 해설특강

시험 전 반드시 봐야 할
기출문제 해설강의 무료

전국모의고사 서비스 제공

실전모의고사 9회분
+해설강의까지 제공

막판 점수 UP! 파이널 학습자료

시험 직전 핵심자료 &
반드시 풀어야 할 600제 무료
* 비매품   * 이벤트 신청 시

개정법령 업데이트 서비스

계속되는 법령 개정도
끝까지 책임지는 해커스!

공인중개사 1위 해커스
지금 무료가입하고 이 모든 혜택 받기

합격으로 이끄는 명쾌한 비법,
필수 기출문제와 풍부한 해설을 한 번에!

1. 이론공부의 최종마무리는 기출문제의 정리이어야 합니다. 이론학습을 하는 이유는 실제문제를 해결하는 능력을 배양하기 위함이기 때문입니다. 아무리 좋은 이론학습도 실전문제와 연결되어야 그 빛을 발합니다.

2. 민법은 기출문제의 재출제비율이 75% 내외를 꾸준히 유지하고 있습니다. 시험난이도와 무관하게 득점 가능한 학습의 공략지점이 이미 경험적으로 존재함을 확인할 수 있으므로, 테마별 기출문제를 통하여 학습방향의 코어 부분을 명료하게 잡을 수 있습니다.

3. 박스문제, 사례문제의 합산비율이 70%를 상회하여 높아져도 박스문제의 기본맥락은 기출문제에서 대부분 지문구성을 하고 있다는 점입니다.

4. 가장 좋은 모의고사는 기출문제입니다. 여러 형태의 모의고사가 존재하고 난이도도 상이하지만 가장 좋은 실전모의고사인 기출문제를 능가할 수 없습니다.

5. 틀린 기출지문, 불확실한 지문의 이해는 한 번 더 체크를 통하여 확실한 복습정리가 이루어지면 합격의 궤도에 안정적으로 도달할 것입니다.

더불어 공인중개사 시험 전문 해커스 공인중개사(land.Hackers.com)에서 학원 강의나 인터넷 동영상강의를 함께 이용하여 꾸준히 수강한다면 학습효과를 극대화할 수 있을 것입니다.

처음부터 마무리까지 꼼꼼하게 편집, 교정에 무한한 애정을 쏟아주신 해커스 편집팀에게 다시금 감사의 인사를 전합니다.

수험생 여러분의 민법 학습의 길라잡이가 되어 좋은 성과가 있기를 응원합니다.

2025년 1월
양민, 해커스 공인중개사시험 연구소

이 책의 차례

학습계획표 　　　　　　　　　　5
이 책의 특징 　　　　　　　　　6
공인중개사 안내 　　　　　　　8
공인중개사 시험안내 　　　　10
출제경향분석 　　　　　　　　12

제1편　민법총칙

제1장	권리변동	16
제2장	법률행위	18
제3장	의사표시	35
제4장	법률행위의 대리(代理)	60
제5장	법률행위의 무효와 취소	82
제6장	조건과 기한	97

제2편　물권법

제1장	총설	106
제2장	물권의 변동	116
제3장	점유권	135
제4장	소유권	149
제5장	용익물권	174
제6장	담보물권	198

제3편　계약법

| 제1장 | 계약총론 | 240 |
| 제2장 | 계약각론 | 279 |

제4편　민사특별법

제1장	주택임대차보호법	326
제2장	상가건물 임대차보호법	335
제3장	가등기담보 등에 관한 법률	342
제4장	집합건물의 소유 및 관리에 관한 법률	350
제5장	부동산 실권리자명의 등기에 관한 법률	357

부록
빈출지문 노트 　　　　　　　374

학습계획표

학습계획표 이용방법
이 책의 특징에 수록된 '학습계획표 이용방법'을 참고하여 자유롭게 학습계획표를 선택하실 수 있습니다.

학습계획표

구분	월	화	수	목	금	토	일
민법 및 민사특별법	1편 1장~3장	1편 4장~6장	2편 1장~3장	2편 4장~6장	3편	4편 1장~3장	4편 4장~5장

자기주도 학습계획표

구분	학습 범위	학습 기간
1		
2		
3		
4		
5		
6		
7		
8		
9		
10		

이 책의 특징

교재 미리보기

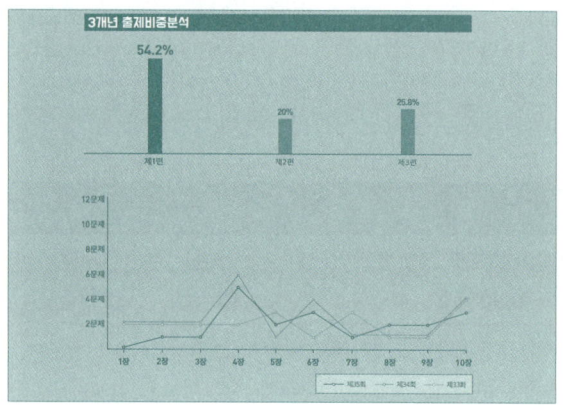

출제비중분석

최근 3개년의 편별 출제비중 및 장별 기출문제 수를 그래프로 제시하여 본격적으로 문제풀이를 시작하기 전에 해당 편·장의 중요도를 한 눈에 확인할 수 있도록 구성하였습니다.

필수 기출문제

- 10개년 기출문제 중 출제가능성이 높은 문제를 엄선하여 수록하였고, 수험생들의 학습 편의성을 고려하여 문제에 최신 개정법령을 반영하였습니다.
- 본인의 학습 수준에 맞는 문제를 선택하여 풀어볼 수 있도록 문제별로 난이도를 표시하였고, 반복학습이 중요한 기출문제의 특성을 고려하여 회독표시를 할 수 있도록 구성하였습니다.

풍부한 톺아보기

- 톺아보기란 '샅샅이 더듬어 뒤지면서 찾아보다'라는 순 우리말로 단순히 정답과 해설만 제시하는 것이 아닌, 기출문제를 깊이 있게 이해할 수 있도록 학습에 도움이 되는 자세하고 풍부한 해설을 제공하고자 하였습니다.
- 톺아보기 코너 중 '더 알아보기'에서 관련 판례, 비교 표 등 다양한 요소로 학습 이해도를 높일 수 있도록 구성하였고, 주요 지문에 ★표시를 하여 전략적으로 시험에 대비할 수 있도록 하였습니다.

교재 활용비법

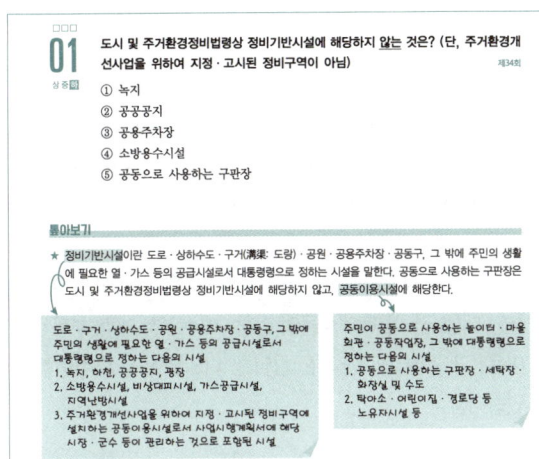

합격으로 이끄는 나만의 맞춤 교재 만들기

한 걸음
난이도 하 ~ 중의 문제를 중심으로 풀이하고 톺아보기를 확인하는 과정을 통하여 자신의 실력이 어느 정도인지를 파악합니다.

두 걸음
실력을 보강하기 위하여 추가 학습할 부분은 기본서에서 꼼꼼히 확인하고 필요한 내용을 메모하여 학습의 기반을 다집니다.

세 걸음
난이도 상의 문제를 풀어보는 것을 통하여 향상된 실력을 확인하고, 문제풀이를 반복적으로 진행하여 실전에 대비합니다.

학습계획 이용방법

* p.5에서 학습계획표를 확인할 수 있습니다.

수험생의 성향에 따라 학습계획을 선택할 수 있습니다.

학습계획표
한 과목을 1주에 걸쳐 1회독 할 수 있는 학습계획표로, 한 과목씩 집중적으로 공부하고 싶은 수험생에게 추천합니다.

자기주도 학습계획표
자율적으로 일정을 설정할 수 있는 학습계획표로 자신의 학습속도에 맞추어 진도를 설정하고 싶은 수험생에게 추천합니다.

[작성예시표]

구분	학습 범위	학습 기간
1	1편 1장	1월 1일~1월 3일 / 3월 1일~3월 2일
2	1편 1장~2장	1월 4일~1월 6일 / 4월 5일~4월 6일

공인중개사 안내

공인중개사란?

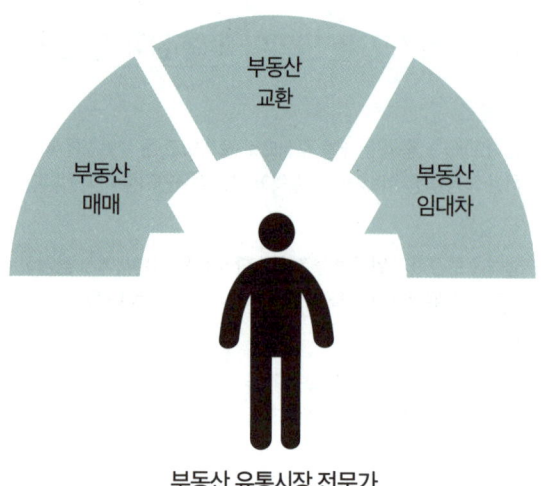

부동산 유통시장 전문가

- 일정한 수수료를 받고 토지나 주택 등 중개대상물에 대하여 거래당사자간의 매매, 교환, 임대차 그 밖의 권리의 득실·변경에 관한 행위를 알선·중개하는 업무입니다.

- 공토지나 건축물의 부동산중개업 외에도 부동산의 관리·분양 대행, 경·공매대상물의 입찰·매수신청 대리, 부동산의 이용·개발 및 거래에 대한 상담 등 다양한 업무를 수행할 수 있습니다.

공인중개사의 업무

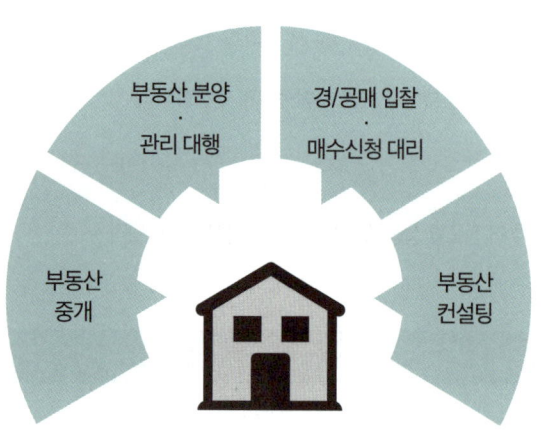

공인중개사 업무

- 공인중개사는 「공인중개사법」에 따라 공인중개사 자격을 취득한 자로, 타인의 의뢰에 의하여 일정한 수수료를 받고 토지나 건물 등에 관한 매매·교환·임대차 등의 중개를 전문으로 할 수 있는 법적 자격을 갖춘 사람을 의미합니다.

- 공인중개사는 부동산유통시장에서 원활한 부동산거래가 이루어지도록 서비스를 제공하는 전문직업인으로서 그 역할과 책무가 어느 때보다도 중요시되고 있습니다.

공인중개사의 진로

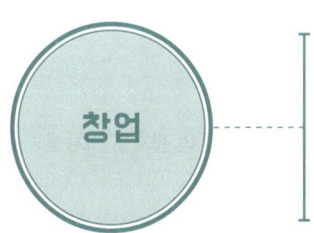

공인중개사 시험에 합격하면 소정의 교육을 거쳐 중개법인, 개인 및 합동 공인중개사 사무소, 투자신탁회사 등을 설립하여 중개 업무에 종사할 수 있다는 점이 공인중개사의 가장 큰 매력입니다. 특히 중개사무소의 경우 소규모의 자본으로도 창업이 가능하므로 다양한 연령대의 수험생들이 공인중개사 시험을 준비하고 있습니다.

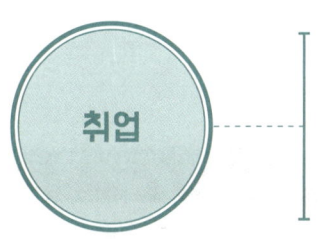

공인중개사는 중개법인, 중개사무소 및 부동산 관련 회사에 취업이 가능합니다. 또한 일반 기업의 부동산팀 및 관재팀, 은행 등의 부동산 금융분야, 정부재투자기관에도 취업이 가능하며, 여러 기업에서 공인중개사 자격증을 취득한 사원에게 승급 우대 또는 자격증 수당 등의 혜택을 제공하고 있습니다.

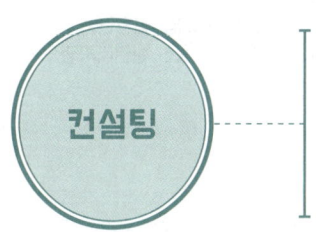

종래의 부동산 중개사무소 개업 외에 부동산의 입지환경과 특성을 조사·분석하여 부동산의 이용을 최대화할 수 있는 방안을 연구하고 자문하는 부동산 컨설팅업이 최근 들어 부각되고 있어 단순 중개업무 이외에 법률·금융의 전문적 지식을 요하는 전문가로서의 역할을 기대할 수 있습니다.

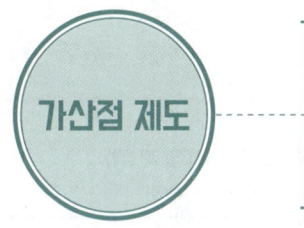

한국토지주택공사, 한국자산관리공사 등 공기업에서는 채용 시 공인중개사 자격증 소지자에게 2~3%의 가산점을 부여하고 있으며, 경찰공무원 시험에서도 가산점 2점을 주고 있습니다.

공인중개사 시험안내

응시자격

학력, 나이, 내·외국인을 불문하고 제한이 없습니다.

* 단, 법에 의한 응시자격 결격사유에 해당하는 자는 제외합니다(www.Q-Net.or.kr/site/junggae에서 확인 가능).

원서접수방법

- 국가자격시험 공인중개사 홈페이지(www.Q-Net.or.kr/site/junggae) 및 모바일큐넷(APP)에 접속하여 소정의 절차를 거쳐 원서를 접수합니다.
  * 5일간 정기 원서접수 시행, 2일간 빈자리 추가접수 도입(정기 원서접수 기간 종료 후 환불자 범위 내에서만 선착순으로 빈자리 추가접수를 실시하므로 조기 마감될 수 있음)
- 원서접수 시 최근 6개월 이내 촬영한 여권용 사진(3.5cm×4.5cm)을 JPG파일로 첨부합니다.
- 제35회 시험 기준 응시수수료는 1차 13,700원, 2차 14,300원, 1·2차 동시 응시의 경우 28,000원입니다.

시험과목

차수	시험과목	시험범위
1차 (2과목)	부동산학개론	• 부동산학개론: 부동산학 총론, 부동산학 각론 • 부동산감정평가론
	민법 및 민사특별법 중 부동산 중개에 관련되는 규정	• 민법: 총칙 중 법률행위, 질권을 제외한 물권법, 계약법 중 총칙·매매·교환·임대차 • 민사특별법: 주택임대차보호법, 상가건물 임대차보호법, 집합건물의 소유 및 관리에 관한 법률, 가등기담보 등에 관한 법률, 부동산 실권리자명의 등기에 관한 법률
2차 (3과목)	공인중개사의 업무 및 부동산 거래신고에 관한 법령 및 중개실무	• 공인중개사법 • 부동산 거래신고 등에 관한 법률 • 중개실무(부동산거래 전자계약 포함)
	부동산공법 중 부동산 중개에 관련되는 규정	• 국토의 계획 및 이용에 관한 법률 • 도시개발법 • 도시 및 주거환경정비법 • 주택법 • 건축법 • 농지법
	부동산공시에 관한 법령 및 부동산 관련 세법*	• 부동산등기법 • 공간정보의 구축 및 관리 등에 관한 법률(제2장 제4절 및 제3장) • 부동산 관련 세법(상속세, 증여세, 법인세, 부가가치세 제외)

* 부동산공시에 관한 법령 및 부동산 관련 세법 과목은 내용의 구성 편의상 '부동산공시법령'과 '부동산세법'으로 분리하였습니다.
* 답안은 시험시행일 현재 시행되고 있는 법령 등을 기준으로 작성합니다.

시험시간

구분		시험과목 수	입실시간	시험시간
1차 시험		2과목 (과목당 40문제)	09:00까지	09:30~11:10(100분)
2차 시험	1교시	2과목 (과목당 40문제)	12:30까지	13:00~14:40(100분)
	2교시	1과목 (과목당 40문제)	15:10까지	15:30~16:20(50분)

* 위 시험시간은 일반응시자 기준이며, 장애인 등 장애 유형에 따라 편의제공 및 시험시간 연장이 가능합니다(장애 유형별 편의제공 및 시험시간 연장 등 세부내용은 국가자격시험 공인중개사 홈페이지 공지사항 참고).

시험방법

- 1년에 1회 시험을 치르며, 1차 시험과 2차 시험을 같은 날에 구분하여 시행합니다.
- 모두 객관식 5지 선택형으로 출제됩니다.
- 답안은 OCR 카드에 작성하며, 전산자동 채점방식으로 채점합니다.

합격자 결정방법

- 1·2차 시험 공통으로 매 과목 100점 만점으로 하여 매 과목 40점 이상, 전 과목 평균 60점 이상 득점자를 합격자로 합니다.
- 1차 시험에 불합격한 사람의 2차 시험은 무효로 합니다.
- 1차 시험 합격자는 다음 회의 시험에 한하여 1차 시험을 면제합니다.

최종 정답 및 합격자 발표

- 최종 정답 발표는 인터넷(www.Q-Net.or.kr/site/junggae)을 통하여 확인 가능합니다.
- 최종 합격자 발표는 시험을 치른 1달 후에 인터넷(www.Q-Net.or.kr/site/junggae)을 통하여 확인 가능합니다.

출제경향분석

제35회 시험 총평

출제유형	분석	
민법총칙	사례형 문제: 3개	난이도 중
	박스형 문제: 4개	
물권법	사례형 문제: 3개	난이도 중
	박스형 문제: 5개	
계약법	사례형 문제: 4개	난이도 중
	박스형 문제: 2개	
민사특별법	사례형 문제: 6개	난이도 상
	박스형 문제: 0개	

* 제34회 사례형 문제 총 개수: 12문제 / 박스형 문제 총 개수: 12문제
  제35회 사례형 문제 총 개수: 16문제 / 박스형 문제 총 개수: 11문제

10개년 출제경향분석

구분		제26회	제27회	제28회	제29회	제30회	제31회	제32회	제33회	제34회	제35회	계	비율(%)
민법총칙	권리변동	1		1						1		3	0.7
	법률행위	2	1	3	1	1	1	2		2	1	14	3.5
	의사표시	2	5	1	1	2	2	1	2	1	5	22	5.5
	법률행위의 대리	2	2	2	3	4	3	4	4	3	2	29	7.2
	법률행위의 무효와 취소	2	1	2	4	2	3	2	3	2	1	22	5.6
	조건과 기한			1	1	1	1	1	1	1	1	8	2
	소계	9	9	10	10	10	10	10	10	10	10	98	24.5
물권법	총설	1	1		1	1	1	1	1	2	1	10	2.5
	물권의 변동	2	1	1	2	3	3	2	1	2	3	20	5
	점유권	1	1	2	2	1	1	2	2	1	1	14	3.5
	소유권	3	4	3	2	3	2	3	3	2	2	27	6.8
	용익물권	4	2	4	3	3	3	3	4	3	3	32	8
	담보물권	4	6	4	4	3	4	3	3	4	4	39	9.7
	소계	15	15	14	14	14	14	14	14	14	14	142	35.5
계약법	계약총론	5	5	4	5	4	6	5	5	3	8	50	12.5
	계약각론	5	5	6	5	7	4	5	5	7	1	50	12.5
	소계	10	10	10	10	11	10	10	10	10	9	100	25
민사특별법	주택임대차보호법	1	1	2	1	1	2	2	1	1	2	14	3.5
	상가건물 임대차보호법	1	1	1	1	1	1	1	1	1	2	11	2.8
	가등기담보 등에 관한 법률	1	1	1	1	1	1	1	1	1	1	10	2.5
	집합건물의 소유 및 관리에 관한 법률	1	1	1	1	1	1	1	2	2	1	12	3
	부동산 실권리자명의 등기에 관한 법률	2	2	1	2	1	1	1	1	1	1	13	3.2
	소계	6	6	6	6	5	6	6	6	6	7	60	15
총계		40	40	40	40	40	40	40	40	40	40	400	100

10개년 평균 편별 출제비중　*총 문제 수: 40문제

제36회 수험대책

1편	1편 민법총칙은 사례 문제 출제 비율 높기 때문에 많은 문제 풀이를 통한 대비가 필요합니다. 10문제가 출제되는데, 사례 문제 테마 6개는 이중매매·허위표시·제3자의 사기·대리제도, 무권대리·유동적 무효 부분에서 출제 비율이 높습니다.
2편	2편 물권법은 주로 출제되는 개념을 확실하게 학습하는 것이 중요합니다. 물권의 총론에서 5문제, 물권의 각론에서 9문제가 출제됩니다. 총론에서 사례형문제 테마4가지는 물권적 청구권 중간생략, 가등기, 혼동이 중요테마입니다. 각론에서 사례형 테마 7개는 주로 점유자와 회복자관계, 취득시효의 법리, 공유사례, 용익물권에서 특수지상권, 유치권, 저당권에서 법정지상권과 일괄경매권, 근저당권이 중요테마입니다.
3편	3편 계약법은 개념을 학습한 뒤 사례 문제 풀이 연습이 필요합니다. 계약총론에서는 주로 6문제가 출제되는데, 사례형 테마 5개는 계약의 성립, 동시이행항변권 1문제, 위험부담, 제3자를 위한 계약, 해제입니다. 계약각론에서는 주로 4문제가 출제되는데, 사례형 테마 5개는 계약금, 담보책임·환매, 임대차에서 지상물매수청구권, 양도전대문제가 출제됩니다.
4편	4편 민사특별법은 주로 출제되는 유형을 파악하여 해당 개념을 위주로 학습하는 것이 좋습니다. 모든 파트를 박스문제와 사례문제로 각각 대비함이 적절하다 하겠습니다.

land.Hackers.com
해커스 공인중개사 **단원별 기출문제집**

3개년 출제비중분석

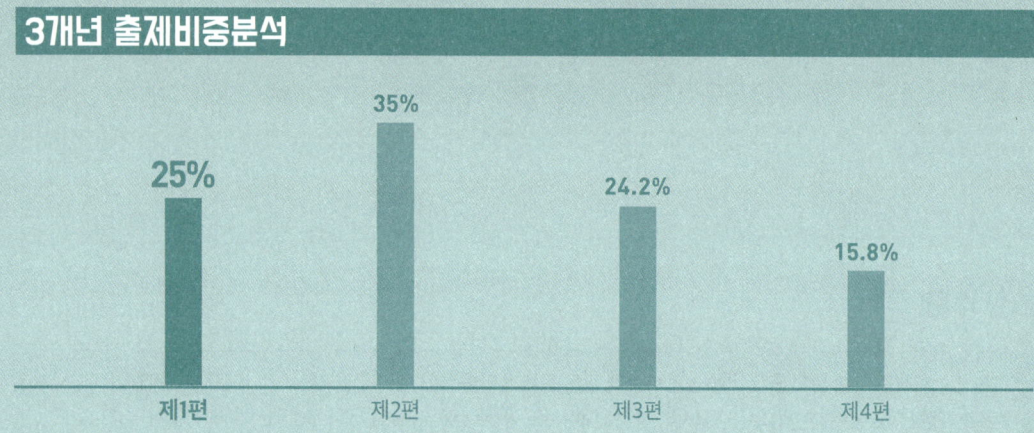

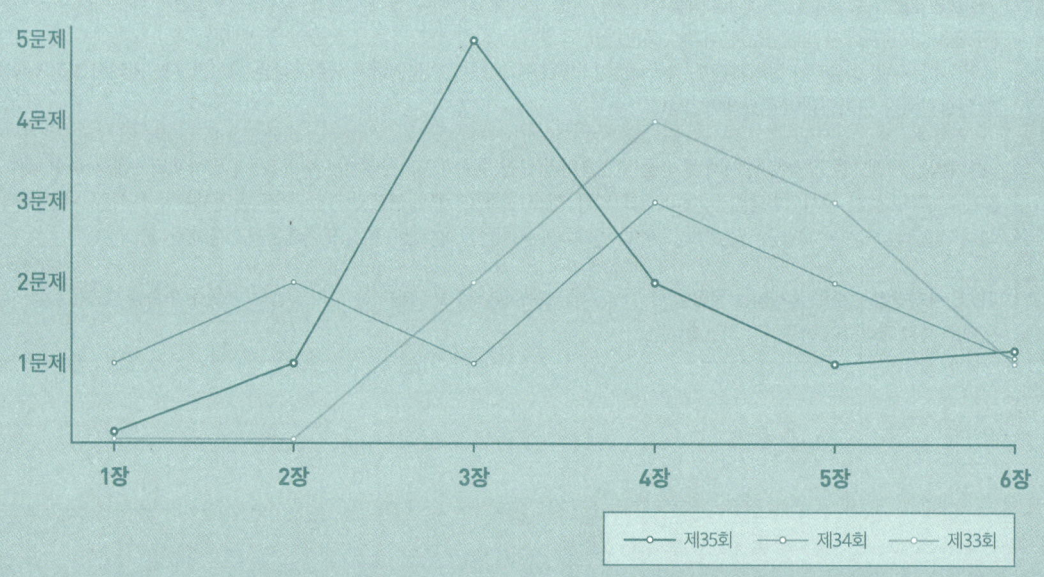

제1편

민법총칙

제1장 권리변동
제2장 법률행위
제3장 의사표시
제4장 법률행위의 대리(代理)
제5장 법률행위의 무효와 취소
제6장 조건과 기한

제1장 / 권리변동

기본서 p.21~26

01 상중하

다음 중 서로 잘못 짝지어진 것은?   제28회

① 저당권의 설정 – 이전적 승계
② 소유권의 포기 – 상대방 없는 단독행위
③ 청약자가 하는 승낙연착의 통지 – 관념의 통지
④ 무주물의 선점 – 원시취득
⑤ 무권대리에서 추인 여부에 대한 확답의 최고 – 의사의 통지

톺아보기

논점 법률행위의 전반을 알고 있는가?
① 저당권의 설정은 설정적 승계에 해당한다.
② 소유권의 포기 – 상대방 없는 단독행위이다.
③ 청약자가 하는 승낙연착의 통지 – 관념의 통지에 해당한다.
④ 무주물의 선점, 유실물 습득, 건물의 신축, 취득시효로 인한 소유권의 취득 – 원시취득
⑤ 무권대리에서 추인 여부에 대한 확답의 최고 – 준법률행위 중에서 의사의 통지

02 상중하

준법률행위인 것은? (다툼이 있으면 판례에 따름)   제26회

① 법정대리인의 동의
② 착오에 의한 의사표시의 취소
③ 채무이행의 최고
④ 무권대리행위에 대한 추인
⑤ 임대차계약의 해지

톺아보기

논점 준법률행위의 종류를 숙지하고 있는가?
③ 채무이행의 최고는 준법률행위로서 의사의 통지이다.
①②④⑤ 법률행위이다.

03 다음 중 연결이 잘못된 것은? (다툼이 있으면 판례에 따름) 제34회

① 임차인의 필요비상환청구권 - 형성권
② 지명채권의 양도 - 준물권행위
③ 부동산 매매에 의한 소유권 취득 - 특정승계
④ 부동산 점유취득시효완성으로 인한 소유권 취득 - 원시취득
⑤ 무권대리에서 추인 여부에 대한 확답의 최고 - 의사의 통지

톺아보기

- 필요비상환청구권은 형성권이 아니라 청구권이다.
- 형성권에는 지상물매수청구권, 부속물매수청구권, 차임증감청구권, 환매권 등이 있다.

정답 | 01 ① 02 ③ 03 ①

제2장 / 법률행위

기본서 p.28~52

법률행위의 요건

01 법률행위의 효력이 발생하기 위한 요건이 <u>아닌</u> 것은? (다툼이 있으면 판례에 따름)

제24회

① 대리행위에서 대리권의 존재
② 정지조건부 법률행위에서 조건의 성취
③ 농지거래계약에서 농지취득자격증명
④ 법률행위 내용의 적법성
⑤ 토지거래허가구역 내의 토지거래계약에 관한 관할관청의 허가

톺아보기

논점 법률행위의 효력발생 요건을 알고 있는가?

★ ③ 농지매매에서 농지취득자격증명은 농지매매의 효력발생요건이 아니고 등기요건에 불과하다.
① 대리행위에서 대리권의 존재는 대리행위의 효력발생요건이다.
② 정지조건부 법률행위에서 조건의 성취는 법률행위의 성립요건이 아니라 효력발생요건이다.
④ 법률행위 내용의 적법성은 법률행위의 효력발생요건이므로 내용이 적법하지 않으면 효력이 없다.
⑤ 토지거래허가구역 내의 토지거래계약에 관한 관청의 허가는 토지매매계약의 효력발생요건이다.

법률행위의 종류

02 다음 중 의무부담행위가 <u>아닌</u> 것은? 제23회
상**중**하
① 교환
② 임대차
③ 재매매예약
④ 주택분양계약
⑤ 채권양도

톺아보기

논점 의무부담행위와 처분행위를 구별할 줄 아는가?
채권양도는 채권자가 보유하던 채권을 타인에게 넘겨서 채권을 처분하는 행위로서 의무부담행위가 아니라 처분행위 중 준물권행위이다. 처분행위에는 첫째, 저당권 설정, 전세권 설정, 지상권 설정 같은 물권행위, 둘째, 채권양도, 채무면제 같은 준물권행위가 있다.

03 법률행위의 종류에 관한 연결이 <u>틀린</u> 것은? 제24회
상**중**하
① 채권행위 – 교환
② 상대방 없는 단독행위 – 계약해제
③ 처분행위 – 지상권설정행위
④ 유상행위 – 임대차
⑤ 무상행위 – 증여

톺아보기

논점 법률행위의 종류를 알고 있는가?
② ★ • 상대방 없는 단독행위 – 재단법인 설립행위, 소유권의 포기, 유언, 유증이 있다.
　　• 상대방 있는 단독행위 – 계약해제, 취소, 추인, 채무면제, 상계 등이 있다.
① 채권행위(의무부담행위) – 교환, 매매, 임대차, 매매의 예약
③ 처분행위 – 지상권 설정, 저당권 설정, 전세권 설정, 소유권 양도 같은 "물권행위"와 채권 양도, 채무면제 같은 "준물권행위"가 있다.
④ 유상행위 – 임대차, 매매, 교환
⑤ 무상행위 – 증여, 사용대차

정답 | 01 ③　02 ⑤　03 ②

04 상대방 있는 단독행위에 해당하지 않는 것은? (다툼이 있으면 판례에 따름) 제32회

① 공유지분의 포기
② 무권대리인의 추인
③ 상계의 의사표시
④ 취득시효 이익의 포기
⑤ 재단법인의 설립행위

톺아보기

논점 법률행위의 종류를 알고 있는가?
- 재단법인 설립행위, 소유권의 포기, 유증은 상대방 없는 단독행위이다.
- 공유지분의 포기, 상계, 추인, 시효이익의 포기는 상대방이 있는 단독행위이다.

05 상대방 없는 단독행위에 해당하는 것은? 제33회

① 착오로 인한 계약의 취소
② 무권대리로 체결된 계약에 대한 본인의 추인
③ 미성년자의 법률행위에 대한 법정대리인의 동의
④ 손자에 대한 부동산의 유증
⑤ 이행불능으로 인한 계약의 해제

톺아보기

논점 법률행위의 종류를 알고 있는가?
④ 소유권의 포기 · 재단법인 설립, 유증은 상대방 없는 단독행위에 해당한다.

오답해설
①②③⑤는 모두 상대방 있는 단독행위이다.

법률행위의 목적

06 법률행위의 효력에 관한 설명으로 틀린 것은? (다툼이 있으면 판례에 따름) 제31회

① 무효행위 전환에 관한 규정은 불공정한 법률행위에 적용될 수 있다.
② 경매에는 불공정한 법률행위에 관한 규정이 적용되지 않는다.
③ 강제집행을 면할 목적으로 허위의 근저당권을 설정하는 행위는 반사회질서의 법률행위로 무효이다.
④ 상대방에게 표시되거나 알려진 법률행위의 동기가 반사회적인 경우, 그 법률행위는 무효이다.
⑤ 소송에서 증언할 것을 조건으로 통상 용인되는 수준을 넘는 대가를 지급하기로 하는 약정은 무효이다.

톺아보기

논점 법률행위를 종합적으로 알고 있는가?
강제집행을 면할 목적으로 허위의 근저당권을 설정하는 행위는 반사회질서의 법률행위에 해당하지 아니한다.

07 법률행위의 목적에 관한 설명으로 옳은 것은? (다툼이 있으면 판례에 따름) 제19회

① 농지취득자격증명은 농지매매의 효력발생요건이다.
② 탈세를 목적으로 하는 중간생략등기는 언제나 무효이다.
③ 계약성립 후 채무이행이 불가능하게 되더라도, 계약이 무효로 되는 것은 아니다.
④ 법률행위의 표시된 동기가 사회질서에 반하는 경우 그 법률행위는 반사회적 법률행위라고 할 수 없다.
⑤ 단순히 강제집행을 면하기 위해 부동산에 허위의 근저당권설정등기를 경료하더라도, 반사회적 법률행위에 해당한다.

톺아보기

논점 법률행위를 종합적으로 알고 있는가?
③ 계약성립 후 채무이행이 불가능한 경우 이는 후발적 불능으로 계약이 무효는 아니다.

오답해설
① 농지취득자격증명은 농지매매의 효력발생요건이 아니라 등기요건이다.
② 탈세를 목적으로 하는 중간생략등기는 무효가 아니라 유효이다. 단, 토지거래허가구역 내에서는 무효이다.
④ 법률행위의 표시된 동기가 사회질서에 반하는 경우, 이는 동기의 불법이라고 하며 동기의 불법이 표시된 때는 그 법률행위는 반사회적 법률행위로서 무효이다.
⑤ 단순히 강제집행을 면하기 위해 부동산에 허위의 근저당권설정등기를 경료하더라도, 반사회적 법률행위에 해당하지 않는다.

정답 | 04 ⑤ 05 ④ 06 ③ 07 ③

08

효력규정이 아닌 것을 모두 고른 것은? (다툼이 있으면 판례에 따름) 제32회

> ㉠ 「부동산등기 특별조치법」상 중간생략등기를 금지하는 규정
> ㉡ 「공인중개사법」상 개업공인중개사가 중개의뢰인과 직접 거래를 하는 행위를 금지하는 규정
> ㉢ 「공인중개사법」상 개업공인중개사가 법령에 규정된 중개보수 등을 초과하여 금품을 받는 행위를 금지하는 규정

① ㉠
② ㉡
③ ㉢
④ ㉠, ㉡
⑤ ㉡, ㉢

톺아보기

효력규정이 아닌 것은 ㉠㉡이다.
  ㉠ 「부동산등기 특별조치법」상 중간생략등기를 금지하는 규정은 단속규정이다(대판 1993.1.26, 92다39112).
★ ㉡ 중개사와 의뢰인간의 직접거래 금지규정은 단속규정이다(대판 2017.2.3, 2016다259677).
  ㉢ 「공인중개사법」상 개업공인중개사가 법령에 규정된 중개보수 등을 초과하여 금품을 받는 행위를 금지하는 「공인중개사법」의 규정은 효력규정이다.

반사회적 법률행위의 유형 - 제103조

09

반사회적 법률행위로서 무효가 아닌 것은? (다툼이 있으면 판례에 따름) 제25회

① 과도하게 중한 위약벌 약정
② 도박자금에 제공할 목적으로 금전을 대여하는 행위
③ 소송에서의 증언을 조건으로 통상 용인되는 수준을 넘는 대가를 받기로 한 약정
④ 공무원의 직무행위에 관하여 부정한 청탁을 대가로 금전을 지급하기로 한 약정
⑤ 부동산에 대한 강제집행을 면할 목적으로 그 부동산에 허위의 근저당권을 설정하는 행위

톺아보기

논점 반사회적 법률행위의 유형을 정확히 알고 있는가?

⑤ 부동산에 대한 강제집행을 면할 목적으로 그 부동산에 허위의 근저당권을 설정하는 행위는 "의사와 표시"를 상대방과 짜고 허위로 표시하여 무효인 것이지 법률행위의 "내용"에 반사회성이 있는 것은 아니다. 따라서 반사회적 법률행위에 해당하지 않는다(대판 2004.5.28, 2003다70041).
① 과도하게 중한 위약벌 약정은 의무의 강제로 얻는 채권자의 이익에 비하여 약정된 벌이 과도하게 무거울 때는 반사회적 법률행위에 해당하여 무효이다(대판 2016.1.28, 2015다239324).

10 반사회질서의 법률행위로서 무효인 것을 모두 고른 것은? (다툼이 있으면 판례에 따름)

제26회

> ㉠ 무허가 건물의 임대행위
> ㉡ 처음부터 보험사고를 가장하여 보험금을 취득할 목적으로 체결한 보험계약
> ㉢ 변호사가 민사소송의 승소 대가로 성공보수를 받기로 한 약정
> ㉣ 수사기관에서 참고인으로서 자신이 잘 알지 못하는 내용에 대한 허위진술을 하고 대가를 제공받기로 하는 약정

① ㉠, ㉡
② ㉡
③ ㉡, ㉣
④ ㉢
⑤ ㉢, ㉣

톺아보기

논점 반사회적 법률행위의 유형을 정확히 알고 있는가?

무효인 것은 ㉡㉣이다.
㉠ 무허가 건물의 매매나 임대행위는 반사회적 법률행위가 아니다.
㉡ 처음부터 보험사고를 가장하여 보험금을 취득할 목적으로 체결한 보험계약은 위험발생의 우발성을 파괴하여 다수의 보험 가입자들의 희생을 초래하여 보험제도의 근간을 해치게 되므로 반사회적 법률행위이다(대판 2000.2.11, 99다49064).
㉢ 변호사가 민사소송의 승소 대가로 성공보수를 받기로 한 약정은 유효하다. 민사사건이 아닌 형사사건에 대한 성공보수약정은 변호사 업무의 공정성을 해치고 재판의 결과를 금품과 연계하는 것으로 반사회적 행위로서 무효이다(대판 2015.7.23, 2015다200111 전원합의체).
㉣ 수사기관에서 참고인으로서 자신이 잘 알지 못하는 내용에 대한 '허위진술'을 하고 대가를 제공받기로 하는 약정은 급부의 상당성 여부와 관계없이 반사회적 행위로서 무효이다(대판 2001.4.24, 2000다71999).

정답 | 08 ④ 09 ⑤ 10 ③

11. 반사회질서의 법률행위에 해당하여 무효로 되는 것을 모두 고른 것은? (다툼이 있으면 판례에 따름)

제27회

㉠ 성립 과정에서 강박이라는 불법적 방법이 사용된 데 불과한 법률행위
㉡ 강제집행을 면할 목적으로 허위의 근저당권을 설정하는 행위
㉢ 양도소득세를 회피할 목적으로 실제로 거래한 매매대금보다 낮은 금액으로 매매계약을 체결한 행위
㉣ 이미 매도된 부동산임을 알면서도 매도인의 배임행위에 적극 가담하여 이루어진 저당권설정행위

① ㉢ ② ㉣ ③ ㉠, ㉡ ④ ㉠, ㉢ ⑤ ㉡, ㉣

톺아보기

논점 반사회적 법률행위의 유형을 정확히 알고 있는가?

무효로 되는 것은 ㉣이다.

㉠ 법률행위의 성립 과정에서 강박이라는 불법적 방법이 사용된 데 불과한 법률행위는 의사표시의 하자 문제일 뿐 반사회적 법률행위에 해당하지 않는다(대판 1993.7.16, 92다41528).
㉡ 강제집행을 면할 목적으로 허위의 근저당권을 설정하는 행위는 의사표시를 허위로 한 것일 뿐 법률행위의 내용이 반사회적인 것에 해당하지 않는다(대판 2004.5.28, 2003다70041).
㉢ 양도소득세를 회피할 목적으로 실제로 거래한 매매대금보다 낮은 금액으로 매매계약을 체결한 행위에서 다운계약서를 작성한 것은 탈세를 목적으로 한 것으로 반사회적 법률행위가 아니다.
㉣ 이미 매도된 부동산임을 알면서도 매도인의 배임행위에 "적극 가담"하여 이루어진 저당권설정행위는 반사회적 법률행위로서 무효이다.

12. 반사회질서의 법률행위에 해당하지 않는 것을 모두 고른 것은? (다툼이 있으면 판례에 따름)

제34회

㉠ 2023년 체결된 형사사건에 관한 성공보수약정
㉡ 반사회적 행위에 의해 조성된 비자금을 소극적으로 은닉하기 위해 체결한 임치약정
㉢ 산모가 우연한 사고로 인한 태아의 상해에 대비하기 위해 자신을 보험수익자로, 태아를 피보험자로 하여 체결한 상해보험계약

① ㉠ ② ㉢ ③ ㉠, ㉡ ④ ㉡, ㉢ ⑤ ㉠, ㉡, ㉢

톺아보기

해당하지 않는 것은 ⓒⓒ이다.
㉠ 형사사건에 있어서 변호사와 의뢰인간에 체결한 성공보수약정은 형사사건 수사와 재판의 결과를 금전적인 대가와 결부시킴으로써 기본적인 인권의 옹호와 사회정의의 실현을 그 사명으로 하는 변호사 직무의 공공성을 저해하고, 의뢰인과 일반 국민의 사법제도에 대한 신뢰를 현저히 떨어뜨릴 위험이 있으므로 선량한 풍속 기타 사회질서에 위반되는 행위로서 무효이다(대판 2015.7.23, 2015다200111 전원합의체).
㉡ 이미 반사회적 행위에 의하여 조성된 재산을 소극적으로 은닉하기 위하여 임치한 경우 이것만으로는 사회 질서에 반하는 법률행위라고 볼 수는 없다(대판 2001.4.10, 2000다49343).
㉢ 태아의 상해보험계약은 유효하고, 반사회적 행위에 해당하지 않는다.

---

13 다음 중 무효인 법률행위는? (다툼이 있으면 판례에 따름) 제33회

① 개업공인중개사가 임대인으로서 직접 중개의뢰인과 체결한 주택임대차계약
② 공인중개사 자격이 없는 자가 우연히 1회성으로 행한 중개행위에 대한 적정한 수준의 수수료 약정
③ 민사사건에서 변호사와 의뢰인 사이에 체결된 적정한 수준의 성공보수약정
④ 매도인이 실수로 상가지역을 그보다 가격이 비싼 상업지역이라 칭하였고, 부동산 거래의 경험이 없는 매수인이 이를 믿고서 실제 가격보다 2배 높은 대금을 지급한 매매계약
⑤ 보험계약자가 오로지 보험사고를 가장하여 보험금을 취득할 목적으로 선의의 보험자와 체결한 생명보험계약

톺아보기

[오답해설]
① 개업공인중개사가 직접 중개의뢰인과 체결한 직접 거래금지규정 위반은 단속규정위반으로 무효가 아니다.
② 공인중개사 자격이 없는 자가 우연히 1회성으로 행한 중개행위에 대한 적정한 수준의 수수료 약정은 중개를 업으로 한 것이 아니므로 그에 따른 중개수수료 지급약정은 강행규정위반으로 무효라고 할 수 없다.
③ 민사사건에서 변호사와 의뢰인 사이에 체결된 적정한 수준의 성공보수약정은 무효가 아니다. 반면에 형사사건에서 성공보수약정은 무효이다.
④ 불공정한 법률행위로서 무효이기 위하여 폭리자는 피해자가 궁박한 사정이 있음을 알면서 이를 이용하려는 악의가 필요하다. 그런데 매도인이 실수로 상업지역이라 칭하였고 폭리를 취하려는 악의가 없으므로 불공정한 법률행위로 무효라고 할 수 없다.

정답 | 11 ② 12 ④ 13 ⑤

14 반사회질서의 법률행위에 관한 설명으로 틀린 것은? (다툼이 있으면 판례에 따름)

제30회

① 반사회질서의 법률행위에 해당하는지 여부는 해당 법률행위가 이루어진 때를 기준으로 판단해야 한다.
② 반사회질서의 법률행위의 무효는 이를 주장할 이익이 있는 자는 누구든지 주장할 수 있다.
③ 법률행위가 사회질서에 반한다는 판단은 부단히 변천하는 가치관념을 반영한다.
④ 다수의 보험계약을 통하여 보험금을 부정취득할 목적으로 체결한 보험계약은 반사회질서의 법률행위이다.
⑤ 대리인이 매도인의 배임행위에 적극 가담하여 이루어진 부동산의 이중매매는 본인인 매수인이 그러한 사정을 몰랐다면 반사회질서의 법률행위가 되지 않는다.

톺아보기

논점 반사회적 법률행위를 이해하는가?

⑤ 대리행위의 하자 여부는 대리인이 기준이므로 대리인이 반사회적 행위에 적극 가담하였다면 본인이 설령 이를 알지 못하였다 하여도 반사회적 행위로서 무효로 된다.
★ ① 반사회질서의 법률행위에 해당하는지 여부는 해당 법률행위가 이루어진 때, 즉 법률행위의 성립 당시를 기준으로 판단해야 한다.
② 반사회질서의 법률행위의 무효는 절대적 무효로서 이를 주장할 이익이 있는 자는 누구든지 주장할 수 있다.

15 반사회질서의 법률행위에 해당하는 것은? (다툼이 있으면 판례에 따름)

제35회

① 법령에서 정한 한도를 초과하는 부동산 중개수수료 약정
② 강제집행을 면할 목적으로 허위의 근저당권을 설정하는 행위
③ 다수의 보험계약을 통해 보험금을 부정취득할 목적으로 체결한 보험계약
④ 반사회적 행위에 의하여 조성된 비자금을 소극적으로 은닉하기 위한 임치계약
⑤ 양도소득세를 회피할 목적으로 실제 거래가액보다 낮은 금액을 대금으로 기재한 매매계약

톺아보기

오답해설
① 강행규정인 중개사법령을 위반하여 무효로서 제103조의 반사회질서의 행위에 해당하지 아니한다.
② 제108조의 통정허위표시로서 무효에 해당하고 제103조의 반사회질서의 행위에 해당하지 아니한다.
④ 제103조의 반사회질서의 행위에 해당하지 아니한다.
⑤ 탈세를 목적으로 하는 것으로서 제103조의 반사회질서의 행위에 해당하지 아니한다.

이중매매의 사례문제

16 甲이 자신의 부동산을 乙에게 매도하였는데, 그 사실을 잘 아는 丙이 甲의 배임행위에 적극 가담하여 그 부동산을 매수하여 소유권이전등기를 받은 경우에 관한 설명으로 틀린 것은? (다툼이 있으면 판례에 따름) 제25회

① 甲·丙 사이의 매매계약은 무효이다.
② 乙은 丙에게 소유권이전등기를 청구할 수 없다.
③ 乙은 甲을 대위하여 丙에게 소유권이전등기의 말소를 청구할 수 있다.
④ 丙으로부터 그 부동산을 전득한 丁이 선의이면 소유권을 취득한다.
⑤ 乙은 甲·丙 사이의 매매계약에 대하여 채권자취소권을 행사할 수 없다.

톺아보기

논점 이중매매의 법리를 사례에 적용할 수 있는가?
④ 이중매매에서 2매수인이 적극 가담한 경우에는 절대적 무효이고 등기의 공신력이 인정되지 아니하므로 丙으로부터 그 부동산을 전득한 丁이 선의이어도 유효하게 소유권을 취득하지 못한다(대판 1996.10.25, 96다29151).
② 乙은 등기청구권이라는 채권을 보유한 자에 불과하므로 계약의 당사자가 아닌 제3자인 丙에게 소유권이전등기를 청구할 수 없다.
⑤ 乙은 금전채권을 보전할 때에만 채권자 취소가 가능하고, 등기청구권을 보전하기 위하여는 채권자 취소권을 행사할 수 없다(대판 1999.4.27, 98다56690).

정답 | 14 ⑤ 15 ③ 16 ④

17

甲은 자신의 X토지를 乙에게 매도하고 중도금을 수령한 후, 다시 丙에게 매도하고 소유권이전등기까지 경료해 주었다. 다음 설명 중 **틀린** 것은? (다툼이 있으면 판례에 따름)

제26회

① 특별한 사정이 없는 한 丙은 X토지의 소유권을 취득한다.
② 특별한 사정이 없는 한 乙은 최고 없이도 甲과의 계약을 해제할 수 있다.
③ 丙이 甲의 乙에 대한 배임행위에 적극 가담한 경우, 乙은 丙을 상대로 직접 등기의 말소를 청구할 수 없다.
④ 甲과 丙의 계약이 사회질서 위반으로 무효인 경우, 丙으로부터 X토지를 전득한 丁은 선의이더라도 그 소유권을 취득하지 못한다.
⑤ 만약 丙의 대리인 戊가 丙을 대리하여 X토지를 매수하면서 甲의 배임행위에 적극 가담하였다면, 그러한 사정을 모르는 丙은 그 소유권을 취득한다.

톺아보기

논점 이중매매의 법리를 사례에 적용할 수 있는가?

⑤ 대리행위에서 하자여부의 표준은 대리인이다. 따라서 반사회적 행위로서 무효인지의 판단기준이 되는 적극 가담의 표준은 본인이 아니라 대리인이다. 따라서 대리인이 적극 가담한 것을 본인이 모른 경우에도 이중매매는 반사회적 행위로서 무효이고, 그 경우 이를 모르고 있는 본인은 소유권을 취득할 수 없다.
① 2매수인이 적극 가담하지 않는 한 이중매매는 원칙적으로 유효하므로 2매수인은 소유권을 취득한다.
② 1매수인 乙은 매도인 甲의 소유권이전채무의 이행불능을 원인으로 최고 없이 계약을 해제할 수 있다.
③ 乙은 부동산을 매수한 채권자로서 직접 2매수인의 등기를 말소할 수 없고, 매도인을 대위하여 말소할 수 있다.

18

甲은 자신의 X부동산을 乙에게 매도하고 계약금과 중도금을 지급받았다. 그 후 丙이 甲의 배임행위에 적극 가담하여 甲과 X부동산에 대한 매매계약을 체결하고 자신의 명의로 소유권이전등기를 마쳤다. 다음 설명으로 **틀린** 것은? (다툼이 있으면 판례에 따름)

제28회

① 乙은 丙에게 소유권이전등기를 직접 청구할 수 없다.
② 乙은 丙에 대하여 불법행위를 이유로 손해배상을 청구할 수 있다.
③ 甲은 계약금 배액을 상환하고 乙과 체결한 매매계약을 해제할 수 없다.
④ 丙 명의의 등기는 甲이 추인하더라도 유효가 될 수 없다.
⑤ 만약 선의의 丁이 X부동산을 丙으로부터 매수하여 이전등기를 받은 경우, 丁은 甲과 丙의 매매계약의 유효를 주장할 수 있다.

톺아보기

논점 이중매매의 법리를 사례에 적용할 수 있는가?

⑤ 2매수인이 적극 가담한 이중매매는 절대적 무효이므로 선의의 제3자 丁이 X부동산을 2매수인 丙으로부터 매수하여 이전등기를 받은 경우, 제3자 丁은 선의라도 甲과 丙의 매매계약의 유효를 주장할 수 없다(대판 1996.10.25, 96다29151).
① 1매수인 乙은 소유권이전등기청구권(채권)을 가진 자로서 계약당사자가 아닌 제3자 丙에게 소유권이전등기를 직접 청구할 수 없다.
② 2매수인이 이중매매에 적극 가담한 경우 1매수인이 보유한 등기청구권이라는 채권을 제3자가 침해한 것이다. 이는 1매수인에 대하여 불법행위가 성립하므로 1매수인 乙은 "직접 2매수인 丙에 대하여" 자신의 채권침해를 원인으로 하여 불법행위로 손해배상을 청구할 수 있다(대판 1967.9.5, 67다1225). 구별할 것은 등기청구권이라는 채권을 가진 자에 불과한 1매수인이 매도인을 대위하여 2매수인 명의등기말소를 구할 수 있으나 "직접 2매수인에게 등기말소를 청구할 수는 없다."
③ 계약금의 배액 상환에 의한 해제는 중도금 착수 전에 가능하다. 그러므로 사안에서처럼 중도금을 이미 지급한 경우에는 甲은 계약금 배액을 상환하고 乙과 체결한 매매계약을 해제할 수 없다.
④ 2매수인이 적극 가담하여 이루어진 이중매매는 반사회적 행위로서 절대적 무효에 해당하므로 丙 명의의 등기는 당사자가 추인하더라도 무효인 법률행위가 유효로 될 수 없다.

19 ☐☐☐ 상**중**하

부동산 이중매매에 관한 설명으로 틀린 것은? (다툼이 있으면 판례에 따름) 제32회

① 반사회적 법률행위에 해당하는 제2매매계약에 기초하여 제2매수인으로부터 그 부동산을 매수하여 등기한 선의의 제3자는 제2매매계약의 유효를 주장할 수 있다.
② 제2매수인이 이중매매사실을 알았다는 사정만으로 제2매매계약을 반사회적 법률행위에 해당한다고 볼 수 없다.
③ 특별한 사정이 없는 한, 먼저 등기한 매수인이 목적 부동산의 소유권을 취득한다.
④ 반사회적 법률행위에 해당하는 이중매매의 경우, 제1매수인은 제2매수인에 대하여 직접 소유권이전등기말소를 청구할 수 없다.
⑤ 부동산 이중매매의 법리는 이중으로 부동산임대차계약이 체결되는 경우에도 적용될 수 있다.

톺아보기

논점 이중매매의 주요법리를 알고 있는가?

★ 이중매매가 무효인 경우 이러한 무효는 절대적 무효이므로 그 부동산을 제2매수인으로부터 전득한 자는 설사 2매매가 무효임을 모른 상태로 선의라 하여도 이중매매가 유효함을 주장할 수 없다(대판 1996.10.25, 96다29151).

정답 | 17 ⑤ 18 ⑤ 19 ①

불공정한 법률행위 - 제104조

20 불공정한 법률행위에 관한 설명으로 틀린 것은? (다툼이 있으면 판례에 따름)

제25회

① 궁박은 심리적 원인에 의한 것을 포함한다.
② 불공정한 법률행위에 관한 규정은 부담 없는 증여의 경우에도 적용된다.
③ 불공정한 법률행위에도 무효행위 전환의 법리가 적용될 수 있다.
④ 대리인에 의한 법률행위에서 무경험은 대리인을 기준으로 판단한다.
⑤ 경매절차에서 매각대금이 시가보다 현저히 저렴하더라도 불공정한 법률행위를 이유로 그 무효를 주장할 수 없다.

톺아보기

논점 불공정한 법률행위의 주요법리를 알고 있는가?

② 불공정한 법률행위에 관한 규정은 급부와 반대급부가 현저히 불균형하여야 성립하는데, 반대급부가 없는 증여의 경우에는 적용되지 아니한다(대판 2000.2.11, 99다56833).
③ 불공정한 법률행위에도 예외적으로 당사자가 무효를 알았더라면 다른 금액으로 하였으리라는 사정이 있을 때에는 무효행위 전환의 법리가 적용될 수 있다(대판 2010.7.15, 2009다50308).
⑤ 경매의 경우 법원에 의해 이루어진 것으로 폭리행위가 적용되지 아니한다(대판 1980.3.21, 80마77).

21 불공정한 법률행위에 관한 설명으로 틀린 것은? (다툼이 있으면 판례에 따름)

제24회

① 무경험이란 거래 일반의 경험부족을 말하는 것이 아니라 해당 특정영역에서의 경험부족을 말한다.
② 불공정한 법률행위가 되기 위해서는 피해자에게 궁박, 경솔과 무경험 가운데 어느 하나가 필요하다.
③ 법률행위가 현저하게 공정을 잃었다고 하여 곧 그것이 궁박, 경솔 또는 무경험으로 이루어진 것으로 추정되지 않는다.
④ 불공정한 법률행위로 불이익을 입는 당사자가 불공정성을 소송 등으로 주장할 수 없도록 하는 부제소합의는 특별한 사정이 없으면 무효이다.
⑤ 불공정한 법률행위는 약자적 지위에 있는 자의 궁박, 경솔 또는 무경험을 이용한 폭리행위를 규제하려는 데에 있다.

톺아보기

논점 불공정한 법률행위의 주요법리를 알고 있는가?

① 무경험이란 "거래 일반의 경험부족"을 말하는 것이고 "해당 특정영역에서의 경험부족"을 말하는 것이 아니다(대판 2002.10.22, 2002다38927).
② 불공정한 법률행위가 되기 위해서는 피해자에게 궁박, 경솔과 무경험의 세 가지 중 어느 하나가 필요하다(대판 2002.10.22, 2002다38927).
③ 법률행위가 현저하게 공정을 잃었다고 하여 곧 그것이 궁박, 경솔 또는 무경험으로 이루어진 것으로 추정되지 않는다(대판 1969.7.8, 69다594).
④ 불공정한 법률행위로 불이익을 입는 당사자가 불공정성을 소송 등으로 주장할 수 없도록 하는 "부제소합의"를 하였어도 이는 효력이 없어 무효이다(대판 2010.7.15, 2009다50308).
⑤ 불공정한 법률행위는 약자적 지위에 있는 자의 궁박, 경솔 또는 무경험을 이용한 폭리행위를 규제하려는 데에 있다.

---

22 불공정한 법률행위(「민법」 제104조)에 관한 설명으로 틀린 것은? (다툼이 있으면 판례에 따름)

제28회

① 경매에는 적용되지 않는다.
② 무상계약에는 적용되지 않는다.
③ 불공정한 법률행위에 무효행위 전환의 법리가 적용될 수 있다.
④ 법률행위가 대리인에 의하여 행해진 경우, 궁박 상태는 대리인을 기준으로 판단하여야 한다.
⑤ 매매계약이 불공정한 법률행위에 해당하는지는 계약체결 당시를 기준으로 판단하여야 한다.

톺아보기

논점 불공정한 법률행위의 주요법리를 알고 있는가?

★ ④ 법률행위가 대리인에 의하여 행해진 경우, 궁박 상태는 본인을 기준으로 하고 '경솔, 무경험' 여부는 '대리인을 기준'으로 판단하여야 한다(대판 2002.10.22, 2002다38927).
① 「민법」 제104조는 법률행위에만 적용되므로 경매에서 매각대금이 시가보다 현저히 저렴하더라도 "경매같은 법률행위에 의하지 않은 재산권의 이전"에는 불공정한 법률행위가 적용되지 않는다.
② 불공정한 법률행위가 성립하려면 당사자 상호간에 "교환적 관계에 있는 재산적 출연"이 있어야 한다. 그러므로 유상계약에는 적용되나 대가적 출연이 없는 증여 같은 무상계약에는 적용되지 않는다(대판 2000.2.11, 99다56833).

정답 | 20 ② 21 ① 22 ④

③ 매매계약이 약정된 매매대금의 과다로 말미암아 불공정한 법률행위에 해당하여 무효인 경우에도 쌍방이 무효임을 알았더라면 "다른 금액"으로 정하여 계약에 합의하였을 것이라고 예외적으로 인정되는 경우에는 그 "다른 금액"으로 유효하게 계약이 성립하므로 무효행위 전환의 법리가 적용될 수 있다(대판 2010.7.15, 2009다50308).

★ ⑤ 매매계약이 불공정한 법률행위에 해당하는지는 변제기가 아니라 계약체결 당시를 기준으로 판단하여야 한다(대판 2015.1.15, 2014다216072). 그러므로 계약 체결 이후 급격한 시가의 변동으로 일방이 폭리를 얻게 되더라도 불공정행위라고 할 수 없다.

🔍 제1편~제3편 톺아보기에서 「민법」의 법명을 생략한다.

23 불공정한 법률행위에 관한 설명으로 틀린 것은? (다툼이 있으면 판례에 따름)

제29회

① 궁박은 정신적·심리적 원인에 기인할 수도 있다.
② 무경험은 거래 일반에 대한 경험의 부족을 의미한다.
③ 대리인에 의해 법률행위가 이루어진 경우, 궁박 상태는 본인을 기준으로 판단하여야 한다.
④ 급부와 반대급부 사이에 현저한 불균형이 존재하는지는 특별한 사정이 없는 한 법률행위 당시를 기준으로 판단하여야 한다.
⑤ 급부와 반대급부 사이의 현저한 불균형은 피해자의 궁박·경솔·무경험의 정도를 고려하여 당사자의 주관적 가치에 따라 판단한다.

톺아보기

논점 불공정한 법률행위의 주요법리를 알고 있는가?

⑤ 급부와 반대급부 사이의 현저한 불균형은 시가와의 차액이나 배율로 판단할 수 없고, 개별적 사안에 따라 일반인의 사회통념을 기준으로 당사자의 '주관적 가치가 아닌 객관적 가치'로 판단하여야 한다(대판 2010.7.15, 2009다50308).
① 궁박은 경제적, 신체적, "정신적 또는 심리적 원인"에 기인할 수도 있다(대판 2002.10.22, 2002다38927).
② 무경험은 어느 "특정분야에서의 경험부족"을 말하는 것이 아니라 "거래 일반에 대한 생활경험이 불충분"하다는 것을 의미한다(대판 2002.10.22, 2002다38927).
③ 대리인에 의해 법률행위가 이루어진 경우, 궁박 상태는 본인을 기준으로, 경솔, 무경험은 대리인을 기준으로 판단하여야 한다.
④ 급부와 반대급부 사이에 현저한 불균형이 존재하는지는 법률행위 당시를 기준으로 판단하여야 한다(대판 2015.1.15, 2014다216072).

24

불공정한 법률행위에 관한 설명으로 옳은 것은? (다툼이 있으면 판례에 따름) 제34회

① 불공정한 법률행위에도 무효행위의 전환에 관한 법리가 적용될 수 있다.
② 경락대금과 목적물의 시가에 현저한 차이가 있는 경우에도 불공정한 법률행위가 성립할 수 있다.
③ 급부와 반대급부 사이에 현저한 불균형이 있는 경우, 원칙적으로 그 불균형 부분에 한하여 무효가 된다.
④ 대리인에 의한 법률행위에서 궁박과 무경험은 대리인을 기준으로 판단한다.
⑤ 계약의 피해당사자가 급박한 곤궁 상태에 있었다면 그 상대방에게 폭리행위의 악의가 없었더라도 불공정한 법률행위는 성립한다.

톺아보기

① 불공정한 법률행위에도 무효행위의 전환에 관한 법리가 적용될 수 있다.

오답해설
② 경매, 증여에는 불공정한 법률행위가 성립할 수 없다.
③ 전부무효로 됨이 원칙이다.
④ 대리인에 의한 법률행위에서 궁박은 본인이 기준이고 경솔, 무경험은 대리인을 기준으로 판단한다.
⑤ 상대방에게 폭리행위의 악의가 있어야 성립하므로 악의가 없었더라면 불공정한 법률행위는 성립하지 아니한다.

정답 | 23 ⑤ 24 ①

자연적 해석 - 오표시 무해의 원칙

25 甲은 乙 소유의 X토지를 임차하여 사용하던 중 이를 매수하기로 乙과 합의하였으나, 계약서에는 Y토지로 잘못 기재하였다. 다음 설명 중 옳은 것은? (다툼이 있으면 판례에 따름)
　제27회

① 매매계약은 X토지에 대하여 유효하게 성립한다.
② 매매계약은 Y토지에 대하여 유효하게 성립한다.
③ X토지에 대하여 매매계약이 성립하지만, 당사자는 착오를 이유로 취소할 수 있다.
④ Y토지에 대하여 매매계약이 성립하지만, 당사자는 착오를 이유로 취소할 수 있다.
⑤ X와 Y 어느 토지에 대해서도 매매계약이 성립하지 않는다.

톺아보기

논점 오표시 무해의 법리를 사례에 적용할 줄 아는가?

★ ① 오표시 무해의 원칙에 관한 판례문제이다. 쌍방의 착오가 있어도 진의가 공통이면 쌍방의 공통된 진의(합의)대로 계약은 성립한다. 그러므로 매매계약은 X토지에 대하여 유효하게 성립한다(자연적 해석의 결과이다).

오답해설
②④⑤ 매매계약은 Y토지가 아니라 X토지에 대하여 유효하게 성립한다(대판 1993.10.26, 93다2629).
③ X토지에 대하여 매매계약이 성립하지만 당사자는 착오를 이유로 취소할 수 없다. 왜냐하면 당사자가 원하는 쌍방의 진의대로 계약이 성립하였으므로 착오로 취소하지 못한다.

정답 | 25 ①

제3장 / 의사표시

기본서 p.54~83

진의 아닌 의사표시

01 비진의표시에 관한 설명으로 틀린 것은? (다툼이 있으면 판례에 따름) 제25회

① 대출절차상 편의를 위하여 명의를 빌려준 자가 채무부담의 의사를 가졌더라도 그 의사표시는 비진의표시이다.
② 비진의표시에 관한 규정은 원칙적으로 상대방 있는 단독행위에 적용된다.
③ 매매계약에서 비진의표시는 상대방이 선의이며 과실이 없는 경우에 한하여 유효하다.
④ 사직의사가 없는 사기업의 근로자가 사용자의 지시로 어쩔 수 없이 일괄사직서를 제출하는 형태의 의사표시는 비진의표시이다.
⑤ 상대방이 표의자의 진의 아님을 알았다는 것은 무효를 주장하는 자가 증명하여야 한다.

톺아보기

논점 비진의 표시의 법리를 종합적으로 알고 있는가?

① 대출절차상 편의를 위하여 명의를 빌려준 자가 채무부담의 의사(내심적 효과의사)를 가졌을 경우에는 그 의사표시는 진의를 가지고 한 의사표시이므로 비진의표시에 해당하지 아니한다(대판 1997.7.25, 97다8403).
② 비진의표시에 관한 규정은 단독으로 허위표시하는 것으로서 원칙적으로 상대방 있는 단독행위이든 상대방 없는 단독행위이든 적용된다.
③ 상대방이 선의·무과실이면 유효, 상대방이 알았거나 알 수 있었을 경우에는 무효다.
④ 사직의사가 없는 사기업의 근로자가 사용자의 지시로 어쩔 수 없이 일괄사직서를 제출하는 형태의 의사표시는 진의 없이 한 의사표시로서 비진의표시에 해당한다(대판 1988.5.10, 87다카2578).
⑤ 표의자의 진의가 아님을 알았다는 것은 무효를 주장하는 자가 증명하여야 한다.

정답 | 01 ①

02 진의 아닌 의사표시에 관한 설명으로 틀린 것은? (다툼이 있으면 판례에 따름)

제27회

① 진의란 특정한 내용의 의사표시를 하고자 하는 표의자의 생각을 말하는 것이지 표의자가 진정으로 마음속에서 바라는 사항을 뜻하는 것은 아니다.
② 상대방이 표의자의 진의 아님을 알았을 경우, 표의자는 진의 아닌 의사표시를 취소할 수 있다.
③ 대리행위에 있어서 진의 아닌 의사표시인지 여부는 대리인을 표준으로 결정한다.
④ 진의 아닌 의사표시의 효력이 없는 경우, 법률행위의 당사자는 진의 아닌 의사표시를 기초로 새로운 이해관계를 맺은 선의의 제3자에게 대항하지 못한다.
⑤ 진의 아닌 의사표시는 상대방과 통정이 없다는 점에서 통정허위표시와 구별된다.

톺아보기

논점 비진의 표시의 법리를 종합적으로 알고 있는가?

★ ② 상대방이 표의자의 진의 아님을 알았을 경우, 표의자는 진의 아닌 의사표시를 취소할 수 있는 것이 아니라 무효이다(제107조 단서).
① 진의란 특정한 내용의 의사표시를 하고자 하는 표의자의 생각을 말하는 것이지 표의자가 진정으로 마음속에서 바라는 사항을 뜻하는 것은 아니다(대판 2001.1.19, 2000다51919).
③ 대리행위에 있어서 하자 여부의 표준, 즉 진의 아닌 의사표시인지 여부는 대리인을 표준으로 결정한다(제116조).
④ 진의 아닌 의사표시의 효력이 없는 경우, 법률행위의 당사자는 진의 아닌 의사표시를 기초로 새로운 이해관계를 맺은 선의의 제3자에게 대항하지 못한다(제107조 제2항).

03 상중하

甲은 그의 X토지를 내심의 의사와는 달리 乙에게 기부하고, 乙 앞으로 이전등기를 마쳤다. 甲·乙 사이의 법률관계에 관한 설명으로 옳은 것은? 제23회

① 甲의 의사표시는 무효이므로, 乙이 甲의 진의를 몰랐더라도 X토지의 소유권을 취득할 수 없다.
② 甲의 의사표시는 단독행위이므로 비진의표시에 관한 법리가 적용되지 않는다.
③ 甲의 진의에 대한 乙의 악의가 증명되어 X토지의 소유권이 甲에게 회복되면, 乙은 甲에게 그로 인한 손해배상을 청구할 수 있다.
④ 乙이 통상인의 주의만 기울였어도 甲의 진의를 알 수 있었다면, 乙은 X토지의 소유권을 취득할 수 없다.
⑤ 乙로부터 X토지를 매수하여 이전등기를 경료한 丙이 甲의 진의를 몰랐더라도 X토지의 소유권은 여전히 甲에게 있다.

톺아보기

논점 비진의 표시의 법리를 사례에 적용할 줄 아는가?

④ 표의자 甲의 진의 아닌 의사표시임을 상대방 乙이 알았거나 알 수 있었을 경우 甲의 의사표시는 무효이므로 상대방 乙은 토지소유권을 취득하지 못한다(제107조 단서).

오답해설

① 甲의 진의 아닌 의사표시는 원칙적으로 유효하므로 乙은 소유권을 취득한다(제107조 본문).
② 비진의표시는 단독 허위표시이므로 상대방이 있든 없든 적용된다. 이 점에서 통정허위표시는 통정할 상대방이 있을 때에만 적용된다는 점에서 구별된다.
③ 甲의 乙에 대한 진의 아닌 의사표시는 乙이 악의이면 무효로서 乙은 甲에게 소유권이 회복되어도 그로 인한 손해배상을 청구할 수도 없다(제107조 단서).
⑤ 제3자 丙이 선의라면 甲의 비진의 표시임을 상대편 乙이 알았든 몰랐든 간에 乙과 거래한 제3자가 선의인 때는 유효하게 소유권을 취득한다(제107조 제2항).

정답 | 02 ② 03 ④

허위표시

04

통정허위표시(「민법」 제108조)에 관한 설명으로 옳은 것은? (다툼이 있으면 판례에 따름)
제33회

① 통정허위표시는 표의자가 의식적으로 진의와 다른 표시를 한다는 것을 상대방이 알았다면 성립한다.
② 가장행위가 무효이면 당연히 은닉행위도 무효이다.
③ 대리인이 본인 몰래 대리권의 범위 안에서 상대방과 통정허위표시를 한 경우, 본인은 선의의 제3자로서 그 유효를 주장할 수 있다.
④ 「민법」 제108조 제2항에 따라 보호받는 선의의 제3자에 대해서는 그 누구도 통정허위표시의 무효로써 대항할 수 없다.
⑤ 가장소비대차에 따른 대여금채권의 선의의 양수인은 「민법」 제108조 제2항에 따라 보호받는 제3자가 아니다.

톺아보기

논점 허위표시의 법리를 종합적으로 아는가?

오답해설
① 상대방의 인식만으로 성립하지 아니하고 상대방과 합의가 있어야 한다.
★ ② 가장행위는 허위표시로서 무효이고 은닉행위인 증여는 유효하다.
★ ③ 허위표시를 본인의 대리인이 한 경우 그 표준이 되는 자는 대리인이므로 대리인이 상대방과 통정허위표시를 한 경우 이는 무효로 귀결되고 설령 본인이 이를 몰랐어도 본인은 허위표시의 제3자가 아니므로 유효를 주장할 수 없다.
⑤ 가장소비대차에 따른 대여금채권의 선의의 양수인은 허위표시의 제3자에 해당한다.

05 甲은 자신의 부동산에 관하여 乙과 통정한 허위의 매매계약에 따라 소유권이전등기를 乙에게 해주었다. 그 후 乙은 이러한 사정을 모르는 丙과 위 부동산에 대한 매매계약을 체결하고 그에게 소유권이전등기를 해주었다. 다음 설명 중 틀린 것은? (다툼이 있으면 판례에 따름)

제27회

① 甲과 乙은 매매계약에 따른 채무를 이행할 필요가 없다.
② 甲은 丙을 상대로 이전등기의 말소를 청구할 수 없다.
③ 丙이 부동산의 소유권을 취득한다.
④ 甲이 자신의 소유권을 주장하려면 丙의 악의를 증명해야 한다.
⑤ 丙이 선의이더라도 과실이 있으면 소유권을 취득하지 못한다.

톺아보기

논점 허위표시의 법리를 사례에 적용할 줄 아는가?

⑤ 허위표시에서 제3자가 보호받기 위하여는 선의이면 족하고 무과실을 요건으로 하지 않는다. 그러므로 丙이 선의이면 유효하게 소유권을 취득한다. 허위표시의 제3자는 선의이면 과실이 있더라도 소유권을 취득한다(제108조 제2항).
① 甲과 乙의 매매계약은 허위표시로서 무효이다. 따라서 甲은 乙에게 가장매매에 따른 채무를 이행할 필요가 없다(제108조 제1항).
② 甲은 허위표시임을 알지 못한 선의인 丙을 상대로 이전등기의 말소를 청구할 수 없다(제108조 제2항).
③ 丙은 허위표시임을 알지 못한 선의의 제3자로서 제108조 제2항에 의거하여 유효하게 이 부동산의 소유권을 취득한다.
④ 제3자 丙은 선의가 추정된다. 그러므로 甲이 자신의 소유권을 주장하려면 丙의 악의를 증명해야 한다(대판 2006.3.10, 2002다1321).

06

甲은 강제집행을 면하기 위하여 乙과 통모하여 그의 부동산을 매매의 형식을 빌려 乙 명의로 소유권이전등기를 마쳤고, 乙은 그 사정을 모르는 丙에게 저당권을 설정해 주면서 금원을 차용하였다. 다음 중 **틀린** 것은? (다툼이 있으면 판례에 따름)

제22회

① 甲 · 乙 사이의 매매계약은 무효이다.
② 甲은 乙에게 진정명의회복을 원인으로 한 소유권이전등기를 청구할 수 있다.
③ 丙이 과실로 가장매매 사실을 모른 경우에도 丙의 저당권은 보호된다.
④ 丙의 저당권 실행으로 甲에게 손해가 발생한 경우, 甲은 乙에게 손해배상을 청구할 수 있다.
⑤ 丙의 저당권 실행으로 제3자가 부동산을 매수한 경우, 甲은 乙에게 부당이득금의 반환을 구할 수 없다.

톺아보기

논점 허위표시의 법리를 사례에 적용할 줄 아는가?

⑤ 허위표시로 이루어진 가장양도는 무효이나 이를 모르고 거래한 제3자의 저당권 등기는 유효이므로 제3자 丙의 저당권 실행으로 인한 경매로 부동산을 경락받은 자는 허위저당권을 믿고 거래한 자로서 허위표시의 제3자에 해당하여 유효하게 소유권을 취득한다. 이때 가장양도인 甲은 가장양수인 乙에게 허위표시의 무효를 원인으로 부당이득반환을 청구할 수 있다. 허위표시 자체는 반사회적 법률행위가 아니기 때문이다.
①② 甲 · 乙간의 가장양도는 무효이므로 甲은 乙에게 진정명의회복을 이유로 소유권이전등기를 청구할 수 있다.
③ 제3자는 선의이면 족하고 무과실을 요하지 아니한다. 그러므로 제3자에게 선의이나 과실이 있어도 유효하게 보호받는다(제108조 제2항).

07

甲은 강제집행을 피하기 위해 자신의 X부동산을 乙에게 가장매도하여 소유권이전등기를 해 주었는데, 乙이 이를 丙에게 매도하고 소유권이전등기를 해 주었다. 다음 설명 중 **틀린** 것은? (다툼이 있으면 판례에 따름)

제35회

① 甲과 乙사이의 계약은 무효이다.
② 甲과 乙사이의 계약은 채권자취소권의 대상이 될 수 있다.
③ 丙이 선의인 경우, 선의에 대한 과실의 유무를 묻지 않고 丙이 소유권을 취득한다.
④ 丙이 악의라는 사실에 관한 증명책임은 허위표시의 무효를 주장하는 자에게 있다.
⑤ 만약 악의의 丙이 선의의 丁에게 X부동산을 매도하고 소유권이전등기를 해 주더라도 丁은 소유권을 취득하지 못한다.

톺아보기

丙이 악의라도 그로부터 전득자인 丁이 선의라면 허위표시의 당사자는 무효를 선의인 丁에게 주장할 수 없으므로 전득자 丁은 유효하게 소유권을 취득한다.

판례에 따르면 제3자가 악의여도 전득자가 선의인 경우에는 제108조 제2항에 의하여 보호받으므로 허위표시의 당사는 전득자가 선의인 경우에는 무효를 주장할 수 없다(대판 2012다49292).

허위표시의 제3자

08 통정허위표시의 무효는 선의의 '제3자'에게 대항하지 못한다는 규정의 '제3자'에 해당하는 자를 모두 고른 것은? (다툼이 있으면 판례에 따름) 제26회

㉠ 통정허위표시에 의한 채권을 가압류한 자
㉡ 통정허위표시에 의해 설정된 전세권에 대해 저당권을 설정받은 자
㉢ 대리인의 통정허위표시에서 본인
㉣ 통정허위표시에 의해 체결된 제3자를 위한 계약에서 제3자

① ㉠, ㉡   ② ㉠, ㉢   ③ ㉡, ㉢   ④ ㉡, ㉣   ⑤ ㉢, ㉣

톺아보기

논점 허위표시의 제3자 해당 여부를 구별할 줄 아는가?

옳은 것은 ㉠㉡이다.

- ㉠ 통정허위표시에 의한 채권(허위채권)을 가압류한 자는 제3자에 해당한다.
- ㉡ 통정허위표시에 의해 설정된 전세권(가장전세권 = 허위전세권)에 대해 저당권을 설정받은 자는 제108조 제2항의 '허위표시의 무효로 대항할 수 없는 제3자'에 해당한다.
- ㉢ 대리인과 상대방이 통정허위표시를 한 것이고 이때 본인은 허위표시의 외형을 믿고 새로운 거래를 한 자에 해당하지 아니한다. 따라서 대리인이 상대방과 통정허위표시를 하여 무효인 경우 이를 알지 못한 본인은 허위표시의 유효를 주장할 수 없다.
- ★ ㉣ 통정허위표시에 의해 체결된 제3자를 위한 계약에서 수익자는 낙약자와 새로운 이해관계가 존재하지 않으므로 '허위표시의 무효로서 대항할 수 없는 제3자'가 아니다.

정답 | 06 ⑤   07 ⑤   08 ①

09 통정허위표시를 기초로 새로운 법률상 이해관계를 맺은 제3자에 해당하지 <u>않는</u> 자는? (다툼이 있으면 판례에 따름)

제31회

① 가장채권을 가압류한 자
② 가장전세권에 저당권을 취득한 자
③ 채권의 가장양도에서 변제 전 채무자
④ 파산선고를 받은 가장채권자의 파산관재인
⑤ 가장채무를 보증하고 그 보증채무를 이행한 보증인

톺아보기

논점 허위표시의 제3자에 해당여부를 아는가?

③ 채권의 가장양도에서 변제 전 채무자는 허위표시의 외형을 믿고 실질적인 거래를 한 제108조 제2항의 제3자에 해당하지 아니한다.
①② 가장행위의 외형을 믿고 새로운 이해관계를 맺은 제3자에 해당한다.
④ 파산자가 상대방과 통정한 허위의 의사표시를 통하여 가장채권을 보유하고 있다가 파산이 선고된 경우 그 가장채권도 일단 파산재단에 속하게 되고, 파산선고에 따라 파산자와는 독립한 지위에서 파산채권자 전체의 공동의 이익을 위하여 직무를 행하게 된 파산관재인은 그 허위표시에 따라 외형상 형성된 법률관계를 토대로 실질적으로 새로운 법률상 이해관계를 가지게 된 제108조 제2항의 제3자에 해당하고, 그 선의·악의도 파산관재인 개인의 선의·악의를 기준으로 할 수는 없고, 총파산채권자를 기준으로 하여 파산채권자 모두가 악의로 되지 않는 한 파산관재인은 선의의 제3자라고 할 수밖에 없다. 그리고 이와 같이 파산관재인이 제3자로서의 지위도 가지는 점 등에 비추어, 특별한 사정이 없는 한 파산관재인은 사기에 의한 의사표시에 따라 외형상 형성된 법률관계를 토대로 실질적으로 새로운 법률상 이해관계를 가지게 된 제110조 제3항의 제3자에 해당하고, 파산채권자 모두가 악의로 되지 않는 한(즉, 파산채권자의 일부는 선의이고 일부는 악의일 경우에는 선의로 추정된다) 파산관재인은 선의의 제3자라고 할 수밖에 없다(대판 2010.4.29, 2009다96083).
⑤ 가장채무를 보증하고 이를 이행한 보증인 – 보증인이 주채무자의 기망행위에 의하여 주채무가 있는 것으로 믿고 주채무자와 보증계약을 체결한 다음 그에 따라 보증채무자로서 그 채무까지 이행한 경우, 그 보증인은 주채무자에 대한 구상권 취득에 관하여 법률상의 이해관계를 가지게 되었고 그 구상권 취득에는 보증의 부종성으로 인하여 주채무가 유효하게 존재할 것을 필요로 한다는 이유로 결국 그 보증인은 주채무자의 채권자에 대한 채무 부담행위라는 허위표시에 기초하여 구상권 취득에 관한 법률상 이해관계를 가지게 되었다고 보아 허위표시의 '제3자'에 해당한다(대판 2000.7.6, 99다51258).

10 통정허위표시를 기초로 새로운 법률상 이해관계를 맺은 제3자에 해당하는 자를 모두 고른 것은? (다툼이 있으면 판례에 따름) 제34회

> ㉠ 파산선고를 받은 가장채권자의 파산관재인
> ㉡ 가장채무를 보증하고 그 보증채무를 이행하여 구상권을 취득한 보증인
> ㉢ 차주와 통정해 가장소비대차계약을 체결한 금융기관으로부터 그 계약을 인수한 자

① ㉠ ② ㉢ ③ ㉠, ㉡
④ ㉡, ㉢ ⑤ ㉠, ㉡, ㉢

톺아보기

해당하는 것은 ㉠㉡이다.
- ㉠ 파산자가 상대방과 통정한 허위의 의사표시를 통하여 가장채권을 보유하고 있다가 파산이 선고된 경우 그 가장채권도 일단 파산재단에 속하게 되고, 파산선고에 따라 파산자와는 독립한 지위에서 파산채권자 전체의 공동의 이익을 위하여 직무를 행하게 된 '파산관재인'은 그 허위표시에 따라 외형상 형성된 법률관계를 토대로 실질적으로 새로운 법률상 이해관계를 가지게 된 제108조 제2항의 제3자에 해당한다(대판 2010.4.29, 2009다96083).
- ㉡ **가장채무를 보증하고 이를 이행한 보증인**: 보증인이 주채무자의 기망행위에 의하여 주채무가 있는 것으로 믿고 주채무자와 보증계약을 체결한 다음 그에 따라 보증채무자로서 그 채무까지 이행한 경우, 그 보증인은 주채무자에 대한 구상권 취득에 관하여 법률상의 새로운 이해관계를 가지게 되었으므로 허위표시의 '제3자'에 해당한다(대판 2000.7.6, 99다51258).
- ㉢ 구「상호신용금고법」(1998.1.13. 법률 제5501호로 개정되어 2000.1.28. 법률 제6203호로 개정되기 전의 것) 소정의 계약이전은 금융거래에서 발생한 계약상의 지위가 이전되는 사법상의 법률효과를 가져오는 것이므로, 원심이, 소외 금고로부터 이 사건 대출금 채권에 대하여 계약이전을 받은 피고는 소외 금고의 계약상 지위를 이전받은 자이어서 원고와 소외 금고 사이의 위 통정허위표시에 따라 형성된 법률관계를 기초로 하여 새로운 법률상 이해관계를 가지게 된 제108조 제2항의 제3자에 해당하지 않는다(대판 2004.1.15, 2002다31537).

은닉행위의 사례

11 甲은 자신의 X토지를 乙에게 증여하고, 세금을 아끼기 위해 이를 매매로 가장하여 乙 명의로 소유권이전등기를 마쳤다. 그 후 乙은 X토지를 丙에게 매도하고 소유권이전등기를 마쳤다. 다음 설명 중 옳은 것을 모두 고른 것은? (다툼이 있으면 판례에 따름)

제29회

> ㉠ 甲과 乙 사이의 매매계약은 무효이다.
> ㉡ 甲과 乙 사이의 증여계약은 유효이다.
> ㉢ 甲은 丙에게 X토지의 소유권이전등기말소를 청구할 수 없다.
> ㉣ 丙이 甲과 乙 사이에 증여계약이 체결된 사실을 알지 못한 데 과실이 있더라도 丙은 소유권을 취득한다.

① ㉠
② ㉠, ㉢
③ ㉡, ㉣
④ ㉡, ㉢, ㉣
⑤ ㉠, ㉡, ㉢, ㉣

톺아보기

논점 은닉행위의 법리를 사례에 적용할 줄 아는가?

모두 옳다.
㉠ 甲과 乙 사이의 매매계약은 허위표시로서 무효이다.
㉡ 甲과 乙 사이의 증여계약은 증여의사가 실재하므로 유효이다.
㉢ 甲에서 乙에게로의 소유권이전등기는 실체에 부합하여 유효이고, 완전한 소유권자 乙로부터 매매를 한 丙도 유효하게 소유권을 취득한다. 따라서 甲은 丙에게 X토지의 소유권이전등기말소를 청구할 수 없다.
㉣ 완전한 소유권자 乙로부터 매매를 한 丙은 선의이고 과실이 있더라도 유효하게 소유권을 취득한다.

12 통정허위표시에 관한 설명으로 틀린 것은? (다툼이 있으면 판례에 따름) 제30회

① 통정허위표시가 성립하기 위해서는 진의와 표시의 불일치에 관하여 상대방과 합의가 있어야 한다.
② 통정허위표시로서 무효인 법률행위라도 채권자취소권의 대상이 될 수 있다.
③ 당사자가 통정하여 증여를 매매로 가장한 경우, 증여와 매매 모두 무효이다.
④ 통정허위표시의 무효로 대항할 수 없는 제3자의 범위는 통정허위표시를 기초로 새로운 법률상 이해관계를 맺었는지 여부에 따라 실질적으로 파악해야 한다.
⑤ 통정허위표시의 무효로 대항할 수 없는 제3자에 해당하는지의 여부를 판단할 때, 파산관재인은 파산채권자 모두가 악의로 되지 않는 한 선의로 다루어진다.

톺아보기

논점 허위표시의 법리를 종합적으로 아는가?

③ 당사자가 통정하여 증여를 매매로 가장한 경우, 소위 은닉행위를 하여 소유권이전등기를 한 경우, 증여의사가 있는 한 증여는 유효하나 매매는 허위표시로서 무효이다.
② 통정허위표시로서 무효인 법률행위라도 일정한 요건하에 채권자취소권의 대상이 될 수 있다.
④ 통정허위표시의 무효로 대항할 수 없는 제3자의 범위는 실질설의 입장으로 파악함이 판례의 입장이다.
★ ⑤ 파산선고에 따라 파산자와는 독립한 지위에서 파산채권자 전체의 공동의 이익을 위하여 직무를 행하게 된 파산관재인은 그 허위표시에 따라 외형상 형성된 법률관계를 토대로 실질적으로 새로운 법률상 이해관계를 가지게 된 제108조 제2항의 제3자에 해당하고, 그 '선의·악의'도 파산관재인 개인의 선의·악의를 기준으로 할 수는 없고, 총파산채권자를 기준으로 하여 파산채권자 모두가 악의로 되지 않는 한 파산관재인은 선의의 제3자라고 할 수밖에 없다(대판 2010.4.29, 2009다96083).

착오 - 제109조

13 착오에 의한 법률행위에 관한 설명으로 **틀린** 것은? (다툼이 있으면 판례에 따름)

제23회

① 매수한 토지가 계약체결 당시부터 법령상의 제한으로 인해 매수인이 의도한 목적대로 이용할 수 없게 된 경우, 매수인의 착오는 동기의 착오가 될 수 있다.
② 주채무자 소유의 부동산에 가압류 등기가 없다고 믿고 보증하였더라도, 그 가압류가 원인무효로 밝혀졌다면 착오를 이유로 취소할 수 없다.
③ 상대방에 의해 유발된 동기의 착오는 동기가 표시되지 않았더라도 중요부분의 착오가 될 수 있다.
④ 공인중개사를 통하지 않고 토지거래를 하는 경우, 토지대장 등을 확인하지 않은 매수인은 매매목적물의 동일성에 착오가 있더라도 착오를 이유로 매매계약을 취소할 수 없다.
⑤ 매수인의 중도금 미지급을 이유로 매도인이 적법하게 계약을 해제한 경우, 매수인은 착오를 이유로 계약을 다시 취소할 수는 없다.

톺아보기

논점 착오에 의한 의사표시의 법리를 종합적으로 아는가?

⑤ 매수인의 중도금 미지급을 이유로 매도인이 적법하게 계약을 해제한 후 매수인은 해제효과로 발생하는 손해배상책임을 면하거나 지급한 계약금의 반환을 위하여 매매계약이 해제된 후라도 착오를 이유로 계약을 다시 취소할 수 있다. 결국 해제 후 취소가 가능하다(대판 1996.12.6, 95다24982).
① 법령상의 제한으로 인한 목적달성이 불가능한 것은 동기의 착오로 볼 수 있다(대판 2007.8.23, 2006다15755).
② 가압류가 원인무효이었다면 보증인에게 "경제적 불이익이 발생하지 않으므로" 중요부분의 착오로 취소할 수 없다(대판 1998.9.22, 98다23706).
★ ③ 상대방에 의해 유발된 동기의 착오는 동기가 표시되지 않았더라도 중요부분의 착오가 될 수 있다(대판 1978.7.11, 78다719).
④ 대판 2009.9.24, 2009다40356

14. 착오에 관한 설명으로 옳은 것은? (다툼이 있으면 판례에 따름) 제26회

① 매도인이 계약을 적법하게 해제한 후에도 매수인은 계약해제에 따른 불이익을 면하기 위하여 중요부분의 착오를 이유로 취소권을 행사하여 계약 전체를 무효로 할 수 있다.
② 표의자가 착오를 이유로 의사표시를 취소한 경우, 취소된 의사표시로 인해 손해를 입은 상대방은 불법행위를 이유로 손해배상을 청구할 수 있다.
③ 착오에 의한 의사표시로 표의자가 경제적 불이익을 입지 않더라도 착오를 이유로 그 의사표시를 취소할 수 있다.
④ 착오가 표의자의 중대한 과실로 인한 경우에는 상대방이 표의자의 착오를 알고 이용하더라도 표의자는 의사표시를 취소할 수 없다.
⑤ 표의자의 중대한 과실 유무는 착오에 의한 의사표시의 효력을 부인하는 자가 증명하여야 한다.

톺아보기

논점 착오에 의한 의사표시의 법리를 종합적으로 아는가?

① 매수인의 중도금 미지급을 이유로 매도인이 적법하게 계약을 해제한 후 매수인은 해제효과로 발생하는 손해배상책임을 면하거나 계약금의 반환을 위하여 착오를 이유로 계약을 다시 취소할 수 있다. 결국 계약의 해제 후 취소가 가능하다(대판 1996.12.6, 95다24982).

오답해설

② 표의자가 착오를 이유로 의사표시를 취소해 상대방이 손해를 입은 경우 상대방은 불법행위를 이유로 착오한 자에게 손해배상을 청구할 수 없다. 착오에 빠져서 취소한 행위는 위법한 것이 아니기 때문이다(대판 1997.8.22, 97다13023).
③ 착오자에게 경제적 불이익이 없는 경우 중요부분의 착오가 인정되지 아니한다(대판 1998.9.22, 98다23706).
④ 착오가 표의자의 중대한 과실로 인한 경우에는 착오로 취소할 수 없으나 상대방이 표의자의 착오를 알고 이용하였다면 표의자는 의사표시를 취소할 수 있다(대판 2014.11.27, 2013다49794).
⑤ 표의자의 중대한 과실 유무는 착오에 의한 의사표시의 효력을 부인하는 자(착오자)가 아니라 취소를 저지하려는 자(계약을 유지하려는 자)가 입증해야 한다.

정답 | 13 ⑤ 14 ①

15 착오에 관한 설명으로 틀린 것은? (다툼이 있으면 판례에 따름) 제28회

① 당사자가 착오를 이유로 의사표시를 취소하지 않기로 약정한 경우, 표의자는 의사표시를 취소할 수 없다.
② 건물과 그 부지를 현상대로 매수한 경우에 부지의 지분이 미미하게 부족하다면, 그 매매계약의 중요부분의 착오가 되지 아니한다.
③ 부동산거래계약서에 서명·날인한다는 착각에 빠진 상태로 연대보증의 서면에 서명·날인한 경우에는 표시상의 착오에 해당한다.
④ 상대방이 표의자의 착오를 알고 이용한 경우에도 의사표시에 중대한 과실이 있는 표의자는 착오에 의한 의사표시를 취소할 수 없다.
⑤ 상대방에 의해 유발된 동기의 착오는 동기가 표시되지 않았더라도 중요부분의 착오가 될 수 있다.

톺아보기

논점 착오에 의한 의사표시의 법리를 종합적으로 아는가?

④ 제109조 단서(중과실이 있으면 착오로 취소할 수 없다는 규정)는 의사표시의 상대방을 보호하기 위한 규정이므로 상대방이 표의자의 착오를 "알고 이용"한 경우에는 상대방을 보호해 줄 필요가 없으므로 의사표시에 중대한 과실이 있는 표의자는 착오에 의한 의사표시를 취소할 수 있다(대판 2014.11.27, 2013다49794).
① 착오에 관한 제109조의 규정은 임의규정이므로 당사자가 착오를 이유로 의사표시를 취소하지 않기로 약정한 경우, 표의자는 의사표시를 착오로 취소할 수 없다. 제109조의 법리는 당사자의 합의로 적용을 배제하는 등의 특별한 사정이 있을 때는 착오로 취소를 하지 못한다(대판 2014.11.27, 2013다49794).
② 건물과 그 부지를 현상대로 매수한 경우에 부지의 지분이 미미하게 부족하다면, 그 매매계약의 중요부분의 착오가 되지 아니한다(대판 1984.4.10, 83다카328).
③ 어떤 사람이 자신의 의사와 다른 내용의 서면에 그 내용을 읽지 않거나 올바르게 이해하지 못한 상태에서 기명·날인하는 경우 이는 이른바 표시상의 착오에 해당한다. 부동산거래계약서에 서명·날인한다는 착각에 빠진 상태로 연대보증의 서면에 서명·날인한 경우에는 표시상의 착오(서명의 착오)에 해당한다(대판 2005.5.27, 2004다43824).
⑤ 상대방에 의해 유발된 동기의 착오는 동기가 표시되지 않았더라도 중요부분의 착오가 될 수 있다(대판 1990.7.10, 90다카7460).

16. 착오에 관한 설명으로 옳은 것을 모두 고른 것은? (다툼이 있으면 판례에 따름) 제31회

㉠ 매도인의 하자담보책임이 성립하더라도 착오를 이유로 한 매수인의 취소권은 배제되지 않는다.
㉡ 경과실로 인해 착오에 빠진 표의자가 착오를 이유로 의사표시를 취소한 경우, 상대방에 대하여 불법행위로 인한 손해배상 책임을 진다.
㉢ 상대방이 표의자의 착오를 알고 이용한 경우, 표의자는 착오가 중대한 과실로 인한 것이더라도 의사표시를 취소할 수 있다.
㉣ 매도인이 매수인의 채무불이행을 이유로 계약을 적법하게 해제한 후에는 매수인은 착오를 이유로 취소권을 행사할 수 없다.

① ㉠, ㉡
② ㉠, ㉢
③ ㉠, ㉣
④ ㉡, ㉢
⑤ ㉡, ㉣

톺아보기

논점 착오에 의한 의사표시의 법리를 종합적으로 아는가?

옳은 것은 ㉠㉢이다.
㉠ 매도인의 하자담보책임의 성립여부와 관계없이 착오를 이유로 매수인은 취소권을 행사할 수 있다.
㉢ 상대방이 표의자의 착오를 알고 이용한 경우, 표의자는 착오가 중대한 과실로 인한 것이더라도 의사표시를 취소할 수 있다.

17. 착오로 인한 의사표시에 관한 설명으로 옳은 것을 모두 고른 것은? (다툼이 있으면 판례에 따름) 제35회

㉠ 착오로 인한 의사표시의 취소는 선의의 제3자에게 대항하지 못한다.
㉡ 의사표시의 상대방이 의사표시자의 착오를 알고 이용한 경우, 착오가 중대한 과실로 인한 것이라도 의사표시자는 의사표시를 취소할 수 있다.
㉢ X토지를 계약의 목적물로 삼은 당사자가 모두 지번에 착오를 일으켜 계약서에 목적물을 Y토지로 표시한 경우, 착오를 이유로 의사표시를 취소할 수 있다.

① ㉠
② ㉢
③ ㉠, ㉡
④ ㉡, ㉢
⑤ ㉠, ㉡, ㉢

정답 | 15 ④ 16 ② 17 ③

톺아보기

㉠ 착오로 인한 의사표시의 취소는 선의의 제3자에게 대항하지 못한다(제109조 제2항).
㉡ 의사표시의 상대방이 의사표시자의 착오를 알고 이용한 경우, 착오가 중대한 과실로 인한 것이라도 의사표시자는 의사표시를 취소할 수 있다(대판 1955.11.10, 4288민상321).
㉢ X토지를 계약의 목적물로 삼은 당사자가 모두 지번에 착오를 일으켜 계약서에 목적물을 Y토지로 표시한 경우, 계약은 쌍방의 진의대로 성립하게 되므로 착오를 이유로 의사표시를 취소할 수 없다.

사기에 의한 의사표시

18 사기에 의한 의사표시에 관한 설명으로 **틀린** 것은? (다툼이 있으면 판례에 따름)

상**중**하

제27회

① 아파트분양자가 아파트단지 인근에 공동묘지가 조성되어 있다는 사실을 분양계약자에게 고지하지 않은 경우에는 기망행위에 해당한다.
② 아파트분양자에게 기망행위가 인정된다면, 분양계약자는 기망을 이유로 분양계약을 취소하거나 취소를 원하지 않을 경우 손해배상만을 청구할 수도 있다.
③ 분양회사가 상가를 분양하면서 그 곳에 첨단 오락타운을 조성하여 수익을 보장한다는 다소 과장된 선전광고를 하는 것은 기망행위에 해당한다.
④ 제3자의 사기에 의해 의사표시를 한 표의자는 상대방이 그 사실을 알았거나 알 수 있었을 경우에 그 의사표시를 취소할 수 있다.
⑤ 대리인의 기망행위에 의해 계약이 체결된 경우, 계약의 상대방은 본인이 선의이더라도 계약을 취소할 수 있다.

톺아보기

논점 사기에 의한 의사표시의 법리를 종합적으로 아는가?

③ 분양회사가 상가를 분양하면서 그 곳에 첨단 오락타운을 조성하여 수익을 보장한다는 '다소 과장된 선전광고'를 하는 것은 위법한 기망행위에 해당하지 아니한다. 기망행위의 위법성은 신의칙상 현저한 기망이 있어야 위법성을 인정하고 다소의 과장광고는 위법성을 인정하지 않는다(대판 2001.5.29, 99다55601).
① 아파트분양자가 아파트단지 '인근에 공동묘지가 조성되어 있다는 사실을 분양계약자에게 고지하지 않은 경우'에는 '부작위에 의한 기망행위'에 해당한다(대판 2007.6.1, 2005다5812).
② 아파트분양자에게 기망행위가 인정된다면, 분양계약자는 기망을 이유로 '분양계약의 취소로 인한 부당이득반환청구권'을 행사하거나 취소를 원하지 않을 경우 '손해배상만을 청구'할 수도 있다. 이때 취소로 인한 부당이득반환청구권과 손해배상청구권은 중첩적으로 행사할 수 없고 선택적으로 행사할 수 있다(대판 1993.4.27, 92다56087).
★ ⑤ 대리인의 기망행위에 의해 계약이 체결된 경우, 계약의 상대방은 본인이 선의이더라도 계약을 취소할 수 있다. 왜냐하면 대리인의 기망행위는 상대방의 관점에서 보면 대리인과 본인은 동일시 될 수 있는 자이기 때문에 '본인이 대리인의 사기사실을 모른 경우에도 상대방은 취소할 수 있다.'

19 사기에 의한 의사표시에 관한 설명으로 옳은 것은? (다툼이 있으면 판례에 따름)

제19회

① 표의자가 제3자의 사기로 의사표시를 한 경우, 상대방이 그 사실을 과실 없이 알지 못한 때에도 그 의사표시를 취소할 수 있다.
② 사기에 의한 의사표시의 상대방의 포괄승계인은 사기를 이유로 한 법률행위의 취소로써 대항할 수 없는 선의의 제3자에 포함된다.
③ 제3자의 기망행위로 신원보증서면에 서명한다는 착각에 빠져 연대보증서면에 서명한 경우, 사기를 이유로 의사표시를 취소할 수 있다.
④ 교환계약의 당사자 일방이 상대방에게 그가 소유하는 목적물의 시가를 허위로 고지한 경우, 원칙적으로 사기를 이유로 취소할 수 있다.
⑤ 甲의 대리인 乙의 사기로 乙에게 매수의사를 표시한 丙은 甲이 그 사실을 알지 못한 경우에도 사기를 이유로 법률행위를 취소할 수 있다.

톺아보기

논점 사기에 의한 의사표시의 법리를 종합적으로 아는가?

⑤ 甲의 대리인 乙의 사기로 乙에게 매수의사를 표시한 상대방 丙은 본인 甲이 대리인의 사기 사실을 알았거나 알 수 있었을 경우뿐만 아니라 알지 못한 경우에도 대리인과 본인은 동일시되는 자이므로 사기를 이유로 법률행위를 취소할 수 있다.

오답해설

③ 제3자의 기망행위로 신원보증서면에 서명한다는 착각에 빠져 연대보증서면을 읽어보지 않고 연대보증서면에 서명·날인한 경우, 이는 표시상의 착오에 해당한다(비록 위와 같은 착오가 제3자의 기망행위에 의하여 일어난 것이라도 그에 관하여는 사기에 의한 의사표시의 법리, 특히 상대방이 제3자의 사기 사실을 알았거나 알 수 있었을 경우가 아닌 한 의사표시자가 취소권을 행사할 수 없다는 "제110조 제 2항을 적용할 것이 아니라" 착오에 의한 의사표시의 법리만을 적용하여 취소권의 가부를 가려야 한다)(대판 2005.5.27, 2004다43824).

④ 교환계약의 당사자는 목적물을 염가로 구입하기를 희망하고 고가로 처분하기를 희망하는 이해상반된 지위에 있으며, 서로 자신의 지식과 경험을 이용하여 최대한으로 자신의 이익을 도모할 것으로 예상되기 때문에 특별한 사정이 없는 한 당사자 일방이 알고 있는 정보를 상대방에게 사실대로 고지하여야 할 신의칙상 의무가 없다. 그러므로 교환계약의 당사자 일방이 상대방에게 그가 소유하는 목적물의 시가를 묵비한 경우(대판 2002.9.4, 2000다54406), 시가보다 낮은 가액을 시가라고 허위로 고지한 경우(대판 2014.4.10, 2012다54997), 원칙적으로 사기를 이유로 취소할 수 없다.

정답 | 18 ③   19 ⑤

제3자의 사기

20 甲은 A(제3자를 위한 계약의 수익자가 아님)의 기망행위로 자기 소유의 건물을 매수인 乙에게 매도하고 소유권을 이전하였다. 옳은 것은? 제18회

① 甲이 사기당한 사실을 乙이 알 수 있었을 경우에 甲은 乙과의 매매계약을 취소할 수 없다.
② 만약 A가 乙의 대리인이었다면 乙이 선의·무과실이더라도 甲은 乙과의 매매계약을 취소할 수 있다.
③ 甲이 A를 상대로 불법행위를 원인으로 하는 손해배상을 청구하기 위해서는 먼저 乙과의 매매계약을 취소하여야 한다.
④ 乙이 건물의 하자에 관하여 계약체결 당시에 선의·무과실이더라도 甲에 대하여 하자담보책임을 물을 수 없다.
⑤ 乙이 丙에게 건물을 양도한 경우, 甲이 乙과의 매매계약을 취소하면 그 효과를 선의의 丙에게 주장할 수 있다.

톺아보기

논점 제3자의 사기와 대리인의 사기의 차이점을 아는가?
② 대리인에 의한 사기, 강박의 경우 본인이 이를 알지 못하여 선의, 무과실인 경우에도 상대방은 대리인과 본인을 "동일시"하여 제110조 제2항의 제3자의 사기로 취급하지 아니한다. 그러므로 대리인 A가 甲을 기망한 경우에 본인 乙이 이를 알지 못하여 선의·무과실이더라도 대리인과의 계약을 취소할 수 있다.

오답해설
① 제3자의 사기를 상대방이 알 수 있었으므로 취소할 수 있다(제110조 제2항).
③ 제3자에게 손해배상을 청구하기 위하여 먼저 乙과의 매매계약을 취소하여야 하는 것은 아니다(대판 1998.3.10, 97다55829).
④ 매수인이 매매 당시에 물건의 하자를 알지 못하여 선의·무과실이면 물건 하자담보책임을 물을 수 있다.
⑤ 甲은 乙과의 계약을 사기로 취소할 수 있으나 이를 이유로 선의 제3자에게는 취소효과를 주장할 수 없다(제110조 제3항).

강박

21 강박에 의한 의사표시에 관한 설명으로 틀린 것은? (다툼이 있으면 판례에 따름)

제23회

① 강박에 의해 증여의 의사표시를 하였다고 하여 증여의 내심의 효과의사가 결여된 것이라고 할 수 없다.
② 법률행위의 성립과정에 강박이라는 불법적 방법이 사용된 것에 불과한 때에는 반사회질서의 법률행위라고 할 수 없다.
③ 제3자의 강박에 의해 의사표시를 한 경우, 상대방이 그 사실을 알았다면 표의자는 자신의 의사표시를 취소할 수 있다.
④ 강박에 의해 자유로운 의사결정의 여지가 완전히 박탈되어 그 외형만 있는 법률행위는 무효이다.
⑤ 강박행위의 위법성은 어떤 해악의 고지가 거래관념상 그 해악의 고지로써 추구하는 이익 달성을 위한 수단으로 부적당한 경우에는 인정되지 않는다.

톺아보기

논점 강박에 의한 의사표시를 종합적으로 이해하는가?

★ ⑤ 강박행위의 위법성은 목적과 수단을 비교하여 결정하는데 어떤 해악의 고지가 거래관념상 그 해악의 고지로서 추구하는 목적 달성을 위한 수단으로 부적당한 경우에는 강박행위가 위법하다고 인정된다. 부정행위에 대한 고소와 고발도 위법한 목적이 없는 한 정당한 권리행사가 되지만 위법한 목적이 있으면 위법성이 인정된다(대판 1997.3.25, 96다47951).
① 강박에 의해 증여의 의사표시를 하였다면 하자 있는 의사표시로서 취소사유는 가능하지만 증여의 내심의 효과의사가 결여된 것이라고 할 수 없다. 이는 비진의의사표시에 해당하지 않는다(대판 2002.12.27, 2000다47361).
② 법률행위의 "성립과정"에 강박이라는 불법적 방법이 사용된 것에 불과한 때에는 의사표시의 하자문제일 뿐 반사회질서의 법률행위라고 할 수 없다.
③ 제3자의 강박에 의해 의사표시를 한 경우, 상대방이 그 사실을 알았다면 표의자는 자신의 의사표시를 취소할 수 있다(제110조 제2항).
④ 자유로운 의사결정의 여지가 완전히 박탈되면 취소사유가 아니라 무효이다(대판 1984.12.11, 84다카1402).

정답 | 20 ② 21 ⑤

사기·강박 전체

22 사기·강박에 의한 의사표시에 관한 설명으로 틀린 것은? (다툼이 있으면 판례에 따름)

제25회

① 사기나 강박에 의한 소송행위는 원칙적으로 취소할 수 없다.
② 대리인의 기망행위로 계약을 체결한 상대방은 본인이 선의이면 계약을 취소할 수 없다.
③ 강박으로 의사결정의 자유가 완전히 박탈되어 법률행위의 외형만 갖춘 의사표시는 무효이다.
④ 교환계약의 당사자 일방이 자기 소유 목적물의 시가를 묵비한 것은 특별한 사정이 없는 한 기망행위가 아니다.
⑤ 제3자의 사기로 계약을 체결한 경우, 피해자는 그 계약을 취소하지 않고, 그 제3자에게 불법행위책임을 물을 수 있다.

톺아보기

논점 사기·강박의 법리를 종합적으로 아는가?

★ ② 대리인의 기망행위로 계약을 체결한 상대방은 본인이 선의이어도 본인과 대리인은 "동일시할 수 있는 자"이므로(제110조 제2항의 제3자의 사기에 해당하지 않으므로) 대리인은 본인과 동일시되는 자로서 상대방은 대리인의 사기 사실에 대하여 본인이 알았거나 알 수 있었을 경우뿐만 아니라 선의·무과실인 경우에도 취소할 수 있다. 즉, 상대방은 대리인의 사기 사실에 대한 본인의 선의·악의 관계없이 계약을 취소할 수 있다.
① 사기나 강박에 의한 소송행위는 원칙적으로 취소할 수 없다.
③ 강박으로 의사결정의 자유가 완전히 박탈되어 한 의사표시(절대적 폭력)는 무효이다.
★ ⑤ 제3자의 사기로 계약을 체결한 경우, 피해자는 그 계약을 취소함이 없이도 불법행위로 인한 손해배상책임을 물을 수 있다(대판 1998.3.10, 97다55829).

23. 사기·강박에 의한 의사표시에 관한 설명으로 옳은 것을 모두 고른 것은? (다툼이 있으면 판례에 따름)

제35회

㉠ 아파트 분양자가 아파트단지 인근에 대규모 공동묘지가 조성된 사실을 알면서 수분양자에게 고지하지 않은 경우, 이는 기망행위에 해당한다.
㉡ 교환계약의 당사자가 목적물의 시가를 묵비한 것은 원칙적으로 기망행위에 해당한다.
㉢ '제3자의 강박'에 의한 의사표시에서 상대방의 대리인은 제3자에 포함되지 않는다.

① ㉠ ② ㉡ ③ ㉠, ㉢
④ ㉡, ㉢ ⑤ ㉠, ㉡, ㉢

톺아보기

옳은 것은 ㉠㉢이다.
㉠ 아파트 분양자가 아파트단지 인근에 대규모 공동묘지가 조성된 사실을 알면서 수분양자에게 고지하지 않은 경우, 이는 부작위에 의한 기망행위에 해당한다(대판 2006.10.12, 2004다48515).
㉡ 교환계약의 당사자가 목적물의 시가를 묵비한 것은 상대방의 의사결정에 간섭을 한 것이 아니므로 원칙적으로 위법한 기망행위에 해당되지 아니한다(대판 2002.9.4, 2000다54406).
㉢ '제3자의 강박'에 의한 의사표시에서 제3자에 해당되지 않는 자란 그 의사표시에 관한 "상대방의 대리인" 등 "상대방과 동일시할 수 있는 자"만을 의미하고 상대방의 피용자이거나 상대방이 사용자 책임을 져야 하는 관계에 있는 피용자는 의사표시의 상대방과 동일시할 수 없으므로 제110조 제2항에서 말하는 제3자에 포함된다(대판 1998.1.23, 96다41496).

의사표시의 종합문제

24. 법률행위 등에 관한 설명으로 틀린 것은? (다툼이 있으면 판례에 따름)

제28회

① 기성조건을 정지조건으로 한 법률행위는 무효이다.
② 의사표시가 발송된 후라도 도달하기 전에 표의자는 그 의사표시를 철회할 수 있다.
③ 어떤 해악의 고지 없이 단순히 각서에 서명날인할 것만을 강력히 요구한 행위는 강박에 의한 의사표시의 강박행위가 아니다.
④ 표의자가 과실 없이 상대방의 소재를 알지 못한 경우에는 「민사소송법」의 공시송달규정에 의하여 의사표시를 송달할 수 있다.
⑤ 농지취득자격증명은 농지취득의 원인이 되는 매매계약의 효력발생요건이 아니다.

정답 | 22 ② 23 ③ 24 ①

톺아보기

논점 의사표시와 법률행위를 종합적으로 아는가?
① 기성조건(+)이 정지조건(+)이면 법률행위는 무효가 아니라 유효이다.
② 의사표시가 "발송된 후라도 도달하기 전"에 표의자는 의사표시를 철회할 수 있다.
③ 어떤 해악의 고지 없이 단순히 각서에 서명날인할 것만을 강력히 요구한 행위는 "위법한 해악의 고지가 없기 때문에" 위법한 강박행위가 아니다(대판 1979.1.16, 78다1968).
④ 표의자가 과실 없이 상대방의 소재를 알지 못한 경우에는 「민사소송법」의 공시송달규정에 의하여 의사표시를 송달할 수 있다(제113조).
⑤ 농지취득자격증명은 농지를 취득하는 자에게 농지취득의 자격이 있다는 것임을 증명하는 것일 뿐 농지취득의 원인이 되는 매매계약의 효력발생요건이 아니고 등기요건에 불과하다(대판 2006.1.27, 2005다59871).

25 의사와 표시가 불일치하는 경우에 관한 설명으로 옳은 것은? (다툼이 있으면 판례에 따름)
제32회

① 통정허위표시의 무효로 대항할 수 없는 제3자에 해당하는지를 판단할 때, 파산관재인은 파산채권자 일부가 선의라면 선의로 다루어진다.
② 비진의 의사표시는 상대방이 표의자의 진의 아님을 알 수 있었을 경우 취소할 수 있다.
③ 비진의 의사표시는 상대방과 통정이 없었다는 점에서 착오와 구분된다.
④ 통정허위표시의 무효에 대항하려는 제3자는 자신이 선의라는 것을 증명하여야 한다.
⑤ 매수인의 채무불이행을 이유로 매도인이 계약을 적법하게 해제했다면, 착오를 이유로 한 매수인의 취소권은 소멸한다.

톺아보기

논점 의사표시의 법리를 종합적으로 아는가?
① 파산선고에 따라 파산자와는 독립한 지위에서 파산채권자 전체의 공동의 이익을 위하여 직무를 행하게 된 파산관재인은 그 허위표시에 따라 외형상 형성된 법률관계를 토대로 실질적으로 새로운 법률상 이해관계를 가지게 된 제108조 제2항의 제3자에 해당하고, 그 '선의·악의도 파산관재인 개인의 선의·악의를 기준으로 할 수는 없고, 총파산채권자를 기준으로 하여 파산채권자 모두가 악의로 되지 않는 한 파산관재인은 선의의 제3자라고 할 수밖에 없다(대판 2010.4.29, 2009다96083).

오답해설
② 상대방이 표의자의 진의 아님을 알 수 있었을 경우 취소가 아니라 무효이다.
③ • 비진의 의사표시는 상대방과 통정이 없었다는 점에서 허위표시와 구별된다.
  • 표의자가 의사와 표시가 불일치함을 알면서 한 때는 비진의 표시이고, 표의자가 의사와 표시의 불일치를 모르고 하면 착오라는 점에서 구별된다.
④ 제3자의 선의가 추정된다.
⑤ 해제 후에도 착오로 취소할 수 있다.

의사표시의 효력발생

26 의사표시의 효력발생에 관한 설명으로 <u>틀린</u> 것은? (다툼이 있으면 판례에 따름)

제27회

① 표의자가 매매의 청약을 발송한 후 사망하여도 그 청약의 효력에 영향을 미치지 아니한다.
② 상대방이 정당한 사유 없이 통지의 수령을 거절한 경우에도 그가 통지의 내용을 알 수 있는 객관적 상태에 놓인 때에 의사표시의 효력이 생긴다.
③ 의사표시가 기재된 내용증명우편이 발송되고 달리 반송되지 않았다면 특별한 사정이 없는 한 그 의사표시는 도달된 것으로 본다.
④ 표의자가 그 통지를 발송한 후 제한능력자가 된 경우, 그 법정대리인이 통지 사실을 알기 전에는 의사표시의 효력이 없다.
⑤ 매매계약을 해제하겠다는 내용증명우편이 상대방에게 도착하였으나, 상대방이 정당한 사유 없이 그 우편물의 수취를 거절한 경우에 해제의 의사표시가 도달한 것으로 볼 수 있다.

톺아보기

논점 도달주의의 법리를 아는가?

④ 표의자가 그 통지를 발송한 후 제한능력자가 된 경우, 의사표시의 효력에 영향을 미치지 아니한다. 그러므로 표의자가 보낸 의사표시는 효력이 있다(제111조 제2항). 한편 의사표시를 수령한 자가 제한능력자인 경우 표의자는 의사표시의 도달을 주장하지 못하나 법정대리인이 도달의 사실을 안 경우 표의자는 도달을 주장할 수 있다.

★ ②⑤ 상대방이 정당한 사유 없이 통지의 "수령을 거절"한 경우에도 그가 통지의 내용을 알 수 있는 객관적 상태에 놓인 때에는 도달된 것으로 보므로 의사표시의 효력이 생긴다(대판 2008.6.12, 2008다19973).

③ 보통우편과 달리 '내용증명우편'이 발송되고 달리 반송되지 않았다면 특별한 사정이 없는 한 그 의사표시는 도달된 것으로 본다.

정답 | 25 ① 26 ④

27

甲은 乙과 체결한 매매계약에 대한 적법한 해제의 의사표시를 내용증명우편을 통하여 乙에게 발송하였다. 다음 설명 중 옳은 것은? (다툼이 있으면 판례에 따름)

제30회

① 甲이 그 후 사망하면 해제의 의사표시는 효력을 잃는다.
② 乙이 甲의 해제의 의사표시를 실제로 알아야 해제의 효력이 발생한다.
③ 甲은 내용증명우편이 乙에게 도달한 후에도 일방적으로 해제의 의사표시를 철회할 수 있다.
④ 甲의 내용증명우편이 반송되지 않았다면, 특별한 사정이 없는 한 그 무렵에 乙에게 송달되었다고 봄이 상당하다.
⑤ 甲의 내용증명우편이 乙에게 도달한 후 乙이 성년후견개시의 심판을 받은 경우, 甲의 해제의 의사표시는 효력을 잃는다.

톺아보기

④ 甲의 내용증명우편이 반송되지 않았다면, 특별한 사정이 없는 한 그 무렵에 乙에게 송달되었다고 봄이 상당하다.

오답해설

① 甲이 의사표시를 발송 후 사망하여도 해제의 의사표시에는 영향이 없다.
② 해제의 의사표시의 도달은 상대방이 내용을 수령하거나 알아야 하는 것이 아니라 객관적으로 알 수 있는 상태를 도달로 본다.
③ 의사표시인 내용증명이 도달 후에는 철회할 수 없다.
⑤ 의사표시의 수령능력은 의사표시가 도달한 시점을 기준으로 수령능력여부를 판단하여야 하므로 의사표시가 도달한 후 乙이 성년후견개시의 심판을 받은 경우(乙이 제한능력자로 된 시점은 해제의사표시가 도달한 이후에 수령무능력자로 되었다라는 의미), 甲의 해제의 의사표시는 유효하고 표의자는 도달을 주장할 수 있다.

28 상중하

甲의 乙에 대한 의사표시에 관한 설명으로 옳은 것은? (판례에 따름) 제35회

① 甲이 부동산 매수청약의 의사표시를 발송한 후 사망하였다면 그 효력은 발생하지 않는다.
② 乙이 의사표시를 받은 때에 제한능력자이더라도 甲은 원칙적으로 그 의사표시의 효력을 주장할 수 있다.
③ 甲의 의사표시가 乙에게 도달되었다고 보기 위해서는 乙이 그 내용을 알았을 것을 요한다.
④ 甲의 의사표시가 등기우편의 방법으로 발송된 경우, 상당한 기간 내에 도달되었다고 추정할 수 없다.
⑤ 乙이 정당한 사유 없이 계약해지 통지의 수령을 거절한 경우, 乙이 그 통지의 내용을 알 수 있는 객관적 상태에 놓여 있는 때에 의사표시의 효력이 생긴다.

톺아보기

오답해설
① 甲이 부동산 매수청약의 의사표시를 발송한 후 사망하였다면 의사표시의 효력에 영향을 미치지 아니하므로 그 청약의 효력은 발생한다(제111조 제2항).
② 乙이 의사표시를 받은 때에 수령자가 제한능력자라면 수령무능력자이므로 甲은 원칙적으로 그 의사표시의 효력을 주장할 수 없다(제112조).
③ 도달이란 사회관념상 상대방이 그 통지의 내용을 알 수 있는 객관적 상태에 놓였다고 인정되는 상태를 지칭하므로, 상대방이 통지를 현실적으로 수령하였거나 그 통지의 내용을 알았을 것까지는 필요하지 않다(대판 1983.8.23, 82다카439).
④ 등기우편물, 내용증명우편물이 발송되고 반송되지 아니하면 특단의 사정이 없는 한 그 무렵에 도달로 봄이 상당하다(대판 1980.1.15, 79다1498).

정답 | 27 ④ 28 ⑤

제4장 / 법률행위의 대리(代理)

기본서 p.84~113

대리권의 범위

01 대리권의 범위가 명확하지 않은 임의대리인이 일반적으로 할 수 있는 행위가 아닌 것은?

상중하

제22회

① 미등기 부동산을 등기하는 행위
② 부패하기 쉬운 물건의 매각행위
③ 소의 제기로 채권의 소멸시효를 중단시키는 행위
④ 무이자 금전소비대여를 이자부로 변경하는 행위
⑤ 은행예금을 찾아 보다 높은 금리로 개인에게 빌려주는 행위

톺아보기

⑤ 대리권의 범위가 불분명한 경우 대리인은 "보존행위, 이용, 개량행위"만을 할 수 있다. 반면에 "처분행위, 이용이나 개량행위 중에서 성질이 변하는 행위"는 본인의 특별수권 없이 할 수 없다(제118조). 은행예금을 찾아 보다 높은 금리로 개인에게 빌려주는 행위, 밭을 논으로 형질변경하는 행위, 은행예금을 인출하여 주식에 투자하는 행위는 이용행위 중에서 "성질이 변하는 것"으로 허용되지 아니한다.
①②③은 보존행위에 해당하며, ④는 이용 · 개량행위로 허용된다(제118조).

대리권의 범위와 제한

02 대리권의 범위와 제한에 관한 설명으로 <u>틀린</u> 것은? (다툼이 있으면 판례에 따름)

제27회

① 대리인에 대한 본인의 금전채무가 기한이 도래한 경우 대리인은 본인의 허락 없이 그 채무를 변제하지 못한다.
② 금전소비대차계약과 그 담보를 위한 담보권설정계약을 체결할 권한이 있는 임의대리인은 특별한 사정이 없는 한 계약을 해제할 권한까지 갖는 것은 아니다.
③ 매매계약체결의 대리권을 수여받은 대리인은 특별한 사정이 없는 한 중도금과 잔금을 수령할 권한이 있다.
④ 대리인이 수인인 때에는 각자가 본인을 대리하지만, 법률 또는 수권행위에서 달리 정할 수 있다.
⑤ 권한을 정하지 않은 대리인은 보존행위를 할 수 있다.

톺아보기

① 대리인에 대한 본인의 금전채무가 "기한이 도래"한 경우, 이는 "다툼이 없는 채무의 이행"으로서 대리인은 본인의 허락 없이 그 채무를 변제할 수 있다. 반대로 기한이 "미도래한 채무의 이행"은 다툼이 있는 채무로서 본인의 허락 없이 채무의 이행을 할 수 없다.
② 금전소비대차계약과 그 담보를 위한 담보권설정계약을 체결할 권한이 있는 임의대리인은 특별한 사정이 없는 한 계약을 해제할 권한까지 갖는 것은 아니다. 대리인이 해제를 하려면 본인으로부터 특별수권을 얻어야 한다(대판 1987.4.28, 85다카971).
④ 대리인이 여러 명인 경우 수권행위로 달리 정하지 않는 한 각자대리가 원칙이다.
⑤ 권한을 정하지 않은 대리인은 보존행위, 이용행위, 개량행위를 할 수 있다.

정답 | 01 ⑤ 02 ①

03 대리인에 관한 설명으로 틀린 것은? (다툼이 있으면 판례에 따름) 제24회

① 복대리인은 그 권한 내에서 대리인의 이름으로 법률행위를 한다.
② 수권행위로 권한을 정하지 않은 경우, 대리인은 대리의 목적인 물건이나 권리의 성질이 변하지 않는 범위에서 그 이용행위를 할 수 있다.
③ 대리인은 그 권한 내에서 사자를 사용할 수 있으며, 이때에는 복대리에 관한 규정이 적용되지 않는다.
④ 대리인에 대하여 성년후견이 개시되면 대리권은 소멸한다.
⑤ 대리인이 수인인 때에 법률이나 수권행위로 다른 정함이 없으면 각자 본인을 대리한다.

톺아보기

① 복대리인은 대리인의 대리인이 아니라 본인의 대리인이므로 "본인의 이름으로" 대리한다. 주의할 것은 복대리인의 "선임"은 대리인이 "대리인의 이름으로 한다"는 점이다. 그래서 복임행위는 대리행위가 아니다.
② 권한을 정하지 않은 대리인은 보존행위, 이용, 개량행위는 허용된다(제118조).
③ 사자는 효과의사결정을 본인이 하므로 대리인이 아니다. 그러므로 대리인이 전달기능을 하는 사자를 사용한 경우 복대리 규정은 적용되지 아니한다.

04 법률행위의 대리에 관한 설명으로 틀린 것은? 제29회

① 임의대리인은 원칙적으로 복임권이 없다.
② 복대리인은 그 권한 내에서 대리인을 대리한다.
③ 대리인이 다수인 경우에 원칙적으로 각자가 본인을 대리한다.
④ 대리권의 범위를 정하지 않은 경우, 대리인은 보존행위를 할 수 있다.
⑤ 제한능력자인 대리인이 법정대리인의 동의 없이 대리행위를 하더라도 법정대리인은 그 대리행위를 취소할 수 없다.

톺아보기

② 복대리인은 그 권한 내에서 대리인을 대리하는 것이 아니라 본인을 대리한다.
① 임의대리인은 원칙적으로 복임권이 없고 법정대리인은 언제나 복임권을 가진다.
⑤ 대리인은 행위능력자임을 요하지 아니한다(제117조). 제한능력자인 대리인이 법정대리인의 동의 없이 대리행위를 하더라도 법정대리인은 그 대리행위를 취소할 수 없다(甲이 미성년자 乙에게 대리권을 주었고, 乙이 이미 대리행위를 했을 때 그 대리행위는 본인 甲이 취소할 수 없고, 대리인 乙도 취소할 수 없고, 乙의 법정대리인도 취소할 수 없다).

05 대리에 관한 설명으로 틀린 것은? (다툼이 있으면 판례에 따름) 제25회

① 대리인이 파산선고를 받아도 그의 대리권은 소멸하지 않는다.
② 대리인이 수인인 때에는 원칙적으로 각자가 본인을 대리한다.
③ 대리인은 본인의 허락이 있으면 당사자 쌍방을 대리할 수 있다.
④ 대리인의 대리권 남용을 상대방이 알았거나 알 수 있었을 경우, 대리행위는 본인에게 효력이 없다.
⑤ 매매계약을 체결할 대리권을 수여받은 대리인은 특별한 사정이 없는 한 중도금과 잔금을 수령할 권한이 있다.

톺아보기

① 본인은 사망뿐이나 대리인은 사망, 성년후견의 개시, 파산선고를 받아도 대리권은 소멸한다(제127조).
② 대리인이 수인인 때는 원칙적으로 공동대리가 아니라 '각자가 본인을 대리'한다(제119조).
③ 대리인은 자기계약이나 쌍방대리가 금지되나 본인의 허락이 있으면 쌍방을 대리할 수 있다.
④ 대리권 남용이론 – 대리인의 대리권 남용을 '상대방이 알았거나 알 수 있었을 경우', 비진의 표시 단서를 유추적용하여 대리행위는 본인에게 효력이 없다(대판 1997.12.26, 97다39421).
⑤ 매매계약을 체결할 대리권을 수여받은 대리인은 특별한 사정이 없는 한 해제권은 없으나 중도금과 잔금을 수령할 권한이 있다(대판 1994.2.8, 93다39379).

06 「민법」상 대리에 관한 설명으로 옳은 것은? (다툼이 있으면 판례에 따름) 제33회

① 임의대리인이 수인(數人)인 경우, 대리인은 원칙적으로 공동으로 대리해야 한다.
② 대리행위의 하자로 인한 취소권은 원칙적으로 대리인에게 귀속된다.
③ 대리인을 통한 부동산거래에서 상대방 앞으로 소유권이전등기가 마쳐진 경우, 대리권 유무에 대한 증명책임은 대리행위의 유효를 주장하는 상대방에게 있다.
④ 복대리인은 대리인이 자신의 이름으로 선임한 대리인의 대리인이다.
⑤ 법정대리인은 특별한 사정이 없는 한 그 책임으로 복대리인을 선임할 수 있다.

정답 | 03 ① 04 ② 05 ① 06 ⑤

톺아보기

⑤ 법정대리인은 언제나 자기책임하에 복대리인을 선임할 수 있다. 그 경우 무과실 책임이 부과된다.

[오답해설]
① 대리인이 여러 명인 경우 각자대리가 원칙이다.
★ ② 대리행위의 하자로 인한 취소권, 해제권은 원칙적으로 대리인이 아니라 본인에게 귀속된다.
③ 대리인을 통한 부동산거래에서 상대방 앞으로 소유권이전등기가 마쳐진 경우, 대리권 유무에 대한 증명책임은 대리행위의 무효를 주장하는 본인에게 있다.
④ 복대리인은 대리인이 자신의 이름으로 선임한 본인의 대리인이다.

대리제도의 사례문제

07 甲의 대리인 乙은 甲 소유의 부동산을 丙에게 매도하기로 약정하였다. 다음 설명 중 틀린 것은? (다툼이 있으면 판례에 따름)   제24회

① 乙은 특별한 사정이 없으면 丙으로부터 계약금을 수령할 권한이 있다.
② 乙이 丙의 기망행위로 매매계약을 체결한 경우, 甲은 이를 취소할 수 있다.
③ 乙이 매매계약서에 甲의 이름을 기재하고 甲의 인장을 날인한 때에도 유효한 대리행위가 될 수 있다.
④ 乙이 매매계약을 체결하면서 甲을 위한 것임을 표시하지 않은 경우, 특별한 사정이 없으면 그 의사표시는 자기를 위한 것으로 본다.
⑤ 만일 乙이 미성년자인 경우, 甲은 乙이 제한능력자임을 이유로 매매계약을 취소할 수 있다.

톺아보기

⑤ 본인이 스스로 미성년자(제한능력자)를 대리인으로 선임한 것은 자신의 결정이고 자신의 책임이므로 자기결정, 자기책임의 원리상 스스로 이를 감수하는 것이 당연하므로 '대리인의 제한능력자임을 이유'로 이미 이루어진 '대리행위인 매매계약을 취소할 수 없다.
① 계약체결의 대리인은 특별한 사정이 없는 한 계약금, 잔대금 수령권한이 있다.
② 대리행위의 하자표준은 대리인이고 대리인이 사기를 당한 경우 취소권자는 본인이므로 본인은 대리행위를 취소할 수 있다.
③ 서명대리로서 유효한 대리행위를 인정하므로 본인에게 효력이 있다.
④ 대리인이 현명하지 않은 경우 대리인을 위한 것으로 추정이 아니라 간주한다(본다).

08
甲은 자신의 X토지를 매도하기 위해 乙에게 대리권을 수여하였고, 乙은 甲을 위한 것임을 표시하고 X토지에 대하여 丙과 매매계약을 체결하였다. 다음 설명 중 **틀린** 것은? (다툼이 있으면 판례에 따름)   제29회

① 乙은 특별한 사정이 없는 한 丙으로부터 매매계약에 따른 중도금이나 잔금을 수령할 수 있다.
② 丙이 매매계약을 적법하게 해제한 경우, 丙은 乙에게 손해배상을 청구할 수 있다.
③ 丙의 채무불이행이 있는 경우, 乙은 특별한 사정이 없는 한 계약을 해제할 수 없다.
④ 丙이 매매계약을 적법하게 해제한 경우, 그 해제로 인한 원상회복의무는 甲과 丙이 부담한다.
⑤ 만약 甲이 매매계약의 체결과 이행에 관하여 포괄적 대리권을 수여한 경우, 乙은 특별한 사정이 없는 한 약정된 매매대금 지급기일을 연기해 줄 권한도 가진다.

톺아보기

논점 대리에서 계약해제된 경우 원상회복의무와 손해배상책임을 부담하는 자는 누구인가?

★ ② 계약상 채무불이행을 이유로 계약이 상대방 당사자에 의하여 유효하게 해제되었다면, 해제로 인한 원상회복의무와 손해배상책임을 부담하는 자는 대리인이 아니라 계약의 당사자인 본인이다(대판 2011.8.18, 2011다30871). 계약을 해제한 丙은 대리인 乙이 아니라 본인 甲에게 손해배상을 청구하여야 한다.
③ 丙의 채무불이행이 있는 경우 대리인 乙은 계약을 해제할 수 없고, 본인 甲이 해제권을 가진다.
④ 丙이 매매계약을 적법하게 해제한 경우, 그 해제로 인한 원상회복의무는 대리인이 아니라 본인 甲과 丙이 부담한다.

09
甲은 자신의 X토지를 매도하기 위하여 乙에게 대리권을 수여하였다. 다음 설명 중 **틀린** 것은? (다툼이 있으면 판례에 따름)   제30회

① 乙이 한정후견개시의 심판을 받은 경우, 특별한 사정이 없는 한 乙의 대리권은 소멸한다.
② 乙은 甲의 허락이 있으면 甲을 대리하여 자신이 X토지를 매수하는 계약을 체결할 수 있다.
③ 甲은 특별한 사정이 없는 한 언제든지 乙에 대한 수권행위를 철회할 수 있다.
④ 甲의 수권행위는 불요식행위로서 묵시적인 방법에 의해서도 가능하다.
⑤ 乙은 특별한 사정이 없는 한 대리행위를 통하여 체결된 X토지 매매계약에 따른 잔금을 수령할 권한도 있다.

정답 | 07 ⑤ 08 ② 09 ①

톺아보기

乙의 사망, 성년후견개시심판, 파산으로는 대리권이 소멸하나 한정후견개시의 심판을 받은 경우, 특별한 사정이 없는 한 乙의 대리권의 소멸사유가 아니다.

10 상 중 하

甲은 자신의 X부동산의 매매계약체결에 관한 대리권을 그에게 수여하였고, 乙은 甲을 대리하여 丙과 매매계약을 체결하였다. 이에 관한 설명으로 옳은 것은? (다툼이 있으면 판례에 따름)

제31회

① 계약이 불공정한 법률행위인지가 문제된 경우, 매도인의 경솔, 무경험 및 궁박상태의 여부는 乙을 기준으로 판단한다.
② 乙은 甲의 승낙이나 부득이한 사유가 없더라도 복대리인을 선임할 수 있다.
③ 乙이 丙으로부터 대금 전부를 지급받고 아직 甲에게 전달하지 않았더라도 특별한 사정이 없는 한 丙의 대금지급의무는 변제로 소멸한다.
④ 乙의 대리권은 특별한 사정이 없는 한 丙과의 계약을 해제할 권한을 포함한다.
⑤ 乙이 미성년자인 경우, 甲은 乙이 제한능력자임을 이유로 계약을 취소할 수 있다.

톺아보기

③ 대리인 乙은 수령권한을 가지므로 丙으로부터 대금 전부를 지급받고 아직 甲에게 전달하지 않았더라도 대리행위의 효과는 본인에게 귀속하므로 丙의 대금지급의무는 변제로 소멸한다.

[오답해설]
① 경솔, 무경험은 대리인 기준, 궁박은 본인이 기준이다.
② 임의대리인 乙은 甲의 승낙이나 부득이한 사유가 있어야 복대리인을 선임할 수 있다.
④ 乙의 대리권의 범위에는 해제권을 포함하지 않는다.

11 甲은 그 소유의 X건물을 매도하기 위하여 乙에게 대리권을 수여하였다. 이에 관한 설명으로 **틀린** 것은? (다툼이 있으면 판례에 따름) 제33회

① 乙이 사망하면 특별한 사정이 없는 한 乙의 상속인에게 그 대리권이 승계된다.
② 乙은 특별한 사정이 없는 한 X건물의 매매계약에서 약정한 중도금이나 잔금을 수령할 수 있다.
③ 甲의 수권행위는 묵시적인 의사표시에 의하여도 할 수 있다.
④ 乙이 대리행위를 하기 전에 甲이 그 수권행위를 철회한 경우, 특별한 사정이 없는 한 乙의 대리권은 소멸한다.
⑤ 乙은 甲의 허락이 있으면 甲을 대리하여 자신을 X건물의 매수인으로 하는 계약을 체결할 수 있다.

톺아보기

대리인의 사망, 성년후견의 개시, 파산으로 대리권은 소멸한다. 대리인이 사망한 경우 그 상속인에게 대리권이 승계되지 아니한다.

12 甲으로부터 甲 소유의 X토지의 매도 대리권을 수여받은 乙은 甲을 대리하여 丙과 X토지에 대한 매매계약을 체결하였다. 다음 설명 중 **틀린** 것은? (다툼이 있으면 판례에 따름) 제34회

① 乙은 특별한 사정이 없는 한 매매잔금의 수령 권한을 가진다.
② 丙의 채무불이행이 있는 경우, 특별한 사정이 없는 한 乙은 매매계약을 해제할 수 없다.
③ 매매계약의 해제로 인한 원상회복의무는 甲과 丙이 부담한다.
④ 丙이 매매계약을 해제한 경우, 丙은 乙에게 채무불이행으로 인한 손해배상을 청구할 수 없다.
⑤ 乙이 자기의 이익을 위하여 배임적 대리행위를 하였고 丙도 이를 안 경우, 乙의 대리행위는 甲에게 효력을 미친다.

정답 | 10 ③ 11 ① 12 ⑤

톺아보기

⑤ 대리인이 대리권을 남용하여 배임적 대리행위를 한 경우, 상대방이 이를 알았거나 알 수 있었을 경우 본인에게는 대리행위는 효력이 없다(비진의 표시 단서 유추적용).
① 매매계약체결에 관한 대리권한을 수여받은 대리인 乙은 특별한 사정이 없는 한 매매잔금의 수령 권한을 가진다.
② 丙의 채무불이행이 있는 경우, 대리인 乙은 매매계약을 해제권을 행사할 수 없다.
③ 매매계약의 해제로 인한 원상회복의무는 대리인이 아니라 본인 甲과 丙이 부담한다.
④ 丙이 매매계약을 해제한 경우, 해제로 인한 원상회복의무와 손해배상책임은 본인이 부담하므로 丙은 대리인 乙에게 채무불이행으로 인한 손해배상을 청구할 수 없다.

---

13 甲은 자신의 토지에 관한 매매계약 체결을 위해 乙에게 대리권을 수여하였고, 乙은 甲의 대리인으로서 丙과 매매계약을 체결하였다. 다음 설명 중 옳은 것을 모두 고른 것은? (다툼이 있으면 판례에 따름) 제35회

> ㉠ 乙은 원칙적으로 복대리인을 선임할 수 있다.
> ㉡ 乙은 특별한 사정이 없는 한 계약을 해제할 권한이 없다.
> ㉢ 乙이 丙에게 甲의 위임장을 제시하고 계약을 체결하면서 계약서상 매도인을 乙로 기재한 경우, 특별한 사정이 없는 한 甲에게 그 계약의 효력이 미치지 않는다.

① ㉡   ② ㉢   ③ ㉠, ㉡
④ ㉠, ㉢   ⑤ ㉡, ㉢

톺아보기

옳은 것은 ㉡이다.
㉠ 乙은 임의대리인이므로 부득이한 사유 없이는 원칙적으로 복대리인을 선임할 수 없다(제120조).
㉡ 乙은 특별한 사정이 없는 한 계약을 해제할 권한이 없다(대판 2011.8.18, 2011다30871).
㉢ 대리인이 대리관계 표시 없이 대리인의 이름으로 계약을 체결하였으나 매매위임장을 제시하고 매매계약을 체결한 경우 특단의 사정이 없는 한 소유자를 대리하여 매매행위를 하는 것이므로 甲에게 그 계약의 효력이 미친다(대판 1982.5.25, 81다1349).

복대리

14 복대리에 관한 설명으로 틀린 것은? (다툼이 있으면 판례에 따름)   제30회

① 복대리인은 본인의 대리인이다.
② 임의대리인이 본인의 승낙을 얻어서 복대리인을 선임한 경우, 본인에 대하여 그 선임감독에 관한 책임이 없다.
③ 대리인이 복대리인을 선임한 후 사망한 경우 특별한 사정이 없는 한 그 복대리권도 소멸한다.
④ 복대리인의 대리행위에 대하여도 표현대리에 관한 규정이 적용될 수 있다.
⑤ 법정대리인은 부득이한 사유가 없더라도 복대리인을 선임할 수 있다.

톺아보기

논점 복대리의 원리를 아는가?
★ 임의대리인이 본인의 승낙이나 부득이한 사유로 복대리인을 선임한 경우, 본인에 대하여 그 선임감독에 관한 책임을 부담한다.

15 甲은 자기 소유 X토지를 매도하기 위해 乙에게 대리권을 수여하였다. 이후 乙은 丙을 복대리인으로 선임하였고, 丙은 甲을 대리하여 X토지를 매도하였다. 이에 관한 설명으로 옳은 것은? (다툼이 있으면 판례에 따름)   제32회

① 丙은 甲의 대리인임과 동시에 乙의 대리인이다.
② X토지의 매매계약이 갖는 성질상 乙에 의한 처리가 필요하지 않다면, 특별한 사정이 없는 한 丙의 선임에 관하여 묵시적 승낙이 있는 것으로 보는 것이 타당하다.
③ 乙이 甲의 승낙을 얻어 丙을 선임한 경우 乙은 甲에 대하여 그 선임감독에 관한 책임이 없다.
④ 丙을 적법하게 선임한 후 X토지 매매계약 전에 甲이 사망한 경우, 특별한 사정이 없다면 丙의 대리권은 소멸하지 않는다.
⑤ 만일 대리권이 소멸된 乙이 丙을 선임하였다면, X토지 매매에 대하여「민법」제129조에 의한 표현대리의 법리가 적용될 여지가 없다.

정답 | 13 ① 14 ② 15 ②

톺아보기

② 법률행위의 성질상 대리인 자신에 의한 처리가 필요로 하지 아니한 경우, 특별한 사정이 없는 한 본인이 복대리 금지의사를 명시하지 않는 한 복대리의 선임에 관하여 묵시적 승낙이 있는 것으로 보는 것이 타당하다(대판 1996.1.26, 94다30690).
1. 甲이 채권자를 특정하지 아니하고 X부동산을 담보로 제공하여 乙에게 금원의 차용을 위임하였고, 대리인 乙이 다시 이를 丙에게 위임하였으며 丙은 丁에게 X부동산을 담보로 제공하여 금원을 차용하여 乙에게 교부하였을 경우, 甲이 乙에게 '금원차용의 사무를 위임'한 의사에는 "복대리 선임에 관한 본인의 승낙"이 묵시적으로 포함되었다(대판 1993.8.27, 93다21156).
2. 반면에 '아파트의 분양업무'는 그 성질상 분양을 위임받은 자의 능력에 따라 그 분양사업의 성공여부가 결정되는 사무이므로 "본인의 명시적인 승낙 없이는" 복대리인을 선임할 수 없다(대판 1999.9.3, 97다56099).

오답해설

① 복대리인 丙은 甲의 대리인이다.
③ 임의대리인 乙이 본인의 승낙을 얻거나 부득이한 사유로 복대리인을 선임한 경우, 선임, 감독상 책임을 부담한다.
④ 본인 甲이 사망한 경우 丙의 복대리권도 소멸한다.
⑤ 대리권 소멸한 후 乙이 복대리인 丙을 선임하였다면, 제129조의 대리권 소멸 후의 표현대리가 성립한다.

---

16 복대리에 관한 설명으로 틀린 것은? (특별한 사정은 없으며, 다툼이 있으면 판례에 따름)

제34회

① 복대리인은 행위능력자임을 요하지 않는다.
② 복대리인은 본인에 대하여 대리인과 동일한 권리의무가 있다.
③ 법정대리인은 그 책임으로 복대리인을 선임할 수 있다.
④ 대리인의 능력에 따라 사업의 성공여부가 결정되는 사무에 대해 대리권을 수여받은 자는 본인의 묵시적 승낙으로도 복대리인을 선임할 수 있다.
⑤ 대리인이 대리권 소멸 후 선임한 복대리인과 상대방 사이의 법률행위에도 「민법」제129조의 표현대리가 성립할 수 있다.

톺아보기

④ 아파트의 분양업무는 그 성질상 분양을 위임받은 자의 능력에 따라 그 분양사업의 성공 여부가 결정되는 사무이므로 본인의 명시적인 승낙 없이는 복대리인을 선임할 수 없다(대판 1999.9.3, 97다56099).
① 복대리인은 본인의 대리인이므로 행위능력자임을 요하지 않는다.
② 복대리인은 본인에 대하여 대리인과 동일한 권리의무가 있다(제123조 제2항).
③ 법정대리인은 그 책임으로 복대리인을 선임할 수 있다(제122조).
⑤ 대리인이 대리권 소멸 후 선임한 복대리인과 상대방 사이의 법률행위에도 상대방이 대리권의 소멸에 대하여 선의이고 무과실이면 「민법」제129조의 표현대리가 성립할 수 있다.

협의의 무권대리

17 협의의 무권대리에 관한 설명으로 틀린 것을 모두 고른 것은? (다툼이 있으면 판례에 따름)
제23회

㉠ 상대방이 무권대리인의 동의를 얻어 단독행위를 한 경우, 본인은 이를 추인할 수 있다.
㉡ 무권대리행위의 추인은 다른 의사표시가 없는 한, 소급효가 인정되지 않는다.
㉢ 무권대리에 의한 계약의 추인은 그 대리행위로 인한 권리의 승계인에게도 할 수 있다.
㉣ 무권대리행위는 그 효력이 불확정상태에 있다가 본인의 추인 유무에 따라 본인에 대한 효력발생 여부가 결정된다.
㉤ 무권대리행위의 추인과 추인거절의 의사표시는 무권대리인에게 할 수 없다.

① ㉠, ㉡   ② ㉡, ㉣   ③ ㉡, ㉤
④ ㉢, ㉣   ⑤ ㉠, ㉣, ㉤

톺아보기

틀린 것은 ㉡㉤이다.
㉠ 상대방이 무권대리인의 동의를 얻어 단독행위(계약의 해제)를 한 경우, 전6조의 규정을 준용하므로(제136조) 본인은 이를 추인할 수 있다.
㉡ 무권대리행위의 추인은 다른 의사표시가 없는 한, 계약시로 소급효가 인정된다. 이 점에서 무효행위의 추인(비소급효)과 구별된다.
㉢ 무권대리에 의한 계약의 추인은 상대방 및 그 대리행위로 인한 권리의 승계인에게도 할 수 있다(판례).
㉣ 무권대리행위는 그 효력이 불확정상태에 있다가 본인의 추인 유무에 따라 본인에 대한 효력발생 여부가 결정된다(유동적 무효상태).
㉤ 무권대리행위의 추인과 추인거절의 의사표시는 무권대리인, 상대방에게도 할 수 있다.

18. 대리권 없는 자가 타인의 대리인으로 한 계약에 관한 설명으로 틀린 것은? (표현대리는 고려하지 않음)
제27회

① 본인이 이를 추인하지 아니하면 본인에 대하여 효력이 없다.
② 상대방은 상당한 기간을 정하여 본인에게 그 추인여부의 확답을 최고할 수 있고, 본인이 그 기간 내에 확답을 발하지 아니한 때에는 추인을 거절한 것으로 본다.
③ 무권대리인의 상대방은 계약 당시에 대리권 없음을 안 경우 계약의 이행을 청구할 수 있다.
④ 추인은 다른 의사표시가 없는 때에는 계약시에 소급하여 그 효력이 생기지만 제3자의 권리를 해하지 못한다.
⑤ 계약 당시에 대리권 없음을 안 상대방은 계약을 철회할 수 없다.

톺아보기

③ 무권대리행위는 본인이 추인하지 않는 한 본인에게 효력이 없으므로 상대방은 본인에게 계약의 이행을 청구할 수 없다(제130조).
① 본인이 이를 추인하지 아니하면 본인에 대하여 효력이 없다(본인이 추인하기 전에는 유동적 무효이다).
② 본인이 최고를 받고 기간 내에 확답이 없으면 추인을 거절한 것으로 본다(제131조).
④ 무권대리의 추인은 다른 의사표시가 없는 때에는 계약시에 소급하여 그 효력이 생기지만 제3자의 권리를 해하지 못한다(제133조).
⑤ 계약 당시에 대리권 없음을 알고 있는 악의인 상대방은 계약을 철회할 수 없다. 철회권은 선의이어야 인정된다(제134조).

19. 무권대리에 관한 설명으로 옳은 것은? (다툼이 있으면 판례에 따름)
제26회

① 무권대리행위의 일부에 대한 추인은 상대방의 동의를 얻지 못하는 한 효력이 없다.
② 무권대리행위를 추인한 경우 원칙적으로 추인한 때로부터 유권대리와 마찬가지의 효력이 생긴다.
③ 무권대리행위의 추인의 의사표시는 본인이 상대방에게 하지 않으면, 상대방이 그 사실을 알았더라도 상대방에게 대항하지 못한다.
④ 무권대리인의 계약상대방은 계약 당시 대리권 없음을 안 경우에도 본인에 대해 계약을 철회할 수 있다.
⑤ 무권대리행위가 무권대리인의 과실없이 제3자의 기망 등 위법행위로 야기된 경우, 특별한 사정이 없는 한 무권대리인은 상대방에게 책임을 지지 않는다.

톺아보기

★ ① 무권대리행위의 추인은 형성권으로서 상대방의 승낙을 요하지 않는 단독행위로서 전부에 대하여 해야 하고, '일부에 대한 추인, 변경을 가한 추인'은 상대방의 동의를 얻지 못하는 한 효력이 없다(대판 1982.1.26, 81다카549).

오답해설

② 무권대리의 추인은 계약시로 소급하여 효력이 있다(제133조). 반면에 무효행위의 추인(비소급효)은 추인한 때부터 유효로 된다.
③ 무권대리행위의 추인의 의사표시는 본인이 상대방에게 하지 않으면, 상대방이 그 사실을 알지 못한 경우에는 상대방에게 대항하지 못한다. 반면에 상대방이 이를 알았을 때에는 추인이 있었음을 대항할 수 있다(제132조).
④ 철회는 상대방이 선의일 때만 허용되나, 최고는 선의·악의 모두 인정된다(제134조).
⑤ 무권대리인의 책임은 과실책임이 아니라 무권대리인 자신에게 과실이 있든 없든 책임지는 무과실책임이다. 무권대리인의 무권대리행위가 제3자의 기망이나 문서위조로 야기된 경우라고 하더라도 무권대리인의 책임은 부정되지 아니한다(대판 2014.2.27, 2013다213038).

무권대리의 사례문제

20 대리권 없는 乙이 甲을 대리하여 丙에게 甲 소유의 토지를 매도하였다. 다음 설명 중 틀린 것은? (다툼이 있으면 판례에 따름) 제28회

① 乙이 甲을 단독상속한 경우, 乙은 본인의 지위에서 추인거절권을 행사할 수 없다.
② 乙과 계약을 체결한 丙은 甲의 추인의 상대방이 될 수 없다.
③ 甲의 추인은 그 무권대리행위가 있음을 알고 이를 추인하여야 그 행위의 효과가 甲에게 귀속된다.
④ 甲이 乙에게 추인한 경우에 丙이 추인이 있었던 사실을 알지 못한 때에는 甲은 丙에게 추인의 효과를 주장하지 못한다.
⑤ 만약 乙이 미성년자라면, 甲이 乙의 대리행위에 대해 추인을 거절하였더라도 丙은 乙에 대해 계약의 이행이나 손해배상을 청구할 수 없다.

톺아보기

② 추인은 무권대리인, 무권대리행위의 상대방, 무권대리행위로 인한 법률관계의 승계인에게도 할 수 있다(대판 1981.4.14, 80다2314).
① 무권대리인 乙이 본인 甲을 단독상속한 경우, 무권대리인은 상대방에게 소유권이전등기 의무를 부담하게 되는데 상속을 통하여 등기의무가 가능하게 된 무권대리인 乙이 본인의 지위에서 추인거절권을 행사하거나 부동산의 점유로 인한 부당이득반환을 청구하는 것은 신의칙에 반하므로 허용할 수 없다(대판 1994.9.27, 94다20617).
⑤ 만약 무권대리인 乙이 제한능력자(미성년자)라면, 甲이 乙의 대리행위에 대해 추인을 거절하였더라도 상대방 丙은 乙에 대해 계약의 이행이나 손해배상을 청구할 수 없다(제135조).

정답 | 18 ③ 19 ① 20 ②

21

대리권 없는 乙이 甲을 대리하여 甲의 토지에 대한 임대차계약을 丙과 체결하였다. 다음 설명 중 틀린 것은? (다툼이 있으면 판례에 따름) 제30회

① 위 임대차계약은 甲이 추인하지 아니하면, 특별한 사정이 없는 한 甲에 대하여 효력이 없다.
② 甲은 위 임대차계약을 묵시적으로 추인할 수 있다.
③ 丙이 계약 당시에 乙에게 대리권 없음을 알았던 경우에는 丙의 甲에 대한 최고권이 인정되지 않는다.
④ 甲이 임대기간을 단축하여 위 임대차계약을 추인한 경우, 丙의 동의가 없는 한 그 추인은 무효이다.
⑤ 甲이 추인하면, 특별한 사정이 없는 한 위 임대차계약은 계약시에 소급하여 효력이 생긴다.

톺아보기

丙이 계약 당시에 乙에게 대리권 없음을 알았던 경우에도 丙의 甲에 대한 최고권이 인정된다. 반면에 철회권은 선의이어야 인정된다.

22

행위능력자 乙은 대리권 없이 甲을 대리하여 甲이 보유하고 있던 매수인의 지위를 丙에게 양도하기로 약정하고, 이에 丙은 乙에게 계약금을 지급하였다. 乙은 그 계약금을 유흥비로 탕진하였다. 이에 관한 설명으로 틀린 것은? (단, 표현대리는 성립하지 않으며, 다툼이 있으면 판례에 따름) 제32회

① 매수인의 지위 양도계약 체결 당시 乙의 무권대리를 모른 丙은 甲의 추인이 있을 때까지 계약을 철회할 수 있다.
② 丙이 계약을 유효하게 철회하면, 무권대리행위는 확정적으로 무효가 된다.
③ 丙이 계약을 유효하게 철회하면, 丙은 甲을 상대로 계약금 상당의 부당이득반환을 청구할 수 있다.
④ 丙이 계약을 철회한 경우, 甲이 그 철회의 유효를 다투기 위해서는 乙에게 대리권이 없음을 丙이 알았다는 것에 대해 증명해야 한다.
⑤ 丙의 계약 철회 전 甲이 사망하고 乙이 단독상속인이 된 경우, 乙이 선의·무과실인 丙에게 추인을 거절하는 것은 신의칙에 반한다.

톺아보기

丙이 계약을 유효하게 철회하면, 계약은 확정적 무효로 되고 그때 丙은 실질적 이익을 얻은 상대방, 즉 乙을 상대로 계약금 상당의 부당이득반환을 청구할 수 있다. 제741조 이하에서 정하는 부당이득제도는 이득자의 재산상 이득이 법률상 원인을 갖지 못한 경우에 공평·정의의 이념에 근거하여 이득자에게 반환의무를 부담시키는 것이므로, 이득자(문제의 사안에서 본인)에게 실질적으로 이득이 귀속된 바 없다면 본인에게 부당이득반환의무를 부담시킬 수 없다(대판 2017.6.29, 2017다213838).

23

무권대리인 乙이 甲을 대리하여 甲 소유의 X부동산을 丙에게 매도하는 계약을 체결하였다. 이에 관한 설명으로 옳은 것을 모두 고른 것은? (다툼이 있으면 판례에 따름)

제31회

> ㉠ 乙이 甲을 단독상속한 경우, 본인 甲의 지위에서 추인을 거절하는 것은 신의성실의 원칙에 반한다.
> ㉡ 丙이 상당한 기간을 정하여 甲에게 추인 여부의 확답을 최고한 경우, 甲이 그 기간 내에 확답을 발하지 않은 때에는 추인을 거절한 것으로 본다.
> ㉢ 丙이 甲을 상대로 제기한 매매계약의 이행청구 소송에서 丙이 乙의 유권대리를 주장한 경우, 그 주장 속에는 표현대리의 주장도 포함된다.
> ㉣ 매매계약을 원인으로 丙 명의로 소유권이전등기가 된 경우, 甲이 무권대리를 이유로 그 등기의 말소를 청구하는 때에는 丙은 乙의 대리권의 존재를 증명할 책임이 있다.

① ㉠, ㉡
② ㉠, ㉢
③ ㉢, ㉣
④ ㉠, ㉡, ㉣
⑤ ㉡, ㉢, ㉣

톺아보기

옳은 것은 ㉠㉡이다.
㉠ 본인 甲의 지위에서 추인을 거절하는 것은 신의성실의 원칙에 반한다.
㉡ 丙이 추인 여부의 확답을 최고한 경우, 甲이 확답을 발하지 않은 때에는 추인을 거절한 것으로 본다.
㉢ 丙이 乙의 유권대리를 주장한 경우, 그 주장 속에는 표현대리의 주장이 포함된다고 볼 수 없다.
㉣ 甲이 무권대리를 이유로 그 등기의 말소를 청구하는 때에는 무권대리로 무효임을 주장하는 자가 무효사유를 입증하여야 한다.

정답 | 21 ③ 22 ③ 23 ①

24 대리권 없는 甲은 乙 소유의 X부동산에 관하여 乙을 대리하여 丙과 매매계약을 체결하였고, 丙은 甲이 무권대리인이라는 사실에 대하여 선의·무과실이었다. 이에 관한 설명으로 틀린 것은? (다툼이 있으면 판례에 따름) 제33회

① 丙이 乙에 대하여 상당한 기간을 정하여 추인여부를 최고하였으나 그 기간 내에 乙이 확답을 발하지 않은 때에는 乙이 추인한 것으로 본다.
② 乙이 甲에 대해서만 추인의 의사표시를 하였더라도 丙은 乙의 甲에 대한 추인이 있었음을 주장할 수 있다.
③ 乙이 甲에게 매매계약을 추인하더라도 그 사실을 알지 못하고 있는 丙은 매매계약을 철회할 수 있다.
④ 乙이 丙에 대하여 추인하면 특별한 사정이 없는 한, 추인은 매매계약 체결시에 소급하여 그 효력이 생긴다.
⑤ 乙이 丙에게 추인을 거절한 경우, 甲이 제한능력자가 아니라면 甲은 丙의 선택에 따라 계약을 이행할 책임 또는 손해를 배상할 책임이 있다.

톺아보기

논점 무권대리의 법리를 사례에 정확히 적용할 줄 아는가?
무권대리의 상대방이 상당한 기간을 정하여 본인에게 추인여부의 확답을 최고한 경우 본인이 기간 내에 확답을 발하지 아니한 때에는 추인을 거절한 것으로 본다(제131조).

---

25 무권대리인 乙이 甲을 대리하여 甲 소유의 X토지를 丙에게 매도하는 계약을 체결하였다. 다음 설명 중 옳은 것은? (다툼이 있으면 판례에 따름) 제34회

① 위 매매계약이 체결된 후에 甲이 X토지를 丁에게 매도하고 소유권이전등기를 마쳤다면, 甲이 乙의 대리행위를 추인하더라도 丁은 유효하게 그 소유권을 취득한다.
② 乙이 甲을 단독상속한 경우, 특별한 사정이 없는 한 乙은 본인의 지위에서 추인을 거절할 수 있다.
③ 甲의 단독상속인 戊는 丙에 대해 위 매매계약을 추인할 수 없다.
④ 丙은 乙과 매매계약을 체결할 당시 乙에게 대리권이 없음을 안 경우에도 甲의 추인이 있을 때까지 그 매매계약을 철회할 수 있다.
⑤ 甲이 乙의 대리행위에 대하여 추인을 거절하면, 乙이 미성년자라도 丙은 乙에 대해 손해배상을 청구할 수 있다.

톺아보기

① 무권대리행위를 추인하면 계약시로 소급하여 효력이 생기나 제3자의 권리를 해하지 못한다. 위 무권대리행위로 매매계약이 체결된 후에 甲이 X토지를 제3자 丁에게 매도하고 소유권이전등기를 마쳤다면, 甲이 乙의 대리행위를 추인하면 무권대리행위는 계약시로 소급하더라도 이미 X토지에 대하여 甲으로부터 매매를 하여 소유권을 제3자 丁이 취득하였으므로 무권대리행위의 추인은 소급하여 효력이 생기더라도 제3자 丁의 소유권 취득을 해하지 못하게 된다. 즉, 제3자 丁은 甲으로부터 X토지를 유효하게 소유권을 취득한다.

[오답해설]
② 乙이 甲을 단독상속한 경우, 특별한 사정이 없는 한 乙은 본인의 지위에서 추인을 거절하는 것은 신의칙에 위반되므로 허용할 수 없다.
③ 甲의 단독상속인 戊는 본인의 지위를 승계하므로 본인의 지위에서 丙에 대해 위 매매계약을 추인하거나 추인거절 중 단독상속인이 선택할 수 있다.
④ 丙은 乙과 매매계약을 체결할 당시 乙에게 대리권이 없음을 안 경우(악의인 경우) 그 매매계약을 철회할 수 없다.
⑤ 乙이 미성년자라면 丙은 乙에 대해 손해배상을 청구할 수 없다.

26 계약의 무권대리에 관한 설명으로 옳은 것은? (판례에 따름)   제35회
상**중**하

① 본인이 추인하면 특별한 사정이 없는 한 그때부터 계약의 효력이 생긴다.
② 본인의 추인의 의사표시는 무권대리행위로 인한 권리의 승계인에 대하여는 할 수 없다.
③ 계약 당시 무권대리행위임을 알았던 상대방은 본인의 추인이 있을 때까지 의사표시를 철회할 수 있다.
④ 무권대리의 상대방은 상당한 기간을 정하여 본인에게 추인여부의 확답을 최고할 수 있고, 본인이 그 기간 내에 확답을 발하지 않으면 추인한 것으로 본다.
⑤ 본인이 무권대리행위를 안 후 그것이 자기에게 효력이 없다고 이의를 제기하지 않고 이를 장시간 방치한 사실만으로는 추인하였다고 볼 수 없다.

톺아보기

[오답해설]
① 본인이 무권대리행위를 추인하면 계약시로 소급하여 효력이 생긴다(제133조).
② 추인의 상대방은 무권대리인, 그 상대방, 그리고 법률관계의 승계인 등 누구에게나 추인할 수 있다(대판 1981.4.14, 80다2314).
③ 철회는 선의이어야 하므로 무권대리행위임을 알았던 상대방은 악의이므로 의사표시를 철회할 수 없다.
④ 본인이 그 기간 내에 확답을 발하지 않으면 추인을 거절한 것으로 본다(제131조).

정답 | 24 ① 25 ① 26 ⑤

표현대리 - 제126조

27 권한을 넘은 표현대리에 관한 설명으로 옳은 것은? (다툼이 있으면 판례에 따름)

제33회

① 기본대리권이 처음부터 존재하지 않는 경우에도 표현대리는 성립할 수 있다.
② 복임권이 없는 대리인이 선임한 복대리인의 권한은 기본대리권이 될 수 없다.
③ 대리행위가 강행규정을 위반하여 무효인 경우에도 표현대리는 성립할 수 있다.
④ 법정대리권을 기본대리권으로 하는 표현대리는 성립할 수 없다.
⑤ 상대방이 대리인에게 대리권이 있다고 믿을 만한 정당한 이유가 있는지의 여부는 대리행위 당시를 기준으로 판정한다.

톺아보기

⑤ 상대방이 대리인에게 대리권이 있다고 믿을 만한 정당한 이유가 있는지의 여부는 대리행위 당시를 기준으로 객관적으로 판정한다.

[오답해설]
① 기본대리권이 처음부터 존재하지 않는 경우에도 표현대리가 성립하는 것이 아니라 무권대리의 문제이다.
② 복임권이 없는 대리인이 선임한 복대리인의 권한도 제126조의 기본대리권의 흠결은 문제되지 아니한다.
③ 대리행위가 강행규정을 위반하여 무효인 경우에도 표현대리는 성립할 수 없다.
④ 법정대리권을 기본대리권으로 하는 표현대리는 성립할 수 있다.

28 甲은 乙에게 자신의 X토지에 대한 담보권설정의 대리권만을 수여하였으나, 乙은 X토지를 丙에게 매도하는 계약을 체결하였다. 다음 설명 중 옳은 것은? (다툼이 있으면 판례에 따름)

제29회

① 乙은 표현대리의 성립을 주장할 수 있다.
② 표현대리가 성립한 경우, 丙에게 과실이 있으면 과실상계하여 甲의 책임을 경감할 수 있다.
③ 丙은 계약체결 당시 乙에게 그 계약을 체결할 대리권이 없음을 알았더라도 계약을 철회할 수 있다.
④ X토지가 토지거래허가구역 내에 있는 경우, 토지거래허가를 받지 못해 계약이 확정적 무효가 되더라도 표현대리가 성립할 수 있다.
⑤ 乙이 X토지에 대한 매매계약을 甲 명의가 아니라 자신의 명의로 丙과 체결한 경우, 丙이 선의·무과실이더라도 표현대리가 성립할 여지가 없다.

톺아보기

★ ⑤ 본인으로부터 근저당설정의 대리권을 수여받은 대리인이 본인으로부터 받은 등기서류일체를 이용하여 자기 앞으로 소유권이전등기한 후 자기이름으로 매매를 한 경우 대리인에게는 대리관계의 표시가 전혀 없으므로 제126조의 표현대리를 주장할 수 없다(대판 1991.12.27, 91다3208).

[오답해설]
① 표현대리를 주장할 수 있는 자는 본인이나 표현대리인이 아니라 상대방이다.
② 표현대리가 성립한 경우, 상대방에게 과실이 있다고 하더라도 과실상계의 법리를 유추·적용하여 본인의 책임을 경감할 수 없다(대판 1996.7.12, 95다49554).
③ 丙의 철회권은 선의이어야 하므로 대리권이 없음을 알았다면 철회할 수 없다.
④ 표현대리는 대리행위가 유효해야 하므로 토지거래허가를 받지 못해 계약이 확정적 무효가 되면 표현대리가 성립할 수 없다.

표현대리의 종합

29 표현대리에 관한 설명으로 옳은 것은? (다툼이 있으면 판례에 따름) 제26회

① 상대방의 유권대리 주장에는 표현대리의 주장도 포함한다.
② 권한을 넘은 표현대리의 기본대리권은 대리행위와 같은 종류의 행위에 관한 것이어야 한다.
③ 권한을 넘은 표현대리의 기본대리권에는 대리인에 의하여 선임된 복대리인의 권한도 포함된다.
④ 대리권수여표시에 의한 표현대리에서 대리권수여표시는 대리권 또는 대리인이라는 표현을 사용한 경우에 한정된다.
⑤ 대리권소멸 후의 표현대리가 인정되고 그 표현대리의 권한을 넘는 대리행위가 있는 경우, 권한을 넘은 표현대리가 성립할 수 없다.

톺아보기

[논점] 표현대리의 종합적 이해를 하고 있는가?
③ 권한을 넘은 표현대리의 기본대리권에는 종류를 불문하고 인정되므로 '복대리인 선임권 없는 대리인이 선임한 복대리인'도 제126조의 기본대리권이 인정된다(대판 1998.3.27, 97다48982).

정답 | 27 ⑤ 28 ⑤ 29 ③

오답해설
① 상대방의 '유권대리 주장'에는 무권대리에 속하는 '표현대리의 주장'이 포함되지 않는다(대판 1990.3.27, 88다카181).
② 권한을 넘은 표현대리의 기본대리권은 대리행위와 같은 종류이지 아니하고 전혀 별개의 것이라도 무방하다(대판 1978.3.28, 78다282).
④ 제125조의 대리권수여표시에 의한 표현대리에서 대리권수여표시는 대리권 또는 대리인이라는 명칭을 반드시 사용하여야 하는 것이 아니고 본인의 직함이나 명칭사용을 묵인하여 묵시적인 대리권 수여표시가 있는 경우에도 제125조의 표현대리가 성립한다(대판 1998.6.12, 97다53762).
⑤ 대리권소멸 후 표현대리가 인정되고 표현대리인이 '권한을 넘는' 대리행위가 있는 경우, 제126조 표현대리가 성립한다.

30 표현대리에 관한 설명으로 옳은 것은? (다툼이 있으면 판례에 따름) 제32회

① 본인이 타인에게 대리권을 수여하지 않았지만 수여하였다고 상대방에게 통보한 경우, 그 타인이 통보받은 상대방 외의 자와 본인을 대리하여 행위를 한 때는「민법」제125조의 표현대리가 적용된다.
② 표현대리가 성립하는 경우, 과실상계의 법리를 유추적용하여 본인의 책임을 경감할 수 있다.
③「민법」제129조의 표현대리를 기본대리권으로 하는「민법」제126조의 표현대리는 성립될 수 없다.
④ 대리행위가 강행법규에 위반하여 무효인 경우에는 표현대리의 법리가 적용되지 않는다.
⑤ 유권대리의 주장 속에는 표현대리의 주장이 포함되어 있다.

톺아보기
④ 표현대리는 대리행위가 유효하여야 하므로 대리행위가 강행법규의 위반으로 무효인 경우(예 토지거래허가구역 내에서 토지거래허가제도를 위반한 경우) 본조의 표현대리가 적용될 수 없다.

오답해설
① 본인이 타인에게 대리권을 수여하지 않았지만 수여하였다고 상대방에게 통보한 경우, 그 타인이 '통보받은 상대방'과 대리하여 행위를 하여야 본조의 표현대리가 성립한다.
② 표현대리가 성립한 경우, 본인이 전적인 책임을 져야 하고 과실상계가 허용될 수 없다.
③ 대리인이 대리권소멸 후 그 표현대리의 '권한을 넘어서' 대리행위를 한 때에는 제126조의 표현대리가 인정될 수 있다(대판 2008.1.31, 2007다74713).
⑤ 유권대리의 주장 속에는 무권대리에 속하는 표현대리의 주장이 포함되어 있지 않다.

대리의 종합

31 임의대리에 관한 설명으로 <u>틀린</u> 것을 모두 고른 것은? (다툼이 있으면 판례에 따름)
제30회

> ㉠ 대리인이 여러 명인 때에는 공동대리가 원칙이다.
> ㉡ 권한을 정하지 아니한 대리인은 보존행위만을 할 수 있다.
> ㉢ 유권대리에 관한 주장 속에는 표현대리의 주장이 포함되어 있다.

① ㉠ ② ㉡ ③ ㉠, ㉢ ④ ㉡, ㉢ ⑤ ㉠, ㉡, ㉢

톺아보기

틀린 것은 ㉠㉡㉢이다.
㉠ 대리인이 여러 명인 때에는 공동대리가 아니라 각자대리가 원칙이다.
㉡ 권한을 정하지 아니한 대리인은 보존행위, 성질이 변하지 않는 범위에서 이용, 개량행위만을 할 수 있다.
㉢ 유권대리에 관한 주장 속에는 무권대리에 속하는 표현대리의 주장이 포함되어 있다고 볼 수 없다.

32 임의대리에 관한 설명으로 옳은 것은? (다툼이 있으면 판례에 따름)
제31회

① 원인된 법률관계가 종료하기 전에는 본인은 수권행위를 철회하여 대리권을 소멸시킬 수 없다.
② 권한을 넘은 표현대리의 경우, 기본대리권이 표현대리행위와 동종 내지 유사할 필요는 없다.
③ 복대리인은 대리인이 자기의 명의로 선임하므로 대리인의 대리인이다.
④ 대리인이 여럿인 경우, 대리인은 원칙적으로 공동으로 대리해야 한다.
⑤ 대리인의 기망행위로 계약을 체결한 상대방은 본인이 그 기망행위를 알지 못한 경우, 사기를 이유로 계약을 취소할 수 없다.

톺아보기

② 제126조의 표현대리의 경우, 기본대리권과 표현대리행위는 같은 종류이어야 하는 것이 아니고 동종, 이종을 불문한다.

[오답해설]
① 원인된 법률관계가 종료하기 전에 본인은 수권행위를 철회할 수 있다.
③ 복대리인은 대리인의 대리인이 아니라 본인의 대리인이다.
④ 공동대리가 아니라 각자대리가 원칙이다.
★ ⑤ 대리인의 기망행위로 계약을 체결한 상대방은 본인이 그 기망행위를 알지 못한 경우, 사기를 이유로 계약을 취소할 수 있다.

정답 | 30 ④ 31 ⑤ 32 ②

제5장 / 법률행위의 무효와 취소

기본서 p.114~134

무효의 원인

01 다음 중 무효가 아닌 것은? (다툼이 있으면 판례에 따름) 제28회
① 상대방과 통정하여 허위로 체결한 매매계약
② 「주택법」의 전매행위제한을 위반하여 한 전매약정
③ 관할관청의 허가 없이 한 학교법인의 기본재산 처분
④ 도박채무를 변제하기 위하여 그 채권자와 체결한 토지 양도계약
⑤ 공무원의 직무에 관하여 청탁하고 그 대가로 돈을 지급할 것을 내용으로 한 약정

톺아보기

「주택법」의 전매행위제한을 위반하여 한 미등기전매약정은 단속규정 위반으로 무효가 아니다(대판 1992.2.25, 91다44544).

02 추인하여도 효력이 생기지 않는 무효인 법률행위를 모두 고른 것은? (다툼이 있으면 판례에 따름) 제25회

| ㉠ 불공정한 법률행위 | ㉡ 무권대리인의 법률행위 |
| ㉢ 불법조건이 붙은 법률행위 | ㉣ 통정허위표시에 의한 임대차계약 |

① ㉠, ㉡ ② ㉠, ㉢ ③ ㉡, ㉣
④ ㉠, ㉢, ㉣ ⑤ ㉡, ㉢, ㉣

톺아보기

㉠㉢ 절대적 무효는 추인해도 효력이 없으며 유효로 되지 아니한다.
㉡ 무권대리행위는 추인하면 소급하여 유효로 된다.
㉣ 통정허위표시는 상대적 무효로서 추인한 때로부터 유효로 된다.

03 법률행위의 무효에 관한 설명으로 틀린 것은? (다툼이 있으면 판례에 따름) 제24회

① 무효인 법률행위를 추인하면 특별한 사정이 없는 한 처음부터 새로운 법률행위를 한 것으로 본다.
② 추인 요건을 갖추면 취소로 무효가 된 법률행위의 추인도 허용된다.
③ 사회질서의 위반으로 무효인 법률행위는 추인의 대상이 되지 않는다.
④ 무효인 법률행위에 따른 법률효과를 침해하는 것처럼 보이는 위법행위가 있더라도 그 손해배상을 청구할 수 없다.
⑤ 폭리행위로 무효가 된 법률행위는 다른 법률행위로 전환될 수 있다.

톺아보기

논점 무효행위의 추인과 무권대리행위의 추인의 차이점을 아는가?
★ 무효행위의 추인은 '추인한 때부터' 유효이다(제139조). 반면에 무권대리의 추인은 '처음부터 소급하여' 유효로 된다는 점에서 구별된다(제133조).

04 법률행위의 무효에 관한 설명으로 틀린 것은? (다툼이 있으면 판례에 따름) 제29회

① 불공정한 법률행위로서 무효인 경우, 무효행위 전환의 법리가 적용될 수 있다.
② 토지거래허가구역 내의 토지매매계약은 관할관청의 불허가 처분이 있으면 확정적 무효이다.
③ 매도인이 통정한 허위의 매매를 추인한 경우, 다른 약정이 없으면 계약을 체결한 때로부터 유효로 된다.
④ 이미 매도된 부동산에 관하여, 매도인의 채권자가 매도인의 배임행위에 적극 가담하여 설정된 저당권은 무효이다.
⑤ 토지거래허가구역 내의 토지거래계약이 확정적으로 무효가 된 경우, 그 계약이 무효로 되는데 책임 있는 사유가 있는 자도 무효를 주장할 수 있다.

톺아보기

논점 무효의 법리를 종합적으로 이해하는가?
무효인 법률행위를 추인하면 추인한 때로부터 새로운 법률행위를 한 것으로 본다. 따라서 매도인이 통정한 허위의 매매를 추인한 경우, 다른 약정이 없으면 '계약을 체결한 때로부터'가 아니라 '추인한 때로부터' 유효로 된다.

정답 | 01 ② 02 ② 03 ① 04 ③

유동적 무효

05 甲은 토지거래허가구역 내 자신의 토지를 乙에게 매도하였고 곧 토지거래허가를 받기로 하였다. 다음 설명 중 옳은 것을 모두 고른 것은? (다툼이 있으면 판례에 따름)

제26회

㉠ 甲과 乙은 토지거래허가신청절차에 협력할 의무가 있다.
㉡ 甲은 계약상 채무불이행을 이유로 계약을 해제할 수 있다.
㉢ 계약이 현재 유동적 무효 상태라는 이유로 乙은 이미 지급한 계약금 등을 부당이득으로 반환청구할 수 있다.
㉣ 乙은 토지거래허가가 있을 것을 조건으로 하여 甲을 상대로 소유권이전등기절차의 이행을 청구할 수 없다.

① ㉠, ㉡, ㉣   ② ㉠, ㉢   ③ ㉠, ㉣
④ ㉡, ㉢   ⑤ ㉡, ㉣

톺아보기

논점 유동적 무효를 사례에 적용할 줄 아는가?

옳은 것은 ㉠㉣이다.
㉠ 甲과 乙은 허가 전에도 토지거래허가 신청절차에 협력할 의무가 있다. 이를 이행하지 아니하면 이행의 소 제기를 할 수 있다.
㉡ 허가 전에는 채권, 채무가 없으므로 甲은 계약상 채무불이행을 이유로 계약을 해제할 수 없다(대판 1991.12.24, 90다12243).
㉢ 유동적 무효상태에서는 이미 지급한 계약금을 부당이득으로 반환을 청구할 수 없고 확정적 무효로 되어야 반환청구 할 수 있다(대판 1993.7.27, 91다33766).
㉣ 허가 전에는 채권, 채무가 발생하지 않으므로 매수인은 매도인에게 토지인도청구나 등기청구권을 행사할 수 없다. 따라서 乙은 토지거래허가가 있을 것을 조건으로 하여 甲을 상대로 소유권이전등기절차의 이행을 청구할 수 없다(대판 1991.12.24, 90다12243).

06 상중하

甲은 토지거래허가구역 내에 있는 그 소유 X토지에 관하여 乙과 매매계약을 체결하였다. 비록 이 계약이 토지거래허가를 받지는 않았으나 확정적으로 무효가 아닌 경우, 다음 설명 중 **틀린** 것은? (다툼이 있으면 판례에 따름) 제30회

① 위 계약은 유동적 무효의 상태에 있다.
② 乙이 계약내용에 따른 채무를 이행하지 않더라도 甲은 이를 이유로 위 계약을 해제할 수 없다.
③ 甲은 乙의 매매대금 이행제공이 없음을 이유로 토지거래허가 신청에 대한 협력의무의 이행을 거절할 수 없다.
④ 토지거래허가구역 지정기간이 만료되었으나 재지정이 없는 경우, 위 계약은 확정적으로 유효로 된다.
⑤ 乙이 丙에게 X토지를 전매하고 丙이 자신과 甲을 매매 당사자로 하는 허가를 받아 甲으로부터 곧바로 등기를 이전받았다면 그 등기는 유효하다.

톺아보기

논점 유동적 무효의 법리를 사례에 적용할 줄 아는가?

⑤ 허가구역 내에서 중간생략등기는 확정적 무효이므로 甲으로부터 매매계약을 체결한 乙이 다시 丙에게 X토지를 전매하고 丙이 자신과 甲을 매매 당사자로 하는 토지거래의 허가를 받아 甲으로부터 곧바로 등기를 이전받아도 그 등기는 무효이다. 만약 토지거래허가구역 밖이었다면 그 등기는 실체에 부합하여 유효인 등기다.
② 허가 전에는 현재 무효이므로 乙이 계약내용에 따른 채무를 이행하지 않더라도, 즉 채무불이행을 원인으로 甲은 이를 이유로 위 계약을 해제할 수 없고 손해배상을 청구할 수 없다.
③ 허가절차에의 협력의무와 대금제공 의무는 동시이행관계가 아니다. 그러므로 甲은 乙의 매매대금 이행제공이 없음을 이유로 토지거래허가 신청에 대한 협력의무의 이행을 거절할 수 없다.

정답 | 05 ③ 06 ⑤

07 토지거래허가구역 내의 토지에 대한 매매계약이 체결된 경우(유동적 무효)에 관한 설명으로 옳은 것을 모두 고른 것은? (다툼이 있으면 판례에 따름) 제33회

> ㉠ 해약금으로서 계약금만 지급된 상태에서 당사자가 관할관청에 허가를 신청하였다면 이는 이행의 착수이므로 더 이상 계약금에 기한 해제는 허용되지 않는다.
> ㉡ 당사자 일방이 토지거래허가 신청절차에 협력할 의무를 이행하지 않는다면 다른 일방은 그 이행을 소구할 수 있다.
> ㉢ 매도인의 채무가 이행불능임이 명백하고 매수인도 거래의 존속을 바라지 않는 경우, 위 매매계약은 확정적 무효로 된다.
> ㉣ 위 매매계약 후 토지거래허가구역 지정이 해제되었다고 해도 그 계약은 여전히 유동적 무효이다.

① ㉠, ㉡ ② ㉠, ㉣ ③ ㉡, ㉢
④ ㉢, ㉣ ⑤ ㉠, ㉡, ㉢

톺아보기

논점 유동적 무효의 법리를 종합적으로 아는가?

옳은 것은 ㉡㉢이다.

★ ㉠ 계약금만 지급된 상태에서 관할관청에 허가를 신청하여 토지거래의 허가를 얻었어도 이는 이행의 착수가 아니므로 계약금에 기한 해제는 허용된다.

㉡ 당사자 일방이 토지거래허가 신청절차에 협력할 의무를 이행하지 않는다면 다른 일방은 그 협력의무의 이행을 소구할 수 있다.

㉢ 농지전용을 조건으로 한 토지매매인데 당해 토지가 절대농지에 해당하여 농지 이외로의 지목변경을 사회관념상 더 이상 허용하기 어려워져 정지조건의 성취가 불성취로 확정되어 매도인의 채무가 이행불능임이 명백하고 매수인도 거래의 존속을 바라지 않는 경우, 이는 쌍방이 토지거래허가 신청을 하지 아니하는 의사표시를 명백히 한 때에 해당하고 그 경우 위 매매계약은 확정적 무효로 된다.

㉣ 위 매매계약 후 토지거래허가구역 지정이 해제되면 그 계약은 확정적 유효로 된다.

08

甲은 허가받을 것을 전제로 토지거래허가구역 내 자신의 토지에 대해 乙과 매매계약을 체결하였다. 다음 설명 중 옳은 것을 모두 고른 것은? (다툼이 있으면 판례에 따름)

제34회

> ㉠ 甲은 특별한 사정이 없는 한 乙의 매매대금이행제공이 있을 때까지 허가신청절차 협력의무의 이행을 거절할 수 있다.
> ㉡ 乙이 계약금 전액을 지급한 후, 당사자의 일방이 이행에 착수하기 전이라면 특별한 사정이 없는 한 甲은 계약금의 배액을 상환하고 계약을 해제할 수 있다.
> ㉢ 일정기간 내 허가를 받기로 약정한 경우, 특별한 사정이 없는 한 그 허가를 받지 못하고 약정기간이 경과하였다는 사정만으로도 매매계약은 확정적 무효가 된다.

① ㉠ ② ㉡ ③ ㉠, ㉢
④ ㉡, ㉢ ⑤ ㉠, ㉡, ㉢

톺아보기

옳은 것은 ㉡이다.
㉠ 협력의무와 매매대금의 제공의무는 동시이행관계가 아니므로 甲은 특별한 사정이 없는 한 乙의 매매대금이행제공이 있을 때까지 허가신청절차 협력의무의 이행을 거절할 수 없다.
㉡ 乙이 계약금 전액을 지급한 후, 당사자의 일방이 이행에 착수하기 전이라면 특별한 사정이 없는 한 甲은 계약금의 배액을 상환하고 계약을 해제할 수 있다.
㉢ 허가구역 내에서 일정기간 안에 토지거래 허가를 받기로 약정한 경우, 그 약정기간내에 허가를 받지 못하면 무효로 한다는 취지의 특별한 약정이 없는 한, 그 약정기간의 경과하였다는 사정만으로 매매계약이 확정적 무효로 되는 것은 아니다(대판 2009.4.23, 2008다50615).

09

법률행위의 무효에 관한 설명으로 옳은 것은? (다툼이 있으면 판례에 따름) 제32회

① 무효인 법률행위의 추인은 그 무효의 원인이 소멸한 후에 하여야 그 효력이 인정된다.
② 무효인 법률행위는 무효임을 안 날로부터 3년이 지나면 추인할 수 없다.
③ 법률행위의 일부분이 무효일 때, 그 나머지 부분의 유효성을 판단함에 있어 나머지 부분을 유효로 하려는 당사자의 가정적 의사는 고려되지 않는다.
④ 무효인 법률행위의 추인은 묵시적인 방법으로 할 수는 없다.
⑤ 강행법규 위반으로 무효인 법률행위를 추인한 때에는 다른 정함이 없으면 그 법률행위는 처음부터 유효한 법률행위가 된다.

정답 | 07 ③ 08 ② 09 ①

톺아보기

① 무효인 법률행위의 추인은 그 무효의 '원인이 소멸한 후'에 하여야 효력이 인정된다.

[오답해설]
② 무효행위의 추인은 법률행위의 취소와 달리 3년의 기간 제한이 없다.
③ 법률행위의 일부분이 무효일 때, 그 나머지 부분의 유효성을 판단함에 있어 분할 가능성과 나머지 부분을 유효로 하려는 당사자의 가정적 의사가 인정되어야 한다.
④ 묵시적인 추인도 허용된다.
⑤ 강행법규 위반으로 무효인 법률행위는 추인이 허용되지 않는다.

---

10 법률행위의 무효와 추인에 관한 설명으로 옳은 것을 모두 고른 것은? (다툼이 있으면 판례에 따름)   제34회

상중하

> ㉠ 무효인 법률행위의 추인은 무효원인이 소멸된 후 본인이 무효임을 알고 추인해야 그 효력이 인정된다.
> ㉡ 무권리자의 처분이 계약으로 이루어진 경우, 권리자가 추인하면 원칙적으로 계약의 효과는 계약체결시에 소급하여 권리자에게 귀속된다.
> ㉢ 양도금지특약에 위반하여 무효인 채권양도에 대해 양도대상이 된 채권의 채무자가 승낙하면 다른 약정이 없는 한 양도의 효과는 승낙시부터 발생한다.

① ㉠   ② ㉡   ③ ㉠, ㉢
④ ㉡, ㉢   ⑤ ㉠, ㉡, ㉢

톺아보기

모두 옳은 지문이다.
㉠ 무효인 법률행위의 추인은 <u>무효원인이 소멸된 후 본인이 무효임을 알고</u> 추인해야 그 효력이 인정된다.
㉡ 무권리자의 처분이 계약으로 이루어진 경우, 권리자가 추인하면 무권대리의 추인을 준용하므로 원칙적으로 계약의 효과는 계약체결시에 소급하여 권리자에게 귀속된다.
㉢ **채권양도금지특약을 위반하여 채권자가 채권양도를 하고 채무자가 승낙한 때?**: 당사자의 양도금지 의사표시로써 채권은 양도성을 상실하며 양도금지의 특약에 위반해서 채권을 제3자에게 양도한 경우에 악의 또는 중과실의 채권양수인에 대하여는 채권 이전의 효과가 생기지 아니하나, 악의 또는 중과실로 채권양수를 받은 후 채무자가 그 (채권)양도에 대하여 승낙을 한 때에는 <u>채무자의 사후승낙에 의해 무효인 채권양도행위가 추인되어</u> 유효하게 되며 이 경우 다른 약정이 없는 한 <u>소급효가 인정되지 않고</u> 양도의 효과는 <u>승낙시부터 발생한다</u>(대판 2009.10.29, 2009다47685).

취소

11 취소원인이 있는 법률행위는? 제31회

① 불공정한 법률행위
② 불법조건이 붙은 증여계약
③ 강행법규에 위반한 매매계약
④ 상대방의 사기로 체결한 교환계약
⑤ 원시적·객관적 전부불능인 임대차계약

톺아보기

[논점] 취소의 원인과 무효의 원인을 구별할 줄 아는가?
④ 상대방의 사기로 체결한 교환계약은 제110조에 의거하여 취소할 수 있다.

[오답해설]
①②③⑤는 모두 무효에 해당한다.

12 미성년자 甲은 자신의 부동산을 법정대리인 乙의 동의 없이 丙에게 매각하고 丙은 다시 이 부동산을 丁에게 매각하였다. 甲이 아직 미성년자인 경우 취소권자와 취소의 상대방을 빠짐없이 표시한 것은? 제21회

① 취소권자: 甲   취소의 상대방: 丙
② 취소권자: 甲 또는 乙   취소의 상대방: 丙
③ 취소권자: 乙   취소의 상대방: 丙
④ 취소권자: 乙   취소의 상대방: 丙 또는 丁
⑤ 취소권자: 甲 또는 乙   취소의 상대방: 丙 또는 丁

톺아보기

취소권자는 제한능력자, 법정대리인, 착오, 사기, 강박으로 의사표시한 자, 포괄승계인에 한하여 인정된다. 그러므로 본 사례에서는 취소권자는 미성년자와 그 법정대리인이고, 취소의 상대방은 계약의 상대방이지 현재 부동산의 소유자가 아니다. 그러므로 첫째, 취소권자는 甲·乙이고, 둘째, 그 상대방은 丙이다. 셋째, 취소기간은 취소원인이 소멸한 날로부터 3년, 법률행위시로부터 10년의 제척기간에 걸린다.

정답 | 10 ⑤   11 ④   12 ②

13

미성년자 甲은 법정대리인 丙의 동의 없이 자신의 토지를 甲이 미성년자임을 안 乙에게 매도하고 대금수령과 동시에 소유권이전등기를 해주었는데, 丙이 甲의 미성년을 이유로 계약을 적법하게 취소하였다. 다음 설명 중 틀린 것은? (다툼이 있으면 판례에 따름)

제26회

① 계약은 소급적으로 무효가 된다.
② 甲이 미성년자임을 乙이 몰랐더라도 丙은 계약을 취소할 수 있다.
③ 甲과 乙의 반환의무는 서로 동시이행관계에 있다.
④ 甲이 대금을 모두 생활비로 사용한 경우 대금 전액을 반환하여야 한다.
⑤ 만약 乙이 선의의 丁에게 매도하고 이전등기하였다면, 丙이 취소하였더라도 丁은 소유권을 취득한다.

톺아보기

논점 미성년자의 법률행위를 취소한 경우의 법리를 사례에 적용할 줄 아는가?

⑤ 제한능력을 이유로 한 취소는 착오나 사기·강박을 이유로 한 취소와 달리 그 효과가 절대적이다. 따라서 甲, 乙간의 토지매매계약이 甲의 제한능력을 이유로 하는 취소는 선의 제3자에게도 대항할 수 있으므로 丁은 선의인 경우에도 그 토지의 소유권을 취득할 수 없다.

④ 취소에서 반환범위의 문제: 제한능력자인 미성년자는 선의, 악의 불문하고 이익이 현존하는 한도에서 부당이득반환책임을 지는데(제141조 단서), 여기서 이익의 현존이란 이익이 그대로 남아있거나 그것이 변형되어 잔존하는 것을 말한다. 따라서 甲이 乙로부터 받은 대금을 '낭비한 돈'은 현존하지 않으므로 반환의무가 없다. 그러나 '생활비'에 사용한 경우에는 다른 재산의 소비를 면한 것이니까 그 한도에서 이익은 현존하는 돈이므로 대금을 전액 반환하여야 한다.

14

법률행위의 취소에 관한 설명으로 옳은 것은?

제27회

① 취소권은 취소할 수 있는 날로부터 3년 내에 행사하여야 한다.
② 취소권은 취소사유가 있음을 안 날로부터 10년 내에 행사하여야 한다.
③ 제한능력을 이유로 법률행위가 취소된 경우 악의의 제한능력자는 받은 이익에 이자를 붙여서 반환해야 한다.
④ 법정대리인의 추인은 취소의 원인이 소멸한 후에 하여야만 효력이 있다.
⑤ 취소할 수 있는 법률행위는 추인할 수 있는 후에 취소권자의 이행청구가 있으면 이의를 보류하지 않는 한 추인한 것으로 본다.

톺아보기

논점 취소와 추인의 법리를 종합적으로 이해하는가?

⑤ 취소할 수 있는 법률행위는 추인할 수 있는 후(취소원인이 소멸한 후)에 "취소권자의 이행청구"가 있으면 이의를 보류하지 않는 한 법정추인한 것으로 본다(제145조).

오답해설

★ ① 취소권은 취소할 수 있는 날이 아니라 '추인할 수 있는 날'로부터 3년 내에 행사하여야 한다(제146조).
② 취소권은 취소사유가 있음을 안 날이 아니라 '법률행위시'로부터 10년 내에 행사하여야 한다(제146조).
③ 제한능력을 이유로 법률행위가 취소된 경우 제한능력자는 '선의, 악의 관계없이 이익이 현존하는 한도에서' 반환한다(제141조).
★ ④ 취소할 수 있는 법률행위(제한능력, 착오, 사기, 강박으로 한 의사표시는 불확정 유효상태에 있음)는 취소'원인 소멸 후'에 추인할 수 있음이 원칙이다. 다만, 예외적으로 법정대리인은 취소의 '원인이 소멸하기 전'이라도 취소할 수 있는 법률행위를 추인을 할 수 있다(제144조 제2항).

---

15 취소권은 법률행위를 한 날부터 (㉠) 내에, 추인할 수 있는 날부터 (㉡) 내에 행사하여야 한다. ( )에 들어갈 것은? 제29회

① ㉠: 1년, ㉡: 5년
② ㉠: 3년, ㉡: 5년
③ ㉠: 3년, ㉡: 10년
④ ㉠: 5년, ㉡: 1년
⑤ ㉠: 10년, ㉡: 3년

톺아보기

논점 취소권의 행사기간을 아는가?

㉠은 10년, ㉡은 3년이다.
취소권은 추인할 수 있는 날로부터 3년 내, 법률행위를 한 날로부터 10년 내에 행사하여야 한다[제146조(취소권의 소멸)].

16 취소할 수 있는 법률행위에 관한 설명으로 틀린 것은?

제29회

① 취소된 법률행위는 처음부터 무효인 것으로 본다.
② 제한능력자는 취소할 수 있는 법률행위를 단독으로 취소할 수 있다.
③ 제한능력자의 법률행위에 대한 법정대리인의 추인은 취소의 원인이 소멸된 후에 하여야 그 효력이 있다.
④ 제한능력자가 취소의 원인이 소멸된 후에 이의를 보류하지 않고 채무 일부를 이행하면 추인한 것으로 본다.
⑤ 취소할 수 있는 법률행위의 상대방이 확정된 경우에는 그 취소는 그 상대방에 대한 의사표시로 하여야 한다.

톺아보기

논점 취소할 수 있는 법률행위의 '추인'의 법리를 아는가?
③ 제한능력자의 법률행위에 대한 법정대리인의 추인은 취소의 '원인이 소멸되기 전'에도 그 효력이 있다.
② 제한능력자는 취소할 수 있는 법률행위를 법정대리인의 동의 없이 단독으로 취소할 수 있다. 다만, 제한능력자는 취소 원인이 소멸한 후에 추인할 수 있다.
④ 취소권자가 채무의 일부를 이행하면, 법정추인한 것으로 본다.

17 법률행위의 취소에 관한 설명으로 틀린 것은? (다툼이 있으면 판례에 따름)

제33회

① 제한능력자가 제한능력을 이유로 자신의 법률행위를 취소하기 위해서는 법정대리인의 동의를 받아야 한다.
② 취소권은 추인할 수 있는 날로부터 3년 내에, 법률행위를 한 날로부터 10년 내에 행사하여야 한다.
③ 취소된 법률행위는 특별한 사정이 없는 한 처음부터 무효인 것으로 본다.
④ 제한능력을 이유로 법률행위가 취소된 경우, 제한능력자는 그 법률행위에 의해 받은 급부를 이익이 현존하는 한도에서 상환할 책임이 있다.
⑤ 취소할 수 있는 법률행위에 대해 취소권자가 적법하게 추인하면 그의 취소권은 소멸한다.

톺아보기

논점 취소의 법리를 종합적으로 이해하는가?
제한능력자가 제한능력을 이유로 자신의 법률행위를 취소하기 위해서는 법정대리인의 동의를 요하지 아니한다. 반면에 제한능력자가 취소할 수 있는 법률행위를 추인하기 위해서는 취소원인이 소멸한 후에 하여야 한다.

18 의사표시의 취소에 관한 설명으로 옳은 것을 모두 고른 것은?   제35회

> ㉠ 취소권은 추인할 수 있는 날로부터 10년이 경과하더라도 행사할 수 있다.
> ㉡ 강박에 의한 의사표시를 한 자는 강박상태를 벗어나기 전에도 이를 취소할 수 있다.
> ㉢ 취소할 수 있는 법률행위의 상대방이 확정되었더라도 상대방이 그 법률행위로부터 취득한 권리를 제3자에게 양도하였다면 취소의 의사표시는 그 제3자에게 해야 한다.

① ㉠ ② ㉡ ③ ㉢ ④ ㉠, ㉡ ⑤ ㉡, ㉢

톺아보기

옳은 것은 ㉡이다.
㉠ 취소권은 추인할 수 있는 날로부터 3년, 법률행위시로부터 10년이 경과하면 취소권은 소멸한다(제146조).
㉡ 강박에 의한 의사표시를 한 자는 취소원인이 소멸하기 전, 즉 강박상태를 벗어나기 전에도 이를 취소할 수 있다. 다만, 이를 추인하기 위하여는 취소원인이 소멸한 후이어야 추인을 할 수 있다는 점에서 구별된다.
㉢ 취소할 수 있는 법률행위의 상대방이 확정되었더라도 상대방이 그 법률행위로부터 취득한 권리를 제3자에게 양도하였다면 취소의 의사표시는 그 제3자가 아니라 계약의 상대방에게 해야 한다.

법정추인

19 취소할 수 있는 법률행위의 법정추인 사유가 아닌 것은?   제35회

① 혼동
② 경개
③ 취소권자의 이행청구
④ 취소권자의 강제집행
⑤ 취소권자인 채무자의 담보제공

톺아보기

제145조에 따른 법정추인사유는 전부의 이행, 이행의 청구, 경개, 강제집행, 담보의 제공, 권리의 양도이고 혼동은 해당되지 아니한다.

정답 | 16 ③ 17 ① 18 ② 19 ①

20 甲이 乙을 기망하여 건물을 매도하는 계약을 乙과 체결하였다. 법정추인사유에 해당하는 경우는?
제25회

① 甲이 乙에게 매매대금의 지급을 청구한 경우
② 甲이 乙에 대한 대금채권을 丙에게 양도한 경우
③ 甲이 이전등기에 필요한 서류를 乙에게 제공한 경우
④ 기망상태에서 벗어난 乙이 이의 없이 매매대금을 지급한 경우
⑤ 乙이 매매계약의 취소를 통해 취득하게 될 계약금 반환청구권을 丁에게 양도한 경우

톺아보기

논점 법정추인 사유에 해당하는 것과 아닌 것을 사례에 적용하여 구별할 줄 아는가?

④ 사안에서 논점은 '乙이 취소권자'이고 '甲은 취소권자의 상대방'에 해당한다는 점이다. 취소권자가 이의 없이 매매대금을 지급한 것은 '전부나 일부를 이행'한 것에 해당하여 법정추인이 된다.

오답해설

★ ① 취소권자가 아니라 취소권자의 상대방 甲이 이행을 청구한 경우에는 법정추인이 아니다.
② 취소권자가 아니라 상대방 甲이 권리를 양도한 것은 법정추인사유가 아니다.
③ 상대방이 등기서류를 제공만 한 것은 법정추인이 될 수 없고, 취소권자가 상대방이 제공하는 등기서류를 받았다면 법정추인으로 된다.
⑤ 乙이 매매계약의 '취소를 통해 취득하게 될 계약금 반환청구권'은 취소를 전제하므로 법정추인이 될 수 없다.

21 법정추인이 인정되는 경우가 아닌 것은? (단, 취소권자는 추인할 수 있는 상태이며, 행위자가 취소할 수 있는 법률행위에 관하여 이의보류 없이 한 행위임을 전제함)
제30회

① 취소권자가 상대방에게 채무를 이행한 경우
② 취소권자가 상대방에게 담보를 제공한 경우
③ 상대방이 취소권자에게 이행을 청구한 경우
④ 취소할 수 있는 행위로 취득한 권리를 취소권자가 타인에게 양도한 경우
⑤ 취소권자가 상대방과 경개계약을 체결한 경우

톺아보기

'상대방'이 취소권자에게 이행을 청구한 경우에는 취소권자는 아무런 행동을 한 것이 없으므로 법정추인사유가 아니고 취소권자가 상대방에게 이행청구를 한 때 법정추인이 된다.

22 추인할 수 있는 법률행위가 아닌 것은? (다툼이 있으면 판례에 따름) 제31회

① 통정허위표시에 의한 부동산매매계약
② 상대방의 강박으로 체결한 교환계약
③ 무권대리인이 본인을 대리하여 상대방과 체결한 임대차계약
④ 미성년자가 법정대리인의 동의나 허락 없이 자신의 부동산을 매도하는 계약
⑤ 처음부터 허가를 잠탈할 목적으로 체결된 토지거래허가구역 내의 토지거래계약

톺아보기

논점 추인할 수 있는 법률행위와 추인할 수 없는 법률행위를 구별하는가?

⑤ 처음부터 허가를 잠탈할 목적으로 체결된 토지거래허가구역 내의 토지거래계약은 강행법규 위반으로 추인을 할 수 없다.
① 상대적 무효로 추인이 허용된다.
② 취소할 수 있는 법률행위에 해당하여 추인이 허용된다.
③ 무권대리행위로서 추인이 허용된다.
④ 취소할 수 있는 법률행위로서 추인이 허용된다.

23 법률행위의 취소에 관한 설명으로 틀린 것은? 제32회

① 취소권은 추인할 수 있는 날로부터 3년 내에 법률행위를 한 날로부터 10년 내에 행사해야 한다.
② 취소할 수 있는 법률행위에 관하여 법정추인이 되려면 취소권자가 취소권의 존재를 인식해야 한다.
③ 취소된 법률행위는 처음부터 무효인 것으로 본다.
④ 취소권의 법적성질은 형성권이다.
⑤ 취소할 수 있는 법률행위의 상대방이 확정된 경우, 그 취소는 그 상대방에 대한 의사표시로 하여야 한다.

톺아보기

논점 취소의 법리를 종합적으로 아는가?

취소할 수 있는 법률행위에 관하여 법정추인이 되려면 임의추인과 달리 취소권자가 취소의 원인이나 취소권의 존재를 알고 있어야 할 필요가 없다(대판 1997.5.30, 97다2986).

정답 | 20 ④ 21 ③ 22 ⑤ 23 ②

무효와 취소의 종합

24 甲은 乙의 모친으로서 X토지의 소유자이다. 권한 없는 乙이 丙은행과 공모하여 대출계약서, X토지에 대한 근저당권설정계약서를 甲 명의로 위조한 다음, X토지에 丙 앞으로 근저당권설정등기를 하고 1억원을 대출받았다. 이에 관한 설명으로 <u>틀린</u> 것은? (다툼이 있으면 판례에 따름) 제31회

① 甲과 丙사이의 대출계약은 무효이다.
② 丙 명의의 근저당권설정등기는 무효이다.
③ 甲은 丙에게 소유권에 기한 방해배제를 청구할 수 있다.
④ 甲이 乙의 처분행위를 추인하면, 원칙적으로 그때부터 새로운 법률행위를 한 것으로 본다.
⑤ 甲이 자신의 피담보채무를 인정하고 변제한 경우, 甲은 乙에게 부당이득반환을 청구할 수 있다.

톺아보기

④ 처분권한 없는 자 乙의 처분행위를 진정한 소유권자 甲이 추인하면, 판례는 무권대리의 추인을 준용하므로 추인한 때부터가 아니라 처음부터 소급하여 효력이 있는 것으로 본다.
①② 권한 없는 乙이 丙과의 공모에 의하여 근저당설정계약서를 위조한 다음 X토지에 대하여 丙 앞으로 근저당권을 설정한 행위는 처분권한 없는 자의 처분행위에 해당한다. 따라서 甲 명의로 실행된 위 대출계약은 권한 없는 자 乙이 甲의 명의를 위조하여 이루어진 것으로서 진정한 소유자 甲에게는 효력이 없으므로 무효이다.
③ 따라서 진정한 소유자 甲은 처분권한 없는 자 乙에 의하여 경료된 원인무효의 근저당권설정등기를 소유권에 기하여 방해배제를 청구할 수 있다.

정답 | 24 ④

제6장 / 조건과 기한

기본서 p.136~147

01 조건에 관한 설명으로 옳은 것을 모두 고른 것은?
제21회

㉠ 상대방이 동의하면 해제의 의사표시에 조건을 붙이는 것이 허용된다.
㉡ 甲이 乙에게 '丙이 사망하면 부동산을 주겠다.'고 한 약정은 정지조건부 증여이다.
㉢ 해제조건이 법률행위의 당시에 이미 성취할 수 없는 것인 경우에는 그 법률행위는 무효로 한다.
㉣ 당사자가 조건성취의 효력을 그 성취 전에 소급하게 할 의사를 표시하더라도, 당사자 사이에서 법률행위는 조건이 성취한 때부터 효력이 생긴다.

① ㉠　　② ㉡　　③ ㉠, ㉢　　④ ㉡, ㉣　　⑤ ㉢, ㉣

톺아보기

논점 조건의 법리를 종합적으로 이해하는가?

㉠ 해제는 단독행위로 조건을 붙일 수 없는 것이 원칙이나 상대방이 동의하면 해제의 의사표시에 조건을 붙이는 것이 허용된다.
㉡ "丙이 사망하면 부동산을 주겠다."고 한 약정은 조건부가 아니라 불확정 기한부 증여이다.
㉢ 해제조건(-)이 법률행위의 당시에 이미 성취할 수 없는 것(불능조건: -)인 경우 법률행위는 무효가 아니라 유효로 한다.
★ ㉣ 당사자가 조건성취의 효력을 그 성취 전에 소급하게 할 의사를 표시하면 당사자 사이에서 법률행위는 조건이 성취한 때부터가 아니라 소급하여 효력이 생긴다(제147조 제3항).

정답 | 01 ①

02 조건부 법률행위에 관한 설명으로 틀린 것은? (다툼이 있으면 판례에 따름) 제28회

① 상대방이 동의하면 채무면제에 조건을 붙일 수 있다.
② 정지조건부 법률행위는 조건이 불성취로 확정되면 무효로 된다.
③ 조건을 붙이는 것이 허용되지 않는 법률행위에 조건을 붙인 경우, 다른 정함이 없으면 그 조건만 분리하여 무효로 할 수 있다.
④ 당사자가 조건성취의 효력을 그 성취 전에 소급하게 할 의사를 표시한 때에는 그 의사에 의한다.
⑤ 정지조건의 경우에는 권리를 취득한 자가 조건성취에 대한 증명책임을 부담한다.

톺아보기

논점 조건부 법률행위를 이해하는가?

③ 조건을 붙이는 것이 허용되지 않는 법률행위에 조건을 붙인 경우, 다른 정함이 없으면 그 조건만 분리하여 무효로 할 수 없고 그 법률행위 전부가 무효로 된다(대결 2005.11.8, 2005마541).
① 원칙적으로 단독행위에는 조건을 붙일 수 없으나 상대방이 동의하면 채무면제에 조건을 붙일 수 있다.
② 정지조건부 법률행위는 조건이 불성취로 확정되면 무효로 된다.
④ 당사자가 조건성취의 효력을 그 성취 전에 소급하게 할 의사를 표시한 때에는 그 의사에 의한다(제147조 제3항).
⑤ 정지조건의 경우에는 조건의 성취로 이익을 얻는 자 즉, '권리를 취득한 자'가 조건성취에 대한 증명책임을 부담한다. 반면에 해제조건의 경우에는 '의무를 면하는 자'가 증명책임을 부담한다(대판 1983.4.12, 81다카692).

03 정지조건부 법률행위에 관한 설명으로 틀린 것은? (다툼이 있으면 판례에 따름) 제25회

① 조건이 불성취로 확정되면 그 법률행위는 무효이다.
② 정지조건부 권리는 조건이 성취되지 않은 동안 소멸시효가 진행되지 않는다.
③ 조건성취가 미정인 권리는 일반규정에 의하여 처분할 수 있다.
④ 조건성취의 효력은 원칙적으로 법률행위가 성립한 때부터 발생한다.
⑤ 소유권유보약정이 있는 경우, 특별한 사정이 없는 한 매매대금 전부의 지급이라는 조건이 성취될 때까지 매도인이 목적물의 소유권을 보유한다.

톺아보기

논점 정지조건부 법률행위를 종합적으로 이해하는가?

④ 조건성취의 효력은 원칙적으로 법률행위가 성립한 때부터가 아니라 조건이 성취된 때로부터 효력이 발생한다(제147조).
① 조건이 성취되면 효력이 발생(유효), 조건이 불성취로 확정되면 그 법률행위는 무효이다.
② 정지조건부 권리는 조건이 성취된 때로부터 권리가 발생하며 조건이 성취되지 않은 동안 소멸시효가 진행되지 않는다.

04 법률행위의 조건과 기한에 관한 설명으로 옳은 것은? (다툼이 있으면 판례에 따름)

제20회

① 조건성취가 미정한 권리는 처분할 수 없다.
② 시기(始期) 있는 법률행위는 기한이 도래한 때부터 그 효력을 잃는다.
③ 불능조건이 해제조건이면 그 법률행위는 무효이다.
④ 조건이 선량한 풍속 기타 사회질서에 위반한 경우, 그 조건만이 무효이고 법률행위는 유효이다.
⑤ 불확정한 사실이 발생한 때를 이행기한으로 정한 경우, 그 사실의 발생이 불가능하게 된 때에도 기한이 도래한 것으로 본다.

톺아보기

논점 정지조건과 불확정 기한의 차이를 구별할 줄 아는가?
⑤ 정지조건과 불확정 기한의 구별문제이다. 불확정 기한은 불확정한 사실이 발생한 때를 이행기한으로 정한 경우 그 '사실의 발생이 가능한 때'는 물론이고, 반대로 '발생하는 것이 불가능하게 된 때에도 기한이 도래'한 것으로 본다. 이에 반하여 정지조건은 특약사유가 '발생하면 채무를 이행하여야' 하지만, 특약사유가 '발생하지 아니하면 채무를 이행할 필요가 없어' 법률행위의 효력이 발생하지 아니한다.

오답해설
① 조건부 권리도 처분, 담보, 상속, 가등기로 보존할 수 있다.
② 시기는 도래하면 효력이 생긴다. 종기는 기한이 도래하면 효력을 잃는다.
③ 불능조건(-)이 해제조건(-)이면 유효이다(제151조).
④ 불법조건이 붙어 있는 법률행위는 조건만 분리하여 무효로 할 수 없고 법률행위 전체가 무효이다.

05 법률행위의 조건과 기한에 관한 설명으로 옳은 것은?

제29회

① 정지조건 있는 법률행위는 조건이 성취한 때로부터 그 효력을 잃는다.
② 기한은 채권자의 이익을 위한 것으로 추정하며, 기한의 이익은 포기할 수 있다.
③ 기한의 도래가 미정한 권리의무는 일반규정에 의하여 처분하거나 담보로 할 수 없다.
④ 조건이 법률행위 당시 이미 성취한 것인 경우, 그 조건이 해제조건이면 그 법률행위는 무효로 한다.
⑤ 당사자가 조건성취의 효력을 그 성취 전에 소급하게 할 의사를 표시한 경우에도 그 효력은 조건이 성취된 때부터 발생한다.

정답 | 02 ③   03 ④   04 ⑤   05 ④

톺아보기

논점 조건과 기한의 법리를 종합적으로 아는가?
④ 조건이 법률행위 당시 이미 성취한 것인 경우(기성조건), 그 조건이 해제조건이면 그 법률행위는 무효로 한다.

오답해설
① 정지조건 있는 법률행위는 조건이 성취한 때로부터 그 효력이 생긴다.
② 기한은 채권자가 아니라 채무자를 위한 것으로 추정한다.
③ 기한의 도래가 미정한 권리의무는 일반규정에 의하여 처분하거나 담보로 할 수 있다.
⑤ 당사자가 조건성취의 효력을 그 성취 전에 소급하게 할 의사를 표시한 경우에도 그 효력은 법률행위가 성립한 때부터 생긴다.

06 조건과 기한에 관한 설명으로 옳은 것은? (다툼이 있으면 판례에 따름) 제30회

상**중**하

① 해제조건 있는 법률행위는 조건이 성취한 때로부터 그 효력이 발생한다.
② 기한이익상실 특약은 특별한 사정이 없는 한 정지조건부 기한이익상실 특약으로 추정한다.
③ 조건이 법률행위 당시에 이미 성취할 수 없는 것인 경우, 그 조건이 정지조건이면 그 법률행위는 무효로 한다.
④ 불확정한 사실의 발생시기를 이행기한으로 정한 경우, 그 사실의 발생이 불가능하게 되었다고 하여 이행기한이 도래한 것으로 볼 수는 없다.
⑤ 상계의 의사표시에는 시기(始期)를 붙일 수 있다.

톺아보기

논점 조건과 기한의 법리를 종합적으로 아는가?
③ 조건이 법률행위 당시에 이미 성취할 수 없는 것인 경우(불능조건), 그 조건이 정지조건이면 그 법률행위는 무효로 하고 해제조건이면 유효로 한다.

오답해설
① 해제조건 있는 법률행위는 조건이 성취한 때로부터 효력을 잃는다.
★ ② 기한이익상실 특약은 특별한 사정이 없는 한 형성권부 기한이익상실 특약으로 추정한다.
★ ④ 불확정한 사실의 발생시기를 이행기한으로 정한 경우, 그 사실의 발생이 가능하게 된 때는 물론이고, 사실의 발생이 불가능하게 확정된 경우에도 이행기한이 도래한 것으로 볼 수 있다.
⑤ 소급효를 가지는 법률행위인 취소나 상계의 의사표시에는 시기(始期)를 붙일 수 없다.

07 법률행위의 조건과 기한에 관한 설명으로 틀린 것은? (다툼이 있으면 판례에 따름)

제31회

① 조건부 법률행위에서 불능조건이 정지조건이면 그 법률행위는 무효이다.
② 조건부 법률행위에서 기성조건이 해제조건이면 그 법률행위는 무효이다.
③ 법률행위에 조건이 붙어 있다는 사실은 그 조건의 존재를 주장하는 자가 증명해야 한다.
④ 기한이익상실 특약은 특별한 사정이 없으면 정지조건부 기한이익상실 특약으로 추정된다.
⑤ 종기(終期) 있는 법률행위는 기한이 도래한 때로부터 그 효력을 잃는다.

톺아보기

논점 조건과 기한의 법리를 종합적으로 이해하는가?
★ 기한이익상실 특약은 특별한 사정이 없으면 형성권부 기한이익상실 특약으로 추정된다.

08 법률행위의 조건과 기한에 관한 설명으로 틀린 것은?

제32회

① 법정조건은 법률행위의 부관으로서의 조건이 아니다.
② 조건이 선량한 풍속 기타 사회질서에 위반한 것이면 그 법률행위는 무효이다.
③ 조건부 법률행위는 조건이 성취되었을 때에 비로소 그 법률행위가 성립한다.
④ 조건부 법률행위에서 불능조건이 정지조건이면 그 법률행위는 무효이다.
⑤ 과거의 사실은 법률행위의 부관으로서의 조건으로 되지 못한다.

톺아보기

논점 조건과 기한의 법리를 종합적으로 이해하는가?
③ 조건부 법률행위는 조건이 성취되었을 때에 그 법률행위가 성립하는 것이 아니라 법률행위의 효력이 발생한다. 조건의 성취는 법률행위의 효력발생요건이기 때문이다.
① 조건은 당사자가 임의로 붙인 것이어야 하는데 법률에 의하여 부가된 법정조건은 조건이 아니다.
② 반사회적인 조건이 붙은 법률행위는 조건도 법률행위도 무효이다.
⑤ 조건은 과거의 사실이 아니라 장래의 불확실한 사실이어야 한다.

정답 | 06 ③   07 ④   08 ③

09 조건에 관한 설명으로 틀린 것은? (다툼이 있으면 판례에 따름) 제33회

① 조건성취의 효력은 특별한 사정이 없는 한 소급하지 않는다.
② 해제조건이 선량한 풍속 기타 사회질서에 위반한 것인 때에는 특별한 사정이 없는 한 조건 없는 법률행위로 된다.
③ 정지조건과 이행기로서의 불확정기한은 표시된 사실이 발생하지 않는 것으로 확정된 때에 채무를 이행하여야 하는지 여부로 구별될 수 있다.
④ 이행지체의 경우 채권자는 상당한 기간을 정한 최고와 함께 그 기간 내에 이행이 없을 것을 정지조건으로 하여 계약을 해제할 수 있다.
⑤ 신의성실에 반하는 방해로 말미암아 조건이 성취된 것으로 의제되는 경우, 성취의 의제시점은 그 방해가 없었더라면 조건이 성취되었으리라고 추산되는 시점이다.

톺아보기

논점 조건의 법리를 종합적으로 이해하는가?

② 법률행위에 반사회적인 조건이 붙은 경우에는 조건도 무효이고 법률행위도 무효로 된다. 따라서 해제조건이 선량한 풍속 기타 사회질서에 위반한 것인 때에는 조건 없는 법률행위가 아니라 법률행위 전체가 무효로 된다.
★ ① 조건성취의 효력은 특별한 사정이 없는 한 조건이 성취한 때부터 발생하고 소급하지 않는다.
③ 정지조건과 불확정 기한의 구별문제이다.
  • 불확정 기한은 불확정한 사실이 발생한 때를 이행기한으로 정한 경우 그 '사실의 발생이 가능한 때'는 물론이고, 반대로 '발생하는 것이 불가능하게 된 때에도 기한이 도래'한 것으로 본다.
  • 정지조건은 특약사유가 '발생하면 채무를 이행하여야' 하지만, 특약사유가 '발생하지 아니하면 채무를 이행할 필요가 없어' 법률행위의 효력이 발생하지 아니한다.

10 법률행위의 부관에 관한 설명으로 틀린 것은? (다툼이 있으면 판례에 따름) 제34회

① 조건이 선량한 풍속 기타 사회질서에 위반한 경우, 그 조건만 무효이고 법률행위는 유효하다.
② 법률행위에 조건이 붙어 있는지 여부는 조건의 존재를 주장하는 자에게 증명책임이 있다.
③ 기한은 특별한 사정이 없는 한 채무자의 이익을 위한 것으로 추정한다.
④ 조건부 법률행위에서 기성조건이 해제조건이면 그 법률행위는 무효이다.
⑤ 종기(終期) 있는 법률행위는 기한이 도래한 때로부터 그 효력을 잃는다.

톺아보기

조건이 선량한 풍속 기타 사회질서에 위반한 경우, 그 조건도 무효이고 그 법률행위도 무효다.

11 법률행위의 부관에 관한 설명으로 틀린 것은? (판례에 따름)

① 조건의사가 있더라도 외부에 표시되지 않으면 그것만으로는 조건이 되지 않는다.
② 기한이익상실 특약은 특별한 사정이 없는 한 정지조건부 기한이익상실 특약으로 추정한다.
③ 조건을 붙일 수 없는 법률행위에 조건을 붙인 경우, 다른 정함이 없으면 그 법률행위 전부가 무효로 된다.
④ '정지조건부 법률행위에 해당한다는 사실'에 대한 증명책임은 그 법률행위로 인한 법률효과의 발생을 다투는 자에게 있다.
⑤ 불확정한 사실이 발생한 때를 이행기한으로 정한 경우, 그 사실의 발생이 불가능하게 된 때에도 기한이 도래한 것으로 보아야 한다.

톺아보기

기한이익상실의 특약이 채권자를 위하여 둔 것인 점에 비추어 명백히 정지조건부 기한이익상실의 특약이라고 볼만한 특별한 사정이 없는 이상 '형성권적 기한이익 상실의 특약으로 추정한다(대판 2002.9.4, 2002다28340).

land.Hackers.com
해커스 공인중개사 단원별 기출문제집

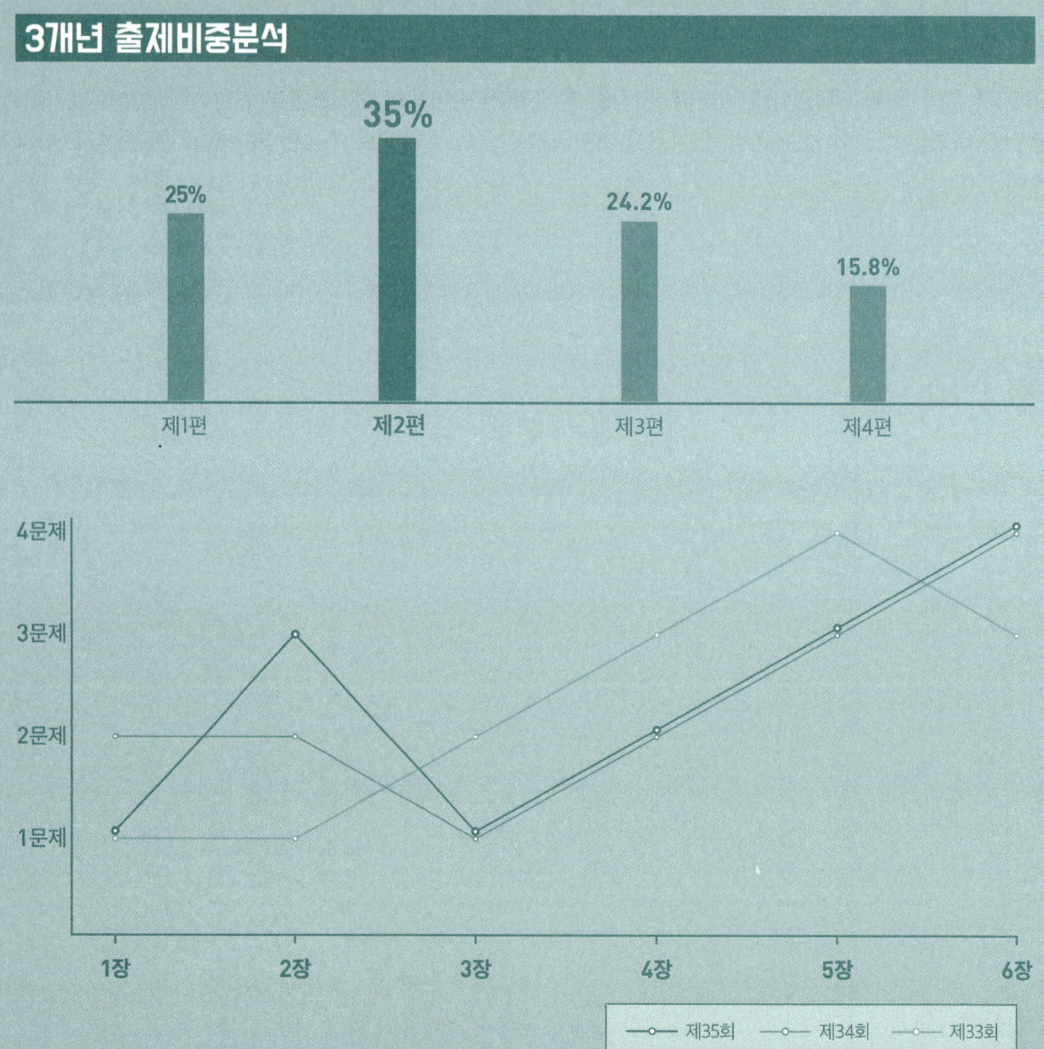

제2편

물권법

제1장 총설
제2장 물권의 변동
제3장 점유권
제4장 소유권
제5장 용익물권
제6장 담보물권

제1장 / 총설

기본서 p.150~167

물권의 객체

01 「민법」상 물건에 관한 설명으로 틀린 것은? (다툼이 있으면 판례에 따름) 제27회

① 토지의 일부에 대하여도 점유취득시효로 소유권을 취득할 수 있다.
② 1동 건물의 일부도 구조상·이용상 독립성이 있으면 구분행위에 의하여 독립된 부동산이 될 수 있다. 독립된 소유권의 객체로 된다.
③ 미분리의 과실은 명인방법을 갖추면 독립된 소유권의 객체로 된다.
④ 토지에서 벌채되어 분리된 수목은 독립된 소유권의 객체로 된다.
⑤ 농지 소유자의 승낙 없이 농작물을 경작한 경우 명인방법을 갖추어야만 토지와 별도로 독립된 소유권의 객체로 된다.

톺아보기

논점 물권의 객체에 대하여 종합적으로 이해를 하는가?

⑤ 농지 소유자의 승낙 없이 '농작물을 경작'한 경우에는 '명인방법을 갖추었는지와 관계없이' 토지와 별도로 독립된 소유권의 객체로 된다(대판 1979.8.28, 79다784). 반면에 남의 토지에 무단으로 심은 '수목'은 '명인방법을 갖추어야' 토지와는 독립한 별개의 소유권이 된다.
① 토지의 일부에 대하여도 분필절차를 통하여 점유취득시효로 소유권을 취득할 수 있다.
② 구분소유권의 취득요건은 집합건물을 완성하고 구조상·이용상 독립성과 구분행위를 하면 성립하고 대장에 등록을 요하지 아니한다.

02 1필의 토지의 일부를 객체로 할 수 없는 권리는? (다툼이 있으면 판례에 따름)

제33회

① 저당권
② 전세권
③ 지상권
④ 임차권
⑤ 점유권

톺아보기

전세권, 지상권, 임차권, 점유권은 1필 토지의 일부에도 성립하나 저당권은 1필 토지의 일부에는 성립할 수 없다.

물권의 종류

03 다음 중 물권이 아닌 것은? 제19회 수정

① 온천권   ② 양도담보권   ③ 근저당권
④ 유치권   ⑤ 관습상 법정지상권

톺아보기

논점 관습상 물권이 아닌 것에 무엇이 있는가?
★ ① 온천권, 사도통행권, 근린공원 이용권은 관습상 물권이 아니다.
② 「가등기담보 등에 관한 법률」상 물권이다.
③④ 「민법」상 물권에 해당한다.
⑤ 관습상 법정지상권, 분묘기지권은 관습법상 물권이다.

04 물권에 관한 설명으로 옳은 것은? (다툼이 있으면 판례에 따름) 제26회

① 지상권은 본권이 아니다.
② 온천에 관한 권리는 관습법상의 물권이다.
③ 타인의 토지에 대한 관습법상 물권으로서 통행권이 인정된다.
④ 근린공원을 자유롭게 이용한 사정만으로 공원이용권이라는 배타적 권리를 취득하였다고 볼 수는 없다.
⑤ 미등기 무허가건물의 양수인은 소유권이전등기를 경료 받지 않아도 소유권에 준하는 관습법상의 물권을 취득한다.

톺아보기

논점 관습상 물권으로 인정되지 않는 것에 무엇이 있는가?
④ 근린공원을 자유롭게 이용한 사정만으로 공원이용권이라는 관습법상 물권을 인정할 수 없다(대결 1995.5.23, 94마2218).

오답해설
① 소유권, 지상권, 전세권, 저당권은 본권으로서 물건의 지배를 정당화할 수 있는 권리이다.
② 온천에 관한 권리는 관습법상의 물권이 아니다(대판 1970.5.26, 69다1239).
③ 타인의 토지에 대한 사도통행권은 성문법과 관습법 어디에도 근거가 없으므로 독립한 물권이 아니다(대판 2002.2.26, 2001다64165).
⑤ 미등기 무허가건물의 양수인은 소유권이전등기를 경료 받지 않은 경우 소유권도 취득할 수 없고, 소유권에 준하는 관습법상의 물권도 인정할 수 없다(대판 1999.3.23, 98다59118).

정답 | 01 ⑤   02 ①   03 ①   04 ④

05 토지를 점유할 수 있는 물권을 모두 고른 것은?

제33회

㉠ 전세권	㉡ 지상권
㉢ 저당권	㉣ 임차권

① ㉠
② ㉠, ㉡
③ ㉠, ㉣
④ ㉢, ㉣
⑤ ㉠, ㉡, ㉢

톺아보기

옳은 것은 ㉠㉡으로 전세권, 지상권은 토지를 점유할 수 있는 본권의 일종이다.
㉢ 지역권, 저당권은 점유할 권능을 포함하지 않는 물권이다.
㉣ 임차권은 채권이다.

06 물권에 관한 설명으로 틀린 것은? (다툼이 있으면 판례에 따름)

제32회

① 「민법」 제185조에서의 '법률'은 국회가 제정한 형식적 의미의 법률을 의미한다.
② 사용·수익 권능을 대세적·영구적으로 포기한 소유권도 존재한다.
③ 처분권능이 없는 소유권은 인정되지 않는다.
④ 근린공원을 자유롭게 이용한 사정만으로 공원이용권이라는 배타적 권리를 취득하였다고 볼 수는 없다.
⑤ 온천에 관한 권리를 관습법상의 물권이라고 볼 수는 없다.

톺아보기

논점 물권법정주의의 법리를 종합적으로 이해하는가?

물건에 대한 사용·수익권과 처분권은 소유권의 핵심적 권능으로서 소유자가 제3자와의 계약으로서 소유물에 대한 사용·수익권능을 포기하거나 사용·수익권의 행사를 영구히 제한하게 하는 것은 법률에 규정되지 않는 새로운 종류의 소유권을 창설하는 것으로서 물권법정주의에 위배되어 허용되지 않는다(대판 2013.8.22, 2012다54133).

07 물권에 관한 설명으로 옳은 것은? (다툼이 있으면 판례에 따름)   제34회

① 물건 이외의 재산권은 물권의 객체가 될 수 없다.
② 물권은 「부동산등기규칙」에 의해 창설될 수 있다.
③ 구분소유의 목적이 되는 건물의 등기부상 표시에서 전유부분의 면적 표시가 잘못된 경우, 그 잘못 표시된 면적만큼의 소유권보존등기를 말소할 수 없다.
④ 1필의 토지의 일부를 객체로 하여 지상권을 설정할 수 없다.
⑤ 기술적인 착오로 지적도의 경계선이 실제 경계선과 다르게 작성된 경우, 토지의 경계는 지적도의 경계선에 의해 확정된다.

톺아보기

③ 구분소유의 목적이 되는 건물의 등기부상 표시에서 전유부분의 면적 표시가 잘못된 경우, 표시경정등기로 바로 잡으면 되고 그 잘못 표시된 면적만큼의 소유권보존등기를 말소할 수 없다(판례).
첫째, 표제부의 변경등기는 부동산의 표시변경등기라고도 하는데 토지의 변경 내용인 토지의 소재, 지번, 지목, 면적 등이 변경된 경우 실행하는 등기를 말하는데 토지의 분할, 합병, 지목변경, 행정구역 변경 등이 등기원인이 된다.
둘째, 경정등기는 등기사항의 일부에 원시적으로 착오 또는 빠진 부분이 있어 실체관계와 부합하지 않게 된 경우 이를 시정하기 위해 하는 등기를 말한다.

[오답해설]
① 물건 이외의 재산권(지상권, 전세권)은 물권의 객체가 될 수 있다.
② 물권은 법률이나 관습법으로만 창설할 수 있고 규칙으로는 창설하지 못한다.
④ 1필의 토지의 일부를 객체로 하여 지상권(용익물권)을 설정할 수 있으나 저당권은 설정할 수 없다.
⑤ 지적법에 의하여 어떤 토지가 지적공부에 1필지의 토지로 등록되면, 그 토지의 소재, 지번, 지목, 지적 및 경계는 다른 특별한 사정이 없는 한 이 등록으로써 특정되고, 그 소유권의 범위는 현실의 경계와 관계없이 공부상의 경계에 의하여 확정되는 것이다(대판 1991.2.22, 90다12977). 그러나 지적공부를 작성함에 있어 기점을 잘못 선택하는 등의 기술적인 착오로 말미암아 지적공부상의 경계가 진실한 경계선과 다르게 잘못 작성되었다는 등의 특별한 사정이 있는 경우에는 그 토지의 경계는 지적공부에 의하지 않고 실제의 경계에 의하여 확정하여야 하지만, 그 후 그 토지에 인접한 토지의 소유자 등 이해관계인들이 그 토지의 실제의 경계선을 지적공부상의 경계선에 일치시키기로 합의하였다면 적어도 그 때부터는 지적공부상의 경계에 의하여 그 토지의 공간적 범위가 특정된다(대판 2006.9.22, 2006다24971).

정답 | 05 ② 06 ② 07 ③

08 물권에 관한 설명으로 옳은 것은? (다툼이 있으면 판례에 따름) 제35회

① 관습법에 의한 물권은 인정되지 않는다.
② 저당권은 법률규정에 의해 성립할 수 없다.
③ 부동산 물권변동에 관해서 공신의 원칙이 인정된다.
④ 1필 토지의 일부에 대해서는 저당권이 성립할 수 없다.
⑤ 물건의 집단에 대해서는 하나의 물권이 성립하는 경우가 없다.

톺아보기

[오답해설]
① 관습상 법정지상권, 분묘기지권 같은 관습법에 의한 물권도 인정된다.
② 저당권은 약정으로 성립함이 원칙이나 제649조의 법정저당권처럼 법률규정에 의해 성립할 수 있다.
③ 부동산 물권변동에 관해서 등기의 공신력이 인정되지 아니한다.
⑤ 물건의 집단에 대해서 특정되면 하나의 물권이 성립하는 경우가 존재한다.

물권적 청구권

09 물권적 청구권에 관한 설명으로 옳은 것은? (다툼이 있으면 판례에 따름) 제29회

① 소유자는 물권적 청구권에 의하여 방해제거비용 또는 방해예방비용을 청구할 수 없다.
② 불법원인으로 물건을 급여한 사람은 원칙적으로 소유권에 기하여 반환청구를 할 수 있다.
③ 소유자는 소유물을 불법점유한 사람의 특별승계인에 대하여는 그 반환을 청구하지 못한다.
④ 소유권에 기한 방해제거청구권은 현재 계속되고 있는 방해의 원인과 함께 방해 결과의 제거를 내용으로 한다.
⑤ 소유권에 기한 물권적 청구권이 발생한 후에는 소유자가 소유권을 상실하더라도 그 청구권을 행사할 수 있다.

톺아보기

논점 물권적 청구권의 법리를 종합적으로 아는가?

① 제214조의 규정에 의하면, 소유자는 소유권을 방해하는 자에 대하여 그 방해제거 행위를 청구할 수 있고, 소유권을 방해할 염려가 있는 행위를 하는 자에 대하여 그 방해예방 행위를 청구하거나 소유권을 방해할 염려가 있는 행위로 인하여 발생하리라고 예상되는 손해의 배상에 대한 담보를 지급할 것을 청구할 수 있으나, 소유자가 침해자에 대하여 방해제거 행위 또는 방해예방 행위를 하는 데 드는 비용을 청구할 수 있는 권리는 위 규정에 포함되어 있지 않으므로, 소유자가 제214조에 기하여 방해배제 비용 또는 방해예방 비용을 청구할 수는 없다(대판 2014.11.27, 2014다52612).

오답해설
② 불법원인으로 물건을 급여한 사람은 원칙적으로 소유권에 기하여 반환청구를 할 수 없다.
③ 소유자는 소유물을 불법점유한 사람의 특별승계인에 대하여는 그 반환을 청구할 수 있다(제213조). 반면에 점유자는 점유를 침탈자의 특별승계인이 선의인 경우 점유물반환을 청구할 수 없다(제204조 제2항).
④ 소유권에 기한 방해배제청구권에 있어서 '방해'라 함은 현재에도 지속되고 있는 침해를 의미하고, 법익 침해가 과거에 일어나서 이미 종결된 경우에 해당하는 '손해'의 개념과는 다르다. 따라서 소유권에 기한 방해배제청구권은 '방해결과의 제거를 내용'으로 하는 것이 되어서는 안 되며(이는 손해배상의 영역에 해당한다), 현재 계속되고 있는 '방해의 원인을 제거'하는 것을 내용으로 한다.
⑤ 소유자가 소유권을 상실하면 물권적 청구권을 행사할 수 없다.

10. 물권적 청구권에 관한 설명으로 틀린 것은? (다툼이 있으면 판례에 따름) 제30회

① 소유권에 기한 물권적 청구권은 소멸시효에 걸리지 않는다.
② 상대방의 귀책사유는 물권적 청구권의 행사요건이 아니다.
③ 물권적 방해배제청구권의 요건으로 요구되는 방해는 개념상 손해와 구별된다.
④ 임차인은 임차목적물에 관한 임대인의 소유권에 기한 물권적 청구권을 대위행사할 수 없다.
⑤ 유치권자는 점유권에 기한 물권적 청구권을 행사할 수 있다.

톺아보기

논점 물권적 청구권의 법리를 종합적으로 아는가?

④ 임차인은 임차목적물에 관한 임대인의 소유권에 기한 물권적 청구권을 대위행사할 수 있다.
② 상대방에게 고의, 과실이 있든 없든 인정되므로 상대방의 귀책사유는 물권적 청구권의 행사요건이 아니다. 이 점에서 상대방의 고의, 과실을 요건으로 하는 손해배상청구권과 구별된다.
③ 소유권에 기한 방해배제청구권에 있어서 '방해'라 함은 현재에도 지속되고 있는 침해를 의미하고, 법익 침해가 과거에 일어나서 이미 종결된 침해에 해당하는 '손해'의 개념과는 다르다 할 것이어서, 소유권에 기한 방해배제청구권은 방해결과의 제거를 내용으로 하는 것이 되어서는 아니 되며(이는 손해배상의 영역에 해당한다 할 것이다) 현재 계속되고 있는 방해의 원인을 제거하는 것을 내용으로 한다.

정답 | 08 ④   09 ①   10 ④

11 물권적 청구권에 관한 설명으로 옳은 것은? (다툼이 있으면 판례에 따름) 제31회

① 소유권에 기한 물권적 청구권은 소멸시효의 대상이다.
② 타인 토지에 무단으로 신축된 미등기건물을 매수하여 대금을 지급하고 점유하는 자는 건물철거청구의 상대방이 될 수 있다.
③ 소유자는 허무인(虛無人) 명의로 등기한 행위자를 상대로 그 등기의 말소를 구할 수 없다.
④ 저당권자는 목적물에서 임의로 분리, 반출된 물건을 자신에게 반환할 것을 청구할 수 있다.
⑤ 소유자가 말소등기의무자에 의해 소유권을 상실하여 소유권에 기한 등기말소를 구할 수 없는 경우, 그 의무자에게 이행불능에 의한 전보배상청구권을 가진다.

톺아보기

논점 물권적 청구권의 법리를 종합적으로 이해하는가?

★ ② 타인 토지에 무단으로 신축된 미등기건물을 매수하여 대금을 지급하고 점유하는 자는 건물의 소유권은 없으나 사실상 처분권을 가진 자이므로 건물철거청구의 상대방이 될 수 있다.

오답해설

① 소유권에 기한 물권적 청구권은 소멸시효의 대상이 아니다.
③ 등기부상 진실한 소유자의 소유권에 방해가 되는 부실등기가 존재하는 경우에 그 등기명의인이 허무인(虛無人)인 때에는 소유자는 허무인 명의로 실제 등기행위를 한 자에 대하여 소유권에 기한 방해배제로서 등기행위자를 표상하는 허무인명의 등기의 말소를 구할 수 있다(대판 2019.5.30, 2015다47105).
④ 저당권자는 점유권이 없으므로 목적물에서 임의로 분리, 반출된 물건을 자신에게 반환할 것을 청구할 수 없다.
⑤ 甲 소유 토지를 乙이 서류위조로 이전등기하고 丙에게 매각하여 소유권이전등기를 마쳤다. 이때 甲이 乙을 상대로 말소소송에서 승소했으나 丙에 대해서는 丙의 등기부 취득시효주장이 받아들여져서 甲이 패소했다. 여기서 진실한 소유자 甲이 소유권을 상실한 상태에서 말소등기의무자인 乙을 상대로 말소등기의무자가 이행불능임을 이유로 전보배상청구를 할 수 없다. 왜냐하면 등기말소청구권 등의 물권적 청구권은 그 권리자인 소유자가 소유권을 상실하면 이제 그 발생의 기반이 아예 없게 되어 더 이상 그 존재 자체가 인정되지 아니하기 때문이다(대판 2012.5.17, 2010다28604 전원합의체).

12. 물권적 청구권에 관한 설명으로 옳은 것은? (다툼이 있으면 판례에 따름) 제32회

① 소유권을 양도한 전소유자가 물권적 청구권만을 분리, 유보하여 불법점유자에 대해 그 물권적 청구권에 의한 방해배제를 할 수 있다.
② 물권적 청구권을 행사하기 위해서는 그 상대방에게 귀책사유가 있어야 한다.
③ 소유권에 기한 방해배제청구권에 있어서 방해에는 과거에 이미 종결된 손해가 포함된다.
④ 소유권에 기한 물권적 청구권은 그 소유권과 분리하여 별도의 소멸시효의 대상이 된다.
⑤ 소유권에 기한 물권적 청구권은 그 소유자가 소유권을 상실하면 더 이상 인정되지 않는다.

톺아보기

논점 물권적 청구권의 법리를 종합적으로 이해하는가?
★ ⑤ 소유권에 기한 물권적 청구권은 그 소유자가 소유권을 상실하면 더 이상 인정되지 않는다.

오답해설
★ ① 소유권을 상실한 전소유자가 불법점유자에 대해 그 물권적 청구권에 의한 방해배제를 할 수 없다.
② 물권적 청구권은 방해자의 귀책사유를 요건으로 하지 않는다.
★ ③ 법익의 침해가 이미 과거에 침해가 발생하여 이미 종결된 손해는 손해배상청구의 영역이고 물권적 방해배제청구의 영역이 아니다.
④ 소유권에 기한 물권적 청구권은 소멸시효에 걸리지 않는다.

13. 물권적 청구권에 관한 설명으로 옳은 것을 모두 고른 것은? (다툼이 있으면 판례에 따름) 제33회

㉠ 지상권을 설정한 토지의 소유자는 그 토지 일부의 불법점유자에 대하여 소유권에 기한 방해배제를 청구할 수 없다.
㉡ 토지의 소유권을 양도하여 소유권을 상실한 전(前)소유자도 그 토지 일부의 불법점유자에 대하여 소유권에 기한 방해배제를 청구할 수 있다.
㉢ 소유자는 자신의 소유권을 방해할 염려 있는 행위를 하는 자에 대하여 그 예방이나 손해배상의 담보를 청구할 수 있다.

① ㉠   ② ㉢   ③ ㉠, ㉡   ④ ㉡, ㉢   ⑤ ㉠, ㉡, ㉢

정답 | 11 ② 12 ⑤ 13 ②

톺아보기

논점 물권적 청구권의 법리를 종합적으로 이해하는가?

옳은 것은 ⓒ이다.

㉠ 토지를 불법점유한 자에 대하여 지상권자는 지상권에 기해 방해배제를 청구할 수 있고, 토지소유자는 토지소유권에 기해 방해배제를 청구할 수 있다.

★ ㉡ 소유권을 상실한 전(前)소유자는 그 토지 일부의 불법점유자에 대하여 소유권에 기한 방해배제를 청구할 수 없다.

㉢ 소유권을 방해할 염려가 있는 경우 방해예방이나 손해배상의 담보를 청구할 수 있다(제214조).

14 〔상중하〕

물권적 청구권에 관한 설명으로 **틀린** 것은? (다툼이 있으면 판례에 따름) 제34회

① 저당권자는 목적물에서 임의로 분리, 반출된 물건을 자신에게 반환할 것을 청구할 수 있다.
② 진정명의회복을 원인으로 한 소유권이전등기청구권의 법적 성질은 소유권에 기한 방해배제청구권이다.
③ 소유자는 소유권을 방해하는 자에 대해 「민법」 제214조에 기해 방해배제비용을 청구할 수 없다.
④ 미등기 무허가건물의 양수인은 소유권에 기한 방해배제청구권을 행사할 수 없다.
⑤ 소유권에 기한 방해배제청구권은 현재 계속되고 있는 방해원인의 제거를 내용으로 한다.

톺아보기

저당권자는 목적물에 대한 점유권이 없으므로 목적물에서 임의로 분리, 반출된 물건을 자신에게 반환할 것을 청구할 수 없다.

15 〔상중하〕

甲 소유 X토지에 대한 사용권한 없이 그 위에 乙이 Y건물을 신축한 후 아직 등기하지 않은 채 丙에게 일부를 임대하여 현재 乙과 丙이 Y건물을 일부분씩 점유하고 있다. 다음 설명 중 **틀린** 것은? (다툼이 있으면 판례에 따름) 제27회

① 甲은 乙을 상대로 Y건물의 철거를 구할 수 있다.
② 甲은 乙을 상대로 Y건물의 대지 부분의 인도를 구할 수 있다.
③ 甲은 乙을 상대로 Y건물에서의 퇴거를 구할 수 있다.
④ 甲은 丙을 상대로 Y건물에서의 퇴거를 구할 수 있다.
⑤ 乙이 Y건물을 丁에게 미등기로 매도하고 인도해 준 경우 甲은 丁을 상대로 Y건물의 철거를 구할 수 있다.

톺아보기

논점 물권적 청구권의 법리를 사례에 적용할 줄 아는가?

③ 甲 소유토지에 무단신축한 '건물의 소유자 乙에게 건물의 철거'는 청구할 수 있으나 '건물에서의 퇴거청구'를 할 수 없다. 왜냐하면 건물소유자는 乙이기 때문에 건물주인에게 건물을 비워달라고 할 수는 없다(대판 1999.7.9, 98다57457·57464).
④ 甲은 건물의 소유자가 아닌 '건물의 점유자 丙'을 상대로 건물의 철거를 집행하기 위하여 건물의 점유자인 丙에게 '건물에서의 퇴거'를 청구할 수 있다(대판 2010.8.19, 2010다43801).
⑤ 미등기건물의 양수인은 건물의 형식적 소유자는 아니지만 등기만을 갖추지 못하였을 뿐 '사실상 소유자'로서 건물의 철거권한을 보유한 자이다. 그러므로 토지소유자는 '건물의 철거권한을 보유한 사실상 소유자'인 丁을 상대로 건물의 철거를 청구할 수 있다(대판 1967.2.28, 66다2228).

16 甲소유 토지에 乙이 무단으로 건물을 신축한 뒤에 丙에게 임대하여 丙이 현재 그 건물을 점유하고 있다. 다음 설명 중 **틀린** 것은? (판례에 따름) 제35회

① 甲은 丙을 상대로 건물에서의 퇴거를 청구할 수 없다.
② 甲은 乙을 상대로 건물의 철거 및 토지의 인도를 청구할 수 있다.
③ 甲은 乙을 상대로 토지의 무단 사용을 이유로 부당이득반환청구권을 행사할 수 있다.
④ 만약 乙이 임대하지 않고 스스로 점유하고 있다면, 甲은 乙을 상대로 건물에서의 퇴거를 청구할 수 없다.
⑤ 만약 丙이 무단으로 건물을 점유하고 있다면, 乙은 丙을 상대로 건물의 인도를 청구할 수 있다.

톺아보기

건물이 그 존립을 위한 토지사용권을 갖추지 못하여 토지의 소유자가 건물의 소유자에 대하여 당해 건물의 철거 및 그 대지의 인도를 청구할 수 있는 경우에라도 건물소유자가 아닌 사람이 건물을 점유하고 있다면 토지소유자는 그 건물 점유를 제거하지 아니하는 한 위의 건물 철거 등을 실행할 수 없다. 따라서 그때 토지소유권은 위와 같은 점유에 의하여 그 원만한 실현을 방해당하고 있다고 할 것이므로, 토지소유자는 자신의 소유권에 기한 방해배제로서 건물점유자에 대하여 건물로부터의 퇴출을 청구할 수 있다(대판 2010.8.19, 2010다43801).

정답 | 14 ① 15 ③ 16 ①

제2장 / 물권의 변동

기본서 p.168~196

등기 여부

01  등기를 해야 물권변동이 일어나는 경우를 모두 고른 것은? 제21회

> ㉠ 혼동에 의한 저당권의 소멸
> ㉡ 교환에 의한 부동산 소유권 취득
> ㉢ 존속기간만료에 의한 지상권의 소멸
> ㉣ 매매예약완결권 행사에 의한 부동산 소유권취득
> ㉤ 집합건물의 구분소유권을 취득하는 자의 공용부분에 대한 지분 취득

① ㉠, ㉡ ② ㉡, ㉣ ③ ㉢, ㉤
④ ㉣, ㉤ ⑤ ㉠, ㉢

톺아보기

논점 물권의 변동에 등기를 요하는 경우를 이해하는가?
해당하는 것은 ㉡㉣이다.
㉠㉢ 혼동에 의한 물권의 소멸, 존속기간 만료에 의한 지상권의 소멸은 등기를 요하지 아니한다.
㉡㉣ 교환, 매매예약완결권 행사는 법률행위이므로 그로 인한 물권의 취득은 등기를 하여야 효력이 생긴다.
㉤ 집합건물에서 공용부분의 득실변경은 등기를 요하지 아니한다.

더 알아보기

등기하여야 물권변동이 일어나는 것
1. **법률행위로 인한 경우**(의사표시를 요소로 하는 경우)
   - 매매, 교환계약, 매매 예약완결권 행사로 인한 때
   - 저당권 설정계약, 공유지분을 포기할 때 등
2. 이행판결일 때, 공유물분할소송에서 조정이 성립된 때
3. 점유취득시효 완성한 때

02 등기가 있어야 부동산 물권을 취득하는 경우는? (다툼이 있으면 판례에 따름)

제25회

① 지상권을 상속으로 취득하는 경우
② 건물전세권이 법정갱신되는 경우
③ 건물을 신축하여 소유권을 취득하는 경우
④ 현물분할의 합의에 의하여 공유토지에 대한 단독소유권을 취득하는 경우
⑤ 1동의 건물 중 구분된 건물부분이 구조상·이용상 독립성을 갖추고 구분행위로 인하여 구분소유권을 취득하는 경우

톺아보기

논점 물권의 변동에 등기를 요하는 경우를 알고 있는가?

④ 현물분할의 합의(의사표시를 요소로 하므로 법률행위)에 의하여 공유토지에 대한 단독소유권을 취득하는 경우 제186조의 법률행위로 인한 물권변동에 해당하므로 등기를 요한다. 반면에 재판상 분할은 형성판결로서 등기를 요하지 않는다(제187조).

오답해설

① 형성판결, 수용, 상속, 경매의 경우 등기를 요하지 아니한다(제187조).
② 전세권의 법정갱신, 법정지상권의 취득, 법정저당권의 취득은 등기를 요하지 아니한다.
③ 건물의 신축은 등기를 요하지 아니한다.
⑤ 1동의 건물 중 구분된 건물 부분이 구조상·이용상 독립성을 갖추고 구분행위로 인하여 구분소유권을 취득하는 경우 최근의 변경된 판례는 종전의 견해와 달리 구분건물로 등기를 하지 않아도 구분소유권이 성립한다는 것으로 판례의 입장이 바뀌었다(대판 2013.1.17, 2010다71578 전원합의체). 또한 구분소유권의 공용부분의 득실변경도 등기를 요하지 아니한다.

정답 | 01 ② 02 ④

03 등기가 있어야 물권이 변동되는 경우는? (다툼이 있으면 판례에 따름) 제27회

① 공유물분할청구소송에서 현물분할의 협의가 성립하여 조정이 된 때 공유자들의 소유권 취득
② 건물 소유자의 법정지상권 취득
③ 분묘기지권의 시효취득
④ 저당권실행에 의한 경매에서의 소유권 취득
⑤ 법정갱신된 경우의 전세권 취득

톺아보기

논점 물권의 변동에 등기를 요하는 경우를 아는가?

① 공유물분할의 소송절차 또는 조정절차에서 공유자 사이에 공유토지에 관한 현물분할의 협의가 성립하여 그 합의사항을 조서에 기재함으로써 조정이 성립하였다고 하더라도, 그와 같은 사정만으로 재판에 의한 공유물분할의 경우와 마찬가지로 그 즉시 공유관계가 소멸하고 각 공유자에게 그 협의에 따른 새로운 법률관계가 창설되는 것은 아니고, 공유자들이 협의한 바에 따라 토지의 분필절차를 마친 후 각 단독 소유로 하기로 한 부분에 관하여 다른 공유자의 공유지분을 이전받아 등기를 마침으로써 비로소 그 부분에 대한 대세적 권리로서의 소유권을 취득한다(대판 2013.11.21, 2011두1917 전원합의체).

오답해설
②⑤ 법률규정에 의한 것으로 등기를 요하지 아니한다.
③ 법정지상권의 취득, 분묘기지권의 취득에는 등기를 요하지 아니한다.
④ 경매로 소유권의 취득에는 등기를 요하지 아니한다(제187조).

04 등기 없이도 부동산 물권취득의 효력이 있는 경우를 모두 고른 것은? (다툼이 있으면 판례에 따름) 제35회

| ㉠ 매매 | ㉡ 건물신축 |
| ㉢ 점유시효취득 | ㉣ 공유물의 현물분할판결 |

① ㉠, ㉡
② ㉡, ㉢
③ ㉡, ㉣
④ ㉢, ㉣
⑤ ㉠, ㉢, ㉣

톺아보기

제187조의 법률규정에 의한 물권변동으로 등기 없이도 물권변동의 효력이 생기는 것은 ㉡ 건물의 신축, ㉣ 공유물의 분할판결(형성판결)이다.

부동산 물권의 변동

05 부동산 물권변동에 관한 설명으로 **틀린** 것은? (다툼이 있으면 판례에 따름) 제30회

① 부동산 물권변동 후 그 등기가 원인 없이 말소되었더라도 그 물권변동의 효력에는 영향이 없다.
② 등기를 요하지 않는 물권취득의 원인인 판결이란 이행판결을 의미한다.
③ 소유권이전등기청구권의 보전을 위한 가등기에 기하여 본등기가 행해지면 물권변동의 효력은 본등기가 행해진 때 발생한다.
④ 매수한 토지를 인도받아 점유하고 있는 미등기 매수인으로부터 그 토지를 다시 매수한 자는 특별한 사정이 없는 한 최초 매도인에 대하여 직접 자신에게로의 소유권이전등기를 청구할 수 없다.
⑤ 강제경매로 인해 성립한 관습상 법정지상권을 법률행위에 의해 양도하기 위해서는 등기가 필요하다.

톺아보기

논점 물권변동을 종합적으로 이해하는가?
② 제187조의 등기를 요하지 않는 물권취득의 원인인 판결이란 이행판결을 의미하는 것이 아니라 형성판결을 의미한다.
④ 매수한 토지를 인도받아 점유하고 있는 미등기 매수인으로부터 그 토지를 다시 매수한 자는 3자간 합의가 없는 한 최초 매도인에 대하여 직접 자신에게로의 소유권이전등기를 청구할 수 없다. 3자간 합의가 없는 한 중간자 앞으로 이전등기 후 다시 최종양수인 앞으로 순차적으로 이전등기를 경료해야 한다.
⑤ 강제경매로 관습상 법정지상권을 취득할 때는 등기를 요하지 않으나 법률행위에 의해 양도하기 위해서는 등기가 필요하다.

06 법률행위에 의하지 않은 부동산물권의 변동에 관한 설명으로 **틀린** 것은? (다툼이 있으면 판례에 따름) 제31회

① 관습상 법정지상권은 설정등기 없이 취득한다.
② 이행판결에 기한 부동산물권의 변동시기는 확정판결시이다.
③ 상속인은 등기 없이 상속받은 부동산의 소유권을 취득한다.
④ 경매로 인한 부동산소유권의 취득시기는 매각대금을 완납한 때이다.
⑤ 건물의 신축에 의한 소유권취득은 소유권보존등기를 필요로 하지 않는다.

정답 | 03 ① 04 ③ 05 ② 06 ②

톺아보기

논점 법률행위에 의하지 않은 물권의 변동의 법리를 종합적으로 이해하는가?
이행판결에 기한 부동산물권의 변동시기는 판결확정시가 아니라 판결에 따른 등기를 경료한 때이다. 반면에 형성판결에 의한 물권변동의 시기는 판결확정 즉시 물권변동이 일어난다.

---

07 「민법」 제187조(등기를 요하지 아니하는 부동산물권의 취득)에 관한 설명으로 틀린 것은? (다툼이 있으면 판례에 따름)

제34회

상**중**하

① 상속인은 상속 부동산의 소유권을 등기 없이 취득한다.
② 「민법」 제187조 소정의 판결은 형성판결을 의미한다.
③ 부동산 강제경매에서 매수인이 매각 목적인 권리를 취득하는 시기는 매각대금 완납시이다.
④ 부동산소유권이전을 내용으로 하는 화해조서에 기한 소유권취득에는 등기를 요하지 않는다.
⑤ 신축에 의한 건물소유권취득에는 소유권보존등기를 요하지 않는다.

톺아보기

부동산소유권이전을 내용으로 하는 화해조서, 조정조서에 기한 소유권취득에는 등기를 요한다.

등기청구권

08 등기청구권의 법적 성질이 다른 것은? (다툼이 있으면 판례에 따름)

제22회

상**중**하

① 매수인의 매도인에 대한 등기청구권
② 청구권 보전을 위한 가등기에 기한 본등기청구권
③ 매매계약의 취소로 인한 매도인의 매수인에 대한 등기청구권
④ 시효취득에 기한 등기청구권
⑤ 중간생략등기에 있어서 최종양수인의 최초양도인에 대한 등기청구권

톺아보기

논점 등기청구권의 성질이 '물권적 청구권'인 경우를 아는가?

③ 매매계약 취소, 해제, 합의해제로 인하여 원인행위가 실효되면 그로 인하여 이전하였던 물권도 당연히 매도인에게 소유권이전등기 없이 자동복귀한다. 이때 실제소유권과 등기명의가 일치하지 않는데, 이 경우 매도인은 "소유권에 기한 물권적 청구권"으로 매수인명의 등기를 말소청구할 수 있다.
① 매수인의 등기청구권은 매매라는 채권행위를 원인으로 발생한 것으로 채권적 청구권이다.
② '물권적 청구권을 보존'하기 위한 가등기는 허용되지 아니하고, '채권적 청구권을 보존'할 때에만 가등기가 허용된다(대판 1982.11.23, 81다카1110). 따라서 가등기의 원인이 되는 청구권이 채권적 청구권이므로 그를 보전하기 위한 본등기 청구권도 채권적 청구권이다.
④ 매매로 인한 등기청구권과 취득시효로 인한 등기청구권은 모두 채권적 청구권이다.
⑤ 甲-乙-丙으로 순차 매매하고 등기는 甲에서 丙으로 직접 이전등기하기로 한 경우, 이는 3자간 합의라는 채권적 청구권을 원인으로 하는 것이다.

09 등기청구권에 관한 설명으로 옳은 것은? (다툼이 있으면 판례에 따름) 제30회

① 점유취득시효의 완성으로 점유자가 소유자에 대해 갖는 소유권이전등기청구권은 통상의 채권양도 법리에 따라 양도될 수 있다.
② 부동산을 매수하여 인도받아 사용·수익하는 자의 매도인에 대한 소유권이전등기청구권은 소멸시효에 걸린다.
③ 부동산 매수인이 매도인에 대해 갖는 소유권이전등기청구권은 물권적 청구권이다.
④ 가등기에 기한 소유권이전등기청구권이 시효완성으로 소멸된 후 그 부동산을 취득한 제3자가 가등기권자에 대해 갖는 등기말소청구권은 채권적 청구권이다.
⑤ 등기청구권과 등기신청권은 동일한 내용의 권리이다.

톺아보기

논점 등기청구권의 법리를 종합적으로 아는가?

① 부동산매매계약에서 매도인과 매수인은 서로 동시이행관계에 있는 일정한 의무를 부담하므로 이행과정에 신뢰관계가 따른다. 특히 매도인으로서는 매매대금 지급을 위한 매수인의 자력, 신용 등 매수인이 누구인지에 따라 계약유지 여부를 달리 생각할 여지가 있다. 이러한 이유로 매매로 인한 소유권이전등기청구권의 양도는 특별한 사정이 없는 이상 양도가 제한되고 양도에 채무자의 승낙이나 동의를 요한다고 할 것이므로 통상의 채권양도와 달리 양도인의 채무자에 대한 통지만으로는 채무자에 대한 대항력이 생기지 않으며 반드시 채무자의 동의나 승낙을 받아야 대항력이 생긴다. 그러나 취득시효완성으로 인한 소유권이전등기청구권은 채권자와 채무자 사이에 아무런 계약관계나 신뢰관계가 없고, 그에 따라 채권자가 채무자에게 반대급부로 부담하여야 하는 의무도 없다. 따라서 취득시효완성으로 인한 소유권이전등기청구권의 양도의 경우에는 매매로 인한 소유권이전등기청구권에 관한 양도제한의 법리가 적용되지 않는다(대판 2018.7.12, 2015다36167).

정답 | 07 ④ 08 ③ 09 ①

오답해설
② 매수인이 부동산을 점유, 사용하면 시효에 걸리지 않는다.
③ 매수인의 등기청구권은 채권적 청구권이다.
④ 가등기에 기한 소유권이전등기청구권이 시효의 완성으로 소멸되었다면 그 가등기 이후에 그 부동산을 취득한 제3자는 그 소유권에 기한 방해배제청구로서 그 가등기권자에 대하여 본등기청구권의 소멸시효를 주장하여 그 등기의 말소를 구할 수 있다(대판 1991.3.12, 90다카27570).
⑤ 등기신청권은 개인이 등기관에 대하여 등기를 신청하는 "공법상 권리"이다. 등기청구권은 개인이 개인에 대하여 등기신청에 협력을 청구하는 "사법상의 권리"이다.

10 등기청구권에 관한 설명으로 옳은 것을 모두 고른 것은? (다툼이 있으면 판례에 따름)

제32회

㉠ 등기청구권이란 등기권리자와 등기의무자가 함께 국가에 등기를 신청하는 공법상의 권리이다.
㉡ 부동산 매수인이 그 목적물을 인도받아 이를 사용·수익하고 있는 이상 그 매수인의 등기청구권은 시효로 소멸하지 않는다.
㉢ 취득시효완성으로 인한 소유권이전등기청구권은 시효완성 당시의 등기명의인이 동의해야만 양도할 수 있다.

① ㉠   ② ㉡   ③ ㉢   ④ ㉠, ㉡   ⑤ ㉡, ㉢

톺아보기

옳은 것은 ㉡이다.
㉠ 등기청구권이란 등기권리자가 등기의무자에게 행사하는 사법상 권리라는 점에서 개인이 등기관에게 등기를 신청하는 공법상 권리인 등기신청권과 구별된다.
㉢ 취득시효완성으로 인한 소유권이전등기청구권은 매매로 인한 등기청구권과 달리 서로간에 신뢰관계가 수반되지 않으므로 소유자의 동의 없이 통상적인 채권양도통지로서 양도할 수 있다.

11 부동산 소유권이전등기청구권에 관한 설명으로 옳은 것은? (다툼이 있으면 판례에 따름)

제34회

① 교환으로 인한 이전등기청구권은 물권적 청구권이다.
② 점유취득시효 완성으로 인한 이전등기청구권의 양도는 특별한 사정이 없는 한 양도인의 채무자에 대한 통지만으로는 대항력이 생기지 않는다.
③ 매수인이 부동산을 인도받아 사용·수익하고 있는 이상 매수인의 이전등기청구권은 시효로 소멸하지 않는다.
④ 점유취득시효 완성으로 인한 이전등기청구권은 점유가 계속되더라도 시효로 소멸한다.
⑤ 매매로 인한 이전등기청구권의 양도는 특별한 사정이 없는 한 양도인의 채무자에 대한 통지만으로 대항력이 생긴다.

톺아보기

오답해설
① 매매, 교환, 환매로 인한 이전등기청구권은 채권적 청구권이다.
② 점유취득시효 완성으로 인한 이전등기청구권의 양도는 특별한 사정이 없는 한 양도인의 채무자에 대한 통지만으로는 대항력이 생긴다. 이 점에서 매매로 인한 매수인의 등기청구권의 양도와 구별된다.
④ 점유취득시효 완성으로 인한 이전등기청구권은 점유가 계속되면 시효로 소멸하지 아니한다.
⑤ 매매로 인한 소유권이전등기청구권의 양도는 특별한 사정이 없는 이상 양도가 제한되고 그 양도에 채무자의 승낙이나 동의를 요한다고 할 것이므로 통상의 채권양도와 달리 양도인의 채무자에 대한 통지만으로는 채무자에 대한 대항력이 생기지 않으며 반드시 채무자의 동의나 승낙을 받아야 대항력이 생긴다(대판 2005.3.10, 2004다67653).

미등기 매수인의 지위

12 乙은 丙의 토지 위에 있는 甲 소유의 X건물을 매수하여 대금완납 후 그 건물을 인도받고 등기서류를 교부받았지만, 아직 이전등기를 마치지 않았다. 다음 설명 중 틀린 것은? (다툼이 있으면 판례에 따름) 제26회

① 甲의 채권자가 X건물에 대해 강제집행하는 경우, 乙은 이의를 제기하지 못한다.
② X건물로 인해 丙의 토지가 불법점거당하고 있다면, 丙은 乙에게 X건물의 철거를 청구할 수 있다.
③ X건물의 점유를 방해하는 자에 대해 乙은 점유권에 기한 방해제거청구권을 행사할 수 있다.
④ 乙은 X건물로부터 생긴 과실(果實)의 수취권을 가진다.
⑤ 乙로부터 X건물을 다시 매수하여 점유·사용하고 있는 丁에 대하여 甲은 소유권에 기한 물권적 청구권을 행사할 수 있다.

톺아보기

논점 미등기 부동산 매수인의 지위를 알고 있는가?

⑤ 甲 소유의 건물을 매수하여 점유하는 乙로부터 X건물을 다시 매수하여 점유·사용하고 있는 丁(매매로 인하여 점유할 권리를 보유한 자)에 대하여 甲은 소유권에 기한 물권적 청구권이나 그 사용이익을 부당이득으로 반환청구할 수 없다(대판 1998.6.26, 97다42823).
① 甲의 채권자가 X건물에 대해 강제집행하는 경우, 乙은 아직 등기를 경료하지 않아 건물의 소유자가 아니므로 이의제기를 할 수 없다.
② X건물로 인해 丙의 토지가 불법점거당하고 있다면 토지소유자 丙은 미등기건물의 양수인(사실상 건물의 철거권한을 보유한 자) 乙에게 X건물의 철거를 청구할 수 있다.
③ X건물의 점유를 방해하는 자에 대해 乙은 등기 전이므로 아직 소유권이 없으므로 소유권에 기한 방해배제를 청구할 수 없으나 점유권에 기한 방해제거청구권을 행사할 수 있다.
④ 乙은 건물의 매매대금을 완납한 자이므로 X건물로부터 생긴 과실(果實)의 수취권을 가진다.

중간생략등기

13 乙은 甲 소유의 건물을 매수하여 다시 이를 丙에게 매도하였으며, 甲·乙·丙은 甲에게서 丙으로 소유권이전등기를 해주기로 합의하였다. 다음 중 **틀린** 것은? (다툼이 있으면 판례에 따름) 제20회

① 丙은 직접 甲에 대하여 소유권이전등기청구권을 행사할 수 있다.
② 乙의 甲에 대한 소유권등기청구권은 소멸하는 것이 아니다.
③ 甲으로부터 丙 명의로 경료된 소유권이전등기는 유효하다.
④ 만약 甲과 乙 사이에 매매대금을 인상하는 약정을 체결한 경우, 甲은 인상분의 미지급을 이유로 丙의 소유권이전등기청구를 거절할 수 없다.
⑤ 만약 乙이 丙에게 소유권이전등기청구권을 양도하고 그 사실을 甲에게 통지한 경우, 그 사실만으로는 丙은 직접 甲에 대하여 이전등기를 청구할 수 없다.

톺아보기

논점 중간생략등기의 법리를 사례에 적용할 줄 아는가?

④ 甲과 부동산의 매매계약을 체결한 당사자는 甲과 丙이 아니라 甲과 乙이다. 따라서 甲과 乙 사이에 매매대금을 인상하는 약정을 체결한 경우, 甲은 계약당사자인 乙의 인상분의 미지급을 이유로 丙의 소유권이전등기청구를 거절할 수 있다(대판 2005.4.29, 2003다66431).
① 3자 합의가 있었으므로 최종매수인 丙은 甲에게 직접 이전등기를 청구할 수 있다.
② 중간생략등기를 하기로 3자합의가 있어도 甲과 丙이 계약의 당사자라는 의미는 아니므로 중간자 乙의 매도인 甲에 대한 등기청구권이 상실되는 것은 아니다(대판 1991.12.13, 91다18316).
③ 甲-丙으로의 소유권이전등기는 결국 실질관계에 부합하므로 유효하다.
⑤ 중간자 乙이 丙에게 소유권이전등기청구권을 양도하고 그 사실을 甲에게 통지한 경우, 매도자 甲의 승낙을 얻지 못하였으므로 등기청구권을 양도할 수 없다. 그 결과 최종매수인 丙은 甲의 승낙이 없는 이상 직접 甲에 대하여 소유권이전등기를 청구할 수 없다(대판 1995.8.22, 95다15575).

14 X토지는 甲 → 乙 → 丙으로 순차 매도되고, 3자간에 중간생략등기의 합의를 하였다. 이에 대한 설명으로 **틀린** 것은? (다툼이 있으면 판례에 따름) 제31회

① 丙은 甲에게 직접 소유권이전등기를 청구할 수 있다.
② 乙의 甲에 대한 소유권이전등기청구권은 소멸하지 않는다.
③ 甲의 乙에 대한 매매대금채권의 행사는 제한받지 않는다.
④ 만약 X토지가 토지거래허가구역에 소재한다면, 丙은 직접 甲에게 허가신청절차의 협력을 구할 수 없다.
⑤ 만약 중간생략등기의 합의가 없다면, 丙은 甲의 동의나 승낙 없이 乙의 소유권이전등기청구권을 양도받아 甲에게 소유권이전등기를 청구할 수 있다.

정답 | 12 ⑤ 13 ④ 14 ⑤

톺아보기

논점 중간생략등기의 법리를 사례에 적용할 줄 아는가?

중간생략등기의 합의가 없다면, 乙이 甲에 대하여 가지는 등기청구권을 채권양도통지로 丙에게 양도할 수 없고 甲의 승낙이나 동의를 요건으로 하는데 甲의 승낙이 없다면 乙의 등기청구권을 丙이 양도받을 수 없으므로 丙은 甲에게 직접 소유권이전등기를 청구할 수 없다.

---

15 甲은 자신의 토지를 乙에게 매도하여 인도하였고, 乙은 그 토지를 점유·사용하다가 다시 丙에게 매도하여 인도하였다. 甲과 乙은 모두 대금 전부를 수령하였고, 甲·乙·丙 사이에 중간생략등기의 합의가 있었다. 다음 설명 중 옳은 것은? (단, 토지거래허가구역 밖에 있음을 전제로 함. 판례에 따름)

제35회

① 甲은 丙을 상대로 소유물반환을 청구할 수 있다.
② 甲은 乙을 상대로 소유물반환을 청구할 수 없다.
③ 丙은 직접 甲을 상대로 소유권이전등기를 청구할 수 없다.
④ 丙은 乙을 대위하여 甲을 상대로 소유권이전등기를 청구할 수 없다.
⑤ 만약 乙이 인도받은 후 현재 10년이 지났다면, 乙은 甲에 대해 소유권이전등기를 청구할 수 없다.

톺아보기

② 甲은 乙을 상대로 소유물반환을 청구할 수 없다. 乙은 매매로 점유할 권리를 가진 자이기 때문이다.

오답해설

① 부동산의 매수인이 소유권이전등기를 경료받기 전에 토지를 인도받은 매수인으로부터 다시 토지를 매수하여 점유·사용하고 있는 자(토지를 매매하여 점유, 사용할 권리가 있으므로)에 대하여 매도인이 토지소유권에 기한 물권적 청구권을 행사할 수 없다(대판 1998.6.26, 97다42823).
③ 중간생략등기의 합의가 있는 경우 丙은 직접 甲을 상대로 소유권이전등기를 청구할 수 있다.
④ 丙은 乙을 대위하여 甲을 상대로 소유권이전등기를 청구할 수 있다.
⑤ 만약 乙이 인도받은 후 현재 10년이 지났다하여도 乙이 다시 丙에게 매매로 처분한 경우, 이는 적극적인 권리행사의 일환이므로 乙의 甲에 대한 등기청구권은 소멸시효에 걸리지 아니한다. 따라서 乙은 甲에 대해 소유권이전등기를 청구할 수 있다.

등기의 추정력

16 등기의 추정력에 관한 설명으로 옳은 것은? (다툼이 있으면 판례에 따름) 제23회

① 원인 없이 부적법 말소된 등기에는 권리소멸의 추정력이 인정되지 않는다.
② 등기부상 물권변동의 당사자 사이에는 등기추정력이 원용될 수 없다.
③ 등기된 부동산에 관하여도 점유의 추정력이 인정된다.
④ 건물 소유권보존등기의 명의자가 이를 신축한 것이 아니라도 그 등기의 권리추정력은 인정된다.
⑤ 전 소유자의 사망 이후에 「부동산소유권 이전등기 등에 관한 특별조치법」에 의한 소유권이전등기가 경료되면 그 등기의 추정력은 깨진다.

톺아보기

논점 등기의 추정력을 종합적으로 아는가?

① 등기는 물권의 효력존속요건이 아니라 효력발생요건이므로 원인 없이 불법하게 등기가 말소되어도 물권은 소멸하지 아니한다(대판 1997.9.30, 95다39526).

오답해설
② 등기의 적법추정력은 제3자 관계에 대하여 뿐만 아니라 물권변동의 당사자 간에도 원용될 수 있다.
③ 점유의 추정력은 동산에만 인정되고 부동산에는 추정력이 인정되지 않는다(제200조).
④ 보존등기는 건물보존등기 명의자가 신축하지 않은 것이 증명된 때에는 추정력이 깨어진다(대판 1996.7.30, 95다30734).
⑤ 특별조치법에 의한 소유권이전등기가 경료되면 그 추정력으로 인하여 전 소유자의 사망일자보다 뒤늦게 매수일자가 되어 있어도 그 등기의 적법추정력이 깨어지지 않는다(대판 2009.6.11, 2009다15145).

정답 | 15 ② 16 ①

17 등기의 추정력에 관한 설명으로 틀린 것은? (다툼이 있으면 판례에 따름) 제25회

① 소유권이전등기가 된 경우, 특별한 사정이 없는 한 이전등기에 필요한 적법한 절차를 거친 것으로 추정된다.
② 소유권이전등기가 된 경우, 등기명의인은 전 소유자에 대하여 적법한 등기원인에 기한 소유권을 취득한 것으로 추정된다.
③ 소유권이전등기가 불법말소된 경우, 말소된 등기의 최종명의인은 그 회복등기가 경료되기 전이라도 적법한 권리자로 추정된다.
④ 등기명의인이 등기원인행위의 태양이나 과정을 다소 다르게 주장한다고 하여 이로써 추정력이 깨어지는 것은 아니다.
⑤ 소유권이전청구권 보전을 위한 가등기가 있으면, 소유권이전등기를 청구할 어떠한 법률관계가 있다고 추정된다.

톺아보기

논점 등기의 추정력을 종합적으로 알고 있는가?

⑤ 소유권이전청구권 보전을 위한 가등기가 있으면 소유권이전등기를 청구할 어떠한 법률관계(매매계약)가 있다고 추정되지 아니한다(대판 1979.5.22, 79다239).
② 소유권이전등기가 된 경우, 등기명의인은 제3자뿐만 아니라 전 소유자에 대하여 적법한 등기원인에 기한 소유권을 취득한 것으로 추정된다.
③ 소유권이전등기가 불법말소된 경우, 물권은 소멸하지 않으며 말소된 등기의 최종명의인은 그 회복등기가 경료되기 전이라도 적법한 권리자로 추정된다.
④ 등기명의인이 등기원인행위의 태양이나 과정을 다소 다르게 주장한다고 하여 이로써 추정력이 깨어지는 것은 아니다.

18 등기의 추정력에 관한 설명으로 옳은 것을 모두 고른 것은? (다툼이 있으면 판례에 따름)

제30회

㉠ 사망자 명의로 신청하여 이루어진 이전등기에는 특별한 사정이 없는 한 추정력이 인정되지 않는다.
㉡ 대리에 의한 매매계약을 원인으로 소유권이전등기가 이루어진 경우, 대리권의 존재는 추정된다.
㉢ 근저당권등기가 행해지면 피담보채권뿐만 아니라 그 피담보채권을 성립시키는 기본계약의 존재도 추정된다.
㉣ 건물 소유권보존등기 명의자가 전(前)소유자로부터 그 건물을 양수하였다고 주장하는 경우, 전(前)소유자가 양도사실을 부인하더라도 그 보존등기의 추정력은 깨어지지 않는다.

① ㉠, ㉡   ② ㉠, ㉢   ③ ㉡, ㉢   ④ ㉡, ㉣   ⑤ ㉢, ㉣

톺아보기

논점 등기의 추정력을 종합적으로 이해하는가?

옳은 것은 ㉠㉡이다.
㉠ 사망자 명의로 신청하여 이루어진 이전등기에는 특별한 사정이 없는 한 추정력이 인정되지 않는다. 다만, 등기의무자가 사망 전에 등기원인인 매매가 존재하는 사정이 있는 경우에는 그 등기의 추정력을 부인할 수 없다(대판 1997.11.28, 95다51991).
㉡ 전등기명의인의 직접적인 처분행위에 의한 것이 아니라 제3자가 그 처분행위에 개입된 경우 현등기명의인이 그 제3자가 전등기명의인의 대리인이라고 주장하더라도 현등기명의인의 등기가 적법하게 이루어진 것으로 추정된다고 할 것이므로 그 등기가 원인무효임을 이유로 말소를 청구하는 전등기명의인으로서는 그 반대사실, 즉 그 제3자에게 전등기명의인을 대리할 권한이 없었다든지, 또는 그 제3자가 전등기명의인의 등기서류를 위조하였다는 등의 무효사실에 대한 입증책임을 진다(대판 1993.10.12, 93다18914).
㉢ 근저당권등기에는 최고액만 등기되고 피담보채권의 존재가 추정되지 않으며, 기본계약의 존재도 추정되지 않는다.
㉣ 건물 소유권보존등기 명의자가 전(前)소유자로부터 그 건물을 양수하였다고 주장하는 경우, 전(前)소유자가 양도사실을 부인하는 경우 그 보존등기의 추정력은 깨어진다.

정답 | 17 ⑤   18 ①

19 상중하

등기와 점유의 추정력에 관한 설명으로 **틀린** 것은? (다툼이 있으면 판례에 따름)

제31회

① 등기부상 권리변동의 당사자 사이에서는 등기의 추정력을 원용할 수 없다.
② 전·후 양시(兩時)에 점유한 사실이 있는 때에는 그 점유는 계속한 것으로 추정한다.
③ 원인 없이 부적법하게 등기가 말소된 경우, 권리소멸의 추정력은 인정되지 않는다.
④ 점유자의 권리추정 규정은 특별한 사정이 없는 한 부동산 물권에는 적용되지 않는다.
⑤ 소유권이전등기의 원인으로 주장된 계약서가 진정하지 않은 것으로 증명되면 등기의 적법추정은 깨진다.

톺아보기

논점 등기의 추정력을 종합적으로 알고 있는가?
등기의 적법추정력은 제3자 관계에 대하여 뿐만 아니라 물권변동의 당사자간에도 원용될 수 있다.

등기제도의 종합

20 상중하

등기에 관한 설명으로 옳은 것은? (다툼이 있으면 판례에 따름)

제26회

① 법률행위를 원인으로 하여 소유권이전등기를 명하는 판결에 따른 소유권의 취득에는 등기를 요하지 않는다.
② 상속인은 피상속인의 사망과 더불어 상속재산인 부동산에 대한 등기를 한 때 소유권을 취득한다.
③ 피담보채권이 소멸하더라도 저당권의 말소등기가 있어야 저당권이 소멸한다.
④ 「민사집행법」상 경매의 매수인은 등기를 하여야 소유권을 취득할 수 있다.
⑤ 기존 건물 멸실 후 건물이 신축된 경우, 기존 건물에 대한 등기는 신축건물에 대한 등기로서 효력이 없다.

톺아보기

논점 등기제도를 종합적으로 알고 있는가?

⑤ 기존건물이 멸실된 후 그곳에 새로이 건축한 건물의 물권변동에 관한 등기를 멸실된 건물의 등기부에 하여도 이는 진실에 부합하지 아니하는 것이고 비록 당사자가 멸실건물의 등기로서 신축된 건물의 등기에 갈음할 의사를 가졌다고 하여도 그 등기는 무효이다(대판 1976.10.26, 75다2211).

오답해설

① 법률행위를 원인으로 하여 소유권이전등기를 명하는 판결(이행판결)은 제187조가 말하는 "형성판결"이 아니므로, 이 판결에 따른 소유권의 취득은 등기를 해야 그 효력이 생긴다.
② 상속인은 등기 없이 소유권을 취득한다(제187조).
③ 피담보채권이 소멸하면 저당권의 말소등기 없이 저당권은 소멸한다.

21 등기에 관한 설명으로 틀린 것은? (다툼이 있으면 판례에 따름) 제29회

① 중간생략등기의 합의는 적법한 등기원인이 될 수 없다.
② 종전건물의 등기를 신축건물의 등기로 유용하지 못한다.
③ 전세권존속기간이 시작되기 전에 마친 전세권설정등기는 원칙적으로 무효이다.
④ 미등기 건물의 양수인이 그 건물을 신축한 양도인의 동의를 얻어 직접 자기명의로 보존등기를 한 경우, 그 등기는 유효하다.
⑤ 중간생략등기를 합의한 최초매도인은 그와 거래한 매수인의 대금미지급을 들어 최종매수인 명의로의 소유권이전등기의무의 이행을 거절할 수 있다.

톺아보기

논점 등기제도를 종합적으로 알고 있는가?

③ 전세권이 용익물권적인 성격과 담보물권적인 성격을 모두 갖추고 있는 점에 비추어 "전세권의 존속기간이 시작되기 전에 마친 전세권설정등기"도 특별한 사정이 없는 한 유효한 것으로 추정된다. 한편 「부동산등기법」 제4조 제1항은 "같은 부동산에 관하여 등기한 권리의 순위는 법률에 다른 규정이 없으면 등기한 순서에 따른다."라고 정하고 있으므로, 전세권은 등기부상 기록된 '전세권설정등기의 존속기간'과 상관없이 '등기된 순서'에 따라 순위가 정해진다(대결 2018.1.25, 자2017마1093).
② 종전의 멸실된 건물의 등기를 신축건물의 등기로 유용하지 못한다(대판 1980.11.11, 80다441).
④ 미등기건물의 양수인이 그 건물을 신축한 양도인의 동의를 얻어 직접 승계취득자인 양수인 명의로 직접 보존등기를 한 경우에도 결국은 실체관계와 부합하는 등기이므로 유효한 등기이다(대판 1995.12.26, 94다44675).

정답 | 19 ① 20 ⑤ 21 ③

가등기

22 甲 소유의 토지에 乙 명의로 소유권이전청구권 보전을 위한 가등기가 경료되어 있다. 다음 설명 중 옳은 것은? (다툼이 있으면 판례에 따름) 제21회

① 가등기가 있다고 해서 乙이 甲에게 소유권이전등기를 청구할 법률관계의 존재가 추정되지는 않는다.
② 乙이 가등기에 기한 본등기를 하면 乙은 가등기를 경료한 때부터 토지에 대한 소유권을 취득한다.
③ 甲이 토지에 대한 소유권을 丙에게 이전한 뒤 乙이 본등기를 하려면 丙에게 등기청구권을 행사하여야 한다.
④ 乙이 가등기한 후 甲이 丁에게 저당권을 설정해주고, 乙이 본등기를 하면 乙은 丁을 위한 물상보증인의 지위에 있게 된다.
⑤ 乙은 가등기된 소유권이전청구권을 가등기에 대한 부기등기의 방법으로 타인에게 양도할 수 없다.

톺아보기

논점 가등기의 종합적 법리를 사례문제에 적용할 줄 아는가?

① 가등기는 종국등기가 아니므로 등기의 추정력이 인정되지 않는다. 따라서 가등기가 있다고 해서 乙이 甲에게 소유권이전등기를 청구할 법률관계의 존재(매매계약관계의 존재)가 추정되지는 않는다.

오답해설
② 가등기에 기한 본등기를 경료한 경우 "물권변동의 시기"는 본등기한 때부터이고 가등기한 때로 소급하지 아니하며 본등기의 "순위"가 가등기한 때로 소급한다.
③ 본등기의 상대방은 가등기 당시 소유자이고 현재 소유자인 丙이 아니다.
④ 가등기 후 경료된 중간취득등기는 가등기에 기한 본등기 경료한 경우 직권 말소처리된다.
⑤ 가등기의 가등기도 부기등기로 가능하다(대판 1998.11.19, 98다24105 전원합의체).

23

청구권보전을 위한 가등기에 관한 설명으로 틀린 것은? (다툼이 있으면 판례에 따름)

제32회

① 가등기된 소유권이전등기청구권은 가등기에 대한 부기등기의 방법으로 타인에게 양도될 수 있다.
② 정지조건부 청구권을 보전하기 위한 가등기도 허용된다.
③ 가등기에 기한 본등기 절차에 의하지 않고 별도의 본등기를 경료받은 경우, 제3자 명의로 중간처분의 등기가 있어도 가등기에 기한 본등기 절차의 이행을 구할 수 없다.
④ 가등기는 물권적 청구권을 보전하기 위해서는 할 수 없다.
⑤ 소유권이전청구권을 보전하기 위한 가등기에 기한 본등기를 청구하는 경우, 가등기 후 소유자가 변경되더라도 가등기 당시의 등기명의인을 상대로 하여야 한다.

톺아보기

甲이 토지를 乙에게 명의신탁하고 장차의 소유권이전청구권의 보전을 위하여 자기명의로 가등기를 마친 가등기권리자 甲이 '가등기에 기하여 본등기를 하지 아니하고' 별개의 원인으로 소유권이전등기를 경료한 경우 혼동의 법리에 의하여 甲의 가등기에 기한 본등기청구권이 소멸하는 것은 아니다(대판 1995.12.26, 95다29888). 따라서 가등기권리자는 가등기에 기하여 본등기절차의 이행을 청구할 수 있다.

물권의 소멸

24

물권의 소멸에 관한 설명으로 틀린 것은? (다툼이 있으면 판례에 따름)

제24회

① 소유권과 저당권은 소멸시효에 걸리지 않는다.
② 물권의 포기는 물권의 소멸을 목적으로 하는 단독행위이다.
③ 전세권이 저당권의 목적인 경우, 저당권자의 동의 없이 전세권을 포기할 수 없다.
④ 존속기간이 있는 지상권은 특별한 사정이 없으면 그 기간의 만료로 말소등기 없이 소멸한다.
⑤ 甲의 토지에 乙이 지상권을 취득한 후, 그 토지에 저당권을 취득한 丙이 그 토지의 소유권을 취득하더라도 丙의 저당권은 소멸하지 않는다.

정답 | 22 ① 23 ③ 24 ⑤

톺아보기

논점 소유권과 제한물권이 동일인에게 귀속한 때 제한물권의 존속 여부를 아는가?
⑤ 토지에 저당권을 취득한 丙이 토지의 소유권을 취득한 경우 丙은 소유권과 저당권을 취득하게 되어 혼동이 일어나게 되는 결과, 丙의 저당권은 혼동으로 소멸한다.
① 소유권, 점유권, 저당권은 소멸시효에 걸리지 않는다.
② 소유권 포기는 상대방 없는 단독행위이고 제한 물권의 포기는 상대방 있는 단독행위이다.
③ 전세권이 저당권의 목적인 경우, 저당권자의 동의 없이 전세권을 포기할 수 없다.
④ 용익물권은 존속기간의 만료로써 말소등기 없이 소멸한다.

25 혼동에 의한 물권소멸에 관한 설명으로 옳은 것을 모두 고른 것은? (다툼이 있으면 판례에 따름)

제22회

㉠ 甲의 토지 위에 乙이 1번 저당권, 丙이 2번 저당권을 가지고 있다가 乙이 증여를 받아 토지소유권을 취득하면 1번 저당권은 소멸한다.
㉡ 乙이 甲의 토지 위에 지상권을 설정받고, 丙이 그 지상권 위에 저당권을 취득한 후 乙이 甲으로부터 그 토지를 매수한 경우, 乙의 지상권은 소멸한다.
㉢ 甲의 토지를 乙이 점유하다가 乙이 이 토지의 소유권을 취득하더라도 乙의 점유권은 소멸하지 않는다.
㉣ 甲의 토지 위에 乙이 지상권, 丙이 저당권을 가지고 있는 경우, 丙이 그 소유권을 취득하면 丙의 저당권은 소멸한다.

① ㉠, ㉡ ② ㉡, ㉢ ③ ㉢, ㉣ ④ ㉠, ㉣ ⑤ ㉠, ㉢

톺아보기

논점 혼동의 법리를 종합적으로 알고 있는가?
옳은 것은 ㉢㉣이다.
㉠ 甲의 토지 위에 乙이 1번 저당권, 丙이 2번 저당권을 가지고 있다가 乙이 증여를 받아 토지소유권을 취득하면 1번 저당권은 후순위저당권이 존재하므로 소멸하지 아니한다.
㉡ 甲의 토지 위에 乙이 지상권을 설정받고, 丙이 그 지상권 위에 저당권을 취득한 후 乙이 甲으로부터 그 토지를 매수한 경우, 乙의 지상권이 제3자의 저당권의 목적이므로 혼동으로 소멸하지 아니한다.
㉢ 甲의 토지를 乙이 점유하다가 乙이 이 토지의 소유권을 취득하더라도 乙의 점유권은 다른 물권과 혼동이 생겨도 병존이 가능하므로 소멸하지 않는다.
㉣ 丙에게 소유권과 저당권의 혼동이 생기는 결과, 丙의 저당권은 소멸한다.

정답 | 25 ③

제3장 / 점유권

01 점유에 관한 설명으로 옳은 것은? (다툼이 있으면 판례에 따름) 제29회

① 점유매개관계의 직접점유자는 타주점유자이다.
② 점유자는 소유의 의사로 과실 없이 점유한 것으로 추정한다.
③ 甲이 乙로부터 임차한 건물을 乙의 동의 없이 丙에게 전대한 경우, 乙만이 간접점유자이다.
④ 甲이 乙과의 명의신탁약정에 따라 자신의 부동산 소유권을 乙 명의로 등기한 경우, 乙의 점유는 자주점유이다.
⑤ 실제 면적이 등기된 면적을 상당히 초과하는 토지를 매수하여 인도받은 때에는 특별한 사정이 없으면 초과부분의 점유는 자주점유이다.

톺아보기

논점 점유의 법리를 종합적으로 알고 있는가?

① 점유매개관계(예 임대차, 전세권 등)의 직접점유자는 소유권이 타인에게 존재하는 것을 전제로 하는 점유이므로 타주점유자이다. 예컨대 임대인이 토지를 타인에게 임대하여 임차인이 직접점유하는 경우 직접점유자인 임차인의 토지점유는 타주점유이다.

오답해설

② 점유자는 선의점유, 소유의 의사, 평온·공연한 점유는 추정하지만 과실 없는 점유(무과실의 점유)는 추정되지 않는다(제197조).
③ 乙로부터 甲이 임차한 건물을 乙의 동의 없이 丙에게 전대한 경우, 乙과 甲은 간접점유자이다.
④ 甲이 乙과의 명의신탁약정에 따라 명의수탁자 乙 명의로 등기된 경우 수탁자의 점유는 타주점유이다.
⑤ 인접토지를 매수한 자가 실제 면적이 등기된 면적을 '상당히 초과하는 토지'를 매수하여 인도받은 때에는 특별한 사정이 없으면 초과부분의 점유는 타주점유이다.

정답 | 01 ①

02 간접점유에 관한 설명으로 틀린 것은? (다툼이 있으면 판례에 따름) 제30회

① 「주택임대차보호법」상의 대항요건인 인도(引渡)는 임차인이 주택의 간접점유를 취득하는 경우에도 인정될 수 있다.
② 점유취득시효의 기초인 점유에는 간접점유도 포함된다.
③ 직접점유자가 그 점유를 임의로 양도한 경우, 그 점유 이전이 간접점유자의 의사에 반하더라도 간접점유가 침탈된 것은 아니다.
④ 간접점유자에게는 점유보호청구권이 인정되지 않는다.
⑤ 점유매개관계를 발생시키는 법률행위가 무효라 하더라도 간접점유는 인정될 수 있다.

톺아보기

논점 점유를 종합적으로 이해하는가?

점유를 침탈당한 경우 간접점유자에게도 직접점유자와 마찬가지로 점유보호청구권이 인정된다(제207조 제1항).

03 「민법」상 점유에 관한 설명으로 틀린 것은? (다툼이 있으면 판례에 따름) 제24회

① 점유자는 평온·공평하게 점유한 것으로 추정한다.
② 매매계약을 원인으로 토지의 소유자로 등기한 자는 통상 이전등기할 때에 그 토지를 인도받아 점유한 것으로 보아야 한다.
③ 점유자가 점유물에 대하여 행사하는 권리는 적법하게 보유한 것으로 추정한다.
④ 악의의 점유자는 그의 잘못 없이 과실을 훼손 또는 수취하지 못한 때에도 그 과실의 대가를 보상하여야 한다.
⑤ 점유자의 특정승계인은 자기의 점유와 전(前)점유자의 점유를 아울러 주장할 수 있다.

톺아보기

논점 점유를 종합적으로 이해하는가?

④ 악의의 점유자는 그의 과실로(잘못으로) 인하여 과실을 훼손 또는 수취하지 못한 때에도 그 과실의 대가를 보상하여야 한다(제201조 제2항). 그런데 점유자의 "잘못 없이 훼손"한 경우라고 기술하고 있으므로 위 조항은 적용되지 아니한다.
① 점유의 추정력에 대한 설명이다(제197조).
② 매매계약을 원인으로 토지의 소유자로 이전등기한 자(매도자와 매수자의 공동신청에 의함)는 보존등기와 달리 통상 이전등기할 때에 그 부동산을 타인(매도인)으로부터 인도받아 점유한 것으로 보아야 한다(판례).
③ 악의 점유자의 대가보상의 법리이다(제200조).
⑤ 점유의 승계에 관한 내용이다(제199조).

04 점유에 관한 설명으로 옳은 것은? (다툼이 있으면 판례에 따름)   제26회

① 점유자의 점유가 자주점유인지 타주점유인지의 여부는 점유자 내심의 의사에 의하여 결정된다.
② 점유자의 점유권원에 관한 주장이 인정되지 않는다는 것만으로도 자주점유의 추정이 깨진다.
③ 점유물이 멸실·훼손된 경우, 선의의 타주점유자는 이익이 현존하는 한도 내에서 회복자에게 배상책임을 진다.
④ 악의의 점유자는 과실(過失) 없이 과실(果實)을 수취하지 못한 때에도 그 과실(果實)의 대가를 회복자에게 보상하여야 한다.
⑤ 점유자의 특정승계인이 자기의 점유와 전(前)점유자의 점유를 아울러 주장하는 경우, 그 하자도 승계한다.

톺아보기

논점 점유를 종합적으로 이해하는가?

⑤ 점유자의 특정승계인이 자기의 점유와 전(前)점유자의 점유를 아울러 주장하는 경우, 그 하자도 승계한다(제199조 제2항).

오답해설

① 점유자의 점유가 자주점유인지 타주점유인지의 여부는 점유자 내심의 의사가 아니라 권원의 성질에 의하여 객관적으로 결정된다.
② 점유자가 '스스로 매매 또는 증여와 같은 자주점유의 권원을 주장'하였으나 이것이 인정되지 않는 경우에도 원래 위와 같은 자주점유의 권원에 관한 입증책임이 점유자에게 있지 아니한 이상 그 점유권원이 인정되지 않는다는 사유만으로 자주점유의 추정이 번복된다거나 또는 점유의 권원의 성질상 타주점유라고 볼 수 없다(대판 1994.11.22, 94다16458).
③ 점유물이 점유자의 잘못(과실)로 멸실·훼손된 경우, 선의의 타주점유자는 손해전부를 배상하여야 한다(제202조). 만약 점유자의 과실 없이 멸실되면 본조는 적용이 없다.
④ 악의의 점유자는 수취한 과실을 반환하여야 하며 소비하였거나 "과실로 인하여(점유자의 잘못으로 인하여)" 훼손 또는 수취하지 못한 경우에는 그 과실의 대가를 보상하여야 한다(제201조 제2항).

정답 | 02 ④ 03 ④ 04 ⑤

05 점유와 등기의 추정력에 관한 설명으로 틀린 것은? (다툼이 있으면 판례에 따름) 제20회

① 특정부동산에 관한 등기는 특별한 사정이 없는 한 그 원인과 절차에 있어서 적법하게 경료된 것으로 추정된다.
② 소유권이전청구권의 보전을 위한 가등기를 마쳤더라도 청구권의 발생 원인이 되는 계약관계의 존재가 추정되지 않는다.
③ 점유의 권리적법추정 규정은 원칙적으로 부동산물권에는 적용이 없다.
④ 점유자가 자주점유의 권원을 주장하였으나 이것이 인정되지 않는 것만으로도 자주점유의 추정이 번복되어 타주점유로 전환된다.
⑤ 전후 양 시점의 점유자가 다르더라도 점유의 승계가 증명된다면 점유계속은 추정된다.

톺아보기

논점 점유와 등기의 추정력을 알고 있는가?

④ 제197조에 의거하여 점유자에게는 자주점유의 입증책임이 없으므로 '점유자'가 소유자에게 매매같은 자주점유의 권원을 주장하였으나 이것이 인정되지 않는 경우 그것만으로 자주점유의 추정이 번복되어 타주점유로 전환되지 아니한다(대판 1994.11.22, 94다16458 전원합의체). 반면에 '소유자'가 점유자에게 제기한 소유권이전등기말소 소송에서 점유자가 패소한 경우 소 제기시부터 악의점유이고 패소한 때부터는 타주점유로 된다(대판 1996.10.11, 96다19857).
③ 점유의 권리적법추정 규정은 원칙적으로 동산에만 적용된다(제200조).

06 점유에 관한 설명으로 옳은 것은? (다툼이 있으면 판례에 따름) 제33회

① 제3자가 직접점유자의 점유를 방해한 경우, 특별한 사정이 없는 한 간접점유자에게는 점유권에 기한 방해배제청구권이 인정되지 않는다.
② 취득시효의 요건인 점유에는 간접점유가 포함되지 않는다.
③ 소유권의 시효취득을 주장하는 점유자는 특별한 사정이 없는 한 자신의 점유가 자주점유에 해당함을 증명하여야 한다.
④ 선의의 점유자가 본권에 관한 소에 패소한 경우, 그 자는 패소가 확정된 때부터 악의의 점유자로 본다.
⑤ 양도인이 등기부상의 명의인과 동일인이며 그 명의를 의심할 만한 특별한 사정이 없는 경우, 그 부동산을 양수하여 인도받은 자는 과실(過失) 없는 점유자에 해당한다.

톺아보기

논점 점유에 대한 종합적 논점을 알고 있는가?

오답해설
① 간접점유자에게도 점유권에 기한 방해배제청구권이 인정된다.
② 취득시효의 요건인 점유에는 직접점유뿐만 아니라 간접점유가 포함된다.
③ 소유권의 시효취득을 주장하는 점유자는 자주점유가 추정된다.
④ 선의의 점유자가 본권에 관한 소에 패소한 경우, 패소가 확정된 때부터가 아니라 소제기한 때부터 악의의 점유자로 본다.

점유자와 회복자의 관계

07 선의 또는 악의점유를 구별할 실익이 없는 것은? 제22회

상**중**하
① 부동산소유권의 등기부 시효취득
② 점유침탈자의 특별승계인에 대한 점유자의 반환청구권
③ 점유자의 회복자에 대한 유익비상환청구권
④ 점유물의 멸실·훼손에 따른 점유자의 회복자에 대한 책임
⑤ 점유자의 과실수취권

톺아보기

논점 점유자의 비용상환청구권(제203조)의 법리를 알고 있는가?
③ 점유자의 비용상환청구권(제203조), 점유자의 점유물반환청구권(제204조)은 '선의, 악의 점유 관계 없이 모든 점유자'에게 인정된다.
① 등기부 취득시효의 요건은 점유자가 등기하고 '선의, 무과실로 점유'하여야 한다(제245조 제2항).
② 점유물반환청구권은 침탈자로부터 특별승계인이 악의이면 가능하나 특별승계인이 선의이면 반환청구할 수 없다(제204조 제2항).
④ 선의이고 자주점유자만 '이익이 현존한도만 반환'하고 악의이면 전부 반환하여야 한다(제202조).
⑤ 선의점유자만 과실수취권이 있고 악의점유자는 과실수취권이 없다(제201조).

정답 | 05 ④   06 ⑤   07 ③

08 점유자와 회복자의 관계에 관한 설명으로 틀린 것은? 제27회

① 선의의 점유자는 점유물의 과실을 취득하면 회복자에 대하여 통상의 필요비상환을 청구하지 못한다.
② 점유물이 점유자의 책임 있는 사유로 멸실된 경우 소유의 의사가 없는 선의의 점유자는 손해의 전부를 배상해야 한다.
③ 점유물에 관한 필요비상환청구권은 악의의 점유자에게도 인정된다.
④ 필요비상환청구권에 대하여 회복자는 법원에 상환기간의 허여를 청구할 수 있다.
⑤ 악의의 점유자가 과실(過失)로 인하여 점유물의 과실(果實)을 수취하지 못한 경우 그 과실(果實)의 대가를 보상해야 한다.

톺아보기

논점 점유자와 회복자의 법리를 종합적으로 알고 있는가?

④ 점유자의 유익비상환청구에 대하여는 법원에 상환기간의 허여를 청구할 수 있다(제203조 제3항). 반면에 필요비상환청구권에 대하여 회복자는 법원에 상환기간의 허여를 청구할 수 없다.
① 선의의 점유자는 점유물의 과실을 취득하면(물건을 사용한 경우) 회복자에 대하여 통상의 필요비 상환을 청구하지 못한다(제203조 제1항). 다만, 유익비는 상환청구할 수 있다.
② 점유물이 점유자의 책임있는 사유로 멸실된 경우 소유의 의사가 없는 타주점유자는 선의인 경우에도 손해의 전부를 배상해야 한다. 반면에 선의이고 자주점유자는 현존한도에서 반환한다(제202조).
③ 점유자의 비용상환청구권은 악의점유자에게도 인정되나 점유자의 과실수취권은 선의점유자에게만 인정된다는 점에서 구별된다.

09 점유자와 회복자의 관계 등에 관한 설명으로 틀린 것은? 제28회

① 선의의 점유자는 점유물의 과실을 취득한다.
② 점유자가 점유물반환청구권을 행사하는 경우, 그 침탈된 날로부터 1년 내에 행사하여야 한다.
③ 점유자가 필요비를 지출한 경우, 그 가액의 증가가 현존한 경우에 한하여 상환을 청구할 수 있다.
④ 점유자가 점유의 방해를 받을 염려가 있는 때에는 그 방해의 예방 또는 손해배상의 담보를 청구할 수 있다.
⑤ 점유물이 점유자의 책임 있는 사유로 멸실된 경우, 소유의 의사가 없는 점유자는 선의의 경우에도 손해의 전부를 배상해야 한다.

톺아보기

논점 점유자와 회복자의 법리를 종합적으로 알고 있는가?

점유자가 유익비를 지출한 경우, '그 가액의 증가가 현존한 경우에 한하여' '회복자의 선택'에 좇아 지출금액이나 가치증가액의 상환을 청구할 수 있다(제203조 제2항). 반면 점유자가 지출한 필요비는 가액의 증가가 현존하였는지 여부를 불문한다.

---

10. 점유자와 회복자의 관계에 관한 설명으로 틀린 것은? (다툼이 있으면 판례에 따름)

제29회

① 점유물의 과실을 취득한 선의의 점유자는 통상의 필요비의 상환을 청구하지 못한다.
② 악의의 점유자가 책임 있는 사유로 점유물을 멸실한 때에는 그는 현존이익의 범위 내에서 배상하여야 한다.
③ 악의의 점유자는 받은 이익에 이자를 붙여 반환하고 그 이자의 이행지체로 인한 지연손해금까지 지급하여야 한다.
④ 유익비는 점유물의 가액 증가가 현존한 때에 한하여 상환을 청구할 수 있다.
⑤ 법원이 유익비의 상환을 위하여 상당한 기간을 허여한 경우, 유치권은 성립하지 않는다.

톺아보기

논점 점유자와 회복자의 법리를 종합적으로 알고 있는가?

악의의 점유자가 '책임 있는 사유'로 점유물을 멸실한 때에는 그는 이익의 현존한도가 아니라 손해전부를 배상하여야 한다(제202조). 반면에 선의이고 자주점유자는 이익이 현존하는 한도에서 배상의무를 부담한다.

더 알아보기

과실 취득(제201조)	선의점유자 ⇨ 과실 취득	악의점유자 ⇨ 과실 반환
점유물의 멸실 책임 (제202조)	선의 + 자주 ⇨ 현존한도	악의, 타주 ⇨ 손해전부
비용상환청구 (제203조)	• 점유자가 필요비상환청구 • 선의 점유자가 과실 취득시 필요비상환청구할 수 없다.	• 유익비: 가액 증가가 현존할 것 • 점유자가 과실 취득시 유익비는 상환청구할 수 있다.

정답 | 08 ④ 09 ③ 10 ②

11. 점유자와 회복자의 관계에 관한 설명으로 옳은 것은? (다툼이 있으면 판례에 따름)

제33회

① 악의의 점유자가 점유물의 과실을 수취하여 소비한 경우, 특별한 사정이 없는 한 그 점유자는 그 과실의 대가를 보상하여야 한다.
② 은비(隱秘)에 의한 점유자는 점유물의 과실을 수취할 권리가 있다.
③ 점유물의 전부가 점유자의 책임 있는 사유로 멸실된 경우, 선의의 자주점유자는 특별한 사정이 없는 한 그 멸실로 인한 손해의 전부를 배상해야 한다.
④ 점유자는 특별한 사정이 없는 한 회복자가 점유물의 반환을 청구하기 전에도 그 점유물의 반환 없이 그 회복자에게 유익비상환청구권을 행사할 수 있다.
⑤ 악의의 점유자는 특별한 사정이 없는 한 점유물에 지출한 통상의 필요비의 상환을 청구할 수 없다.

톺아보기

논점 점유를 종합적으로 알고 있는가?

오답해설
② 폭력, 은비(隱秘)에 의한 점유자는 수취한 과실을 반환하여야 한다.
③ 선의의 자주점유자는 손해의 전부가 아니라 이익이 현존하는 한도에서 배상한다.
④ 점유자는 점유물을 반환할 때 회복자에게 유익비상환청구권을 행사할 수 있다.
⑤ 악의의 점유자도 통상의 필요비의 상환을 청구할 수 있다. 반면에 선의의 점유자만 과실을 수취할 수 있다.

12. 甲은 그의 X건물을 乙에게 매도하여 점유를 이전하였고, 乙은 X건물을 사용·수익하면서 X건물의 보존·개량을 위하여 비용을 지출하였다. 甲과 乙 사이의 계약이 무효인 경우의 법률관계에 관한 설명으로 옳은 것은? (다툼이 있으면 판례에 따름)

제25회

① 乙이 악의인 경우에도 과실수취권이 인정된다.
② 선의의 乙은 甲에 대하여 통상의 필요비의 상환을 청구할 수 있다.
③ 가액의 증가가 현존하는 경우에 乙은 甲에 대하여 유익비의 상환을 청구할 수 있다.
④ 선의의 乙은 甲에 대하여 점유·사용으로 인한 이익을 반환할 의무가 있다.
⑤ 乙의 비용상환청구권은 비용을 지출할 때 즉시 이행기가 도래한다.

톺아보기

논점 점유자와 회복자의 법리를 사례에 적용할 줄 아는가?

③ 매매계약이 취소되면 매수인은 매수한 부동산을 매도인에게 반환하여야 하므로 매수자는 부동산의 점유자이고, 매도인은 회복자로 제201조~제203조의 점유자와 회복자 관계를 적용하는 문제이다. 주의할 논점은 점유자가 물건을 사용하여 '과실을 취득한 것'이라는 점이다. 그 결과로 필요비상환을 청구할 수 없다는 것이다. 점유자 乙은 가액의 증가가 현존하는 경우에 한하여 甲에게 유익비의 상환을 청구할 수 있다(제203조).

오답해설
① 과실수취권은 선의이어야 인정되므로 乙이 악의인 경우에는 과실수취권이 인정되지 않는다(제201조).
② 선의의 乙은 점유물을 "사용하여 이용"해 왔으므로 과실을 취득한 선의점유자는 회복자 甲에 대하여 통상의 필요비 상환을 청구할 수 없다(제203조).
④ 선의의 점유자에게는 과실수취권이 인정되므로 乙은 甲에 대하여 점유·사용으로 인한 이익을 반환할 의무가 없다(부당이득반환의무가 없다)(대판 1996.1.26, 95다44290).
⑤ 점유자의 비용상환청구권은 물건을 반환할 때에 이행기가 도래한다. 반면에 임차인의 필요비청구권은 비용을 지출할 때 즉시 이행기가 도래하는 것과 구별된다.

임차인의 필요비상환청구권	즉시 필요비상환청구	상대방은 임대인
점유자의 필요비상환청구권	물건을 반환할 때 필요비상환청구	상대방은 회복당시 소유자

13 甲 소유의 물건을 점유할 권리 없이 점유하여 비용을 지출한 현재의 점유자 乙에 대해 甲이 소유권에 기해 반환 청구하였다. 단, 乙은 그 물건으로부터 과실을 취득한 것이 없었다. 다음 중 <u>틀린</u> 것은? (다툼이 있으면 판례에 따름)

제19회 수정

> ㉠ 乙이 악의의 점유자인 경우 지출한 필요비의 상환을 청구할 수 있다.
> ㉡ 乙이 그 물건을 사용하면서 손상된 부품을 교체하는 데 비용을 지출하였다면 이는 필요비에 해당한다.
> ㉢ 乙이 책임 있는 사유로 그 물건을 훼손한 경우 乙이 선의·자주 점유자라면 손해 전부를 배상하여야 한다.
> ㉣ 乙이 유익비를 지출한 경우 가액의 증가가 현존한 경우에 한하여 乙의 선택에 따라 지출금액이나 증가액의 상환을 청구하여야 한다.
> ㉤ 만약 乙의 점유가 불법행위로 개시되었다면 乙이 지출한 유익비상환청구권을 기초로 하는 유치권은 배제된다.

① ㉠, ㉡   ② ㉠, ㉢   ③ ㉡, ㉣
④ ㉢, ㉣   ⑤ ㉣, ㉤

정답 | 11 ① 12 ③ 13 ④

톺아보기

논점 점유자와 회복자의 법리를 사례에 적용할 줄 아는가?

틀린 것은 ⓒⓔ이다.

점유자와 회복자 관계(제201조~제203조)문제이다. 甲은 물건의 회복자이고 乙은 물건의 점유자로서 비용을 지출한 상태로 회복자의 반환청구에 대하여 점유자가 지출비용상환청구를 하고 있다. 주의할 논점은 점유자가 '과실을 취득한 것이 없다'는 점에서 필요비상환청구할 수 있다.

㉠ 선의, 악의 불문하고 점유자는 과실을 취득한 것이 없으므로 필요비상환청구할 수 있다. 다만, 점유자가 물건을 사용한 경우 필요비상환청구할 수 없다(제203조).
㉡ 물건을 사용하면서 손상된 부품을 교체하는 데 비용을 지출하였다면 이는 필요비에 해당한다.
㉢ 乙이 선의·자주점유자라면 손해 전부가 아니라 현존한도를 배상하여야 한다(제202조).
㉣ 乙이 유익비를 지출한 경우 점유자 乙의 선택이 아니라 회복자의 선택에 따른다(제203조).
㉤ 乙의 점유가 불법행위로 개시한 경우 유치권은 배제된다. 유치권자의 점유는 적법한 점유이어야 한다.

14 점유자와 회복자의 관계에 관한 설명으로 옳은 것은? (다툼이 있으면 판례에 따름)

제31회

① 선의의 점유자는 과실을 취득하더라도 통상의 필요비의 상환을 청구할 수 있다.
② 이행지체로 인해 매매계약이 해제된 경우, 선의의 점유자인 매수인에게 과실취득권이 인정된다.
③ 악의의 점유자가 책임 있는 사유로 점유물을 훼손한 경우, 이익이 현존하는 한도에서 배상해야 한다.
④ 점유자가 유익비를 지출한 경우, 점유자의 선택에 좇아 그 지출금액이나 증가액의 상환을 청구할 수 있다.
⑤ 무효인 매매계약의 매수인이 점유목적물에 필요비 등을 지출한 후 매도인이 그 목적물을 제3자에게 양도한 경우, 점유자인 매수인은 양수인에게 비용상환을 청구할 수 있다.

톺아보기

논점 점유자와 회복자의 법리를 종합적으로 아는가?

⑤ 점유자가 비용을 지출할 당시에 '계약관계 등 적법한 점유권원이 없는 경우' 그 지출비용의 상환에 대하여는 제203조가 적용되어 점유자는 그 비용을 지출할 당시의 소유자가 누구이었는지 관계없이 점유회복 당시의 소유자, 즉 회복자에 대하여 비용상환을 청구할 수 있다(대판 2003.7.25, 2001다64752).

오답해설
① 선의의 점유자는 과실을 취득시 필요비청구할 수 없다.
② 이행지체로 인해 매매계약이 해제된 경우 원물과 함께 과실도 반환하여야 하므로 계약이 무효로 된 경우에 선의의 점유자가 과실을 취득하는 제201조의 과실취득권 규정이 적용되지 않는다.
③ 악의의 점유자는 손해전부를 배상한다.
④ 점유자가 유익비를 지출한 경우, 점유자의 선택이 아니라 회복자의 선택에 따른다.

15 점유자와 회복자의 관계에 관한 설명으로 옳은 것은? (다툼이 있으면 판례에 따름)

제34회

① 점유물이 점유자의 책임 있는 사유로 멸실된 경우, 선의의 타주점유자는 이익이 현존하는 한도에서 배상해야 한다.
② 악의의 점유자는 특별한 사정이 없는 한 통상의 필요비를 청구할 수 있다.
③ 점유자의 필요비상환청구에 대해 법원은 회복자의 청구에 의해 상당한 상환기간을 허여할 수 있다.
④ 이행지체로 인해 매매계약이 해제된 경우, 선의의 점유자인 매수인에게 과실취득권이 인정된다.
⑤ 은비(隱秘)에 의한 점유자는 점유물의 과실을 취득한다.

톺아보기

② 점유자의 비용상환청구권은 선의, 악의 불문하고 인정되므로 악의의 점유자는 특별한 사정이 없는 한 통상의 필요비를 청구할 수 있다.

오답해설

① 점유물이 점유자의 책임 있는 사유로 멸실된 경우, 선의의 타주점유자는 이익이 현존하는 한도가 아니라 손해의 전부를 배상해야 한다.
③ 점유자의 필요비상환청구에 대해 법원은 상환기간을 허여할 수 없다. 반면에 유익비상환청구에는 법원의 상환기간의 허여가 인정된다.
④ 매매계약이 해제된 경우에는 부당이득반환에 관한 특칙인 제548조가 적용되기 때문에 선의점유자인 매수인에게 과실취득권의 규정(제201조)이 적용되지 않는다(대판 1991.8.9, 91다13267).
⑤ 은비(隱秘), 폭력, 악의에 의한 점유자는 점유물의 과실을 취득할 수 없고 반환하여야 한다.

정답 | 14 ⑤ 15 ②

점유보호청구권

16 점유물반환청구권에 관한 설명으로 틀린 것은? 제21회

① 乙의 점유보조자 甲은 원칙적으로 점유물반환청구권을 행사할 수 없다.
② 乙이 甲을 기망하여 甲으로부터 점유물을 인도받은 경우, 甲은 乙에게 점유물반환청구권을 행사할 수 있다.
③ 甲이 점유하는 물건을 乙이 침탈한 경우, 甲은 침탈당한 날로부터 1년 내에 점유물의 반환을 청구하여야 한다.
④ 직접점유자 乙이 간접점유자 甲의 의사에 반하여 점유물을 丙에게 인도한 경우, 甲은 丙에게 점유물반환청구권을 행사할 수 없다.
⑤ 甲이 점유하는 물건을 乙이 침탈한 후 乙이 이를 선의의 丙에게 임대하여 인도한 경우, 甲은 丙에게 점유물반환청구권을 행사할 수 없다.

톺아보기

논점 점유보호청구권의 법리를 사례에 적용할 줄 아는가?

② 사기로 점유물을 인도한 경우 이는 점유침탈이 아니므로 점유회수할 수 없다(대판 1992.2.28, 91다17443).
① 점유보조자는 점유권이 없으므로 점유회수를 청구할 수 없다.
③ 제204조 제3항
④ 직접점유자 乙이 간접점유자 甲의 의사에 반하여 점유물을 丙에게 인도한 경우, 이는 직접점유자 스스로의 의사에 기한 것으로 점유물의 침탈이 아니므로 甲은 丙에게 점유물반환청구권을 행사할 수 없다(대판 1993.3.9, 92다5300).
⑤ 점유침탈자의 특별승계인이 선의인 경우 점유회수할 수 없다(제204조 제2항).

17 점유보호청구권에 관한 설명으로 틀린 것은? (판례에 따름) 제35회

① 점유권에 기인한 소는 본권에 관한 이유로 재판하지 못한다.
② 과실 없이 점유를 방해하는 자에 대해서도 방해배제를 청구할 수 있다.
③ 점유자가 사기를 당해 점유를 이전한 경우, 점유물반환을 청구할 수 없다.
④ 공사로 인하여 점유의 방해를 받은 경우, 그 공사가 완성한 때에는 방해의 제거를 청구하지 못한다.
⑤ 타인의 점유를 침탈한 뒤 제3자에 의해 점유를 침탈당한 자는 점유물반환청구권의 상대방이 될 수 있다.

톺아보기

⑤ 점유물반환청구의 상대방은 현재의 점유자이므로 타인의 점유를 침탈한 뒤 제3자에 의해 점유를 침탈당한 자는 이미 점유를 상실하였으므로 점유물반환청구권의 상대방이 될 수 없다.
① 점유권에 기인한 소는 본권에 관한 이유로 재판하지 못한다(제208조).
② 물권적 청구권은 방해자의 귀책사유 없이도 인정되므로 과실 없이 점유를 방해하는 자에 대해서도 방해배제를 청구할 수 있다.
③ 점유자가 사기를 당해 점유를 이전한 경우, 이는 점유의 침탈이 아니므로 점유물반환을 청구할 수 없다(대판 1992.2.28, 91다17443).
④ 공사로 인하여 점유의 방해를 받은 경우에는 공사착수 후 1년을 경과하거나 그 공사가 완성한 때에는 방해의 제거를 청구하지 못한다(제205조 제3항).

점유권 종합

18 점유권에 관한 설명으로 틀린 것은? 제28회

① 점유권에 기인한 소는 본권에 관한 이유로 재판할 수 있다.
② 점유자는 소유의 의사로 선의, 평온 및 공연하게 점유한 것으로 추정한다.
③ 전후 양시에 점유한 사실이 있는 때에는 그 점유는 계속한 것으로 추정한다.
④ 점유자가 점유물에 대하여 행사하는 권리는 적법하게 보유한 것으로 추정한다.
⑤ 전세권, 임대차, 기타의 관계로 타인으로 하여금 물건을 점유하게 한 자는 간접으로 점유권이 있다.

톺아보기

논점 점유권의 법리를 종합적으로 알고 있는가?
① 양자는 서로 독립적이므로 점유권에 기인한 소는 본권에 관한 이유로 재판할 수 없다(제208조 제2항).
② 점유자는 소유의 의사로 선의, 평온, 및 공연하게 점유한 것으로 추정한다(제197조 제1항).
③ 전후양시에 점유한 사실이 있는 때에는 점유는 계속한 것으로 추정한다(제198조).
④ 점유자가 점유물에 대하여 행사하는 권리는 적법하게 보유한 것으로 추정한다(제200조).
⑤ 전세권, 임대차, 기타의 관계로 타인으로 하여금 물건을 점유하게 한 자는 간접으로 점유권이 있다(제194조).

정답 | 16 ② 17 ⑤ 18 ①

19 점유권에 관한 설명으로 틀린 것은? (다툼이 있으면 판례에 따름) 제32회

① 특별한 사정이 없는 한, 건물의 부지가 된 토지는 그 건물의 소유자가 점유하는 것으로 보아야 한다.
② 전후 양 시점의 점유자가 다른 경우 점유승계가 증명되면 점유계속은 추정된다.
③ 적법하게 과실을 취득한 선의의 점유자는 회복자에게 통상의 필요비의 상환을 청구하지 못한다.
④ 점유자가 상대방의 사기에 의해 물건을 인도한 경우 점유침탈을 이유로 한 점유물반환청구권은 발생하지 않는다.
⑤ 선의의 점유자가 본권의 소에서 패소하면 패소 확정시부터 악의의 점유자로 본다.

톺아보기

논점 점유의 법리를 종합적으로 아는가?
선의의 점유자가 본권의 소에서 패소하면 패소 확정시부터가 아니라 소 제기시부터 악의의 점유자로 본다.

정답 | 19 ⑤

제4장 / 소유권

기본서 p.218~263

상린관계

01 상린관계에 관한 설명으로 틀린 것은? 제26회

① 서로 인접한 토지의 통상의 경계표를 설치하는 경우, 측량비용을 제외한 설치비용은 다른 관습이 없으면 쌍방이 토지면적에 비례하여 부담한다.
② 甲과 乙이 공유하는 토지가 甲의 토지와 乙의 토지로 분할됨으로 인하여 甲의 토지가 공로에 통하지 못하게 된 경우, 甲은 공로에 출입하기 위하여 乙의 토지를 통행할 수 있으나, 乙에게 보상할 의무는 없다.
③ 인지소유자는 자기의 비용으로 담의 높이를 통상보다 높게 할 수 있다.
④ 토지소유자는 과다한 비용이나 노력을 요하지 아니하고는 토지이용에 필요한 물을 얻기 곤란한 때에는 이웃 토지소유자에게 보상하고 여수(餘水)의 급여를 청구할 수 있다.
⑤ 지상권자는 지상권의 목적인 토지의 경계나 그 근방에서 건물을 수선하기 위하여 필요한 범위 내에서 이웃토지의 사용을 청구할 수 있다.

톺아보기

논점 상린관계를 종합적으로 알고 있는가?
① 담 설치비용은 반반씩 부담하나, 측량비용은 토지의 면적에 비례하여 부담한다(제237조).
② 토지의 분할로 통로가 없는 경우 무상통행권이 인정된다(제220조 – 토지분할과 일부양도시 보상의무가 없다).
③ 제238조
④ 제228조
⑤ 지상권에도 상린관계가 준용되므로 지상권자는 지상권의 목적인 토지의 경계나 그 근방에서 건물을 수선하기 위하여 필요한 범위 내에서 이웃토지의 사용을 청구할 수 있다.

정답 | 01 ①

02 상린관계에 관한 설명으로 틀린 것은? (다툼이 있으면 판례에 따름) 제28회

① 인접지의 수목뿌리가 경계를 넘은 때에는 임의로 제거할 수 있다.
② 주위토지통행권자는 통행에 필요한 통로를 개설한 경우 그 통로개설이나 유지비용을 부담해야 한다.
③ 통행지 소유자가 주위토지통행권에 기한 통행에 방해가 되는 담장을 설치한 경우, 통행지 소유자가 그 철거의무를 부담한다.
④ 경계에 설치된 담이 상린자의 공유인 경우, 상린자는 공유를 이유로 공유물분할을 청구하지 못한다.
⑤ 경계선 부근의 건축시 경계로부터 반m 이상의 거리를 두어야 하는데 이를 위반한 경우, 건물이 완성된 후에도 건물의 철거를 청구할 수 있다.

톺아보기

논점 상린관계를 종합적으로 알고 있는가?

⑤ 건축시 경계로부터 반m 이상의 거리를 두어야 하는데 이를 위반한 경우, 건물이 완성된 후에는 건물의 철거를 청구할 수 없고 손해배상청구만 할 수 있다(제242조 제2항).
② 주위토지통행권자는 통행에 필요한 통로를 개설한 경우 그 통로개설이나 유지비용은 통행권자 스스로 부담해야 한다(대판 2006.10.26, 2005다30993).
③ 통행지 소유자가 통행에 방해가 되는 담장을 설치한 경우, 주위토지 통행권의 본래적 기능발휘를 위하여 통행지 소유자가 그 철거의무를 부담한다(대판 2006.10.26, 2005다30993).
④ 건물을 구분소유하는 경우에 공용부분, 경계에 설치된 담이 상린자의 공유인 경우, 상린자는 공유를 이유로 공유물분할을 청구하지 못한다(법률로 분할청구가 금지).

03 「민법」상 상린관계에 관한 설명으로 옳은 것을 모두 고른 것은? (다툼이 있으면 판례에 따름) 제33회

㉠ 토지 주변의 소음이 사회통념상 수인한도를 넘지 않은 경우에도 그 토지소유자는 소유권에 기하여 소음피해의 제거를 청구할 수 있다.
㉡ 우물을 파는 경우에 경계로부터 2m 이상의 거리를 두어야 하지만, 당사자 사이에 이와 다른 특약이 있으면 그 특약이 우선한다.
㉢ 토지소유자가 부담하는 자연유수의 승수의무(承水義務)는 적극적으로 그 자연유수의 소통을 유지할 의무가 포함된다.

① ㉠   ② ㉡   ③ ㉢   ④ ㉠, ㉡   ⑤ ㉡, ㉢

톺아보기

논점 상린관계를 종합적으로 알고 있는가?

옳은 것은 ⓒ이다.
㉠ 토지 주변의 소음이 사회통념상 수인한도를 넘은 경우에는 소유권에 기하여 소음피해의 제거를 청구할 수 있으나 수인한도(참을 한도)를 넘지 않은 경우에는 그 토지소유자는 이를 수인하여야 한다.
㉡ 우물을 파는 경우에 경계로부터 2m 이상의 거리를 두어야 하지만, 상린관계의 규정은 강행규정이 아니므로 당사자 사이에 이와 다른 특약이 있으면 그 특약이 우선한다.
㉢ 토지소유자가 부담하는 자연유수의 승수의무(承水義務)는 소극적인 승수의무는 인정되나 적극적으로 그 자연유수의 소통을 유지할 의무까지는 포함하지 않는다.

주위토지통행권

04 주위토지통행권에 관한 설명으로 옳은 것은? (다툼이 있으면 판례에 따름) 제24회

① 주위토지통행권자는 담장과 같은 축조물이 통행에 방해가 되더라도 그 철거를 청구할 수 없다.
② 토지분할로 무상주위토지통행권을 취득한 분할토지의 소유자가 그 토지를 양도한 경우, 양수인에게는 무상주위토지통행권이 인정되지 않는다.
③ 소유 토지의 용도에 필요한 통로가 이미 있더라도 그 통로를 사용하는 것보다 더 편리하다면 다른 장소로 통행할 권리가 인정된다.
④ 기존의 통로가 있으면, 그것이 당해 토지의 이용에 부적합하여 실제로 통로로서의 충분한 기능을 하지 못한 때에도 주위토지통행권은 인정되지 않는다.
⑤ 주위토지통행권은 일단 발생하면 나중에 그 토지에 접하는 공로가 개설되어 그 통행권을 인정할 필요가 없어지더라도 소멸하지 않는다.

톺아보기

논점 주위토지통행권의 법리를 종합적으로 알고 있는가?
② 무상통행권은 분할자 상호간에만 인정되며 그 토지의 양수인(특정승계인)에게는 인정되지 아니한다(대판 2002.5.31, 2002다9202).

오답해설
① 적법하게 설치된 담장이라도 통행권자의 통행에 방해가 되면 그 철거를 청구할 수 있다(대판 1990.11.13, 90다5238).
③ 이미 기존에 토지의 용도에 필요한 통로가 있더라도 그 통로를 사용하는 것보다 더 편리하다고 하여 다른 장소로 통행할 권리가 인정되지 아니한다(대판 1995.6.13, 95다1088).
④ 기존의 통로가 있어도 그것이 당해 토지의 이용에 부적합하여 실제로 통로로서의 충분한 기능을 하지 못한 때에는 주위토지통행권은 인정된다(대판 2003.8.19, 2002다53469).
⑤ 공로가 개설되면 통행권은 소멸한다(대판 1998.3.10, 97다47118).

정답 | 02 ⑤ 03 ② 04 ②

05 주위토지통행권에 관한 설명으로 **틀린** 것은? (다툼이 있으면 판례에 따름) 제27회

① 주위토지통행권은 토지와 공로 사이에 기존의 통로가 있더라도 그것이 그 토지의 이용에 부적합하여 실제로 통로로서의 충분한 기능을 하지 못하는 경우에도 인정된다.
② 주위토지통행권의 범위는 장차 건립될 아파트의 건축을 위한 이용상황까지 미리 대비하여 정할 수 있다.
③ 주위토지통행권이 인정되는 경우 통로개설 비용은 원칙적으로 주위토지통행권자가 부담하여야 한다.
④ 통행지 소유자가 주위토지통행권에 기한 통행에 방해가 되는 축조물을 설치한 경우 주위토지통행권의 본래적 기능발휘를 위하여 통행지 소유자가 그 철거의무를 부담한다.
⑤ 주위토지통행권의 성립에는 등기가 필요 없다.

톺아보기

논점 주위토지통행권의 허용한계를 알고 있는가?

② 주위토지통행권은 "현재의 토지의 용법"에 따른 이용의 범위에서 인정되는 것이지 더 나아가 "장차의 이용상황까지를 미리 대비"하여 통행권을 정할 것은 아니다(대판 1992.12.22, 92다30528). 그러므로 장래의 아파트 신축으로 도로이용량이 많아지게 될 것이라는 이유로 통행권을 주장할 수 없다.
③ 주위토지통행권이 인정되는 경우 통로개설 비용은 원칙적으로 주위토지통행권자가 부담하는 것이지 토지소유자가 부담하는 것이 아니다. 즉 통행권자가 적극적인 작위의무를 부담(통로 개설비용을 부담)하고 토지소유자는 소극적인 인용의무에 그친다(대판 2006.10.26, 2005다30993).
⑤ 주위토지통행권은 법률의 규정으로 인정되는 것으로서 등기가 필요 없다. 이 점에서 등기를 요하는 지역권과 구별된다.

06 소유권의 취득에 관한 설명으로 **옳은** 것은? (다툼이 있으면 판례에 따름) 제33회

① 저당권 실행을 위한 경매절차에서 매수인이 된 자가 매각부동산의 소유권을 취득하기 위해서는 소유권이전등기를 완료하여야 한다.
② 무주(無主)의 부동산을 점유한 자연인은 그 부동산의 소유권을 즉시 취득한다.
③ 점유취득시효에 따른 부동산소유권 취득의 효력은 시효취득자가 이전등기를 한 이후부터 발생한다.
④ 타인의 토지에서 발견된 매장물은 특별한 사정이 없는 한 발견자가 단독으로 그 소유권을 취득한다.
⑤ 타주점유자는 자신이 점유하는 부동산에 대한 소유권을 시효취득할 수 없다.

톺아보기

논점 소유권의 취득원인을 종합적으로 알고 있는가?

③ 점유취득시효에 따른 부동산소유권 취득의 효력은 시효완성자 앞으로 소유권등기를 경료하면 점유를 개시한 때로 소급한다. 점유자가 소유권을 취득하는 것은 소유권 등기를 한 때부터이므로 양자의 표현이 불분명하여 이의제기로 복수정답으로 처리되었다.

오답해설
① 저당권 실행 경매의 경우 낙찰자의 소유권취득에는 등기를 요하지 아니한다.
② 무주물의 선점은 동산만 인정되고 무주의 부동산은 국유이므로 선점을 할 수 없다.
④ 타인의 토지에서 발견된 매장물은 발견자와 토지소유자가 공유한다.

취득시효

07 시효취득을 할 수 없는 것은? (다툼이 있으면 판례에 따름) 제26회

① 저당권
② 계속되고 표현된 지역권
③ 지상권
④ 국유재산 중 일반재산
⑤ 성명불상자(姓名不詳者)의 토지

톺아보기

논점 점유를 요소로 하지 않는 저당권은 시효취득이 가능한가?

① 시효취득은 점유를 전제로 하여야 한다. 저당권과 불표현된 지역권은 점유를 수반하지 않으므로 시효취득을 할 수 없다.
② '계속되고 표현된 지역권'은 시효취득할 수 있다(제294조).
④ 국유재산 중 행정재산(舊 행정재산과 보존재산)은 시효취득의 대상이 되지 않지만, 일반재산(舊 잡종재산)은 시효취득의 대상이 된다(대판 1996.10.15, 96다11785).
⑤ 취득시효는 원시취득으로 타인의 소유권을 승계취득 하는 것이 아니어서 시효취득의 대상이 반드시 타인의 소물이어야 하거나 그 타인이 특정되어 있어야만 하는 것은 아니므로 성명불상자의 소유물에 대하여 시효취득을 인정할 수 있다(대판 1992.2.25, 91다9312).

정답 | 05 ② 06 ③⑤ 07 ①

08 부동산의 점유취득시효에 관한 설명으로 틀린 것은? (다툼이 있으면 판례에 따름) 제32회

① 성명불상자(姓名不詳者)의 소유물에 대하여 시효취득을 인정할 수 있다.
② 국유재산도 취득시효기간 동안 계속하여 일반재산인 경우 취득시효의 대상이 된다.
③ 점유자가 자주점유의 권원을 주장하였으나 이것이 인정되지 않는 경우, 특별한 사정이 없는 한 자주점유의 추정은 번복된다.
④ 점유의 승계가 있는 경우 시효이익을 받으려는 자는 자기 또는 전(前)점유자의 점유개시일 중 임의로 점유기산점을 선택할 수 있다.
⑤ 취득시효완성 후 소유권이전등기를 마치지 않은 시효완성자는 소유자에 대하여 취득시효 기간 중의 점유로 발생한 부당이득의 반환의무가 없다.

톺아보기

논점 취득시효의 법리를 종합적으로 알고 있는가?

점유자가 매매, 증여같은 자주점유의 권원을 주장하였으나 이것이 인정되지 않는 경우, 원래 자주점유의 권원에 관한 입증책임이 점유자에게 있지 아니하고 상대방이 자주점유가 아님을 입증하기 전까지는 점유자의 점유권원이 인정되지 않는다는 사유만으로 자주점유의 추정이 번복된다거나 타주점유라고 볼 수 없다(대판 2003.8.22, 2001다23225).

09 부동산의 점유취득시효에 관한 설명으로 틀린 것은? (다툼이 있으면 판례에 따름)

제22회

① 취득시효로 인한 소유권 취득의 효과는 점유를 개시한 때에 소급한다.
② 시효취득을 주장하는 점유자는 자주점유를 증명할 책임이 없다.
③ 시효취득자가 제3자에게 목적물을 처분하여 점유를 상실하면, 그의 소유권이전 등기청구권은 즉시 소멸한다.
④ 취득시효완성 후 이전등기 전에 제3자 앞으로 소유권이전등기가 경료되면 시효취득자는 등기명의자에게 시효취득을 주장할 수 없음이 원칙이다.
⑤ 부동산명의수탁자는 신탁부동산을 점유시효취득할 수 없다.

톺아보기

논점 취득시효의 법리를 종합적으로 알고 있는가?

시효취득자가 제3자에게 목적물을 처분하여 점유를 상실하면, 그의 소유권이전등기청구권은 점유를 상실하는 즉시 소멸하는 것이 아니라 점유상실 때부터 10년 후에 소멸시효가 완성된다(대판 1996.3.8, 95다34866).

---

10 부동산의 점유취득시효에 관한 설명으로 옳은 것은? (다툼이 있으면 판례에 따름)

제23회

① 시효취득을 주장하는 점유자는 자주점유를 증명할 책임이 있다.
② 시효진행 중에 목적부동산이 전전양도된 후 시효가 완성된 경우, 시효완성자는 최종 등기명의자에 대해 이전등기를 청구할 수 있다.
③ 취득시효가 완성된 점유자는 토지소유자가 시효완성 후 당해 토지에 무단으로 담장 등을 설치하더라도 그 철거를 청구할 수 없다.
④ 시효기간 만료 후 명의수탁자로부터 적법하게 이전등기받은 명의신탁자는 시효완성자에게 대항할 수 없다.
⑤ 시효완성으로 이전등기를 경료받은 자가 취득시효기간 중에 체결한 임대차에서 발생한 임료는 원소유자에게 귀속한다.

톺아보기

논점 취득시효의 법리를 종합적으로 알고 있는가?

② 시효진행 중(시효완성 전)에 목적부동산이 전전양도된 후 시효가 완성된 경우, 시효완성자는 "시효완성 당시의 소유자"인 "최종 등기명의자"에 대해 소유권이전등기를 청구할 수 있다(대판 1989.4.11, 88다카5843).

오답해설

① 점유자는 자주점유가 추정되므로 스스로 자주점유를 증명할 책임이 없다(제197조).
③ 취득시효가 완성된 점유자는 토지를 "점유 사용할 권리"를 취득하므로 토지소유자가 시효완성 후 당해 토지에 무단으로 담장 등을 설치하여 사용하면 시효취득자는 소유권이 없으므로 소유권에 기하여 철거를 청구할 수 없으나 점유권에 기하여 그 철거를 청구할 수 있다(대판 2005.3.25, 2004다23899).
④ 적법한 명의신탁이 경료된 땅(수탁자 명의)에 대하여 점유자의 취득시효가 완성된 경우 그 후 수탁자명의에서 신탁자로 등기명의인이 변동된 경우(취득시효 완성된 후 제3자에게 소유명의가 이전한 경우에 해당함), 시효완성자는 "시효완성 당시의 소유자"인 "수탁자"에게 등기를 청구할 수 있으나 취득시효 완성된 후 그로부터 등기를 이전받은 "제3자인 명의신탁자"에게는 시효완성을 주장할 수 없다. 그러므로 시효완성 후의 제3자인 명의신탁자는 시효완성자의 등기요구를 거절할 수 있다(대판 2001.10.26, 2000다8861).
⑤ 취득시효의 소급효로 인하여 취득시효로 수취한 과실(임료)은 원소유자가 아니라 시효완성자에게 귀속한다.

정답 | 08 ③ 09 ③ 10 ②

11 부동산의 점유취득시효에 관한 설명으로 틀린 것은? (다툼이 있으면 판례에 따름)

제24회

① 시효취득자는 취득시효의 완성으로 바로 소유권을 취득할 수 없고, 이를 원인으로 소유권이전등기청구권이 발생할 뿐이다.
② 시효취득자의 점유가 계속되는 동안 이미 발생한 소유권이전등기청구권은 시효로 소멸하지 않는다.
③ 시효취득으로 인한 소유권이전등기청구권이 발생하면 부동산소유자와 시효취득자 사이에 계약상의 채권관계가 성립한 것으로 본다.
④ 등기부상 소유명의자가 진정한 소유자가 아니면 원칙적으로 그를 상대로 취득시효의 완성을 원인으로 소유권이전등기를 청구할 수 없다.
⑤ 취득시효 완성 후 시효취득자가 소유권이전등기절차 이행의 소를 제기하였으나 그 후 상대방의 소유를 인정하여 합의로 소를 취하한 경우, 특별한 사정이 없으면 이는 시효이익의 포기이다.

톺아보기

논점 취득시효의 법리를 종합적으로 알고 있는가?

③ 시효취득으로 인하여 법률규정으로 인한 소유권이전등기청구권이 발생하여도 부동산소유자와 시효취득자 사이에는 계약상의 채권, 채무관계가 성립하지 않으므로 소유자가 부동산을 제3자에게 처분하여 시효완성자에게 손해를 입혀도 채무불이행으로 인한 손해배상을 청구하지 못한다(대판 1995.7.11, 94다4509). 다만, 시효완성을 알고 처분하였다면 불법행위 책임을 진다(대판 1998.4.10, 97다56495).
② 시효취득자의 점유가 계속되는 동안 이미 발생한 소유권이전등기청구권은 시효로 소멸하지 않는다.
④ 취득시효로 인한 등기청구의 상대방은 시효완성 당시의 진정한 소유자이고 진정한 소유자가 아닌 무효등기 명의인은 그 상대방이 될 수 없다(대판 2007.7.26, 2006다64573).
⑤ 상대방의 소유를 인정하여 합의로 소를 취하한 경우, 특별한 사정이 없으면 이는 시효이익의 포기이다.

12 상중하

甲은 乙명의의 X토지를 매수하여 2001.2.2.부터 등기 없이 2023년 현재까지 점유하고 있다. 다음 설명 중 옳은 것은? (다툼이 있으면 판례에 따름) 제22회

① 甲의 乙에 대한 매매를 원인으로 한 소유권이전등기청구권은 2011.2.2. 시효로 소멸한다.
② 甲이 X토지에 대하여 매매를 원인으로 하여 점유를 개시하였음을 증명하지 못하면, 그의 점유는 타주점유로 전환된다.
③ 2019.9.9경에 X토지를 乙로부터 丙이 매수하여 소유권이전등기를 경료한 경우, 甲은 X토지를 시효취득할 수 없다.
④ 甲이 2022.3.3. 丁에게 X토지를 매도하여 점유를 이전한 경우, 점유승계인 丁은 전점유자 甲의 시효완성의 효과를 주장하여 乙에 대하여 직접 소유권이전등기를 청구할 수 있다.
⑤ 甲이 취득시효로 인한 등기청구권을 丁에게 양도하려는 경우, 원소유자 乙의 동의를 없이 통상의 채권양도의 통지로 할 수 있다.

톺아보기

논점 취득시효의 법리를 사례에 정확히 적용할 줄 아는가?

오답해설
① 甲의 乙에 대한 매매를 원인으로 한 소유권이전등기청구권은 채권으로 소멸시효에 걸리나, 시효완성자가 토지를 점유하고 있는 한 시효로 소멸하지 아니한다.
② 甲이 매매를 원인으로 하여 점유를 개시하였음을 증명하지 못하면(자주점유의 권원이 부인된 경우) 소유권취득의 원인이 부인된 것일 뿐 매매를 입증하지 못하였어도 그동안의 토지점유는 인정되고 제197조에 의거하여 점유자는 자주점유로 추정되기 때문에 그의 점유는 타주점유로 전환되지 아니한다(대판 1994.11.22, 94다16458).
③ 소유자가 시효완성 전에 처분한 것으로 점유자는 시효완성 당시의 최종등기명의인(제3자)에게 취득시효를 주장할 수 있다.
④ 시효완성자가 목적물을 매도하여 점유를 승계받은 경우 점유승계인은 다음의 두 가지를 선택할 수 있다. 첫째, '전 점유자의 시효완성의 효과를 주장'하여 자신명의로 직접 시효완성으로 인한 이전등기를 청구할 수 없고 전 점유자를 대위하여 이전등기하여야 한다(대판 1995.3.28, 93다47745 전원합의체). 이러한 결과는 대법원 판례가 점유승계인(丁)은 전 점유자(甲)의 점유만 승계받을 뿐 점유로 인한 법률효과(등기청구권)는 승계받지 못한다는 해석을 하는 데에서 기인한다.
둘째, 점유승계인(丁)이 전점유자의 시효완성이 아니라 '자신이 점유승계를 주장하여 승계인 자신이 시효완성을 주장할 경우, 점유승계인이 직접 소유자에게 소유권이전등기를 청구할 수 있다.

정답 | 11 ③ 12 ⑤

13 취득시효에 관한 설명으로 틀린 것은? (다툼이 있으면 판례에 따름) 제31회

① 국유재산 중 일반재산은 취득시효의 대상이 된다.
② 중복등기로 인해 무효인 소유권보존등기에 기한 등기부취득시효는 부정된다.
③ 취득시효완성으로 인한 소유권이전등기청구권은 원소유자의 동의가 없어도 제3자에게 양도할 수 있다.
④ 취득시효완성 후 등기 전에 원소유자가 시효완성된 토지에 저당권을 설정하였고, 등기를 마친 시효취득자가 피담보채무를 변제한 경우, 원소유자에게 부당이득반환을 청구할 수 있다.
⑤ 취득시효완성 후 명의신탁 해지를 원인으로 명의수탁자에서 명의신탁자로 소유권이전등기가 된 경우, 시효완성자는 특별한 사정이 없는 한 명의신탁자에게 시효완성을 주장할 수 없다.

톺아보기

논점 취득시효의 법리를 종합적으로 아는가?

④ 시효완성자가 근저당채무를 소유자를 대위하여 변제하는 것은 시효취득자가 용인하여야 할 부담을 제거하여 완전한 소유권을 확보하기 위한 것으로 이는 자신의 이익을 위한 것이므로 위 변제액에 대하여 구상권이나 부당이득반환을 청구할 수 없다(대판 2006.5.12, 2005다75910).
① 국유재산 중 행정재산은 취득시효를 할 수 없으나 일반재산은 취득시효의 대상이 된다.
② 이중보존등기 중 나중에 경료된 무효인 소유권보존등기에 기한 등기부취득시효는 부정된다.
③ 취득시효완성으로 인한 소유권이전등기청구권은 소유자와 시효완성자 상호간에 신뢰관계가 수반되지 아니하므로 매매로 인한 등기청구권의 양도와 달리 원소유자의 동의가 없어도 통상의 채권양도통지의 방법으로 제3자에게 양도할 수 있다.
⑤ 적법한 명의신탁이 경료된 땅(수탁자 명의)에 대하여 점유자의 취득시효가 완성된 경우 그 후 수탁자명의에서 신탁자로 등기명의인이 변동된 경우(취득시효 완성된 후 제3자에게 소유명의가 이전한 경우에 해당함), 시효완성자는 "시효완성 당시의 소유자"인 "수탁자"에게 등기를 청구할 수 있으나 시효완성 당시의 등기명의자인 수탁자로부터 시효완성 후 등기명의를 이전받은 "제3자인 명의신탁자"에게는 점유자는 시효완성을 주장할 수 없다(대판 2001.10.26, 2000다8861).

14 부동산 점유취득시효에 관한 설명으로 옳은 것은? (다툼이 있으면 판례에 따름)

제34회

① 국유재산 중 일반재산이 시효완성 후 행정재산으로 되더라도 시효완성을 원인으로 한 소유권이전등기를 청구할 수 있다.
② 시효완성 당시의 소유권보존등기가 무효라면 그 등기명의인은 원칙적으로 시효완성을 원인으로 한 소유권이전등기청구의 상대방이 될 수 없다.
③ 시효완성 후 점유자 명의로 소유권이전등기가 경료되기 전에 부동산 소유명의자는 점유자에 대해 점유로 인한 부당이득반환을 청구할 수 있다.
④ 미등기부동산에 대한 시효가 완성된 경우, 점유자는 등기 없이 소유권을 취득한다.
⑤ 시효완성 전에 부동산이 압류되면 시효는 중단된다.

톺아보기

② 시효완성 당시의 소유권보존등기가 무효라면 그 등기명의인은 원칙적으로 시효완성을 원인으로 한 소유권이전등기청구의 상대방이 될 수 없다.

오답해설
① 국유재산 중 잡종재산(일반재산)은 시효취득이 인정된다(헌재 1991.5.13, 89헌가97). 이때 '취득시효기간 동안 계속하여 행정재산이 아닌 일반재산'이어야만 취득시효가 가능하다(판례).
③ 시효완성 후 점유자 명의로 소유권이전등기가 경료되기 전에 부동산 소유명의자는 적법한 점유할 권리를 취득한 점유자에 대해 점유로 인한 부당이득반환을 청구할 수 없다.
④ 미등기부동산에 대한 시효가 완성된 경우, 점유자는 등기하여야 소유권을 취득한다.
⑤ 취득시효의 중단은 점유의 파괴를 가져와야 하는데, 시효완성 전에 부동산에 대한 압류는 점유의 파괴를 가져오지 않으므로 취득시효는 중단되지 않는다.

정답 | 13 ④ 14 ②

부합

15. 부합에 관한 설명으로 옳은 것을 모두 고른 것은? (다툼이 있으면 판례에 따름)

제28회

㉠ 지상권자가 지상권에 기하여 토지에 부속시킨 물건은 지상권자의 소유로 된다.
㉡ 적법한 권원 없이 타인의 토지에 경작한 성숙한 배추의 소유권은 경작자에게 속한다.
㉢ 적법한 권원 없이 타인의 토지에 식재한 수목의 소유권은 토지소유자에게 속한다.
㉣ 건물임차인이 권원에 기하여 증축한 부분은 구조상·이용상 독립성이 없더라도 임차인의 소유에 속한다.

① ㉠
② ㉡, ㉣
③ ㉠, ㉡, ㉢
④ ㉡, ㉢, ㉣
⑤ ㉠, ㉡, ㉢, ㉣

톺아보기

논점 부합의 법리를 종합적으로 알고 있는가?

옳은 것은 ㉠㉡㉢이다.
㉠ 지상권자가 지상권에 기하여 토지에 부속시킨 물건은 토지의 부합물이 아니라 지상권자의 소유로 된다.
㉡ 적법한 권원 없이 타인의 토지에 경작한 성숙한 배추(농작물)의 소유권은 토지에 부합하지 아니하고 언제나 경작자에게 귀속한다.
㉢ 적법한 권원 없이 타인의 토지에 식재한 수목의 소유권은 토지의 부합물로서 토지소유자에게 귀속한다.
★ ㉣ 건물임차인이 권원에 기하여 증축한 부분은 '구조상·이용상 독립성이 없는 때'에는 기존건물의 부합물로서 건물소유자의 소유이나, '구조상 이용상 독립성이 있는 경우' 임차인의 소유에 속한다.

더 알아보기

증축부분이 독립성이 없어 건물의 부합이 되면 증축부분은?	• 부합물이므로 임대인의 소유이다. • 임차인은 부속물매수청구할 수 없고 비용상환을 청구한다.
증축부분이 기존건물과 별개의 구조상 독립성이 인정되면 증축부분은?	• 별개의 소유물로서 부속시킨 자의 소유이다. • 임차인의 부속물매수청구권이 인정된다.

16 부합에 관한 설명으로 옳은 것은? (다툼이 있으면 판례에 따름)   제29회

① 건물은 토지에 부합한다.
② 정당한 권원에 의하여 타인의 토지에서 경작·재배하는 농작물은 토지에 부합한다.
③ 건물에 부합된 증축부분이 경매절차에서 경매목적물로 평가되지 않은 때에는 매수인은 그 소유권을 취득하지 못한다.
④ 토지임차인의 승낙만을 받아 임차 토지에 나무를 심은 사람은 다른 약정이 없으면 토지소유자에 대하여 그 나무의 소유권을 주장할 수 없다.
⑤ 매수인이 제3자와의 도급계약에 따라 매도인에게 소유권이 유보된 자재를 제3자의 건물에 부합한 경우, 매도인은 선의·무과실의 제3자에게 보상을 청구할 수 있다.

톺아보기

논점 부합의 법리를 종합적으로 알고 있는가?

④ 임대차나 사용대차로 빌린 토지에 권원에 의하여 수목을 심은 경우에는 토지에 부합하지 않고, 수목을 심은 자에게 소유권이 있다(대판 1980.9.30, 80도1874). 다만, 토지임차인의 승낙만을 받아 임차 토지에 나무를 심은 사람은 다른 약정이 없으면 토지소유자에 대하여 그 나무의 소유권을 주장할 수 없다(대판 1989.7.11, 88다카9067).

오답해설
① 건물은 토지에 부합하지 않는다.
② 정당한 권원에 의하여 타인의 토지에서 경작·재배하는 성숙한 농작물은 토지에 부합하지 않고 언제나 경작자의 소유다.
③ 건물에 부합된 증축부분이 경매절차에서 경매목적물로 평가되지 않은 때도 매수인은 건물에 부합된 증축부분의 소유권을 취득한다.
⑤ 동산이 부동산에 부합할 경우 부합물의 취득자인 건물소유자는 동산에 해당하는 시멘트의 소유자에게 부합으로 취득한 시멘트 값을 보상을 하여야 함이 일반원칙이다. 다만, 사안에서처럼 甲 소유의 시멘트를 乙에게 소유권이 유보된 상태로 매매한 경우 乙이 그 시멘트를 제3자가 신축하는 건물공사에 사용하였을 때, 제3자가 선의취득의 요건을 갖추었다면 동산 선의취득의 법리가 유추적용되므로 선의취득자인 제3자는 동산의 원소유자에게 부당이득반환의무를 부담하지 않는 것과 같은 이치로 매도인에게 보상의무가 없다는 것이 판례이다.

정답 | 15 ③ 16 ④

17 부합에 관한 설명으로 틀린 것은? (다툼이 있으면 판례에 따름) 제30회

① 부동산간에도 부합이 인정될 수 있다.
② 부동산에 부합된 동산의 가격이 부동산의 가격을 초과 하더라도 동산의 소유권은 원칙적으로 부동산의 소유자에게 귀속된다.
③ 부합으로 인하여 소유권을 상실한 자는 부당이득의 요건이 충족되는 경우에 보상을 청구할 수 있다.
④ 토지소유자와 사용대차계약을 맺은 사용차주가 자신 소유의 수목을 그 토지에 식재한 경우, 그 수목의 소유권자는 여전히 사용차주이다.
⑤ 매도인에게 소유권이 유보된 시멘트를 매수인이 제3자 소유의 건물 건축공사에 사용한 경우, 그 제3자가 매도인의 소유권 유보에 대해 악의라면 특별한 사정이 없는 한 시멘트는 건물에 부합하지 않는다.

톺아보기

논점 부합의 법리를 종합적으로 이해하는가?

⑤ 甲 소유의 시멘트를 乙에게 소유권이 유보된 상태로 매매한 경우 건축업자 乙이 그 시멘트를 도급계약에 따라 제3자가 신축하는 건물공사에 사용하였을 때
- 제3자의 건축공사에서 제공된 시멘트는 건물의 구성부분이 되어 건물의 부합물로 볼 수 있고 그 결과로 건물소유자가 시멘트의 소유권을 취득하게 되는데 이때 <u>제3자가 이런 사정에 대해 악의여도 시멘트를 건물의 공사에 발라서 구성물이 되어 버리면 시멘트는 건물에 부합된다.</u>
- 건물주인 제3자가 시멘트의 소유자에게 시멘트 값의 보상여부가 문제된다. 동산이 부동산에 부합할 경우 부합물의 취득자인 건물소유자는 동산에 해당하는 시멘트의 소유자에게 부합으로 취득한 시멘트 값을 보상을 하여야 함이 일반원칙이다. 다만 사안에서처럼 甲 소유의 시멘트를 乙에게 소유권이 유보된 상태로 매매한 경우 乙이 그 시멘트를 제3자가 신축하는 건물공사에 사용하였을 때, <u>제3자가 선의취득의 요건을 갖추었다면 동산 선의취득의 법리가 유추적용되므로 선의취득자인 제3자는 동산의 원소유자에게 부당이득반환의무를 부담하지 않는 것과 같은 이치로 매도인에게 보상의무가 없다는 것</u>이 판례이다.

③ 부합으로 인하여 소유권을 상실한 자는 부당이득의 요건이 충족되는 경우에 보상을 청구할 수 있다(제261조).
④ 임대차나 사용대차로 빌린 토지에 권원에 의하여 수목을 심은 경우에는 수목을 심은 자에게 소유권이 있다(대판 1980.9.30, 80도1874).

소유권에 기한 물권적 청구권

18 甲 소유의 토지 위에 乙이 무단으로 무허가건물을 축조하였다. 다음 중 옳은 것은? (다툼이 있으면 판례에 따름)
<small>제19회 수정</small>

① 乙이 거주하는 경우 甲은 乙을 상대로 건물의 철거청구와 건물에서 퇴거청구도 할 수 있다.
② 甲이 토지를 매매하여 丙이 소유권이전등기를 마친 경우, 전소유자 甲은 乙을 상대로 건물의 철거를 청구할 수 있다.
③ 乙이 미등기로 丁에게 건물을 양도하였으나 건물의 양수인 丁이 등기 없이 점유하는 경우, 甲은 丁을 상대로 건물의 철거를 청구할 수 없다.
④ 乙이 건물을 戊에게 임대하고 임차인이 대항력을 갖춘 경우, 토지소유자 甲은 대항력을 갖춘 건물임차인 戊를 상대로 건물에서 퇴거청구할 수 있다.
⑤ 乙이 건물을 戊에게 임대하고 임차인이 대항력을 갖춘 경우, 토지소유자 甲은 대항력을 갖춘 임차인을 상대로 건물의 철거와 퇴거청구할 수 있다.

톺아보기

논점 소유권에 기한 물권적 청구권의 법리를 종합적으로 알고 있는가?

④ 건물의 소유자 아닌 사람(임차인)이 건물을 점유하는 경우 토지소유자 甲은 건물의 임차인이 대항력을 갖춘 경우 건물임차인 戊를 상대로 토지소유권에 기한 방해배제청구권에 기하여 건물에서 퇴거할 것을 청구할 수 있다(왜냐하면 건물의 철거를 위하여는 점유자를 내보내야 하니까).

오답해설

① 甲 소유의 토지에 무단신축한 乙이 건물에 거주하는 경우 토지소유자 甲은 무단신축자 乙을 상대로 건물의 철거와 대지의 인도는 청구할 수 있으나 건물에서 퇴거를 청구할 수 없다(대판 1999.7.9, 98다57457). 왜냐하면 건물은 토지의 부합물이 아니라 별개의 소유권으로서 乙이 소유하는 것이므로 건물주가 아닌 토지소유자 甲으로서는 건물주 乙에게 퇴거를 청구할 수 없다.
② 甲이 토지를 丙에게 매매하여 소유권이전등기를 경료한 경우 전소유자 甲은 소유권을 상실한 자로서 물권적 청구권을 행사할 수 없다.
★ ③ 미등기건물의 양수인이 등기없이 점유하고 있는 경우 미등기건물의 양수인은 건물의 소유권자는 아니나 사실상 건물의 처분권(건물의 철거권한)을 보유한 자이기 때문에 건물의 철거 청구의 상대방이 될 수 있다(대판 1969.7.8, 69다665).
⑤ 乙이 건물을 戊에게 임대하고 임차인이 대항력을 갖춘 경우, 토지소유자 甲은 대항력을 갖춘 임차인을 상대로 건물철거는 청구할 수 없다(임차인은 건물의 철거권한이 없는 자이니까), 그러나 토지소유자는 건물의 점유자(임차인)에게 건물에서 퇴거를 청구할 수 있다.

정답 | 17 ⑤ 18 ④

19 소유권에 관한 설명으로 틀린 것은? (다툼이 있으면 판례에 따름) 제32회

① 기술적 착오로 지적도상의 경계선이 진실한 경계선과 다르게 작성된 경우, 그 토지의 경계는 실제의 경계에 따른다.
② 토지가 포락되어 원상복구가 불가능한 경우, 그 토지에 대한 종전 소유권은 소멸한다.
③ 타인의 토지를 통과하지 않으면 필요한 수도를 설치할 수 없는 토지의 소유자는 그 타인의 승낙 없이도 수도를 시설할 수 있다.
④ 포위된 토지가 공로에 접하게 되어 주위토지통행권을 인정할 필요성이 없어진 경우에도 그 통행권은 존속한다.
⑤ 증축된 부분이 기존의 건물과 구조상·이용상 독립성이 없는 경우, 그 부분은 기존의 건물에 부합한다.

톺아보기

논점 소유권의 법리를 종합적으로 알고 있는가?

④ 포위된 토지가 공로에 접하게 되어 주위토지통행권을 인정할 필요성이 없어진 경우에도 그 통행권은 소멸한다.
① 어떤 토지가 지적법에 의하여 1필지의 토지로 지적공부에 등록되면 그 토지는 특별한 사정이 없는 한 그 등록으로써 특정되고 그 소유권의 범위는 현실의 경계와 관계없이 '공부상의 경계'에 의하여 확정된다. 다만, 지적도를 작성함에 있어서 기술적인 착오로 인하여 지적도상의 경계선이 진실한 경계선과 다르게 작성되었기 때문에 경계와 지적이 실제의 것과 일치하지 않게 되었다는 등의 특별한 사정이 있는 경우에는 '실제의 경계'에 의하여야 한다(대판 1998.6.26, 97다42823).
③ 타인의 토지를 통과하지 않으면 필요한 수도를 설치할 수 없는 토지의 소유자는 그 타인의 '승낙 없이'도 수도를 시설할 수 있다[제218조(수도 등 시설권)].

공동소유

20 「민법」상 공유에 관한 설명으로 틀린 것은? (다툼이 있으면 판례에 따름) 제27회 수정

① 공유자는 다른 공유자의 동의 없이 공유물을 처분하지 못한다.
② 공유자는 특약이 없는 한 지분비율로 공유물의 관리비용을 부담한다.
③ 공유지분권의 본질적 부분을 침해한 공유물의 관리에 관한 특약은 공유지분의 특정승계인에게 효력이 미친다.
④ 과반수 지분권자로부터 공유물의 특정 부분에 대한 배타적인 사용·수익을 허락받은 제3자의 점유는 다른 소수지분권자와 사이에서도 적법하다.
⑤ 공유물의 소수지분권자가 다른 공유자와의 협의 없이 자신의 지분 범위를 초과하여 공유물의 일부를 배타적으로 점유하고 있는 경우 다른 소수지분권자가 공유물의 인도를 청구할 수 없다.

톺아보기

논점 공유의 법리를 종합적으로 알고 있는가?

③ 공유물의 관리에 관한 특약은 특약 후 공유자의 변경이 있고 특약을 변경할 경우 공유자 지분의 과반수로써 변경할 수 있다(대판 2005.5.12, 2005다1827). 그러나 공유지분권의 본질적 부분을 침해하는 사용, 수익, 관리에 관한 특약(공유자 중 1인이 공유물을 배타적 사용하도록 하는 특약)은 승계인이 이를 알고 지분권을 승계하였다는 특별한 사정이 없는 한 공유자의 특별승계인에게 원칙적으로 승계되지 않는다(대판 2013.3.14, 2011다58701).

④ 과반수 지분권자로부터 공유물의 특정 부분에 대한 배타적인 사용·수익을 허락받은 제3자의 점유는 다른 소수지분권자와 사이에서도 적법하다. 그러므로 소수지분권자는 제3자(적법한 임차인)에게 물권적 청구권으로 건물에서 퇴거를 청구할 수 없다(대판 2002.5.14, 2002다9738).

⑤ 다른 소수지분권자는 공유물을 독점하여 사용하는 소수지분권자에 대하여 보존행위로서 공유물의 인도나 명도를 청구할 수 없고 지분권에 기한 방해배제청구로 위법상태를 시정할 수 있다(2020년 전원합의체 판례의 변경).

21

부동산 공유에 관한 설명으로 틀린 것은? (판례에 따름) 제35회

① 공유물의 보존행위는 공유자 각자가 할 수 있다.
② 공유자는 공유물 전부를 지분의 비율로 사용·수익할 수 있다.
③ 공유자는 다른 공유자의 동의 없이 공유물을 처분하거나 변경하지 못한다.
④ 공유자는 자신의 지분에 관하여 단독으로 제3자의 취득시효를 중단시킬 수 없다.
⑤ 공유물 무단점유자에 대한 차임상당 부당이득반환청구권은 특별한 사정이 없는 한 각 공유자에게 지분 비율만큼 귀속된다.

톺아보기

공유자는 자신의 지분에 관하여 단독으로 제3자의 취득시효를 중단시킬 수 있다. 이는 공유물의 보존행위에 속하기 때문이다.

정답 | 19 ④ 20 ③ 21 ④

22 공유물분할에 관한 설명으로 옳은 것을 모두 고른 것은? (다툼이 있으면 판례에 따름)

제35회

> ㉠ 재판상 분할에서 분할을 원하는 공유자의 지분만큼은 현물분할하고, 분할을 원하지 않는 공유자는 계속 공유로 남게 할 수 있다.
> ㉡ 토지의 협의분할은 등기를 마치면 그 등기가 접수된 때 물권변동의 효력이 있다.
> ㉢ 공유자는 다른 공유자가 분할로 인하여 취득한 물건에 대하여 그 지분의 비율로 매도인과 동일한 담보책임이 있다.
> ㉣ 공유자 사이에 이미 분할협의가 성립하였는데 일부 공유자가 분할에 따른 이전등기에 협조하지 않은 경우, 공유물분할소송을 제기할 수 없다.

① ㉠
② ㉡, ㉢
③ ㉢, ㉣
④ ㉠, ㉡, ㉣
⑤ ㉠, ㉡, ㉢, ㉣

톺아보기

옳은 것은 ㉠㉡㉢㉣이다.
㉠ 재판상 분할에서 분할을 원하는 공유자의 지분만큼은 현물분할하고, 분할을 원하지 않는 공유자는 계속 공유로 남게 할 수 있다(대판 2014다233428).
㉡ 토지의 협의분할은 등기를 하여야 효력이 생기는데 그 등기를 마치면 그 등기가 접수된 때부터 물권변동의 효력이 있다(「부동산등기법」 제6조). 등기관이 등기를 마친 경우 그 등기는 접수한 때부터 효력을 발생한다.
㉢ 공유자는 다른 공유자가 분할로 인하여 취득한 물건에 대하여 그 지분의 비율로 매도인과 동일한 담보책임이 있다(제270조).
㉣ 공유자 사이에 이미 분할협의가 성립하였는데 일부 공유자가 분할에 따른 이전등기에 협조하지 않은 경우, 공유물분할소송을 제기할 수 없다(대판 94다30348).

23 공유에 관한 설명으로 옳은 것은? (판례에 따름) 제30회

① 공유자 전원이 임대인으로 되어 공유물을 임대한 경우, 그 임대차계약을 해지하는 것은 특별한 사정이 없는 한 공유물의 보존행위이다.
② 개별 채권자들이 같은 기회에 특정 부동산에 관하여 하나의 근저당권을 설정받은 경우, 그들은 해당 근저당권을 준공유한다.
③ 공유부동산에 대해 공유자 중 1인의 단독 명의로 원인무효의 소유권이전등기가 행해졌다면 다른 공유자는 등기명의인인 공유자를 상대로 등기 전부의 말소를 청구할 수 있다.
④ 과반수지분권자가 단독으로 공유토지를 임대한 경우, 소수지분권자는 과반수지분권자에게 부당이득반환을 청구할 수 없다.
⑤ 부동산 공유자 중 1인의 공유지분 포기에 따른 물권변동은 그 포기의 의사표시가 다른 공유자에게 도달함으로써 효력이 발생하며 등기를 요하지 않는다.

톺아보기

논점 공유와 준공유의 원리를 아는가?

② 여러 채권자가 같은 기회에 어느 부동산에 관하여 하나의 근저당권을 설정받아 이를 준공유하게 된다(대판 2008.3.13, 2006다31887).

오답해설
① 임대차계약을 해지하는 것은 공유물의 관리행위이다.
③ 해당 공유자의 지분범위 내에서는 적법하게 자기지분을 취득하므로 다른 공유자는 등기명의인인 공유자를 상대로 등기 전부의 말소를 청구할 수 없다.
④ 과반수지분권자가 단독으로 공유토지를 임대한 경우, 소수지분권자는 임차인에게 부당이득반환을 청구할 수 없으나, 과반수지분권자에게 지분비율만큼 부당이득반환을 청구할 수 있다.
⑤ 공유지분의 포기에 의한 물권변동은 지분 포기의 의사표시가 있는 즉시 물권변동의 효력이 발생하는 것이 아니고 제186조에 의하여 등기를 하여야 한다(대판 2016.10.27, 2015다52978).

정답 | 22 ⑤ 23 ②

공유의 사례문제

24 X토지를 甲이 2/3 지분, 乙이 1/3 지분으로 등기하여 공유하면서 그 관리방법에 관해 별도로 협의하지 않았다. 다음 설명 중 틀린 것은? (다툼이 있으면 판례에 따름)

제26회

① 丙이 甲으로부터 X토지의 특정부분의 사용·수익을 허락받아 점유하는 경우, 乙은 丙을 상대로 그 토지부분의 반환을 청구할 수 있다.
② 甲이 부정한 방법으로 X토지 전부에 관한 소유권이전등기를 甲의 단독명의로 행한 경우, 乙은 甲을 상대로 자신의 지분에 관하여 그 등기의 말소를 청구할 수 있다.
③ X토지에 관하여 丁 명의로 원인무효의 소유권이전등기가 경료되어 있는 경우, 乙은 丁을 상대로 그 등기 전부의 말소를 청구할 수 있다.
④ 戊가 X토지 위에 무단으로 건물을 신축한 경우, 乙은 특별한 사유가 없는 한 자신의 지분에 대응하는 비율의 한도 내에서만 戊를 상대로 손해배상을 청구할 수 있다.
⑤ X토지가 나대지인 경우, 甲은 乙의 동의 없이 건물을 신축할 수 없다.

톺아보기

논점 공유의 법리를 사례에 종합적으로 적용할 줄 아는가?

★ ① 과반수지분의 공유자가 그 공유물의 특정부분을 배타적으로 사용·수익하기로 정하는 것은 공유물의 관리방법으로서 적법하다고 할 것이므로, 과반수지분의 공유자로부터 사용·수익을 허락받은 점유자에 대하여 소수지분의 공유자는 그 점유자가 사용·수익하는 건물의 철거나 퇴거 등 점유배제를 구할 수 없다(대판 2002.5.14, 2002다9738).
② 공유자 1인이 소유권이전등기를 甲의 단독명의로 행한 경우, 乙은 甲을 상대로 자신의 지분에 관하여 그 등기의 말소를 청구하거나 진정명의회복으로 지분 이전등기를 청구할 수 있다. 한편 甲의 지분권에 터 잡은 등기는 자신의 지분만큼은 실체에 부합하므로 乙이 甲 명의 등기 전부말소를 청구할 수 없다.
③ 제3자에게 원인무효의 소유권이전등기가 경료되어 있는 경우, 공유자 1인 乙은 원인 없이 등기를 경료한 제3자 丁을 상대로 그 등기 전부의 말소를 청구할 수 있다.
⑤ 공유하는 나대지에 건물을 신축하는 행위는 관리범위를 넘어서 처분행위이므로, 甲은 乙의 동의 없이 건물을 신축할 수 없다.

25

甲은 3/5, 乙은 2/5의 지분으로 X토지를 공유하고 있다. 다음 설명 중 틀린 것은?
(다툼이 있으면 판례에 따름) 제28회

① 甲이 乙과 협의 없이 X토지를 丙에게 임대한 경우, 乙은 丙에게 X토지의 인도를 청구할 수 없다.
② 甲이 乙과 협의 없이 X토지를 丙에게 임대한 경우, 丙은 乙의 지분에 상응하는 차임 상당액을 乙에게 부당이득으로 반환할 의무가 없다.
③ 乙이 甲과 협의 없이 X토지를 丙에게 임대한 경우, 甲은 丙에게 X토지의 인도를 청구할 수 있다.
④ 乙은 甲과의 협의 없이 X토지 면적의 2/5에 해당하는 특정 부분을 배타적으로 사용·수익할 수 있다.
⑤ 甲이 X토지 전부를 乙의 동의 없이 매도하여 매수인 명의로 소유권이전등기를 마친 경우, 甲의 지분 범위 내에서 등기는 유효하다.

톺아보기

논점 공유의 법리를 사례에 종합적으로 적용할 줄 아는가?

④ 소수지분의 공유자가 다른 공유자와 협의 없이 공유물을 배타적으로 사용·수익하는 것은 위법하다.
① 과반수지분권자로부터 사용·수익을 허락받은 제3자의 점유는 적법한 점유이므로 소수지분의 공유자 乙은 점유자 丙에게 점유의 배제나 토지의 인도를 청구할 수 없다(대판 2002.5.14, 2002다9738).
② 과반수지분권자로부터 공유물의 특정부분의 배타적 사용, 수익을 허락받은 제3자의 점유는 다수지분권자의 공유물관리권에 터 잡은 적법한 점유이므로 제3자 丙은 乙의 지분에 상응하는 차임 상당액을 소수지분권자 乙에게 부당이득으로 반환할 의무가 없다(대판 2002.5.14, 2002다9738).
③ 공유물의 임대차나 임대차의 해지는 공유물의 관리행위에 해당하므로 과반수 지분권자가 할 수 있는데, 소수지분권자가 공유물을 제3자에게 임대하였다면 과반수지분을 가진 공유자는 제3자에게 점유배제를 청구할 수 있다.
⑤ 공유자 1인이 다른 공유자의 동의 없이 공유토지를 매도하여 타인명의로 소유권이전등기가 마쳐졌다면, 그 매도부분 토지에 관한 소유권이전등기는 처분한 공유자의 자기지분 범위 내에서는 실체관계와 부합하는 유효한 등기다(대판 2008.4.24, 2008다5073).

정답 | 24 ① 25 ④

26

甲, 乙, 丙은 각 1/3 지분으로 나대지인 X토지를 공유하고 있다. 이에 관한 설명으로 틀린 것은? (다툼이 있으면 판례에 따름)

제31회

① 甲은 단독으로 자신의 지분에 관한 제3자의 취득시효를 중단시킬 수 없다.
② 甲과 乙이 X토지에 건물을 신축하기로 한 것은 공유물 관리방법으로 부적법하다.
③ 甲이 공유지분을 포기한 경우, 등기를 하여야 포기에 따른 물권변동의 효력이 발생한다.
④ 甲이 단독으로 丁에게 X토지를 임대한 경우, 乙은 丁에게 부당이득반환을 청구할 수 있다.
⑤ 甲은 특별한 사정이 없는 한 X토지를 배타적으로 점유하는 丙에게 보존행위로서 X토지의 인도를 청구할 수 없다.

톺아보기

① 甲은 단독으로 자신의 지분권을 행사할 수 있으므로 자신의 지분에 관한 제3자의 취득시효를 중단시킬 수 있다.
② 과반수지분권자가 다른 공유자의 협의 없이 X토지인 나대지에 건물을 신축하기로 한 것은 공유물의 관리행위를 넘은 처분행위로서 위법하다.
⑤ 소수지분권자가 X토지를 배타적으로 점유하는 경우 다른 소수지분권자는 보존행위로서 X토지의 인도를 청구할 수 없고 지분권에 기한 방해배제로 위법상태를 시정할 수 있다(2020년 전원합의체 판례의 변경).

27

甲, 乙, 丙은 X토지를 각 1/2, 1/4, 1/4의 지분으로 공유하고 있다. 이에 관한 설명으로 옳은 것은? (단, 구분소유적 공유관계는 아니며, 다툼이 있으면 판례에 따름)

제32회

① 乙이 X토지에 대한 자신의 지분을 포기한 경우, 乙의 지분은 甲, 丙에게 균등한 비율로 귀속된다.
② 당사자간의 특약이 없는 경우, 甲은 단독으로 X토지를 제3자에게 임대할 수 있다.
③ 甲, 乙은 X토지에 대한 관리방법으로 X토지에 건물을 신축할 수 있다.
④ 甲, 乙, 丙이 X토지의 관리에 관한 특약을 한 경우, 그 특약은 특별한 사정이 없는 한 그들의 특정승계인에게도 효력이 미친다.
⑤ 丙이 甲, 乙과의 협의 없이 X토지를 배타적·독점적으로 점유하고 있는 경우, 乙은 공유물에 대한 보존행위로 X토지의 인도를 청구할 수 있다.

톺아보기

④ 공유물의 관리에 관한 특약을 한 경우, 그 특약은 특별한 사정이 없는 한 그들의 특정승계인에게도 효력이 미친다. 다만 공유지분권의 '본질적 부분을 침해'하는 관리특약(지분권자로서의 사용, 수익권을 사실상 포기하는 약정)은 특별한 사정이 없는 한 공유자의 특별승계인에게 원칙적으로 승계되지 않는다(대판 2013.3.14, 2011다58701).

[오답해설]
① 자신의 지분을 포기한 경우, 乙의 지분은 국가에 귀속하는 것이 아니라 다른 공유자인 甲, 丙에게 지분비율로 귀속한다.
② 단독으로 X토지를 제3자에게 임대하는 행위는 관리행위로서 과반수 지분권자이어야 한다. 사안에서 甲은 1/2지분을 가진 자로서 과반수 지분권자가 아니다.
③ 나대지인 X토지에 건물을 신축하는 행위는 공유물의 관리행위를 넘은 처분행위이다.
⑤ 소수지분권자 丙이 협의없이 X토지를 배타적·독점적으로 점유하고 있는 경우, 다른 소수지분권자 乙은 공유물에 대한 보존행위로 X토지의 인도를 청구할 수 없다(2020년 전원합의체). 만약 이를 허용하면 다른 소수지분권자가 공유물을 독점하여 점유하게 되어 위법상태가 시정되지 않기 때문이다.

28 공동소유에 관한 설명으로 옳은 것은? (다툼이 있으면 판례에 따름) 제29회

① 공유물분할금지의 약정은 갱신할 수 있다.
② 합유자는 다른 합유자의 동의 없이 합유지분을 처분할 수 있다.
③ 비법인사단의 사원은 단독으로 총유물의 보존행위를 할 수 있다.
④ 합유자의 1인이 사망하면 특별한 사정이 없는 한 그의 상속인이 그 지분을 포괄승계한다.
⑤ 공유자의 1인이 그 지분에 저당권을 설정한 후 공유물이 분할된 경우, 다른 약정이 없으면 저당권은 저당권 설정자 앞으로 분할된 부분에 집중된다.

톺아보기

[논점] 공동소유의 법리를 종합적으로 알고 있는가?
① 공유물 분할 금지의 약정은 갱신할 수 있다. 다만, 이 약정은 갱신일로부터 5년을 넘지 못한다(제268조 제2항).

[오답해설]
② 합유자는 다른 합유자의 전원의 동의 없이 합유지분을 처분할 수 없다.
③ "총유재산의 보존행위"로서 소를 제기하는 경우에도 구성원 개인이 단독으로 할 수 없다(대판 2005.9.15, 2004다44971).
④ 합유자 1인이 사망하면 그 조합원은 조합에서 탈퇴하게 되고 조합원의 지위는 일신전속적이므로 조합원의 지분은 상속인에게 상속되지 않는다(대판 1981.7.28, 81다145).
⑤ 공유자의 1인이 그 지분에 저당권을 설정한 후 공유물이 분할된 경우, 저당권은 저당권 설정자 앞으로 분할된 부분에 집중하지 않고 분할된 각각의 목적물 위에 분산하여 존속한다.

정답 | 26 ① 27 ④ 28 ①

29 합유에 관한 설명으로 틀린 것은? (다툼이 있으면 판례에 따름) 제27회

① 합유재산에 관하여 합유자 중 1인이 임의로 자기 단독명의 소유권보존등기를 한 경우, 자신의 지분 범위 내에서는 유효한 등기이다.
② 합유물에 대한 보존행위는 특약이 없는 한 합유자 각자가 할 수 있다.
③ 합유자 중 일부가 사망한 경우 특약이 없는 한 합유물은 잔존 합유자가 2인 이상이면 잔존 합유자의 합유로 귀속된다.
④ 부동산에 관한 합유지분의 포기는 등기하여야 효력이 생긴다.
⑤ 조합체의 해산으로 인하여 합유는 종료한다.

톺아보기

논점 합유의 법리를 종합적으로 알고 있는가?

① 합유자 전원의 동의 없이 합유물에 대한 지분을 매매하면 '공유의 법리와는 전혀 달리' 자신의 지분 처분의 범위 내에서 유효가 아니라 처분행위자체가 무효이다(대판 1970.12.29, 69다22).
② 합유물에 대한 보존행위는 특약이 없는 한 합유자 각자가 할 수 있다.
③ 합유자 중 일부가 사망한 경우 특약이 없는 한 합유물은 조합체가 보유한 부동산은 잔존합유자가 1인인 경우에는 잔존합유자의 단독소유로 귀속되고, 2인 이상일 경우에는 "잔존 합유자의 합유"로 귀속된다(대판 1996.12.10, 96다23238).
④ 합유지분의 포기시 포기된 합유지분은 "나머지 잔존합유자들에게 균등하게 귀속"되지만 그와 같은 물권변동은 법률행위에 기한 것으로서 등기하여야 효력이 생긴다(대판 1997.9.9, 96다16896).

30 「민법」상 합유에 관한 설명으로 틀린 것은? (특약은 없으며, 다툼이 있으면 판례에 따름) 제34회

① 합유자의 권리는 합유물 전부에 미친다.
② 합유자는 합유물의 분할을 청구하지 못한다.
③ 합유자 중 1인이 사망하면 그의 상속인이 합유자의 지위를 승계한다.
④ 합유물의 보존행위는 합유자 각자가 할 수 있다.
⑤ 합유자는 그 전원의 동의 없이 합유지분을 처분하지 못한다.

톺아보기

합유자가 사망하면 조합원은 조합에서 탈퇴하게 되고 조합원의 지위는 일신 전속적이므로 상속인에게 상속되지 않는다(대판 1981.7.28, 81다145).

31 「민법」상 공동소유에 관한 설명으로 옳은 것은? (다툼이 있으면 판례에 따름)

제33회

① 공유자끼리 그 지분을 교환하는 것은 지분권의 처분이므로 이를 위해서는 교환 당사자가 아닌 다른 공유자의 동의가 필요하다.
② 부동산 공유자 중 일부가 자신의 공유지분을 포기한 경우, 등기를 하지 않아도 공유지분 포기에 따른 물권변동의 효력이 발생한다.
③ 합유자 중 1인은 다른 합유자의 동의 없이 자신의 지분을 단독으로 제3자에게 유효하게 매도할 수 있다.
④ 합유물에 관하여 경료된 원인 무효의 소유권이전등기의 말소를 구하는 소는 합유자 각자가 제기할 수 있다.
⑤ 법인 아닌 종중이 그 소유 토지의 매매를 중개한 중개업자에게 중개수수료를 지급하기로 하는 약정을 체결하는 것은 총유물의 관리·처분행위에 해당한다.

톺아보기

[오답해설]
① 공유자끼리 그 지분을 교환하는 경우 다른 공유자의 동의가 필요 없다.
② 공유자 자신이 공유지분을 포기한 경우, 이는 상대방 있는 단독행위로서 법률행위에 해당하므로 등기를 하여야 공유지분 포기에 따른 물권변동의 효력이 발생한다.
③ 합유자 중 1인은 다른 합유자의 동의 없이 자신의 지분을 단독으로 제3자에게 매도할 수 없다. 다른 공유자의 동의 없이 자신의 지분을 처분할 수 있는 공유와 다른 점이다.
⑤ 법인 아닌 종중이 그 소유 토지의 매매를 중개한 중개업자에게 중개수수료를 지급하기로 하는 약정을 체결하는 것은 단순한 채무부담행위에 불과하여 총유물의 관리·처분행위에 해당하지 아니한다.

정답 | 29 ① 30 ③ 31 ④

제5장 / 용익물권

기본서 p.264~303

지상권

01 지상권에 관한 설명으로 틀린 것은? (다툼이 있으면 판례에 따름) 제28회

① 지상권설정계약 당시 건물 기타 공작물이 없더라도 지상권은 유효하게 성립할 수 있다.
② 지상권자는 토지소유자의 의사에 반하여도 자유롭게 타인에게 지상권을 양도할 수 있다.
③ 지상의 공간은 상하의 범위를 정하여 공작물을 소유하기 위한 지상권의 목적으로 할 수 있다.
④ 지상권이 저당권의 목적인 경우 지료연체를 이유로 하는 지상권소멸청구는 저당권자에게 통지하면 즉시 그 효력이 생긴다.
⑤ 지상권의 소멸시 지상권설정자가 상당한 가액을 제공하여 공작물 등의 매수를 청구한 때에는 지상권자는 정당한 이유 없이 이를 거절하지 못한다.

톺아보기

논점 지상권의 법리를 종합적으로 알고 있는가?

④ 지상권이 저당권의 목적인 경우 지료연체를 이유로 하는 지상권소멸청구는 저당권자에게 통지하면 즉시가 아니라 상당기간이 경과함으로써 그 효력이 생긴다(제288조).
① 지상권은 '타인의 토지사용을 본질적 내용'으로 하는 권리이므로 지상권설정계약 당시 건물 기타 공작물(예 탑, 교량, 지하철, 놀이기구, 송유관 등)이 없더라도 지상권은 유효하게 성립할 수 있고, 기존의 건물이 멸실되거나 공작물이나 수목이 멸실되더라도 존속기간이 만료되지 않는 한 지상권은 그대로 존속한다(대판 1996.3.22, 95다49318).
② 지상권자는 토지소유자의 의사에 반하여도 자유롭게 타인에게 지상권을 양도할 수 있다.
③ 지상의 공간은 상하의 범위를 정하여 공작물을 소유하기 위한 지상권의 목적으로 할 수 있는데 이를 구분지상권이라 한다(제289조의2).
⑤ 지상권의 소멸시 '지상권설정자'가 상당한 가액을 제공하여 공작물 등의 매수를 청구한 때에는 지상권자는 "정당한 이유 없이" 이를 거절하지 못한다(제285조 제2항).

02 지상권에 관한 설명으로 틀린 것은? (다툼이 있으면 판례에 따름) 제25회

① 지료의 지급은 지상권의 성립요건이 아니다.
② 지상권에 기하여 토지에 부속된 공작물은 토지에 부합하지 않는다.
③ 지상권자는 토지소유자의 의사에 반하여 지상권을 타인에게 양도할 수 없다.
④ 구분지상권은 건물 기타 공작물의 소유를 위해 설정할 수 있다.
⑤ 저당권설정자가 담보가치의 하락을 막기 위해 저당권자에게 지상권을 설정해 준 경우, 피담보채권이 소멸하면 그 지상권도 소멸한다.

톺아보기

논점 지상권의 법리를 종합적으로 알고 있는가?

★ ③ 지상권자는 토지소유자의 의사에 반하여 지상권을 타인에게 양도할 수 있는 처분의 자유가 절대적으로 보장된다.
① 지료는 유상, 무상 모두 가능하므로 지료의 지급은 지상권의 성립요건이 아니다.
② 지상권에 기하여 부속된 공작물은 토지에 부합하지 않으며 지상권자의 소유로 귀속된다.
④ 구분지상권은 건물 기타 공작물의 소유를 위해 설정할 수 있으나 수목소유를 위하여는 설정할 수 없다.
⑤ 저당권설정자가 담보가치의 하락을 막기 위해 저당권자에게 지상권을 설정해 준 경우, 피담보채권이 소멸하면 그 지상권도 소멸한다(대판 2011.4.14, 2011다6342).

03 지상권에 관한 설명으로 틀린 것은? (다툼이 있으면 판례에 따름) 제23회

① 지상권설정의 목적이 된 건물이 전부 멸실하면 지상권은 소멸한다.
② 지상권이 설정된 토지를 양수한 자는 지상권자에게 그 토지의 인도를 청구할 수 없다.
③ 환매특약의 등기가 경료된 나대지의 소유자가 그 지상에 건물을 신축한 후, 환매권이 행사되면 관습상의 법정지상권은 성립할 수 없다.
④ 법원이 결정한 지료의 지급을 2년분 이상 지체한 경우, 토지소유자는 법정지상권의 소멸을 청구할 수 있다.
⑤ 저당권이 설정된 나대지의 담보가치하락을 막기 위해 저당권자 명의의 지상권이 설정된 경우, 피담보채권이 변제되어 저당권이 소멸하면 그 지상권도 소멸한다.

정답 | 01 ④ 02 ③ 03 ①

톺아보기

① 지상권설정의 목적이 된 건물이 전부 멸실하여도 지상권은 소멸하지 아니한다. 왜냐하면 지상권의 본질은 타인의 토지를 사용하는 권리이기 때문이다.
★ ② 지상권자는 물권을 취득한 것이므로 제3자에게도 지상권을 주장할 수 있다. 그 결과 지상권이 설정된 토지를 양수한 자는 지상권자에게 그 토지의 인도를 청구할 수 없다.
③ 환매특약의 등기가 경료된 나대지의 소유자가 그 지상에 건물을 신축한 경우 환매특약 당시의 상태로 토지를 반환해 주어야 할 의무를 부담하므로 환매권자의 환매권행사를 예상하면서 환매의무자가 건물을 신축한 것으로서 토지에 대하여 환매권이 행사되면 신축건물에는 관습상의 법정지상권은 성립할 수 없다(대판 2010.11.25, 2010두16431).
⑤ 저당권자가 토지에 건물신축을 막기 위하여 지상권을 동시에 취득한 경우 소위 담보지상권이라고 한다. 나중에 채무가 전액상환되면 저당권, 지상권 모두 소멸한다(대판 2011.4.14, 2011다6342).

지상권의 사례문제

04 乙은 甲의 X토지에 건물을 소유하기 위하여 지상권을 설정받았다. 다음 설명 중 옳은 것은? (다툼이 있으면 판례에 따름) 제26회

① 乙은 甲의 의사에 반하여 제3자에게 지상권을 양도할 수 없다.
② X토지를 양수한 자는 지상권의 존속 중에 乙에게 그 토지의 인도를 청구할 수 없다.
③ 乙이 약정한 지료의 1년 6개월분을 연체한 경우, 甲은 지상권의 소멸을 청구할 수 있다.
④ 존속기간의 만료로 지상권이 소멸한 경우, 건물이 현존하더라도 乙은 계약의 갱신을 청구할 수 없다.
⑤ 지상권의 존속기간을 정하지 않은 경우, 甲은 언제든지 지상권의 소멸을 청구할 수 있다.

톺아보기

논점 지상권의 법리를 사례에 종합적으로 적용할 줄 아는가?
② X토지를 양수한 자는 지상권의 존속 중에 지상권자 乙에게 그 토지의 인도를 청구할 수 없다. 왜냐하면 지상권은 물권으로서 제3자에게 대항력이 있기 때문이다.

오답해설
① 乙은 처분의 자유가 있으므로 甲의 의사에 반하여 제3자에게 지상권을 양도할 수 있다.
③ 2년 연체되어야 지상권소멸청구가 가능하다.
④ 존속기간의 만료로 지상권이 소멸한 경우, 건물이 현존하더라도 乙은 계약의 갱신을 청구할 수 있다(제283조).
⑤ 지상권의 존속기간을 정하지 않은 경우, 목적물의 최단기간을 정한 것으로 간주하므로 언제든지 지상권의 소멸을 청구할 수 있는 것은 아니다. 이 점에서 임대차의 기간을 정하지 않은 경우 당사자는 언제든지 임대차의 소멸청구할 수 있다는 점과 구별된다.

05 乙 소유의 토지에 설정된 甲의 지상권에 관한 설명으로 틀린 것은? (다툼이 있으면 판례에 따름)

제29회

① 甲은 그가 乙의 토지에 신축한 X건물의 소유권을 유보하여 지상권을 양도할 수 있다.
② 甲의 권리가 법정지상권일 경우, 지료에 관한 협의나 법원의 지료결정이 없으면 乙은 지료연체를 주장하지 못한다.
③ 지료를 연체한 甲이 丙에게 지상권을 양도한 경우, 乙은 지료약정이 등기된 때에만 연체사실로 丙에게 대항할 수 있다.
④ 乙의 토지를 양수한 丁은 甲의 乙에 대한 지료연체액을 합산하여 2년의 지료가 연체되면 지상권소멸을 청구할 수 있다.
⑤ 甲이 戊에게 지상권을 목적으로 하는 저당권을 설정한 경우, 지료연체를 원인으로 하는 乙의 지상권소멸청구는 戊에게 통지한 후 상당한 기간이 경과함으로써 효력이 생긴다.

톺아보기

논점 지상권의 법리 사례 종합

★ ④ 지상권자의 지료지급연체가 토지소유권의 양도 전후에 걸쳐 이루어진 경우 "토지양수인에 대한 연체기간이 2년"이 되지 않는다면 토지양수인은 양도인에 대한 지료연체액을 합산하여 지상권소멸청구를 할 수 없다(대판 2001.3.13, 99다17142).
① 지상권자는 건물과 지상권을 분리하여 처분할 수 있다. 따라서 건물은 자신이 보유하고 지상권만 양도할 수 있다.
③ 지료약정이 등기된 경우에 한하여 지상권을 이전받은 자에게 대항할 수 있다.

06 지상권에 관한 설명으로 옳은 것을 모두 고른 것은? (다툼이 있으면 판례에 따름)

제31회

㉠ 지료의 지급은 지상권의 성립요소이다.
㉡ 기간만료로 지상권이 소멸하면 지상권자는 갱신청구권을 행사할 수 있다.
㉢ 지료체납 중 토지소유권이 양도된 경우, 양도 전·후를 통산하여 2년에 이르면 지상권소멸청구를 할 수 있다.
㉣ 채권담보를 위하여 토지에 저당권과 함께 무상의 담보지상권을 취득한 채권자는 특별한 사정이 없는 한 제3자가 토지를 불법점유하더라도 임료상당의 손해배상청구를 할 수 없다.

① ㉡   ② ㉠, ㉢   ③ ㉡, ㉣   ④ ㉢, ㉣   ⑤ ㉠, ㉢, ㉣

정답 | 04 ②   05 ④   06 ③

톺아보기

옳은 것은 ⓒⓔ이다.
㉠ 지료의 지급은 지상권의 성립요소가 아니다.
㉢ 지료체납 중 토지소유권이 양도된 경우, 양도 전·후를 합산하여 2년인 경우 지상권 소멸청구를 할 수 없고 양수인에 대하여 연체기간이 2년이어야 지상권을 소멸청구할 수 있다.
㉣ 부동산의 용익권자에게 임료상당의 이익이 발생할 여지가 없는 '특별한 사정'이 있는 때에는 지상권자는 부당이득반환을 청구할 수 없다. 저당부동산의 담보가치 확보를 목적으로 하는 담보지상권자는 토지사용권이 본체가 아니라 담보가치의 확보가 본체이므로 제3자가 토지를 사용한다는 사정만으로는 금융기관에게 어떤 손해가 발생하였다고 볼 수 없어 제3자를 상대로 부당이득반환청구나 임료상당의 손해배상을 청구할 수 없다(대판 2008.1.17, 2006다586).

---

07 甲은 乙은행에 대한 채무의 이행을 담보하고자 그 소유 토지(X)에 乙 명의의 저당권과 함께 X의 담보가치 유지만을 위한 乙 명의의 지상권을 설정하였다. 이후 甲과 丙은 X에 건축물(Y)을 축조하였다. 다음 설명 중 옳은 것은? (다툼이 있으면 판례에 따름) 제30회

① 乙의 甲에 대한 위 채권이 시효소멸하여도 乙 명의의 지상권은 존속한다.
② 乙이 지상권침해를 이유로 丙에 대하여 Y의 철거를 청구할 경우, 특별한 사정이 없는 한 丙은 甲에 대한 채권을 이유로 乙에게 대항할 수 있다.
③ 乙은 丙에게 X의 사용·수익을 이유로 부당이득의 반환을 청구할 수 있다.
④ Y의 축조로 X의 교환가치가 피담보채권액 미만으로 하락하면 乙은 甲에게 저당권침해를 이유로 손해배상을 청구할 수 있다.
⑤ 乙의 지상권은 담보물권이므로 그 피담보채무의 범위 확인을 구하는 청구는 적법하다.

톺아보기

논점 담보지상권, 저당권의 법리를 사례에 적용할 줄 아는가?
④ Y의 고의, 과실로 인한 건물의 축조로 X토지의 교환가치가 피담보채권액 미만으로 하락하면 乙은 甲에게 저당권침해를 이유로 손해배상을 청구할 수 있다.

[오답해설]
① 근저당권 등 담보권 설정의 당사자들이 그 목적이 된 토지 위에 차후 용익권이 설정되거나 건물 또는 공작물이 축조·설치되는 등으로써 그 목적물의 담보가치가 저감하는 것을 막는 것을 주요한 목적으로 하여 채권자 앞으로 아울러 지상권을 설정하였다면, 그 피담보채권이 변제 등으로 만족을 얻어 소멸한 경우는 물론이고 시효소멸한 경우에도 그 지상권은 피담보채권에 부종하여 소멸한다(대판 2011.4.14, 2011다6342).
② 지상권설정등기가 경료되면 그 지상권의 내용과 범위는 등기된 바에 따라서 대세적인 효력이 발생하고, 제3자가 지상권설정자에 대하여 해당 토지를 사용·수익할 수 있는 채권적 권리를 가지고 있다고 하더라도 이러한 사정만으로 지상권자에 대항할 수는 없다(대판 2008.2.15, 2005다47205).

③ 불법점유를 당한 부동산의 소유자 또는 용익권자로서는 불법점유자에 대하여 그로 인한 임료 상당 손해의 배상이나 부당이득의 반환을 구할 수 있을 것이나, 담보지상권자는 토지의 사용권을 본체로 하는 것이 아니라 담보가치의 확보를 본체로 하는 것이므로 제3자가 토지를 불법점유하여도 담보지상권자에게는 그로 인한 어떤 사용, 수익권의 침해가 발생하지 않으므로 담보지상권자는 그 불법점유자에게 손해배상이나 부당이득반환을 청구할 수 없다(대판 2002.12.6, 2000다57375).

⑤ 지상권은 용익물권으로서 담보물권이 아니므로 피담보채무라는 것이 존재할 수 없다(대판 2017.10.31, 2015다65042).

08 분묘기지권에 관한 설명으로 옳은 것은? (다툼이 있으면 판례에 따름) 제17회 수정

① 토지소유자의 승낙 없이 분묘를 설치한 후 20년간 평온·공연하게 분묘기지를 점유한 자는 그 기지의 소유권을 시효취득한다.
② 타인토지에 분묘를 설치·소유하는 자에게는 그 토지에 대한 소유의 의사가 추정된다.
③ 등기는 분묘기지권의 취득요건이다.
④ 분묘기지권을 시효취득한 자는 지료를 지급하여야 한다.
⑤ 존속기간에 관한 약정이 없는 분묘기지권의 존속기간은 5년이다.

톺아보기

논점 분묘기지권의 법리를 종합적으로 알고 있는가?

★ ④ 분묘기지권을 시효취득할 경우에는 무상이라고 대법원이 판시하였으나 2021년 전원합의체 판례의 변경으로 <u>토지소유자가 지료를 청구한 날부터</u> 지료를 지급하여야 한다.

오답해설
① 토지소유자의 승낙 없이 분묘를 설치한 후 20년간 평온·공연하게 분묘기지를 점유한 자는 그 기지의 소유권을 시효취득할 수 없고 토지의 사용권에 해당하는 분묘기지권을 취득한다.
② 분묘기지권자의 토지점유는 자주점유가 아니라 타주점유로 추정된다.
③ 분묘기지권을 시효취득할 경우 분묘가 공시기능을 하므로 등기를 요하지 아니한다.
⑤ 존속기간에 관한 약정이 없는 분묘기지권의 존속기간은 공작물의 존속기간인 5년이 적용되는 것이 아니라 분묘수호를 계속하는 한 계속된다.

더 알아보기

「장사 등에 관한 법률」(2001년 1월 13일 시행) "시행 전"에 설치된 분묘에 대하여는 현재에도 분묘기지권을 시효취득할 수 있으나 「장사 등에 관한 법률」 "시행 이후"에 설치된 분묘에 대하여는 분묘기지권의 시효취득이 허용되지 아니한다(대판 2017.1.19, 2013다17292 전원합의체).

정답 | 07 ④ 08 ④

09 분묘기지권에 관한 설명으로 옳은 것을 모두 고르면? (판례에 따름) 제35회

㉠ 분묘기지권은 봉분 등 외부에서 분묘의 존재를 인식할 수 있는 형태를 갖추고 등기하여야 성립한다.
㉡ 토지소유자의 승낙을 얻어 분묘를 설치함으로써 분묘기지권을 취득한 경우, 설치할 당시 토지소유자와의 합의에 의하여 정한 지료지급의무의 존부나 범위의 효력은 그 토지의 승계인에게는 미치지 않는다.
㉢ 자기 소유 토지에 분묘를 설치한 사람이 그 토지를 양도하면서 분묘를 이장하겠다는 특약을 하지 않음으로써 분묘기지권을 취득한 경우, 분묘기지권자는 특별한 사정이 없는 한 분묘기지권이 성립한 때부터 지료를 지급할 의무가 있다.

① ㉠ ② ㉢ ③ ㉠, ㉡
④ ㉡, ㉢ ⑤ ㉠, ㉡, ㉢

톺아보기

옳은 것은 ㉢이다.
㉠ 분묘기지권은 봉분 등 외부에서 분묘의 존재를 인식할 수 있는 형태를 갖추고 있으므로 등기를 요하지 아니한다.
㉡ 토지소유자의 승낙을 얻어 분묘를 설치함으로써 분묘기지권을 취득한 경우, 설치할 당시 토지소유자와의 합의에 의하여 정한 지료지급의무의 존부나 범위의 효력은 그 토지의 승계인에게도 효력이 미친다(대판 2017다271834).
㉢ 자기 소유 토지에 분묘를 설치한 사람이 그 토지를 양도하면서 분묘를 이장하겠다는 특약을 하지 않음으로써 분묘기지권을 취득한 경우, 특별한 사정이 없는 한 분묘기지권자는 분묘기지권이 성립한 때부터 토지소유자에게 그 분묘의 기지에 대한 토지사용의 대가로서 지료를 지급할 의무가 있다(2020다295892).

10

제사주재자인 장남 甲은 1985년 乙의 토지에 허락없이 부친의 묘를 봉분 형태로 설치한 이래 2015년 현재까지 평온·공연하게 분묘의 기지(基地)를 점유하여 분묘의 수호와 봉사를 계속하고 있다. 다음 설명 중 옳은 것은? (다툼이 있으면 판례에 따름) 제26회 수정

① 乙은 甲에게 분묘의 이장을 청구할 수 있다.
② 甲은 乙에게 분묘기지에 대한 소유권이전등기를 청구할 수 있다.
③ 甲은 부친의 묘에 모친의 시신을 단분(單墳) 형태로 합장할 권능이 있다.
④ 甲이 분묘기지권을 포기하는 의사를 표시한 경우 점유의 포기가 없더라도 분묘기지권이 소멸한다.
⑤ 甲은 乙에게 지료를 지급할 의무가 없다.

톺아보기

논점 분묘기지권의 법리를 사례에 적용할 줄 아는가?

④ 분묘의 기지에 대한 지상권 유사의 물권인 관습상의 법정지상권이 점유를 수반하는 물권으로서 권리자가 의무자에 대하여 그 권리를 포기하는 의사표시를 하는 외에 점유까지도 포기하여야만 그 권리가 소멸하는 것은 아니다(대판 1992.6.23, 92다14762).

오답해설
① 甲은 乙 소유의 토지 위에 이미 적법한 분묘기지권이라는 관습상 물권을 시효취득하였으므로 토지소유자인 乙은 분묘기지권자인 甲에게 분묘의 이장을 청구할 수 없다.
② 甲은 乙 소유의 토지에 대하여 분묘기지권이라는 지상권에 유사한 관습법상의 물권을 취득한 것이고 그 토지에 대한 소유권을 취득한 것이 아니므로, 甲이 토지소유자 乙에게 분묘기지에 대한 소유권이전등기를 청구할 수는 없다.
③ 분묘기지권자가 쌍분이나 단분형태의 새로운 분묘를 설치할 권능은 없다(대판 2001.8.21, 2001다28367).
⑤ 분묘기지권을 시효취득하는 경우에는 토지소유자가 지료지급을 청구한 때로부터 지료를 지급하여야 한다(2021년 전원합의체 판례의 변경).

정답 | 09 ② 10 ④

(관습법상)법정지상권

11 법정지상권에 관한 설명으로 옳은 것은? (다툼이 있으면 판례에 따름) 제29회
상중하
① 저당목적물인 토지에 대하여 법정지상권을 배제하는 저당권설정 당사자 사이의 약정은 효력이 없다.
② 법정지상권자가 지상건물을 제3자에게 양도한 경우, 제3자는 그 건물과 함께 법정지상권을 당연히 취득한다.
③ 법정지상권이 있는 건물을 양수한 사람은 지상권등기를 마쳐야 양도인의 지상권 갱신청구권을 대위행사할 수 있다.
④ 토지 또는 그 지상건물이 경매된 경우, 매각대금 완납시를 기준으로 토지와 건물의 동일인 소유 여부를 판단한다.
⑤ 건물을 위한 법정지상권이 성립한 경우, 그 건물에 대한 저당권이 실행되면 경락인은 등기하여야 법정지상권을 취득한다.

톺아보기

논점 법정지상권을 종합적으로 이해하는가?
① 법정지상권의 규정은 강행규정이므로 저당목적물인 토지에 대하여 법정지상권을 배제하는 저당권설정 당사자 사이의 약정은 효력이 없다.

오답해설
★ ② 법정지상권이 붙은 건물을 제3자에게 양도하는 경우 건물의 양수인은 형식주의 원리에 의거하여 지상권의 등기없이는 법정지상권을 취득하지 못하고, 법정지상권은 원래의 지상권자 즉 "건물양도인"에게 유보되어 있다(대판 1995.4.11, 94다39925).
③ 법정지상권이 붙은 건물의 양수인은 "법정지상권에 대한 등기를 하지 않은 경우에도" 토지소유자에 대한 관계에서 적법하게 토지를 점유사용하고 있는 자라 할 것이고, 따라서 건물을 양도한 자라고 하더라도 지상권의 갱신청구권이 있고, 건물의 양수인은 법정지상권자인 양도인의 갱신청구권을 대위행사할 수 있다(대판 1995.4.11, 94다39925).
④ 저당권 '설정 당시에 토지와 건물이 동일인의 소유'였다가 저당물의 경매로 소유자가 달라지면 제366조의 법정지상권이 성립한다. 한편 강제경매로 인하여 그 매수인에게 소유권이 이전되는 경우 그 매수인이 소유권을 취득하는 "매각대금의 완납시"가 아니라 강제경매개시결정으로 "압류의 효력이 발생하는 때"를 기준으로 토지와 지상 건물이 동일인에게 속하였는지에 따라 관습상 법정지상권의 성립 여부를 가려야 한다(대판 2013.4.11, 2009다62059).
⑤ 건물에 대한 저당권의 효력은 그 건물의 종된 권리에도 미치므로, 그 건물에 대한 저당권이 실행되어 경락인이 그 건물의 소유권을 취득하였다면 특별한 사정이 없는 한 건물소유를 위한 지상권도 제187조의 규정에 따라 등기 없이 당연히 취득한다(대판 1996.4.26, 95다52864).

12 관습법상 법정지상권에 관한 설명으로 **틀린** 것은? (다툼이 있으면 판례에 따름) 제24회

① 법정지상권을 양도하기 위해서는 등기하여야 한다.
② 법정지상권자는 그 지상권을 등기하여야 지상권을 취득할 당시의 토지소유자로부터 토지를 양수한 제3자에게 대항할 수 있다.
③ 법정지상권자는 건물의 유지·사용에 필요한 범위에서 지상권이 성립된 토지를 자유로이 사용할 수 있다.
④ 지료에 관하여 토지소유자와 협의가 이루어지지 않으면 당사자의 청구에 의하여 법원이 이를 정한다.
⑤ 동일인 소유의 건물과 토지가 매매로 인하여 서로 소유자가 다르게 되었으나, 당사자가 그 건물을 철거하기로 합의한 때에는 관습법상 법정지상권이 성립하지 않는다.

톺아보기

논점 법정지상권자가 토지의 양수인(제3자)에게 지상권을 대항하려면 등기가 필요한가?

② 법정지상권은 법률의 규정으로 인한 물권취득으로서 등기를 요하지 아니하므로 그 지상권을 등기함이 없이도 지상권을 "취득할 당시의 토지소유자"와 그로부터 "토지를 양수한 제3자"에게 대항하기 위하여도 등기를 요하지 아니한다(대판 1988.9.27, 87다카279).
① 법정지상권을 취득하기 위해서는 등기를 요하지 아니하나 이를 처분·양도하기 위해서는 등기를 요한다(제187조).
③ (법정)지상권자는 배타적인 토지사용권이 인정된다.
⑤ 관습상 지상권이 성립하기 위하여는 건물 철거특약이 없어야 하는데, 상호 간에 건물 철거특약이 있으면 관습상 지상권이 성립하지 않는다.

법정지상권이 성립한 건물을 양도한 사례

13 甲은 자신의 토지와 그 지상건물 중 건물만을 乙에게 매도하고 건물 철거 등의 약정 없이 건물의 소유권이전등기를 해 주었다. 乙은 이 건물을 다시 丙에게 매도하고 소유권이전등기를 마쳐주었다. 다음 설명 중 **틀린** 것은? (다툼이 있으면 판례에 따름) 제28회

① 乙은 관습상의 법정지상권을 등기 없이 취득한다.
② 甲은 丙에게 토지의 사용에 대한 부당이득반환청구를 할 수 있다.
③ 甲이 丁에게 토지를 양도한 경우, 乙은 丁에게는 관습상의 법정지상권을 주장할 수 없다.
④ 甲은 丙에 대한 건물철거 및 토지인도청구는 신의성실상의 원칙상 허용될 수 없다.
⑤ 만약 丙이 경매에 의하여 건물의 소유권을 취득한 경우라면, 특별한 사정이 없는 한 丙은 등기 없이도 관습상의 법정지상권을 취득한다.

정답 | 11 ① 12 ② 13 ③

톺아보기

논점 법정지상권이 성립한 건물을 지상권의 등기 없이 양도한 경우 사례를 이해하는가?

③ 乙은 관습상 지상권을 취득한자로서 관습법상 지상권은 등기 없이 발생하는 것이므로 이를 '취득할 당시의 토지소유자'에게 법정지상권 취득을 등기 없이 주장할 수 있으며 '그로부터 대지의 소유권을 전득한 제3자에게' 지상권을 대항하기 위하여 등기가 필요한 것이 아니다(대판 1988.9.27, 87다카279).
① 甲 소유 토지와 건물 중 건물만 乙에게 매도하여 토지와 건물의 소유가 동일이었다가 소유권이 분리되었다. 그러므로 건물주 乙은 관습법상 법정지상권을 등기 없이 취득한 상태이다.
② 건물양수인은 대지를 점유·사용하여 얻은 이득에 대하여 부당이득반환의무를 부담한다. 따라서 토지소유자가 장차 관습법상 법정지상권을 취득할 지위에 있는 자에게 임료 상당의 부당이득반환을 청구하는 것은 신의칙 위반이라고 할 수 없다(대판 1997.12.26, 96다34665).
④ 관습법상 법정지상권이 성립한 건물을 보유하고 있는 乙이 다시 丙에게 "건물만 양도"하여 건물의 양수인 丙은 지상권 등기 없이 건물만 양수한 상태이다. 여기서 지상권을 설정해 줄 의무를 부담하는 토지의 소유자인 甲이 건물의 양수인 丙(장차 지상권을 취득할 지위에 있는 자)에게 "건물의 철거나 토지의 인도를 청구"하는 것은 신의칙에 반하여 허용될 수 없다(대판 1988.9.27, 87다카279).
⑤ 법정지상권이 성립한 건물이 '경매로 양도'된 경우 특별한 사정이 없는 한 건물의 경락인은 건물의 경락취득과 함께 지상권도 등기 없이 취득한다(대판 2014.12.24, 2012다73158).

14 상**중**하

지상권에 관한 설명으로 <u>틀린</u> 것을 모두 고른 것은? (다툼이 있으면 판례에 따름) 제32회

> ㉠ 담보목적의 지상권이 설정된 경우 피담보채권이 변제로 소멸하면 그 지상권도 소멸한다.
> ㉡ 지상권자의 지료지급 연체가 토지소유권의 양도 전후에 걸쳐 이루어진 경우, 토지양수인은 자신에 대한 연체기간이 2년 미만이라도 지상권의 소멸을 청구할 수 있다.
> ㉢ 분묘기지권을 시효취득한 자는 토지소유자가 지료를 청구한 날부터의 지료를 지급할 의무가 있다.

① ㉠   ② ㉡   ③ ㉢   ④ ㉠, ㉡   ⑤ ㉡, ㉢

톺아보기

논점 지상권, 분묘기지권의 법리를 종합적으로 알고 있는가?

틀린 것은 ㉡이다.
㉠ 담보목적의 지상권이 설정된 경우 피담보채권이 변제로 소멸하면 그 지상권도 소멸한다.
㉡ 지상권자의 지료지급 연체가 토지소유권의 양도 전후에 걸쳐 이루어진 경우, 토지양수인은 자신에 대한 연체기간이 2년 미만이면 지상권의 소멸을 청구할 수 없다. 판례에 따르면 토지양수인에 대한 연체기간이 2년이어야 지상권의 소멸을 청구할 수 있다.
㉢ 분묘기지권을 시효취득한 자는 토지소유자가 지료를 청구한 날부터 지료를 지급할 의무가 있다(2021년 전원합의체), 반면에 양도형 분묘기지권은 분묘기지권이 성립한 날로부터 지료를 지급하여야 한다.

15.

乙은 甲과의 지상권설정계약으로 甲 소유의 X토지에 지상권을 취득한 후, 그 지상에 Y건물을 완성하여 소유권을 취득하였다. 다음 설명 중 옳은 것을 모두 고른 것은? (다툼이 있으면 판례에 따름)   제34회

> ㉠ 乙은 지상권을 유보한 채 Y건물 소유권만을 제3자에게 양도할 수 있다.
> ㉡ 乙은 Y건물 소유권을 유보한 채 지상권만을 제3자에게 양도할 수 있다.
> ㉢ 지료지급약정이 있음에도 乙이 3년분의 지료를 미지급한 경우, 甲은 지상권 소멸을 청구할 수 있다.

① ㉠   ② ㉢   ③ ㉠, ㉡
④ ㉡, ㉢   ⑤ ㉠, ㉡, ㉢

톺아보기

옳은 것은 ㉠㉡이다.
㉠㉡ 지상권은 건물의 종된 권리가 아니라 독립한 물권이기 때문에 '건물양도와 반드시 함께 수반하는 것은 아니다.' 그러므로 건물과 지상권자가 반드시 일치하여야 하는 것은 아니다. 지상권자는 지상권을 유보한 채 지상물 소유권만을 양도할 수도 있고, 지상물 소유권을 유보한 채 지상권만을 양도할 수도 있는 것이어서 지상권자와 그 지상물의 소유권자가 반드시 일치하여야 하는 것은 아니다(대판 2006.6.15, 2006다6126).
㉢ 지료지급약정이 있음에도 乙이 2년분 이상의 지료를 미지급한 경우, 甲은 지상권 소멸을 청구할 수 있다.

지역권

16.

지역권에 관한 설명으로 <u>틀린</u> 것은?   제35회

① 지역권은 요역지와 분리하여 양도할 수 없다.
② 지역권은 표현된 것이 아니더라도 시효취득할 수 있다.
③ 요역지의 소유권이 이전되면 다른 약정이 없는 한 지역권도 이전된다.
④ 요역지의 공유자 1인은 그 토지 지분에 관한 지역권을 소멸시킬 수 없다.
⑤ 공유자의 1인이 지역권을 취득한 때에는 다른 공유자도 지역권을 취득한다.

톺아보기

계속되고 표현된 지역권에 한하여 시효취득을 할 수 있다.

정답 | 14 ②   15 ⑤   16 ②

17 지역권에 관한 설명으로 틀린 것은? 제26회

① 1필의 토지 일부를 승역지로 하여 지역권을 설정할 수 있다.
② 요역지의 공유자 1인이 지역권을 취득한 때에는 다른 공유자도 이를 취득한다.
③ 지역권은 요역지와 분리하여 양도하지 못한다.
④ 요역지의 소유자는 지역권에 필요한 부분의 토지소유권을 지역권설정자에게 위기(委棄)하여 공작물의 설치나 수선의무의 부담을 면할 수 있다.
⑤ 지역권자에게는 방해제거청구권과 방해예방청구권이 인정된다.

톺아보기

논점 지역권의 법리를 종합적으로 알고 있는가?

④ 지역권에서 위기(委棄)란 요역지의 소유자가 아닌 "승역지 소유자"가 승역지 소유권을 일방적 의사표시로 지역권자에게 이전시켜 소유권과 지역권이 동일인에게 귀속되어 혼동으로 지역권을 소멸하게 하는 단독행위이다(제299조).
★ ① 1필의 토지 일부를 승역지로 할 수 있으나 일부를 요역지로 할 수 없다.
② 요역지의 공유자 1인이 지역권을 취득한 때에는 다른 공유자도 이를 취득한다(제295조 제1항).
★ ③ 지역권은 요역지와 분리하여 양도하지 못한다(제292조 제2항).

18 지역권에 관한 설명으로 틀린 것은? (다툼이 있으면 판례에 따름) 제28회

① 지상권자는 인접한 토지에 통행지역권을 시효취득할 수 없다.
② 승역지에 수개의 용수지역권이 설정된 때에는 후순위의 지역권자는 선순위의 지역권자의 용수를 방해하지 못한다.
③ 지역권은 요역지와 분리하여 양도하거나 다른 권리의 목적으로 하지 못한다.
④ 요역지가 수인의 공유인 경우에 그 1인에 의한 지역권 소멸시효의 정지는 다른 공유자를 위하여 효력이 있다.
⑤ 토지공유자의 1인은 지분에 관하여 그 토지를 위한 지역권을 소멸하게 하지 못한다.

톺아보기

논점 지역권의 법리를 종합적으로 알고 있는가?

통행지역권은 토지의 소유자, 지상권자, 전세권자 등 '토지사용권을 가진 자'에게 인정되는 권리이다. 한편 토지의 불법점유자는 통행지역권을 시효취득할 수 없다(대판 1976.10.29, 76다1694).

19 지역권에 관한 설명으로 틀린 것은? (다툼이 있으면 판례에 따름) 제29회

① 지역권은 요역지와 분리하여 양도하거나 처분하지 못한다.
② 공유자의 1인은 다른 공유자의 동의 없이 지역권을 설정할 수 없다.
③ 소유권에 기한 소유물반환청구권에 관한 규정은 지역권에 준용된다.
④ 통행지역권을 주장하는 사람은 통행으로 편익을 얻는 요역지가 있음을 주장·증명하여야 한다.
⑤ 자기 소유의 토지에 도로를 개설하여 타인에게 영구적으로 사용하도록 약정하고 대금을 수령하는 것은 지역권설정에 관한 합의이다.

톺아보기

논점 지역권에 소유물반환청구권(제213조)이 준용되는가?
소유권에 기한 소유물반환청구권에 관한 규정(제213조)은 점유권을 요소로 하지 않는 지역권과 저당권에 준용하지 않는다. 다만, 제214조(방해제거, 예방)은 준용한다. 반면에 지상권이나 전세권은 점유를 요소로 하는 권리이므로 제213조, 제214조를 모두 준용한다.

20 지역권에 관한 설명으로 틀린 것은? (다툼이 있으면 판례에 따름) 제30회

① 요역지는 1필의 토지여야 한다.
② 요역지의 지상권자는 자신의 용익권 범위 내에서 지역권을 행사할 수 있다.
③ 공유자 중 1인이 지역권을 취득한 때에는 다른 공유자도 지역권을 취득한다.
④ 요역지의 불법점유자는 통행지역권을 시효취득할 수 없다.
⑤ 통행지역권을 시효취득하였다면, 특별한 사정이 없는 한 요역지 소유자는 도로설치로 인해 승역지 소유자가 입은 손실을 보상하지 않아도 된다.

톺아보기

논점 지역권의 기본원리를 이해하는가?
⑤ 지역권을 취득시효하는 경우 주위토지통행권과 마찬가지로 "보상을 하여야" 한다. 도로 설치에 의한 사용을 근거로 영구적인 통행지역권이 인정되는 통행지역권의 취득시효에 관한 여러 사정들과 아울러 주위토지통행권과의 유사성 등을 종합하여 보면, 통행지역권을 취득시효한 경우에도 주위토지통행권의 경우와 마찬가지로 요역지 소유자는 승역지에 대한 도로 설치 및 사용에 의하여 승역지 소유자가 입은 "손해를 보상"하여야 한다(대판 2015.3.20, 2012다17479).
① 요역지는 1필의 토지여야 한다.

정답 | 17 ④ 18 ① 19 ③ 20 ⑤

21 지역권에 관한 설명으로 틀린 것은? (다툼이 있으면 판례에 따름) 제31회

① 요역지의 소유권이 양도되면 지역권은 원칙적으로 이전되지 않는다.
② 공유자의 1인이 지역권을 취득한 때에는 다른 공유자도 이를 취득한다.
③ 점유로 인한 지역권 취득기간의 중단은 지역권을 행사하는 모든 공유자에 대한 사유가 아니면 그 효력이 없다.
④ 어느 토지에 대하여 통행지역권을 주장하려면 그 토지의 통행으로 편익을 얻는 요역지가 있음을 주장·증명해야 한다.
⑤ 승역지에 관하여 통행지역권을 시효취득한 경우, 특별한 사정이 없는 한 요역지 소유자는 승역지 소유자에게 승역지의 사용으로 입은 손해를 보상해야 한다.

톺아보기

논점 지역권의 법리를 종합적으로 알고 있는가?
① 요역지의 소유권이 양도되면 지역권은 원칙적으로 같이 이전한다(수반성).
③ 점유로 인한 지역권 취득기간의 중단은 지역권을 행사하는 모든 공유자에 대한 사유가 아니면 그 효력이 없다.

22 지역권에 관한 설명으로 틀린 것은? 제32회

① 지역권은 요역지와 분리하여 따로 양도하거나 다른 권리의 목적으로 하지 못한다.
② 1필의 토지의 일부에는 지역권을 설정할 수 없다.
③ 요역지의 공유자 중 1인이 지역권을 취득한 경우, 요역지의 다른 공유자도 지역권을 취득한다.
④ 지역권에 기한 승역지 반환청구권은 인정되지 않는다.
⑤ 계속되고 표현된 지역권은 시효취득의 대상이 될 수 있다.

톺아보기

논점 지역권의 법리를 종합적으로 알고 있는가?
지역권을 설정하는 자는 승역지의 소유자로서 1필의 토지의 일부, 전부에 지역권을 설정할 수 있다.

23 지역권에 관한 설명으로 옳은 것은? (다툼이 있으면 판례에 따름) 제33회

① 요역지는 1필의 토지 일부라도 무방하다.
② 요역지의 소유권이 이전되어도 특별한 사정이 없는 한 지역권은 이전되지 않는다.
③ 지역권의 존속기간을 영구무한으로 약정할 수는 없다.
④ 지역권자는 승역지를 권원 없이 점유한 자에게 그 반환을 청구할 수 있다.
⑤ 요역지공유자의 1인은 지분에 관하여 그 토지를 위한 지역권을 소멸하게 하지 못한다.

톺아보기

오답해설
① 요역지는 1필의 토지 전부이어야 한다. 승역지는 1필지의 일부라도 무방하다.
② 요역지의 소유권이 이전되면, 지역권은 같이 이전한다(수반성).
③ 지역권의 존속기간은 제한이 없으므로 영구무한으로 약정할 수는 있다.
④ 지역권자는 토지의 점유권이 없으므로 승역지를 권원 없이 점유한 자에게 그 반환을 청구할 수 없다. 다만, 지역권에 기한 방해제거, 예방청구는 할 수 있다.

24 지역권에 관한 설명으로 틀린 것은? (다툼이 있으면 판례에 따름) 제34회

① 지역권은 요역지와 분리하여 양도할 수 없다.
② 공유자 중 1인이 지역권을 취득한 때에는 다른 공유자도 이를 취득한다.
③ 통행지역권을 주장하는 자는 통행으로 편익을 얻는 요역지가 있음을 주장·증명해야 한다.
④ 요역지의 불법점유자도 통행지역권을 시효취득할 수 있다.
⑤ 지역권은 계속되고 표현된 것에 한하여 시효취득할 수 있다.

톺아보기

요역지의 소유자 기타 적법한 사용권자만이 시효취득할 수 있고, 요역지의 불법점유자는 시효취득을 할 수 없다(대판 1976.10.29, 76다1694).

정답 | 21 ① 22 ② 23 ⑤ 24 ④

전세권

25 전세권에 관한 설명으로 틀린 것은? 제35회

① 전세금의 반환은 전세권말소등기에 필요한 서류를 교부하기 전에 이루어져야 한다.
② 전세권자는 전세권설정자에 대하여 통상의 수선에 필요한 비용의 상환을 청구할 수 없다.
③ 전전세한 목적물에 불가항력으로 인한 손해가 발생한 경우, 그 손해가 전전세하지 않았으면 면할 수 있는 것이었던 때에는 전세권자는 그 책임을 부담한다.
④ 대지와 건물을 소유한 자가 건물에 대해서만 전세권을 설정한 후 대지를 제3자에게 양도한 경우, 제3자는 전세권설정자에 대하여 대지에 대한 지상권을 설정한 것으로 본다.
⑤ 타인의 토지에 지상권을 설정한 자가 그 위에 건물을 신축하여 그 건물에 전세권을 설정한 경우, 그 건물소유자는 전세권자의 동의 없이 지상권을 소멸하게 하는 행위를 할 수 없다.

톺아보기

전세권이 소멸하면 전세권설정자의 전세금반환의무와 전세권자의 목적물 인도 및 전세권의 말소서류 제공을 동시에 이행하여야 한다(제317조).

26 甲은 그 소유 X건물의 일부에 관하여 乙 명의의 전세권을 설정하였다. 다음 설명 중 틀린 것은? (다툼이 있으면 판례에 따름) 제30회

① 乙의 전세권이 법정갱신되는 경우, 그 존속기간은 1년이다.
② 존속기간 만료시 乙이 전세금을 반환받지 못하더라도 乙은 전세권에 기하여 X건물 전체에 대한 경매를 신청할 수는 없다.
③ 존속기간 만료시 乙은 특별한 사정이 없는 한 전세금반환채권을 타인에게 양도할 수 있다.
④ 甲이 X건물의 소유권을 丙에게 양도한 후 존속기간이 만료되면 乙은 甲에 대하여 전세금반환을 청구할 수 없다.
⑤ 乙은 특별한 사정이 없는 한 전세목적물의 현상유지를 위해 지출한 통상필요비의 상환을 甲에게 청구할 수 없다.

톺아보기

논점 전세권의 주요쟁점을 아는가?

① 乙의 전세권이 법정갱신되는 경우, 그 존속기간은 1년이 아니라 기간의 정함이 없는 전세권으로 된다. 주의할 것은 상가임대차에서는 법정갱신되면 1년으로 된다.
★ ② 건물일부의 전세권자 乙은 전세권에 기하여 X건물 전체에 대한 경매를 신청할 수는 없다.
④ 甲이 X건물의 소유권을 丙에게 양도한 후 존속기간이 만료되면 乙은 전세권설정자인 甲에 대하여 전세금반환을 청구할 수 없고 신소유자인 丙에게 전세금반환을 청구할 수 있다.
⑤ 전세권자는 임차인과 달리 필요비청구권이 인정되지 않는다.

27. 전세권에 관한 설명으로 틀린 것은? (다툼이 있으면 판례에 따름) 제27회

① 전세금의 지급은 반드시 현실적으로 수수되어야 하고, 기존의 채권으로 갈음할 수 없다.
② 전세권은 용익물권적 성격과 담보물권적 성격을 겸비하고 있다.
③ 건물 일부에 대한 전세권자는 건물 전부의 경매를 청구할 수 없다.
④ 채권담보의 목적으로 전세권을 설정한 경우, 그 설정과 동시에 목적물을 인도하지 않았으나 장래 전세권자의 사용·수익을 완전히 배제하는 것이 아니라면, 그 전세권은 유효하다.
⑤ 채권담보 목적의 전세권의 경우 채권자와 전세권설정자 및 제3자의 합의가 있으면 전세권의 명의를 그 제3자로 하는 것도 가능하다.

톺아보기

논점 기존의 채권으로 전세금에 갈음할 수 있는지 여부

① 전세금은 반드시 현실적으로 수수되어야만 하는 것은 아니고 기존의 채권으로 전세금의 지급에 갈음할 수 있다(대판 1995.2.10, 94다18508).
③ 전세권설정자가 전세금의 반환을 지체한 때는 전세권의 목적물이 아닌 나머지 "건물전부에 대하여는 전세권에 기한 경매신청권"은 없다(대판 1992.3.10, 자 91마256).
④ 채권담보목적으로 하는 전세권을 설정하였고 설정과 동시에 목적물을 '인도하지 않은 경우'에도 장차 전세권자가 목적물을 사용, 수익을 배제하는 것이 아니라면 그 전세권도 유효하다(대판 1995.2.10, 94다18508). 즉, 목적물의 인도는 전세권의 성립요소가 아니다.
⑤ 전세권이 담보물권적 성격을 가지는 이상 부종성과 수반성이 있는 것이기는 하지만 채권담보를 위하여 설정하는 경우 채권자와 채무자 및 제3자 사이에 합의와 같은 특별한 사정이 있으면 '전세권의 명의를 제3자로' 하는 것도 가능하다(대판 1995.2.10, 94다18508).

정답 | 25 ① 26 ① 27 ①

28 전세권에 관한 설명으로 옳은 것은? 제26회

① 원전세권자가 소유자의 동의 없이 전전세를 하면 원전세권은 소멸한다.
② 건물에 대한 전세권이 법정갱신되는 경우 그 존속기간은 2년으로 본다.
③ 제3자가 불법 점유하는 건물에 대해 용익목적으로 전세권을 취득한 자는 제3자를 상대로 건물의 인도를 청구할 수 있다.
④ 전세권자는 특약이 없는 한 목적물의 현상을 유지하기 위해 지출한 필요비의 상환을 청구할 수 있다.
⑤ 전전세권자는 원전세권이 소멸하지 않은 경우에도 전전세권의 목적 부동산에 대해 경매를 신청할 수 있다.

톺아보기

논점 전세권의 종합

③ 제3자가 불법 점유하는 경우 전세권을 취득한 자는 '전세권에 기한 물권적 청구권으로' 제3자를 상대로 건물의 인도를 청구할 수 있다.

오답해설
① 전전세는 소유자의 동의 없이 가능하다.
② 건물에 대한 전세권이 법정갱신되는 경우 그 존속기간은 기간의 정함이 없는 것으로 본다.
④ 전세권자는 스스로 유지·관리의무를 부담하므로 필요비를 상환청구할 수 없다(제309조). 반대로 임대차에서는 임대인이 유지·관리의무를 부담하므로 임차인은 목적물에 지출한 필요비를 상환청구할 수 있다.
⑤ 원전세, 전전세 모두 소멸하여야 경매청구할 수 있다.

29 전세권에 관한 설명으로 틀린 것은? (다툼이 있으면 판례에 따름) 제23회

① 전전세의 존속기간은 원 전세권의 범위를 넘을 수 없다.
② 전세권이 침해된 경우, 전세권자는 점유보호청구권을 행사할 수 있다.
③ 전세권 양도금지특약은 이를 등기하여야 제3자에게 대항할 수 있다.
④ 전세권을 목적으로 한 저당권은 전세권 존속기간이 만료되더라도 그 전세권 자체에 대하여 저당권을 실행할 수 있다.
⑤ 타인의 토지 위에 건물을 신축한 자가 그 건물에 전세권을 설정한 경우, 전세권은 건물의 소유를 목적으로 하는 토지임차권에도 그 효력이 미친다.

톺아보기

논점 전세권의 법리를 알고 있는가?

④ 전세권을 목적으로 한 저당권은 전세권의 존속기간이 만료되면 그 전세권 자체에 대하여는 저당권을 실행할 수 없고 전세권에 갈음하여 존속하는 전세금반환채권을 압류하여 물상대위를 할 수 있다(대판 1999.9.17, 98다31301).
① 전전세는 원전세권의 범위 내에서 허용된다.
② 전세권자는 점유권과 본권을 모두 가진다.
③ 전세권 양도금지특약은 유효하며 이를 등기하여야 제3자에게 대항할 수 있다.
⑤ 제304조 제1항

30 전세권에 관한 설명으로 옳은 것은? (다툼이 있으면 판례에 따름) 제28회

① 전세금은 반드시 현실적으로 수수되어야만 하므로 기존의 채권으로 전세금의 지급에 갈음할 수 없다.
② 건물전세권이 법정갱신된 경우, 전세권자는 이를 등기해야 그 목적물을 취득한 제3자에게 대항할 수 있다.
③ 토지전세권의 존속기간을 약정하지 않은 경우, 각 당사자는 6개월이 경과해야 상대방에게 전세권의 소멸통고를 할 수 있다.
④ 건물전세권자와 인지(隣地)소유자 사이에는 상린관계에 관한 규정이 준용되지 않는다.
⑤ 존속기간의 만료로 전세권이 소멸하면, 전세권의 용익물권적 권능은 소멸한다.

톺아보기

논점 전세권의 기본원리를 종합적으로 알고 있는가?

⑤ 존속기간의 만료로 전세권이 소멸하면, 전세권의 본래의 '용익물권적 권능'은 소멸하고 '담보물권적 권능'만 남은 전세권도 피담보채권인 전세금 반환채권과 함께 제3자에게 양도할 수 있다(대판 2005.3.25, 2003다35659).

오답해설
① 전세금은 반드시 현실적으로 수수되어야만 하는 것은 아니므로 기존의 채권으로 전세금의 지급에 갈음할 수 있다(대판 1995.2.10, 94다18508).
② 건물전세권이 법정갱신된 경우, 이는 법률의 규정에 의한 물권변동이므로 갱신에 관한 등기를 필요로 하지 않고 전세권자는 이를 등기없이도 전세권설정자나 그 목적물을 취득한 제3자에게 대항할 수 있다(대판 1989.7.11, 88다카21029).
③ 토지전세권의 존속기간을 약정하지 않은 경우, 각 당사자는 언제든지 전세권의 소멸을 통고할 수 있고 상대방이 통고를 받은 날로부터 6개월이 경과하면 전세권은 소멸한다(제313조).
④ 건물전세권자와 인지(隣地)소유자 사이에는 상린관계에 관한 규정이 준용된다.

정답 | 28 ③ 29 ④ 30 ⑤

전세권의 사례문제

31 甲은 乙 소유 단독주택의 일부인 X부분에 대해 전세권을 취득하였다. 다음 설명 중 틀린 것은? (다툼이 있으면 판례에 따름) 제25회

① 甲은 설정행위로 금지되지 않는 한 전세권을 제3자에게 양도할 수 있다.
② 전세권의 존속기간이 만료한 경우, 甲은 지상물매수를 청구할 수 있다.
③ 甲의 전세권 존속기간이 만료한 경우, 전세권의 용익물권적 권능은 소멸한다.
④ 甲은 주택 전부에 대하여 후순위권리자보다 전세금의 우선변제를 받을 권리가 있다.
⑤ 乙이 전세금의 반환을 지체한 경우, 甲은 X부분이 아닌 나머지 주택 부분에 대하여 경매를 청구할 수 없다.

톺아보기

논점 건물의 전세권의 법리를 사례에 적용할 줄 아는가?

② 건물의 전세권에는 지상물매수청구권 규정이 없으므로 전세권의 존속기간이 만료한 경우, 甲은 지상물매수를 청구할 수 없다. 반면에 토지의 전세권자에게는 토지임차인에게 인정되는 지상물매수청구권을 유추적용하여 인정함이 판례이다.
① 전세권자의 처분권보장에 대한 설명이다.
③ 甲의 전세권 존속기간이 만료한 경우, 전세권의 용익물권적 권능은 소멸한다.
④ 건물의 일부전세권자 甲은 주택 전부에 대하여 후순위권리자보다 전세금의 우선변제를 받을 권리가 있다.
⑤ 乙이 전세금의 반환을 지체한 경우, 甲은 X부분이 아닌 나머지 주택 부분에 대하여는 경매신청권이 없다(대결 2001.7.2, 자2001마212).

32 甲은 자신의 X건물에 관하여 乙과 전세금 1억원으로 하는 전세권설정계약을 체결하고 乙 명의로 전세권설정등기를 마쳐주었다. 이에 관한 설명으로 틀린 것은? (다툼이 있으면 판례에 따름) 제31회

① 전세권존속기간을 15년으로 정하더라도 그 기간은 10년으로 단축된다.
② 乙이 甲에게 전세금으로 지급하기로 한 1억원은 현실적으로 수수될 필요 없이 乙의 甲에 대한 기존의 채권으로 전세금에 갈음할 수도 있다.
③ 甲이 X건물의 소유를 위해 그 대지에 지상권을 취득하였다면, 乙의 전세권의 효력은 그 지상권에 미친다.
④ 乙의 전세권이 법정갱신된 경우, 乙은 전세권갱신에 관한 등기 없이도 甲에 대하여 갱신된 전세권을 주장할 수 있다.
⑤ 합의한 전세권 존속기간이 시작되기 전에 乙 앞으로 전세권설정등기가 마쳐진 경우, 그 등기는 특별한 사정이 없는 한 무효로 추정된다.

톺아보기

논점 전세권의 법리를 아는가?
⑤ 합의한 전세권 존속기간이 시작되기 전에 乙 앞으로 전세권설정등기가 마쳐진 경우, 그 등기는 특별한 사정이 없는 한 유효로 추정된다.
③ 건물의 소유를 위해 그 대지에 지상권을 취득하였다면, 건물의 전세권의 효력은 그 지상권에도 효력이 미친다.

33 상**중**하

토지전세권에 관한 설명으로 옳은 것은? (다툼이 있으면 판례에 따름) 제33회

① 토지전세권을 처음 설정할 때에는 존속기간에 제한이 없다.
② 토지전세권의 존속기간을 1년 미만으로 정한 때에는 1년으로 한다.
③ 토지전세권의 설정은 갱신할 수 있으나 그 기간은 갱신한 날로부터 10년을 넘지 못한다.
④ 토지전세권자에게는 토지임차인과 달리 지상물매수청구권이 인정될 수 없다.
⑤ 토지전세권설정자가 존속기간 만료 전 6월부터 1월 사이에 갱신거절의 통지를 하지 않은 경우, 특별한 사정이 없는 한 동일한 조건으로 다시 전세권을 설정한 것으로 본다.

톺아보기

논점 전세권의 주요법리를 아는가?
오답해설
① 전세권의 최장기는 10년이다.
② '건물'전세권에만 최단기 1년의 제한을 받는다.
④ 판례는 건물의 전세권자에게는 지상물매수청구권이 인정되지 않으나 토지의 전세권자에게는 토지임차인에게 인정되는 지상물매수청구권을 인정한다.
⑤ '건물'의 전세권에만 법정갱신을 인정한다.

정답 | 31 ② 32 ⑤ 33 ③

타인 토지 위에 신축한 건물의 전세권자 지위

34 타인의 토지에 지상권을 취득한 자가 건물을 축조하고 그 건물에 전세권을 설정하여 준 경우에 관한 설명으로 옳은 것은? (다툼이 있으면 판례에 따름) 제22회

① 전세권이 법정갱신된 경우, 그 존속기간은 전(前)전세권의 약정기간과 동일하다.
② 전세기간 중 건물의 소유권이 이전된 경우, 신구 소유자가 연대하여 전세금반환채무를 부담한다.
③ 건물 일부에 전세권이 설정된 경우, 전세권자는 건물 전부에 대하여 전세권에 기한 경매를 청구할 수 있다.
④ 건물소유자가 지료를 체납하여 지상권이 소멸하였더라도 전세권자는 토지 소유자에게 대항할 수 있다.
⑤ 건물 위에 1순위 저당권, 전세권, 2순위 저당권이 차례대로 설정된 후, 2순위 저당권자가 경매를 신청하면 전세권과 저당권은 모두 소멸하고 배당순위는 설정등기의 순서에 의한다.

톺아보기

논점 전세권의 법리를 종합적으로 알고 있는가?

⑤ 소위 중간에 낀 전세권자의 지위문제로서 건물 위에 1순위 저당권, 전세권, 2순위 저당권이 차례대로 설정된 후, 2순위 저당권자가 경매를 신청하면 말소기준권리인 1순위 저당권보다 후순위의 전세권은 소멸한다(삭제주의). 반면에 저당권보다 선순위 전세권은 존속한다(인수주의). 그 결과 사안에서는 전세권과 저당권은 모두 소멸하고 배당순위는 설정등기의 순서에 의한다.

오답해설
① 법정갱신되면 전세금은 전과 동일하고, 기간은 정함이 없는 것으로 본다(제312조).
② 전세기간 중 건물의 소유권이 이전된 경우, 전세금반환의무는 신 소유자가 부담한다.
③ 건물일부의 전세권자는 나머지 건물전체에 대하여 전세권에 기하여 경매청구할 수 없다.
④ 건물소유자가 지료를 체납하여 지상권이 소멸한 경우 그 건물에 세입자인 전세권자는 어떻게 되는가? 이 경우 토지소유자는 건물철거를 청구할 수 있는데, 이때 철거되는 건물의 전세세입자가 전세권의 등기를 갖추었다면(대항력을 구비하였다면) 토지소유자가 요구하는 건물철거청구에 대항할 수 있느냐가 쟁점이다. 판례는 '건물전세권자의 대항력'은 "건물의 새 주인"에게 대항하는 힘을 가질 뿐이고 "토지소유자의 철거청구"에는 대항력이 없다(대판 2010.8.19, 2010다43801).

35 전세권에 관한 설명으로 틀린 것은? (다툼이 있으면 판례에 따름) 제32회

① 전세금의 지급은 전세권 성립의 요소이다.
② 당사자가 주로 채권담보의 목적을 갖는 전세권을 설정하였더라도 장차 전세권자의 목적물에 대한 사용수익권을 완전히 배제하는 것이 아니라면 그 효력은 인정된다.
③ 건물전세권이 법정갱신된 경우 전세권자는 전세권갱신에 관한 등기없이도 제3자에게 전세권을 주장할 수 있다.
④ 전세권의 존속기간 중 전세목적물의 소유권이 양도되면, 그 양수인이 전세권설정자의 지위를 승계한다.
⑤ 건물의 일부에 대한 전세에서 전세권설정자가 전세금의 반환을 지체하는 경우, 전세권자는 전세권에 기하여 건물 전부에 대해서 경매청구할 수 있다.

톺아보기

논점 전세권의 법리를 종합적으로 알고 있는가?
건물의 일부에 대한 전세에서 전세권설정자가 전세금의 반환을 지체하는 경우, 전세권자는 전세권에 기하여 건물 전부에 대해서 경매청구할 수 없다.

36 전세권에 관한 설명으로 옳은 것은? (다툼이 있으면 판례에 따름) 제34회

① 전세권설정자의 목적물 인도는 전세권의 성립요건이다.
② 타인의 토지에 있는 건물에 전세권을 설정한 경우, 전세권의 효력은 그 건물의 소유를 목적으로 한 지상권에 미친다.
③ 전세권의 사용·수익 권능을 배제하고 채권담보만을 위해 전세권을 설정하는 것은 허용된다.
④ 전세권설정자는 특별한 사정이 없는 한 목적물의 현상을 유지하고 그 통상의 관리에 속한 수선을 해야 한다.
⑤ 건물전세권이 법정갱신된 경우, 전세권자는 이를 등기해야 제3자에게 대항할 수 있다.

톺아보기

② 타인의 토지에 있는 건물에 전세권을 설정한 경우, 전세권의 효력은 그 건물의 소유를 목적으로 한 지상권에 미친다(제304조).

오답해설
① 전세권설정자의 목적물 인도는 전세권의 성립요건이 아니다.
③ 전세권의 사용·수익 권능을 배제하고 채권담보만을 위해 전세권을 설정하는 것은 허용되지 않는다.
④ 전세권설정자가 아니라 전세권자는 특별한 사정이 없는 한 목적물의 현상을 유지하고 그 통상의 관리에 속한 수선을 해야 한다.
★ ⑤ 건물전세권이 법정갱신된 경우, 전세권자는 이를 등기 없이도 제3자에게 대항할 수 있다.

정답 | 34 ⑤ 35 ⑤ 36 ②

제6장 / 담보물권

기본서 p.304~352

01 담보물권이 가지는 특성(통유성) 중에서 유치권에 인정되는 것을 모두 고른 것은?

제31회

| ㉠ 부종성 | ㉡ 수반성 |
| ㉢ 불가분성 | ㉣ 물상대위성 |

① ㉠, ㉡
② ㉠, ㉣
③ ㉢, ㉣
④ ㉠, ㉡, ㉢
⑤ ㉡, ㉢, ㉣

톺아보기

논점 유치권의 성질을 알고 있는가?
유치권에는 물상대위는 인정되지 않으나 ㉠㉡㉢은 인정된다.

유치권

02 유치권자의 권리가 아닌 것은?

제24회

① 경매권
② 과실수취권
③ 비용상환청구권
④ 간이변제충당권
⑤ 타담보제공청구권

톺아보기

논점 유치권자의 권리와 의무를 구별할 줄 아는가?
★ 유치권자의 의무사항에는 유치물을 사용, 대여, 담보제공하기 위하여는 채무자의 승낙을 얻을 의무가 있다(제324조 제2항). 반면에 유치권자의 권리에는 경매권, 유치적 효력, 비용상환청구권, 간이변제충당권, 과실수취권이 있다. 한편 우선변제권, 물상대위, 유치권에 기한 물권적 청구권은 유치권에 인정되지 않는다.

03

X물건에 대한 甲의 유치권 성립에 영향을 미치지 않는 것은? (다툼이 있으면 판례에 따름)

제30회

① X의 소유권자가 甲인지 여부
② X에 관하여 생긴 채권의 변제기가 도래하였는지 여부
③ X에 대한 甲의 점유가 채무자를 매개로 한 간접점유가 아닌 한, 직접점유인지 간접점유인지 여부
④ X에 대한 甲의 점유가 불법행위에 의한 것인지 여부
⑤ X에 관하여 생긴 채권에 기한 유치권을 배제하기로 한 채무자와의 약정이 있었는지 여부

톺아보기

논점 유치권의 성립요건을 아는가?

③ 유치권자의 목적물에 대한 점유가 채무자를 매개로 한 간접점유가 아닌 한, 직접점유인지 간접점유인지 불문하고 유치권은 인정되고 유치권의 성립에 영향을 미치지 아니한다.
① 유치권의 목적물은 타인소유물이어야 하므로 자기소유물에는 유치권이 성립하지 않는다.
② 채권의 변제기 도래는 유치권의 성립요건이므로 변제기 도래 전이면 유치권의 성립에 영향을 미친다.
④ X에 대한 甲의 점유가 불법행위가 아니어야 성립한다. 불법행위로점유를 개시한 때는 유치권은 불성립한다.
⑤ 유치권을 배제하기로 약정이 없을 때 성립한다.

목적물과 채권간의 견련성

04

임차인이 임차물에 관한 유치권을 행사하기 위하여 주장할 수 있는 피담보채권을 모두 고른 것은? (다툼이 있으면 판례에 따름)

제27회

> ㉠ 보증금반환청구권
> ㉡ 권리금반환청구권
> ㉢ 필요비상환채무의 불이행으로 인한 손해배상청구권
> ㉣ 원상회복약정이 있는 경우 유익비상환청구권

① ㉠
② ㉢
③ ㉠, ㉢
④ ㉡, ㉣
⑤ ㉠, ㉡, ㉣

정답 | 01 ④   02 ⑤   03 ③   04 ②

톺아보기

논점 목적물과 채권발생 간에 견련성이 인정되는 경우를 숙지하고 있는가?

견련성 인정되는 것은 ⓒ이다.

㉠ⓒ 견련성이란 채권이 목적물 자체에 관하여 발생하거나 목적물반환청구권과 동일한 법률관계나 사실관계로부터 발생한 경우를 말한다(대판 2007.9.7, 2005다16942). 보증금반환청구권과 권리금반환청구권은 임차목적물에 관하여 발생한 채권이 아니므로 유치권의 피담보채권이 될 수 없다(대판 1994.10.14, 93다62119).

ⓒ 임차인의 필요비상환청구권은 목적물에 관하여 발생한 채권으로 유치권의 목적이 될 수 있으며, 필요비상환채무의 불이행으로 인한 손해배상청구권도 원채권의 연장으로 보아야 하므로 물건과 원채권간에 견련성이 있다면 필요비상환청구권의 불이행으로 발생한 손해배상채권과 물건간에도 견련관계가 인정된다(대판 1976.9.28, 76다582).

㉡ 임차인의 유익비상환청구권은 목적물에 관하여 발생한 채권으로서 유치권의 피담보채권이 될 수 있으나 당사자간에 '원상회복약정이 있는 경우, 이는 비용상환청구권을 포기하는 약정'으로서 유효하므로 유치권의 피담보채권이 성립될 수 없다. 당사자간에 유치권을 사전에 포기하는 약정도 유효하고 사후에 유치권자가 유치권을 포기하는 것도 유효하다.

05 유치권 성립을 위한 견련관계가 인정되는 경우를 모두 고른 것은? (다툼이 있으면 판례에 따름)

제32회

상**중**하

㉠ 임대인과 임차인 사이에 건물명도시 권리금을 반환하기로 약정을 한 때, 권리금반환청구권을 가지고 건물에 대한 유치권을 주장하는 경우
㉡ 건물의 임대차에서 임차인의 임차보증금반환청구권으로써 임차인이 그 건물에 유치권을 주장하는 경우
㉢ 가축이 타인의 농작물을 먹어 발생한 손해에 관한 배상청구권에 기해 그 타인이 그 가축에 대한 유치권을 주장하는 경우

① ㉠   ② ㉡   ③ ㉢   ④ ㉠, ㉢   ⑤ ㉡, ㉢

톺아보기

논점 목적물과 채권발생간에 견련성이 인정되는 경우를 숙지하고 있는가?

인정되는 것은 ㉢이다.

㉠ 임대인과 임차인 사이에 건물명도시 권리금을 반환하기로 약정을 한 때, 권리금반환청구권은 건물에 관하여 발생한 채권이 아니므로 건물과 견련성이 없다.
㉡ 건물의 임대차에서 임차인의 임차보증금반환청구권은 임차건물에 관하여 발생한 채권이 아니므로 건물과 견련성이 없다.
㉢ 가축이 타인의 농작물을 먹어 발생한 손해에 관한 배상청구권에 기해 그 타인이 그 가축에 대한 유치권을 주장하는 경우 – 가축과 그로 인한 손해배상채권 사이에는 견련성이 있다.

더 알아보기

견련성이 인정되는 경우	견련성이 부인되는 경우
1. 임차물과 임차인이 지출한 비용청구권	1. 임차인의 보증금반환청구권과 임차목적물
2. 건축물과 건물공사로 인한 공사비채권	2. 임차인의 권리금반환청구권과 임차목적물
3. 동물의 불법행위로 인한 손해배상채권	3. 신탁자의 부당이득반환청구권과 부동산
4. 자동차 수리로 인한 수리비채권	4. 건축자재 매매대금채권과 건축물
5. 필요비상환채무의 불이행으로 인한 임차인의 손해배상청구권	5. 부동산매매로 인한 매매대금채권과 목적물

06 甲은 자신이 점유하고 있는 건물에 관하여 乙을 상대로 유치권을 주장하고 있다. 다음 설명 중 틀린 것은? (다툼이 있으면 판례에 따름) 제27회

① 甲이 건물의 수급인으로서 소유권을 갖는다면, 甲의 유치권은 인정되지 않는다.
② 甲이 건물의 점유에 관하여 선관주의의무를 위반하면, 채무자 乙은 유치권의 소멸을 청구할 수 있다.
③ 甲은 유치권의 행사를 위해 자신의 점유가 불법행위로 인한 것이 아님을 증명해야 한다.
④ 채무자 乙이 건물을 직접점유하고 이를 매개로 하여 甲이 간접점유를 하고 있는 경우, 甲의 유치권이 인정되지 않는다.
⑤ 丙이 건물의 점유를 침탈하였더라도 甲이 점유물반환청구권을 행사하여 점유를 회복하면, 甲의 유치권은 되살아난다.

톺아보기

논점 유치권의 사례종합

③ 유익비상환청구권을 기초로 하는 유치권자의 유치권의 주장을 상대방이 배척하려면 적어도 그 점유가 불법행위로 인하여 개시되었거나 중과실에 기인하였다고 인정할 만한 사유에 대하여 "유치권자가 아니라 상대방 당사자"의 입증이 있어야 한다(대판 1966.6.7, 66다600). 따라서 유치권자 甲이 스스로 자신의 점유가 불법점유가 아니라는 사실을 입증할 책임이 없고 반대로 상대방 乙이 유치권자의 점유가 불법행위로 개시되었다는 점을 입증하여야 한다.
① 유치권의 목적물은 타인소유, 채무자가 아닌 제3자 소유 불문한다. 甲이 건물의 수급인으로서 소유권을 갖는다면, 이는 수급인 자기소유의 건물에 해당하므로 유치권은 인정되지 않는다(대판 1993.3.26, 91다14116).
② 甲이 선관주의의무를 위반하면, 채무자 乙은 유치권의 소멸을 청구할 수 있다(제324조 제3항).
④ 채무자 乙이 건물을 직접점유하고 이를 매개로 하여 甲이 간접점유를 하고 있는 경우, 甲의 유치권이 인정되지 않는다(대판 2008.4.11, 2007다27236).
⑤ 丙이 건물의 점유를 침탈하였더라도 甲이 점유물반환청구권을 행사하여 승소판결을 받아 점유를 회복하면 소멸하였던 유치권은 되살아난다(대판 2012.2.9, 2011다72189).

정답 | 05 ③ 06 ③

07 「민법」상 유치권에 관한 설명으로 틀린 것은? (다툼이 있으면 판례에 따름) 제23회

① 물상대위가 인정되지 않는다.
② 유치권의 성립을 배제하는 특약은 유효하다.
③ 유치권은 채무자 이외의 제3자 소유물에도 성립할 수 있다.
④ 채무자가 유치물을 직접 점유하고 있는 경우, 채권자는 자신의 간접점유를 이유로 유치권을 행사할 수 없다.
⑤ 건축자재를 매도한 자는 그 자재로 건축된 건물에 대해 자신의 대금채권을 담보하기 위하여 유치권을 행사할 수 있다.

톺아보기

논점 유치권의 주요법리를 종합적으로 알고 있는가?

⑤ 건축자재를 매도하여 건축자재 대금채권(건축 자재값)을 가진 자는 그 자재로 건축된 건물과 서로 견련성이 없으므로 건축자재대금채권을 받기 위하여 건물을 유치할 수 없다(대판 2012.1.26, 2011다96208).
① 유치권자에게는 물상대위, 우선변제권, 유치권에 기한 물권적 반환청구권이 인정되지 않는다.
② 유치권을 사전, 사후에 배제하거나 포기하는 특약은 유효하다.
③ 유치권의 목적물은 자기소유가 아니면 채무자와 제3자 소유이어도 무방하다.
④ "채무자가 유치물을 직접점유"하고 있는 경우, 채권자는 자신의 간접점유를 이유로 유치권을 행사할 수 없다(대판 2008.4.11, 2007다27236). 비교할 것은 "제3자가 직접점유"하는 물건을 채권자가 간접점유하는 경우 유치권은 소멸하지 않는다.

08 유치권에 관한 설명으로 옳은 것은? (다툼이 있으면 판례에 따름) 제26회

① 목적물에 대한 점유를 취득한 뒤 그 목적물에 관하여 성립한 채권을 담보하기 위한 유치권은 인정되지 않는다.
② 채권자가 채무자를 직접점유자로 하여 간접점유하는 경우에도 유치권은 성립할 수 있다.
③ 유치권자가 점유를 침탈당한 경우 점유보호청구권과 유치권에 기한 반환청구권을 갖는다.
④ 유치권자는 유치물의 보존에 필요하더라도 채무자의 승낙 없이는 유치물을 사용할 수 없다.
⑤ 임대차종료 후 법원이 임차인의 유익비상환청구권에 유예기간을 인정한 경우, 임차인은 그 기간 내에는 유익비상환청구권을 담보하기 위해 임차목적물을 유치할 수 없다.

톺아보기

논점 유치권의 법리를 종합적으로 알고 있는가?

⑤ 유익비상환청구권에 대하여 법원이 상당한 상환기간을 허여한 때에는 변제기가 유예되므로 그 유익비상환청구권을 피담보채권으로 하는 유치권은 성립하지 않는다. 왜냐하면 채권의 변제기 도래는 유치권의 성립요건이기 때문이다(제320조 제1항).

오답해설

① 유치권의 성립요건인 "점유취득"과 "채권발생"은 그 순서를 불문한다. 즉 "점유취득"이 먼저이고 "채권발생"이 나중인 경우이든 "채권발생"이 있고 난 후에 "점유취득"이 나중인 경우이든 채권과 물건 사이에 견련성만 있으면 유치권은 성립한다(대판 1965.3.30, 64다1977).
③ 유치권은 물건의 점유를 상실하면 소멸하는 권리이므로(제328조), 유치권에 기한 반환청구권은 인정되지 않는다. 대신에 점유권에 기한 점유물반환청구권이 인정된다.
④ 유치물의 사용과 보존에 필요한 사용은 구별되어야 한다. 유치권자는 채무자의 승낙없이 사용·대여할 수 없다. 다만, 유치물의 '보존에 필요한 사용의 경우'에는 유치권자는 채무자의 승낙 없이도 가능하다(제324조 제2항 단서).

09 유치권에 관한 설명으로 옳은 것은? (다툼이 있으면 판례에 따름) 제20회

① 동시이행의 항변권과 유치권이 동시에 성립하는 경우, 권리자는 이를 선택적으로 행사할 수 없다.
② 임대인과 권리금반환약정을 체결한 임차인은 권리금반환채권을 담보하기 위해 임차목적물을 유치할 권리가 있다.
③ 유치권의 목적부동산이 제3자에게 양도된 경우, 유치권자는 특별한 사정이 없는 한 제3자에게 유치권을 주장할 수 있다.
④ 유치권자의 비용상환청구권을 담보하기 위한 유치권은 인정되지 않는다.
⑤ 채권자가 채무자를 직접점유자로 하여 간접점유하는 경우에도 유치권은 성립할 수 있다.

톺아보기

논점 유치권의 주요법리를 알고 있는가?

③ 유치권은 물권이므로 모든 사람, 즉 제3자에게도 주장할 수 있다.

오답해설

① 건물공사대금채권자는 유치권(제3자에게도 주장 가능)과 동시이행항변권(당사자에게만 주장 가능)이 동시에 성립한 경우 둘 중 하나를 선택적으로 주장할 수 있다.
② 권리금반환청구권을 피담보채권으로 하여 건물에 유치권을 주장할 수 없다(대판 1994.10.14, 93다62119).
④ 유치권자가 유치물에 지출한 유익비에 대하여도 유치권이 성립한다(제325조 제2항).
⑤ 채무자가 물건을 직접점유하고 채권자가 간접점유하면 채권자가 점유를 장악하지 못한 것이므로 유치권은 소멸한다(대판 2008.4.11, 2007다27236).

정답 | 07 ⑤ 08 ⑤ 09 ③

10 유치권에 관한 설명으로 옳은 것은? (다툼이 있으면 판례에 따름) 제23회

① 유치권자가 제3자와의 점유매개관계에 의해 유치물을 간접점유하는 경우, 유치권은 소멸하지 않는다.
② 유치권자는 매수인(경락인)에 대해서도 피담보채권의 변제를 청구할 수 있다.
③ 유치권을 행사하는 동안에는 피담보채권의 소멸시효가 진행하지 않는다.
④ 유치권자는 유치물로부터 생기는 과실을 수취하여 이를 다른 채권자보다 먼저 자신의 채권변제에 충당할 수 없다.
⑤ 유치권자가 유치물인 주택에 거주하며 이를 사용하는 경우, 특별한 사정이 없는 한 채무자는 유치권소멸을 청구할 수 있다.

톺아보기

논점 유치권의 주요법리를 종합적으로 알고 있는가?

★ ① 유치권자가 물건의 관리, 점유를 제3자에게 맡겨서 '제3자가 직접점유'하고 '유치권자는 물건을 간접점유'하는 경우(이때 유치권자는 물건의 점유를 장악하고 있는 상태), 유치권은 소멸하지 않는다. 반면에 채무자가 직접점유하는 물건을 채권자가 간접점유하는 경우 물건의 점유가 채무자에게 장악되고 있고 유치권자는 물건의 점유를 장악하고 있지 못한 것이므로 유치권은 인정되지 아니한다(대판 2008.4.11, 2007다27236).

오답해설

② 유치권자는 "채무자"에게 채권의 변제를 청구해야 하는 것이고 유치물의 경락을 받은 "제3자"는 채무자가 아니므로 채권을 변제하라고 청구할 수 없다(대판 1996.8.23, 95다8713).
③ 물건을 점유하여 유치하는 동안에도 채권의 소멸시효는 중단되지 아니하고 진행한다(제326조).
④ 제323조
⑤ 유치권자가 유치물인 주택에 거주하며 사용하는 것은 "보존을 위한 사용"으로서 "적법한 사용"이다. 그러므로 채무자는 불법점유를 이유로 유치권의 소멸을 청구하지 못한다. 다만, 유치권자에게 그 건물사용으로 인하여 얻은 이익을 부당이득으로 반환청구할 수 있다(대판 2009.9.24, 2009다40684).

11 유치권에 관한 설명으로 틀린 것은? (다툼이 있으면 판례에 따름) 제31회

① 유치권이 인정되기 위한 유치권자의 점유는 직접점유이든 간접점유이든 관계없다.
② 유치권자와 유치물의 소유자 사이에 유치권을 포기하기로 특약한 경우, 제3자는 특약의 효력을 주장할 수 없다.
③ 유치권자는 채권의 변제를 받기 위하여 유치물을 경매할 수 있다.
④ 채무자는 상당한 담보를 제공하고 유치권의 소멸을 청구할 수 있다.
⑤ 임차인은 임대인과의 약정에 의한 권리금반환채권으로 임차건물에 유치권을 행사할 수 없다.

톺아보기

논점 유치권의 주요법리를 종합적으로 알고 있는가?
② 유치권자와 유치물의 소유자 사이에 유치권을 포기하기로 하는 특약은 유효하고, 그 특약의 효력을 당사자뿐만 아니라 제3자도 주장할 수 있다(대판 2018.1.24, 2016다234043).
★ ⑤ 임차인은 보증금반환청구권, 권리금반환채권을 피담보채권으로 하여 임차건물에 유치권을 행사할 수 없다.

12 「민법」상 유치권에 관한 설명으로 옳은 것은? (다툼이 있으면 판례에 따름) 제33회

① 유치권자는 유치물에 대한 경매신청권이 없다.
② 유치권자는 유치물의 과실인 금전을 수취하여 다른 채권보다 먼저 피담보채권의 변제에 충당할 수 있다.
③ 유치권자는 채무자의 승낙 없이 유치물을 담보로 제공할 수 있다.
④ 채권자가 채무자를 직접점유자로 하여 간접점유하는 경우에도 유치권은 성립한다.
⑤ 유치권자는 유치물에 관해 지출한 필요비를 소유자에게 상환청구할 수 없다.

톺아보기

논점 유치권의 주요법리를 종합적으로 알고 있는가?
② 유치권자는 유치물의 과실인 금전을 수취하여 다른 채권보다 먼저 피담보채권의 변제에 충당할 수 있다. 유치권자의 과실수취권은 유치물의 사용수익을 위한 과실수취권이 아니라 채권에의 변제충당을 위한 과실수취권이다.

오답해설
① 유치권자는 유치물에 대한 경매신청권이 인정된다. 다만 우선변제권이 없다.
③ 유치권자는 채무자의 승낙 없이 유치물을 사용, 대여, 담보로 제공할 수 없다.
④ 채권자가 채무자를 직접점유자로 하여 간접점유하는 경우에도 유치권은 성립하지 않는다.
⑤ 유치권자는 유치물에 관해 지출한 필요비를 소유자에게 상환청구할 수 있다.

정답 | 10 ① 11 ② 12 ②

13 상중하

甲은 乙과의 계약에 따라 乙 소유의 구분건물 201호, 202호 전체를 수리하는 공사를 완료하였지만, 乙이 공사대금을 지급하지 않자 甲이 201호만을 점유하고 있다. 다음 설명 중 옳은 것은? (다툼이 있으면 판례에 따름)   제28회

① 甲의 유치권은 乙 소유의 구분건물 201호, 202호 전체의 공사대금을 피담보채권으로 하여 성립한다.
② 甲은 乙 소유의 구분건물 201호, 202호 전체에 대해 유치권에 의한 경매를 신청할 수 있다.
③ 甲은 201호에 대한 경매절차에서 매각대금으로부터 우선변제를 받을 수 있다.
④ 甲이 乙의 승낙 없이 201호를 丙에게 임대한 경우, 乙은 유치권의 소멸을 청구할 수 없다.
⑤ 甲이 乙의 승낙 없이 201호를 丙에게 임대한 경우, 丙은 乙에 대해 임대차의 효력을 주장할 수 있다.

톺아보기

논점 유치권의 주요법리를 종합적으로 알고 사례에 적용할 줄 아는가?

① "유치권자는 채권 전부의 변제를 받을 때까지 유치물 전부에 대하여 그 권리를 행사할 수 있다"고 규정하고 있으므로, 유치물은 그 각 부분으로써 피담보채권의 전부를 담보하며, 이와 같은 유치권의 불가분성은 그 목적물이 분할 가능하거나 수개의 물건인 경우에도 적용된다. 따라서 다세대주택의 창호 등의 공사를 완성한 하수급인이 공사대금채권 잔액을 변제받기 위하여 위 다세대주택 중 한 세대를 점유하여 유치권을 행사하는 경우, 그 유치권은 한 세대에 대하여 시행한 공사대금만이 아니라 다세대주택 전체에 대하여 시행한 공사대금채권의 잔액 전부를 피담보채권으로 하여 성립한다(대판 2007.9.7, 2005다16942).

오답해설

② 甲이 201호만을 점유하고 있고, 202호는 점유하지 않으므로 201호에만 공사대금 전체를 피담보채권으로 하여 유치권이 성립한다.
③ 유치권자는 우선변제권이 없다.
④ 채무자의 승낙없이 유치물을 사용, 대여할 경우 채무자는 유치권의 소멸을 청구할 수 있다. 따라서 甲이 乙의 승낙 없이 201호를 丙에게 임대한 경우, 乙은 유치권의 소멸을 청구할 수 있다.
⑤ 유치권자는 채무자의 승낙이 없는 이상 그 목적물을 타에 임대할 수 있는 권한이 없으므로 유치권자의 그러한 임대행위는 소유자의 처분권한을 침해하는 것으로서 소유자에게 그 임대차의 효력을 주장할 수 없고, 따라서 소유자의 동의 없이 유치권자로부터 유치권의 목적물을 임차한 자의 점유는 경락인에게 대항할 수 없다(대결 2002.11.27, 2002마3516).

압류 후 성립한 유치권

14 甲은 X건물에 관하여 생긴 채권을 가지고 있다. 乙의 경매신청에 따라 X건물에 압류의 효력이 발생하였고, 丙은 경매절차에서 X건물의 소유권을 취득하였다. 다음 중 甲이 丙에게 유치권을 행사할 수 있는 경우를 모두 고른 것은? (다툼이 있으면 판례에 따름)

제29회

> ㉠ X건물에 위 압류의 효력이 발생한 후에 甲이 X건물의 점유를 이전받은 경우
> ㉡ X건물에 위 압류의 효력이 발생한 후에 甲의 피담보채권의 변제기가 도래한 경우
> ㉢ X건물에 위 압류의 효력이 발생하기 전에 甲이 유치권을 취득하였지만, 乙의 저당권이 甲의 유치권보다 먼저 성립한 경우
> ㉣ X건물에 위 압류의 효력이 발생하기 전에 甲이 유치권을 취득하였지만, 乙의 가압류등기가 甲의 유치권보다 먼저 마쳐진 경우

① ㉠, ㉡   ② ㉡, ㉢   ③ ㉢, ㉣   ④ ㉠, ㉡, ㉣   ⑤ ㉠, ㉢, ㉣

톺아보기

논점 건물에 압류효력의 발생 전·후에 성립한 유치권으로 경락인에게 대항할 수 있는가?

甲이 丙에게 유치권을 행사할 수 있는 경우는 ㉢㉣이다.

㉠㉡ 채무자 소유의 건물 등 부동산에 "경매개시결정의 기입등기가 경료되어 압류의 효력이 발생한 후"에 채무자가 위 부동산에 관한 공사대금 채권자에게 그 점유를 이전함으로써 그로 하여금 유치권을 취득하게 한 경우 이와 같은 점유의 이전은 목적물의 교환가치를 감소시킬 우려가 있는 처분행위에 해당하여 압류의 처분금지효에 저촉되므로 점유자로서는 위 유치권을 내세워 그 부동산에 관한 경매절차의 "매수인(경락인)"에게 대항할 수 없다(대판 2005.8.19, 2005다22688).

㉢㉣ 압류효력의 발생 전 "경매개시결정등기가 되기 전"에 이미 그 부동산에 관하여 민사유치권을 취득한 사람은 그 취득에 앞서 저당권설정등기나 가압류등기 또는 체납처분압류등기가 먼저 되어 있다 하더라도 경매절차의 매수인에게 자기의 유치권으로 대항할 수 있다(대판 2014.3.20, 2009다60336 전원합의체).

더 알아보기

경매개시결정의 기입등기 후 (압류효력 발생 후) 성립한 불완전 유치권	• "유치권은 성립"하나, 그 유치권으로는 "경락인에게 주장할 수 없다(압류의 처분금지효에 저촉되므로)." • 경락인은 압류 후 성립한 유치권자에게 목적물의 인도를 청구할 수 있다는 뜻이다(유치권이 낙찰자에게 깨져버리는 유일한 경우).
경매개시결정 기입등기 전 (압류효력 발생 전) 성립한 유치권	"완전한 유치권이 성립"하고, 유치물의 경락인에게 유치권으로 대항할 수 있다(대판 2009.1.15, 2008다70763).

정답 | 13 ① 14 ③

15

甲은 자신의 토지에 주택신축공사를 乙에게 맡기면서, 甲 명의의 보존등기 후 2개월 내에 공사대금의 지급과 동시에 주택을 인도받기로 약정하였다. 2016.1.15. 주택에 대하여 甲 명의의 보존등기를 마쳤으나, 乙은 현재까지 공사대금을 지급받지 못한 채 점유하고 있다. 甲의 채권자가 위 주택에 대한 강제경매를 신청하여 2016.2.8. 경매개시결정 등기가 되었고, 2016.10.17. 경매대금을 완납한 丙이 乙을 상대로 주택의 인도를 청구하였다. 다음 설명 중 옳은 것을 모두 고른 것은? (다툼이 있으면 판례에 따름) 제27회

> ㉠ 丙은 주택에 대한 소유물반환청구권을 행사할 수 없다.
> ㉡ 乙은 유치권에 근거하여 주택의 인도를 거절할 수 있다.
> ㉢ 乙은 동시이행항변권에 근거하여 주택의 인도를 거절할 수 없다.

① ㉠   ② ㉡   ③ ㉢   ④ ㉠, ㉡   ⑤ ㉡, ㉢

톺아보기

논점 '압류 전에 점유'하였으나 '압류효력발생 후 채권의 변제기가 도래'한 경우 그 시점에 성립한 유치권으로 경락인에게 대항할 수 있는가?

㉠ [틀림] 판례에 의할 때 '압류 전에 점유'하였으나 '압류효력발생 후 채권의 변제기가 도래'한 경우 건물의 낙찰자 丙은 '경매개시결정 등기가 경료되어 압류의 효력이 발생한 후'에 변제기가 도래하여 성립한 유치권이므로 건물낙찰자에게 유치권으로 대항할 수 없다. 다시 말하면 낙찰자 丙은 소유권에 기하여 '압류 후 유치권을 취득한 乙'에게 소유물반환청구할 수 있다.

㉡ [틀림] '경매개시결정 등기가 경료되어 압류의 효력이 발생한 후' 성립한 유치권자는 건물낙찰자에게 대항할 수 없으므로 낙찰자의 건물인도요구를 유치권으로 거절할 수 없다.

㉢ [맞음] 공사업자 乙은 도급계약에 기하여 건물을 완성한 수급인으로서 건축주 甲이 공사대금을 갚을 때까지 건물에 동시이행항변권과 유치권을 동시에 취득한다. 다만, 동시이행항변권은 도급 계약의 당사자인 甲에게 항변할 수 있는 권리에 그치고, 도급계약의 당사자가 아닌 낙찰자 丙에게는 동시이행항변권을 행사할 수 없다.

더 알아보기

압류효력 발생시점 [경매기입등기] 2월 8일	후에	채권의 변제가 도래 [유치권이 성립한 시점] 3월 14일

'압류 전에 점유를 취득'하였으나 '압류 후 채권의 변제기가 도래'한 경우, 채권의 변제기가 도래한시점에 유치권이 성립하므로 '압류 후 채권의 변제기가 도래'하여 유치권을 취득한 것이므로 그 부동산의 경락인에게 유치권으로 대항할 수 없다(대판 2013.6.27, 2011다50165). 사안에서 공사업자 乙은 신축건물에 관하여 공사대금채권이 발생하였고, 목적물을 점유하고 있으나, '채권의 변제기'는 2016년 1월 15일(보존등기한 날)로부터 2개월이므로 2016년 3월 14일에 변제기가 도래한다. 그런데 채권의 변제기 도래 전에 2016년 2월 8일 경매개시결정등기가 경료되었으므로 乙은 '경매개시결정 기입등기가 경료되어 압류의 효력이 발생한 후' 비로소 채권의 변제기가 도래함으로써 '건물의 유치권을 취득'한 상황이다.

유치권의 사례문제

16 甲의 X건물을 임차한 乙은 X건물을 보존·개량하기 위해 丙으로부터 건축자재를 외상으로 공급받아 수리를 완료하였다. 그 후 임대차가 종료하였지만 수리비를 상환받지 못한 乙은 X건물을 점유하고 있다. 다음 설명 중 틀린 것은? 제25회

① 乙이 丙에게 외상대금을 지급하지 않으면 丙은 X건물에 대해 유치권을 행사할 수 있다.
② 乙은 甲이 수리비를 상환할 때까지 X건물에 대해 유치권을 행사할 수 있다.
③ 乙은 甲의 승낙 없이 X건물을 제3자에게 담보로 제공할 수 없다.
④ 乙은 수리비를 상환받기 위하여 X건물을 경매할 수 있다.
⑤ 만약 X건물을 甲으로부터 양수한 丁이 乙에게 X건물의 반환을 청구한 경우, 乙은 유치권으로 대항할 수 있다.

톺아보기

논점 유치권의 법리를 종합적으로 알고 있는가?

① 乙이 丙에게 외상대금을 지급하지 않으면 丙은 X건물에 대해 유치권을 행사할 수 없다. 왜냐하면 건축자재 매매대금채권은 건축자재를 매매하여 생긴 채권이고 건물에 관하여 발생한 채권이 아니므로 건물과 건축자재 대금채권간에는 견련성이 없으므로 수급인이 신축한 건물에 유치권을 주장할 수 없다(대판 2012.1.26, 2011다96208).
② 乙은 건물에 수리비를 지출한 자로서 건물에 관하여 발생한 수리비채권이 있으므로 건물을 유치할 수 있다.
③ 乙은 채무자 甲의 승낙 없이 X건물을 사용, 대여, 제3자에게 담보로 제공할 수 없다(제324조 제2항).
④ 유치권자는 경매권이 있다.
⑤ 유치권은 모든 사람에게 효력이 있다(대세적 효력).

정답 | 15 ③ 16 ①

17

「민법」상 유치권에 관한 설명으로 틀린 것은? (다툼이 있으면 판례에 따름) 제34회

① 유치권자는 유치물에 대한 경매권이 있다.
② 유치권 발생을 배제하는 특약은 무효이다.
③ 건물신축공사를 도급받은 수급인이 사회통념상 독립한 건물이 되지 못한 정착물을 토지에 설치한 상태에서 공사가 중단된 경우, 그 토지에 대해 유치권을 행사할 수 없다.
④ 유치권은 피담보채권의 변제기가 도래하지 않으면 성립할 수 없다.
⑤ 유치권자는 선량한 관리자의 주의로 유치물을 점유해야 한다.

톺아보기

유치권은 채권자의 이익을 보호하기 위한 법정담보물권으로서, 당사자는 미리 유치권의 발생을 막는 특약을 할 수 있고 이러한 특약은 유효하다. 유치권 배제 특약이 있는 경우 유치권은 발생하지 않는데, 특약에 따른 효력은 특약의 상대방뿐 아니라 그 밖의 제3자도 주장할 수 있다(대판 2018.1.24, 2016다234043).

18

「민법」상 유치권에 관한 설명으로 틀린 것은? (판례에 따름) 제35회

① 권리금반환청구권은 유치권의 피담보채권이 될 수 없다.
② 유치권의 행사는 피담보채권 소멸시효의 진행에 영향을 미치지 않는다.
③ 공사대금채권에 기하여 유치권을 행사하는 자가 스스로 유치물인 주택에 거주하며 사용하는 것은 특별한 사정이 없는 한 유치물의 보존에 필요한 사용에 해당한다.
④ 유치권에 의한 경매가 목적부동산 위의 부담을 소멸시키는 법정매각조건으로 실시된 경우, 그 경매에서 유치권자는 일반채권자보다 우선하여 배당을 받을 수 있다.
⑤ 건물신축공사를 도급받은 수급인이 사회통념상 독립한 건물이 되지 못한 정착물을 토지에 설치한 상태에서 공사가 중단된 경우, 수급인은 그 정착물에 대하여 유치권을 행사할 수 없다.

톺아보기

유치권자는 저당권과 달리 우선변제권이 인정되지 않는다.

유치권의 소멸

19 유치권의 소멸사유가 <u>아닌</u> 것은? 제28회

① 포기
② 점유의 상실
③ 목적물의 전부멸실
④ 피담보채권의 소멸
⑤ 소유자의 목적물 양도

톺아보기

논점 유치권의 소멸사유를 알고 있는가?
유치목적물을 소유자가 제3자에게 양도한 경우 유치권은 소멸하지 않고 양수인에게 인수된다.

저당권

20 저당권의 객체가 될 수 <u>없는</u> 것을 모두 고르면? 제22회 수정

㉠ 지역권	㉡ 등기된 입목
㉢ 전세권	㉣ 지상권
㉤ 공유지분	㉥ 1필 토지의 일부
㉦ 어업권과 광업권	

① ㉠, ㉢
② ㉠, ㉥
③ ㉡, ㉢
④ ㉣, ㉦
⑤ ㉤, ㉥

톺아보기

논점 저당권의 객체를 알고 있는가?
저당권의 객체가 될 수 없는 것은 ㉠㉥으로, 부동산이 아닌 동산, 지역권과 1필 토지의 일부에는 저당권이 성립할 수 없다.

정답 | 17 ② 18 ④ 19 ⑤ 20 ②

21 저당권자에게 인정되지 않는 것은?   제21회

① 물상대위권
② 우선변제권
③ 저당물반환청구권
④ 피담보채권의 처분권
⑤ 저당물방해배제청구권

톺아보기

논점 저당권의 일반적 성질을 알고 있는가?
★ ③ 저당권자는 목적물의 점유권이 없으므로 목적물에 대한 침해시 반환청구권이 인정되지 않는다. 다만, 저당권에 기한 방해제거·예방청구권은 인정된다.
① 저당권에도 물상대위가 인정된다. 다만, 유치권에는 물상대위가 인정되지 않는다.
② 우선변제권은 저당권에 인정된다.

저당권의 물상대위

22 저당권의 물상대위에 관한 설명으로 옳은 것은? (다툼이 있으면 판례에 따름)   제27회

① 대위할 물건이 제3자에 의하여 압류된 경우에는 물상대위성이 없다.
② 전세권을 저당권의 목적으로 한 경우 저당권자에게 물상대위권이 인정되지 않는다.
③ 저당권설정자에게 대위할 물건이 인도된 후에 저당권자가 그 물건을 압류한 경우 물상대위권을 행사할 수 있다.
④ 저당권자는 저당목적물의 소실로 인하여 저당권설정자가 취득한 화재보험금청구권에 대하여 물상대위권을 행사할 수 있다.
⑤ 저당권이 설정된 토지가 「공익사업을 위한 토지 등의 취득 및 보상에 관한 법률」에 따라 협의취득된 경우, 저당권자는 그 보상금에 대하여 물상대위권을 행사할 수 있다.

톺아보기

논점 저당권에서 물상대위의 법리를 알고 있는가?

④ 저당권자는 저당목적물의 소실로 인하여 저당권설정자가 취득한 화재보험금청구권에 대하여 물상대위권을 행사할 수 있다(대판 2004.12.24, 2004다52798).

오답해설

① 특정성을 유지하는 한 압류는 반드시 저당권자 자신에 의해 행해질 것을 요하지는 않는다. 따라서 일반채권자나 제3자에 의해 압류가 된 때에도 그 특정성은 유지되는 것이므로 저당권자는 일반채권자가 압류한 금전에 대하여도 물상대위권을 행사하여 일반채권자보다 우선변제를 받을 수가 있다(대판 1996.7.12, 96다21058).

★ ② 저당권의 대상이 된 전세권이 기간 만료로 소멸한 경우 저당권자는 더 이상 전세권 자체에 대하여 실행을 할 수 없고, 전세권에 갈음하여 존속하는 것으로 볼 수 있는 전세금반환채권에 대해서 물상대위를 할 수 있다(대판 1999.9.17, 98다31301).

③ 저당권자가 압류 전에 저당물의 소유자가 보상금을 수령한 경우 저당권자는 더 이상 물상대위권을 행사할 수 없다. 따라서 저당물의 소유자는 저당권자에게 보상금을 부당이득으로 반환할 의무가 있다(대판 2009.5.14, 2008다17656).

⑤ 「공공용지의 취득 및 손실보상에 관한 특례법」에 따른 협의취득은 사법상의 매매계약과 같은 성질을 가진 것에 불과하여 「토지수용법」상의 공용징수에 해당되지 아니하므로, 토지소유권이 협의취득자에게 이전된다고 할지라도 저당권자는 그 저당권으로서 추급할 수 있으므로 토지소유자가 협의에 따라 지급받을 보상금(실질은 매매대금)에 대하여 물상대위권을 행사할 수 없다(대판 1981.5.26, 80다2109).

23 저당권의 피담보채권의 범위에 속하지 <u>않는</u> 것은? 제29회

① 원본
② 위약금
③ 저당권의 실행비용
④ 저당목적물의 하자로 인한 손해배상금
⑤ 원본의 이행기일을 경과한 후의 1년분의 지연배상금

톺아보기

논점 저당권의 피담보채권의 범위를 아는가?

저당권은 원본, 이자, 위약금, 채무불이행으로 인한 손해배상 및 저당권의 실행비용을 담보한다. 그러나 지연배상에 대해서는 원본의 이행기일을 경과한 후의 1년분에 한하여 저당권을 행사할 수 있다. 따라서 저당목적물의 하자로 인한 손해배상금은 피담보채권에 포함되지 않는다[제360조(피담보채권의 범위)].

정답 | 21 ③ 22 ④ 23 ④

24 甲은 2020.1.1. 乙에게 1억원을 대여하면서 변제기 2020.12.31., 이율 연 5%, 이자는 매달 말일 지급하기로 약정하였고, 그 담보로 당일 乙소유 토지에 저당권을 취득하였다. 乙이 차용일 이후부터 한 번도 이자를 지급하지 않았고, 甲은 2023.7.1. 저당권실행을 위한 경매를 신청하였다. 2023.12.31. 배당절차에서 배당재원 3억원으로 배당을 실시하게 되었는데, 甲은 총 1억 2,000만원의 채권신고서를 제출하였다. 甲의 배당금액은? (甲보다 우선하는 채권자는 없으나 2억원의 후순위저당권자가 있고, 공휴일 및 소멸시효와 이자에 대한 지연손해금 등은 고려하지 않음)

제35회

① 1억 500만원 ② 1억 1,000만원 ③ 1억 1,500만원
④ 1억 1,750만원 ⑤ 1억 2,000만원

톺아보기

저당권은 원본, 이자, 위약금, 채무불이행으로 인한 손해배상 및 저당권의 실행비용을 담보한다. 그러나 지연배상에 대하여는 원본의 이행기일을 경과한 후의 1년분에 한하여 저당권을 행사할 수 있다(제360조). 2020.1.1.부터 변제기 12.31.까지의 1억원에 대한 5%의 이자 500만원, 그리고 지연손해금은 원본 채무의 불이행으로 발생하는 손해로서 원본의 이행기일, 2020.12.31.을 경과한 이후에는 후순위 2번 저당권자가 존재하므로 무제한의 확대를 허용하지 않고 360조 단서의 제한을 받으므로 1년치, 즉 500만원을 배당받게 된다. 따라서 甲은 1억 1천만원을 배당받는다.

저당권의 효력이 미치는 범위

25 법률이나 규약에 특별한 규정 또는 별도의 약정이 없는 경우, 저당권의 효력이 미치는 것을 모두 고른 것은? (다툼이 있으면 판례에 따름)

제27회

⊙ 저당권의 목적인 건물에 증축되어 독립적 효용이 없는 부분
⊙ 건물의 소유를 목적으로 한 토지임차인이 건물에 저당권을 설정한 경우의 토지임차권
⊙ 구분건물의 전유부분에 관하여 저당권이 설정된 후, 전유부분의 소유자가 취득하여 전유부분과 일체가 된 대지사용권

① ㉠ ② ㉢ ③ ㉠, ㉡
④ ㉡, ㉢ ⑤ ㉠, ㉡, ㉢

톺아보기

논점 저당권의 효력은 저당부동산의 부합물과 종물에 미친다.

저당권의 효력이 미치는 것은 ㉠㉡㉢이다.

★ ㉠ 저당권의 목적인 건물에 증축되어 기존건물과의 독립성이 있는 경우 저당권의 효력이 미치지 아니하지만, 독립성이 없는 증축부분은 기존건물의 구성부분으로서 건물의 부합물에 해당하므로 저당권의 효력은 증축부분에도 미친다(대판 1992.12.8, 92다26772).

㉡ 권리의 종물이론에 대한 것으로 건물의 소유를 목적으로 한 토지임차인이 건물에 저당권을 설정한 경우 토지임차권에도 저당권의 효력이 미친다(대판 1993.4.13, 92다24950).

㉢ 구분건물의 전유부분에 관하여 저당권이 설정된 후, 전유부분의 소유자가 취득하여 전유부분과 일체가 된 대지사용권에도 저당권의 효력이 미친다(대판 2001.2.9, 2000다62179).

---

26 상**중**하

법률상 특별한 규정이나 당사자 사이에 다른 약정이 없는 경우, 저당권의 효력이 미치는 것을 모두 고른 것은? (다툼이 있으면 판례에 따름) 제30회

㉠ 저당권 설정 이전의 저당부동산의 종물로서 분리·반출되지 않은 것
㉡ 저당권 설정 이후의 저당부동산의 부합물로서 분리·반출되지 않은 것
㉢ 저당부동산에 대한 압류 전에 저당부동산으로부터 발생한 저당권설정자의 차임채권

① ㉡   ② ㉠, ㉡   ③ ㉠, ㉢
④ ㉡, ㉢   ⑤ ㉠, ㉡, ㉢

톺아보기

논점 저당권의 효력이 미치는 범위를 아는가?

저당권의 효력이 미치는 것은 ㉠㉡이다.

㉠㉡ 저당권의 효력은 분리, 반출되지 아니한 부합물과 종물에 미친다.

㉢ 저당부동산에 대한 '압류 이전'에 저당부동산으로부터 발생한 저당권설정자의 차임채권에는 저당권의 효력이 미치지 않는다. 반면에, 저당부동산에 대한 '압류 후' 저당목적물로부터 발생한 차임채권(과실)에는 저당권의 효력이 미친다. 저당권의 효력은 저당부동산에 대한 압류가 있은 후에 저당권설정자가 그 부동산으로부터 수취한 과실 또는 수취할 수 있는 과실에 미친다."라고 규정하고 있는데, 위 규정상 "과실"에는 천연과실뿐만 아니라 법정과실도 포함되므로, 저당부동산에 대한 압류가 있으면 압류 이후의 저당권설정자의 저당부동산에 관한 차임채권 등에도 저당권의 효력이 미친다(대판 2016.7.27, 2015다230020).

정답 | 24 ② 25 ⑤ 26 ②

27

법률에 특별한 규정 또는 설정행위에 다른 약정이 없는 경우, 저당권의 우선변제적 효력이 미치는 것을 모두 고른 것은? (다툼이 있으면 판례에 따름) 제33회

> ㉠ 토지에 저당권이 설정된 후 그 토지 위에 완공된 건물
> ㉡ 토지에 저당권이 설정된 후 토지소유자가 그 토지에 매설한 유류저장탱크
> ㉢ 저당토지가 저당권 실행으로 압류된 후 그 토지에 관하여 발생한 저당권설정자의 차임채권
> ㉣ 토지에 저당권이 설정된 후 토지의 전세권자가 그 토지에 식재하고 등기한 입목

① ㉡　② ㉠, ㉣　③ ㉡, ㉢　④ ㉠, ㉢, ㉣　⑤ ㉡, ㉢, ㉣

톺아보기

논점 저당권의 우선변제적 효력이 미치는 범위를 아는가?

저당권의 우선변제적 효력이 미치는 것은 ㉡㉢이다.
㉠ 토지에 저당권이 설정된 후 그 토지 위에 완공된 건물에는 일괄경매는 인정되나 저당권의 우선변제적 효력은 토지에만 미치고 건물의 매각대금에는 우선변제효력이 미치지 않는다.
㉡ 토지에 저당권이 설정된 후 토지소유자가 그 토지에 매설한 유류저장탱크는 토지의 부합물로서 저당권의 우선변제효력이 미친다.
㉢ 저당토지가 저당권 실행으로 '압류된 후' 그 토지에 관하여 발생한 저당권설정자의 차임채권에는 저당권의 효력이 미친다.
㉣ 토지에 저당권이 설정된 후 토지의 전세권자(예 임차권자, 지상권자 등)가 그 토지에 식재하고 등기한 입목은 토지소유자의 소유가 아니라 그 전세권자의 소유로 토지와 별개의 독립한 물건이므로 토지저당권의 효력이 미치지 아니한다.

28

저당권의 효력이 미치는 목적물의 범위에 관한 설명으로 틀린 것은? (다툼이 있으면 판례에 따름) 제32회

① 당사자는 설정계약으로 저당권의 효력이 종물에 미치지 않는 것으로 정할 수 있다.
② 저당권의 목적토지가 「공익사업을 위한 토지 등의 취득 및 보상에 관한 법률」에 따라 협의취득된 경우, 저당권자는 그 보상금청구권에 대해 물상대위권을 행사할 수 없다.
③ 건물 소유를 목적으로 토지를 임차한 자가 그 토지 위에 소유하는 건물에 저당권을 설정한 경우 건물 소유를 목적으로 한 토지 임차권에도 저당권의 효력이 미친다.
④ 저당목적물의 변형물인 금전에 대해 이미 제3자가 압류한 경우 저당권자는 물상대위권을 행사할 수 없다.
⑤ 저당부동산에 대한 압류 이후의 저당권설정자의 저당부동산에 관한 차임채권에도 저당권의 효력이 미친다.

톺아보기

논점 저당권의 법리를 종합적으로 아는가?

특정성을 유지하는 한 압류는 반드시 저당권자 자신에 의해 행해질 것을 요하지는 않는다. 따라서 일반채권자나 제3자에 의해 압류가 된 때에도 그 특정성은 유지되는 것이므로 저당권자는 일반채권자가 압류한 금전에 대하여도 물상대위권을 행사하여 일반채권자보다 우선변제를 받을 수가 있다(대판 1996.7.12, 96다21058).

저당권과 용익권의 관계

29 甲은 X건물에 1번 저당권을 취득하였고, 이어서 乙이 전세권을 취득하였다. 그 후 丙이 2번 저당권을 취득하였고, 경매신청 전에 X건물의 소유자의 부탁으로 비가 새는 X건물의 지붕을 수리한 丁이 현재 유치권을 행사하고 있다. 다음 설명 중 옳은 것은?
제24회

① 甲의 경매신청으로 戊가 X건물을 매수하면 X건물을 목적으로 하는 모든 권리는 소멸한다.
② 乙의 경매신청으로 戊가 X건물을 매수하면 甲의 저당권과 丁의 유치권을 제외한 모든 권리는 소멸한다.
③ 丙의 경매신청으로 戊가 X건물을 매수하면 丁의 유치권을 제외한 모든 권리는 소멸한다.
④ 丁의 경매신청으로 戊가 X건물을 매수하면 乙의 전세권을 제외한 모든 권리는 소멸한다.
⑤ 甲의 경매신청으로 戊가 X건물을 매수하면 乙의 전세권과 丁의 유치권을 제외한 모든 권리는 소멸한다.

톺아보기

논점 인수주의와 삭제주의의 법리를 사례에 적용할 줄 아는가?

③ 전세권이 중간에 낀 경우로서 건물경매시 권리의 소멸 여부의 문제이다. 2번 저당권자가 경매신청한 경우 1번 저당권, 전세권, 2번 저당권은 경매로 소멸한다. 다만, 유치권은 경매로 소멸하지 아니한다.

오답해설
① 유치권은 유치물의 경매로 소멸하지 않으며 모든 저당권과 전세권은 경매로 소멸한다.
② 모든 저당권은 경매로 소멸하고 순위에 따라 우선변제받는다.
④ 중간에 낀 전세권도 소멸하나 유치권만 존속한다.

정답 | 27 ③ 28 ④ 29 ③

일괄경매권과 법정지상권

30

甲은 그 소유 나대지(X토지)에 乙의 저당권을 설정한 뒤 건물을 신축하였다. 다음 중 옳은 것을 모두 고른 것은? (다툼이 있으면 판례에 따름) 제26회

㉠ X토지에 대한 저당권실행을 위한 경매개시결정 전에 甲이 A에게 건물 소유권을 이전한 경우, 乙은 X토지와 건물에 대해 일괄경매를 청구할 수 있다.
㉡ 乙의 저당권이 실행되어 B가 X토지를 매수하고 매각대금을 다 낸 경우, 甲은 법정지상권을 취득한다.
㉢ 저당권 설정 뒤 X토지에 대해 통상의 강제경매가 실시되어 C가 그 토지를 취득한 경우, 甲은 관습상 법정지상권을 취득하지 못한다.
㉣ 저당권 설정 뒤 D가 X토지를 매수 취득하여 그 토지에 필요비를 지출한 경우, 乙의 저당권이 실행되면 D는 경매대가로부터 필요비를 우선상환받을 수 없다.

① ㉠, ㉡　② ㉠, ㉣　③ ㉡, ㉣　④ ㉢　⑤ ㉢, ㉣

톺아보기

논점 일괄경매권과 법정지상권의 법리를 사례에 적용할 줄 아는가?

옳은 것은 ㉢이다.
㉠ 저당권실행 당시 토지와 건물이 동일인의 소유가 아니므로 乙은 토지와 건물에 대한 일괄경매를 청구할 수 없다(제365조).
㉡ 토지에 저당권을 설정할 당시에 건물이 존재하지 않았으므로 甲은 그 건물을 위한 법정지상권을 취득하지 못한다(제366조).
㉢ 관습법상 지상권의 요건인 토지와 건물이 동일인 소유인지를 판단하는 기준은?

강제경매로 인한 경우	압류시 기준
가압류 후 강제경매된 경우	가압류시 기준
저당권설정 후 강제경매된 경우	저당권 설정 당시가 기준

강제경매의 목적이 된 토지 또는 그 지상건물에 관하여 강제경매를 위한 압류나 그 압류에 선행한 '가압류가 있기 이전에 저당권이 설정'되어 있다가 그 후 '강제경매'로 인해 그 저당권이 소멸하는 경우에는 그 "저당권설정 당시를 기준"으로 토지와 그 지상건물이 동일인에게 속하였는지에 따라 관습상 법정지상권의 성립 여부를 판단하여야 한다(대판 2013.4.11, 2009다62059). 이 판례의 법리를 ㉢의 지문에 대입시켜 보면, 강제경매를 위한 압류가 있기 전에 그에 선행하는 저당권이 존재하고 있었으므로 관습법상의 법정지상권이 성립하려면 "저당권설정 당시를 기준"으로 토지와 건물이 동일인의 소유에 속하였어야 하는데, 이 사안의 경우 저당권설정 당시에는 건물이 존재하지 않았으므로 결국 판례가 요구하는 관습법상의 법정지상권의 성립요건을 갖춘 것으로 볼 수 없다. 따라서 甲은 관습법상의 법정지상권을 취득하지 못한다.
㉣ 저당권이 설정된 부동산을 매수한 D는 저당물의 제3취득자이므로 저당물의 경매대가에서 지출비용의 우선상환을 받을 수 있다(제367조).

31

甲은 乙 소유의 X토지에 저당권을 취득하였다. X토지에 Y건물이 존재할 때, 甲이 X토지와 Y건물에 대해 일괄경매를 청구할 수 있는 경우를 모두 고른 것은? (다툼이 있으면 판례에 따름)   제31회

㉠ 甲이 저당권을 취득하기 전, 이미 X토지 위에 乙의 Y건물이 존재한 경우
㉡ 甲이 저당권을 취득한 후, 乙이 X토지 위에 Y건물을 축조하여 소유하고 있는 경우
㉢ 甲이 저당권을 취득한 후, 丙이 X토지에 지상권을 취득하여 Y건물을 축조하고 乙이 그 건물의 소유권을 취득한 경우

① ㉠   ② ㉡   ③ ㉠, ㉢   ④ ㉡, ㉢   ⑤ ㉠, ㉡, ㉢

톺아보기

논점 일괄경매권의 법리를 사례에 적용할 줄 아는가?

일괄경매를 청구할 수 있는 경우는 ㉡㉢이다. 일괄경매의 요건은 첫째, 나대지에 저당권 설정 후 건물을 신축하고 둘째, 토지와 건물이 동일인이어야 한다.
㉡ 나대지에 설정 후 토지와 건물이 乙 소유로 동일인이다.
㉢ 제3자가 토지에 지상권같은 용익권자가 건물을 신축하여 소유하다가 토지소유자 乙이 건물을 매입하여 토지와 건물이 모두 乙 소유로 동일인 소유일 경우 일괄경매가 허용된다.

32

법정지상권이 성립되는 경우를 모두 고른 것은? (다툼이 있으면 판례에 따름)   제22회

㉠ 저당권이 설정된 토지 위에 건물이 축조된 후, 토지의 경매로 인하여 토지와 그 건물이 다른 소유자에게 속하게 된 경우
㉡ 토지에 저당권이 설정될 당시 지상에 건물이 존재하고 있었고 그 양자가 동일 소유자에게 속하였다가 그 후 저당권의 실행으로 토지가 매각되기 전 건물이 제3자에게 양도된 경우
㉢ 토지에 저당권이 설정될 당시 그 지상에 건물이 토지 소유자에 의하여 건축 중이었고, 건물의 규모, 종류가 외형상 예상할 수 있는 정도까지 건축이 진전된 후 저당권의 실행으로 토지가 매각된 경우
㉣ 동일인 소유의 토지와 건물에 관하여 공동저당권이 설정된 후 그 건물이 철거되고 제3자 소유의 건물이 새로이 축조된 다음, 토지에 관한 저당권의 실행으로 토지와 건물의 소유자가 달라진 경우

① ㉠, ㉡   ② ㉡, ㉢   ③ ㉢, ㉣   ④ ㉠, ㉢   ⑤ ㉡, ㉣

정답 | 30 ④ 31 ④ 32 ②

톺아보기

논점 제366조의 법정지상권의 성립 여부를 판례와 결부하여 정확히 알고 있는가?

법정지상권이 성립되는 경우는 ⓒⓒ이다.
㉠ **[나대지인 경우]** 토지에 저당권 설정 당시에는 나대지이어서 건물이 없는 토지였다가 후에 건물을 신축한 것이므로 법정지상권이 성립하지 않는다.
ⓒ **[중간에 건물주가 바뀐 경우에 해당]** 토지에 저당권이 설정될 당시 지상에 건물이 존재하고 있었고 그 양자가 동일 소유자에게 속하였다가 그 후 저당권의 실행으로 "토지가 매각되기 전"에 건물이 제3자에게 양도된 경우, 설정 당시에는 토지와 건물이 동일인이었으므로 법정지상권이 성립한다(대판 1999.11.23, 99다52602). 즉, 계속하여 소유자의 동일성을 요하지 않는다는 것이 판례의 입장이다.
ⓒ **[건물을 건축 중인 경우]** 토지에 저당권이 설정될 당시 그 지상에 건물이 토지소유자에 의하여 건축 중이어서 건물을 예상할 수 있을 때에도 법정지상권을 인정한다(대판 2004.6.11, 2004다13533).
㉣ **[공동저당의 경우]** 동일인 소유의 토지와 건물에 관하여 "공동저당권이 설정된 후 그 건물이 철거"되고 제3자 소유의 건물이 신축된 경우에는 특별한 사정이 없는 한 법정지상권이 성립하지 않는다(대판 2003.12.18, 98다43601 전원합의체).

33 甲에게 법정지상권 또는 관습법상 법정지상권이 인정되는 경우를 모두 고른 것은? (다툼이 있으면 판례에 따름)

제33회

㉠ 乙 소유의 토지 위에 乙의 승낙을 얻어 신축한 丙 소유의 건물을 甲이 매수한 경우
ⓒ 乙 소유의 토지 위에 甲과 乙이 건물을 공유하면서 토지에만 저당권을 설정하였다가, 그 실행을 위한 경매로 丙이 토지소유권을 취득한 경우
ⓒ 甲이 乙로부터 乙 소유의 미등기건물과 그 대지를 함께 매수하고 대지에 관해서만 소유권이전등기를 한 후, 건물에 대한 등기 전 설정된 저당권에 의해 대지가 경매되어 丙이 토지소유권을 취득한 경우

① ㉠ ② ⓒ ③ ㉠, ⓒ ④ ⓒ, ⓒ ⑤ ㉠, ⓒ, ⓒ

톺아보기

논점 제366조의 법정지상권의 성립 여부를 판례와 결부하여 정확히 알고 있는가?

법정지상권 또는 관습법상 법정지상권이 인정되는 경우는 ⓒ이다.
㉠ 타인소유의 토지 위에 토지소유자의 승낙을 얻어 신축한 건물을 매수자가 건물만을 매매로 취득한 경우, 처분 당시에 토지와 건물이 동일인이 아니므로 관습상 지상권이 성립하지 않는다(대판 1966.5.17, 66다504).
ⓒ 건물공유자인 甲과 乙 중 1인이 그 건물의 부지인 토지를 단독으로 소유하면서 그 토지에 관하여만 저당권을 설정하였다가 위 저당권에 의한 경매로 인하여 토지의 소유자가 달라진 경우, 법정지상권이 성립한다. 위 토지소유자는 자기뿐만 아니라 다른 건물공유자들을 위하여도 위 토지의 이용을 인정하고 있었다고 할 것인 점, 건물의 철거로 인한 사회경제적 손실을 방지할 공익상 필요성도 인정되는 점 등에 비추어 위 건물공유자들은 제366조에 의하여 토지 전부에 관하여 건물의 존속을 위한 법정지상권을 취득한다(대판 2011.1.13, 2010다67159).

ⓒ 미등기건물을 그 대지와 함께 매수한 사람이 그 대지에 관하여만 소유권이전등기를 넘겨받고 건물에 대하여는 그 등기를 이전받지 못하고 있다가 '대지에 대하여 저당권을 설정'하고 그 저당권의 실행으로 대지가 경매되어 다른 사람의 소유로 된 경우에는 그 '저당권 설정 당시에 이미 대지와 건물이 각각 다른 사람의 소유에 속하고 있었으므로' 법정지상권이 성립될 여지가 없다(대판 2002.6.20, 2002다9660 전원합의체).

34

저당물의 경매로 토지와 건물의 소유자가 달라지는 경우에 성립하는 법정지상권에 관한 설명으로 옳은 것을 모두 고른 것은? (판례에 따름) 제35회

ⓐ 토지에 관한 저당권설정 당시 해당 토지에 일시사용을 위한 가설건축물이 존재하였던 경우, 법정지상권은 성립하지 않는다.
ⓑ 토지에 관한 저당권설정 당시 존재하였던 건물이 무허가건물인 경우, 법정지상권은 성립하지 않는다.
ⓒ 지상건물이 없는 토지에 저당권을 설정받으면서 저당권자가 신축 개시 전에 건축을 동의한 경우, 법정지상권은 성립하지 않는다.

① ⓑ
② ⓒ
③ ⓐ, ⓑ
④ ⓐ, ⓒ
⑤ ⓐ, ⓑ, ⓒ

톺아보기

옳은 것은 ⓐⓒ이다.
ⓐ **가설건축물의 경우**: 동일인의 소유에 속하던 토지와 건물의 소유자가 달라지게 된 시점에는 해당 건물이 독립된 부동산으로서 건물의 요건을 갖추었으나 그 후 해당 건물이 철거되고 가설건축물 등 독립된 건물이라고 볼 수 없는 지상물이 건축된 경우 법정지상권이 성립하지 않는다(대판 2022.2.10, 2016다262635).
ⓑ 저당권설정 당시에 무허가건물이나 미등기건물이 존재하는 경우에도 동일인의 소유라면 저당물의 경매로 소유자가 달라진 때는 법정지상권이 성립한다(대판 1964.9.22, 63아62).
ⓒ 지상건물이 없는 토지(나대지)에 저당권을 설정받으면서 저당권자가 신축 개시 전에 건축을 동의한 경우, 동의여부는 공시되지 않아서 제3자가 알 수 없으므로 법정지상권은 성립하지 않는다.

정답 | 33 ② 34 ④

35 저당권에 관한 설명으로 틀린 것은? (다툼이 있으면 판례에 따름) 제26회

① 저당권자는 목적물 반환청구권을 갖지 않는다.
② 저당부동산의 종물에는 저당권의 효력이 미치지 않는다는 약정은 등기하지 않더라도 제3자에 대한 효력이 있다.
③ 원본의 반환이 2년간 지체된 경우 채무자는 원본 및 지연배상금의 전부를 변제하여야 저당권등기의 말소를 청구할 수 있다.
④ 저당권은 그 담보하는 채권과 분리하여 다른 채권의 담보로 하지 못한다.
⑤ 저당권이 설정된 토지가 「공익사업을 위한 토지 등의 취득 및 보상에 관한 법률」에 따라 협의취득된 경우, 저당권자는 토지소유자가 수령할 보상금에 대하여 물상대위를 할 수 없다.

톺아보기

논점 저당권의 주요법리를 종합적으로 알고 있는가?

② 저당권의 효력은 특약이 없는 한 저당부동산의 부합물과 종물에 미친다(제358조). 다만, 저당부동산의 종물에 저당권의 효력이 미치지 않는다는 약정은 등기하여야 제3자에게 대항할 수 있다.
① 저당권자는 점유권이 없으므로 목적물 반환청구권을 갖지 않는다.
③ 제360조가 지연배상에 대하여는 원본의 이행기일을 경과한 후의 1년분에 한하여 저당권을 행사할 수 있다고 규정하고 있는 것은 저당권자의 제3자에 대한 관계에서의 제한이며 채무자가 저당권자에 대하여 대항할 수 있는 것이 아니므로(대판 1992.5.12, 90다8855) 채무자는 2년간의 지연배상금의 전부를 변제해야 저당권등기의 말소를 청구할 수 있다.
⑤ 「공공용지의 취득 및 손실보상에 관한 특례법」에 따른 협의취득은 사법상의 매매계약과 같은 성질을 가진 것에 불과하여 토지수용법상의 공용징수에 해당되지 아니하므로, 토지소유권이 협의취득자에게 이전된다고 할지라도 저당권자는 그 저당권으로서 추급할 수 있으므로 토지소유자가 협의에 따라 지급받을 보상금(실질은 매매대금)에 대하여 물상대위권을 행사할 수 없다(대판 1981.5.26, 80다2109).

36. 저당부동산의 제3취득자에 관한 설명으로 옳은 것을 모두 고른 것은? (다툼이 있으면 판례에 따름)

제32회

> ㉠ 저당부동산에 대한 후순위저당권자는 저당부동산의 피담보채권을 변제하고 그 저당권의 소멸을 청구할 수 있는 제3취득자에 해당하지 않는다.
> ㉡ 저당부동산의 제3취득자는 부동산의 보존·개량을 위해 지출한 비용을 그 부동산의 경매대가에서 우선상환을 받을 수 없다.
> ㉢ 저당부동산의 제3취득자는 저당권을 실행하는 경매에 참가하여 매수인이 될 수 있다.
> ㉣ 피담보채권을 변제하고 저당권의 소멸을 청구할 수 있는 제3취득자에는 경매신청 후에 소유권, 지상권 또는 전세권을 취득한 자도 포함된다.

① ㉠, ㉡ ② ㉠, ㉣ ③ ㉡, ㉢
④ ㉠, ㉢, ㉣ ⑤ ㉡, ㉢, ㉣

톺아보기

옳은 것은 ㉠㉢㉣이다.
㉠ 저당부동산에 대한 '후순위저당권자'는 저당부동산의 피담보채권을 변제하고 그 저당권의 소멸을 청구할 수 있는 제3취득자에 해당하지 않는다.
㉡ 저당부동산의 제3취득자는 부동산의 보존·개량을 위해 지출한 비용을 그 부동산의 경매대가에서 우선상환을 받을 수 있다.
㉢ 저당부동산의 제3취득자는 경매에 참가하여 매수인이 될 수 있다.
㉣ 피담보채권을 변제하고 저당권의 소멸을 청구할 수 있는 제3취득자에는 경매신청 후에 소유권, 지상권 또는 전세권을 취득한 자도 포함된다.

정답 | 35 ② 36 ④

37 상[중]하

甲은 乙에 대한 금전채권을 담보하기 위해 乙의 X토지에 저당권을 취득하였고, 그 후 丙이 X토지에 대하여 저당권을 취득하였다. 다음 설명 중 옳은 것은? (다툼이 있으면 판례에 따름)

제25회

① 甲은 저당권을 피담보채권과 분리하여 제3자에게 양도할 수 있다.
② 乙이 甲에게 이행기에 피담보채무 전부를 변제하면 甲 명의의 저당권은 말소등기를 하지 않아도 소멸한다.
③ 저당권등기는 효력존속요건이므로 甲 명의의 저당권등기가 불법말소되면 甲의 저당권은 소멸한다.
④ 甲 명의의 저당권등기가 불법말소된 후 丙의 경매신청으로 X토지가 제3자에게 매각되더라도 甲의 저당권등기는 회복될 수 있다.
⑤ 만약 甲 명의의 저당권등기가 무효인 경우, 丙의 저당권이 존재하더라도 甲과 乙은 甲 명의의 저당권등기를 다른 채권의 담보를 위한 저당권등기로 유용할 수 있다.

톺아보기

논점 저당권의 법리를 사례에 적용할 줄 아는가?

② 乙이 甲에게 이행기에 피담보채무 전부를 변제하면 甲 명의의 저당권은 말소등기를 하지 않아도 소멸한다 (부종성의 원리).

오답해설

③ 저당권등기는 효력발생요건이고 효력존속요건이 아니므로 저당권등기가 말소되어도 저당권은 소멸하지 아니한다.
④ 경매가 된 경우에는 불법말소된 저당권은 말소회복등기를 할 수 없고 부당이득반환을 청구함에 그친다(대판 1998.10.20, 98다27197).
⑤ 무효등기의 유용은 제3자가 없을 때에 한하여 가능하다. 그런데 사안에는 X토지에 이해관계를 가진 후순위권리자인 제3자 丙의 저당권이 존재하므로 甲 명의의 무효인 저당권등기를 유용할 수 없다.

38 상중하

甲은 그 소유 나대지(X)에 乙에 대한 채무담보를 위해 乙 명의의 저당권을 설정하였다. 이후 丙은 X에 건물(Y)을 신축하여 소유하고자 甲으로부터 X를 임차하여 Y를 완성한 후, Y에 丁명의의 저당권을 설정하였다. 다음 설명 중 틀린 것은? (다툼이 있으면 판례에 따름)

제30회

① 乙은 甲에 대한 채권과 분리하여 자신의 저당권을 타인에게 양도할 수 없다.
② 乙이 X에 대한 저당권을 실행하는 경우, Y에 대해서도 일괄경매를 청구할 수 있다.
③ 丁의 Y에 대한 저당권 실행으로 戊가 경락을 받아 그 대금을 완납하면, 특별한 사정이 없는 한 丙의 X에 관한 임차권은 戊에게 이전된다.
④ 丁의 Y에 대한 저당권이 실행되더라도 乙의 저당권은 소멸하지 않는다.
⑤ 甲이 X를 매도하는 경우, 乙은 그 매매대금에 대해 물상대위권을 행사할 수 없다.

톺아보기

논점 저당권의 법리를 사례에 적용할 수 있나?

② 乙이 X토지에 대한 저당권을 실행하는 경우, 일괄경매를 청구하려면 토지와 건물이 동일한 소유자이어야 하는데 X토지는 甲의 소유이고, Y건물은 丙의 소유이므로 일괄경매를 청구할 수 없다.
① 乙은 甲에 대한 채권과 분리하여 자신의 저당권을 타인에게 양도할 수 없다(수반성의 원리).
③ 건물저당권의 효력은 건물의 소유를 목적으로 한 지상권(임차권)에도 미친다. 건물에 대한 저당권의 효력은 그 건물의 종된 권리에도 미치므로, 그 건물에 대한 저당권이 실행되어 경락인이 그 건물의 소유권을 취득하였다면 특별한 사정이 없는 한 건물소유를 위한 지상권(임차권)도 제187조의 규정에 따라 등기 없이 당연히 취득한다(대판 1996.4.26, 95다52864).
④ 丁의 Y건물에 대한 저당권이 실행되어 소멸하더라도 X토지의 저당권은 Y건물과는 전혀 별개의 담보물을 대상으로 하는 것이므로 X토지의 저당권은 소멸하지 않는다.
⑤ 물상대위는 저당목적물이 멸실되거나 훼손되어 가치적 변형물이 존재하여야 하는데 甲이 X를 매도하는 경우, 乙은 그 매매대금에 대해서는 물상대위권을 행사할 수 없다.

39 상중하

저당권에 관한 설명으로 틀린 것은?

제28회

① 지상권은 저당권의 객체가 될 수 있다.
② 저당권은 그 담보한 채권과 분리하여 타인에게 양도할 수 있다.
③ 저당권으로 담보한 채권이 시효완성으로 소멸하면 저당권도 소멸한다.
④ 저당권의 효력은 특별한 사정이 없는 한 저당부동산의 종물에도 미친다.
⑤ 저당물의 제3취득자가 그 부동산에 유익비를 지출한 경우, 저당물의 경매대가에서 우선상환을 받을 수 있다.

정답 | 37 ② 38 ② 39 ②

톺아보기

논점 저당권의 법리를 종합적으로 알고 있는가?
② 저당권은 그 담보한 채권과 분리하여 타인에게 양도할 수 없다(제361조).
① 지상권, 전세권, 공유지분은 저당권의 객체가 될 수 있다.
③ 저당권으로 담보한 채권이 시효완성으로 소멸하면 부종성의 원리에 의하여 저당권도 소멸한다(제369조).
④ 저당권의 효력은 특별한 사정이 없는 한 저당부동산의 부합물과 종물에 미친다(제358조).
⑤ 저당물의 제3취득자가 그 부동산에 필요비 또는 유익비를 지출한 경우, 저당물의 경매대가에서 우선상환을 받을 수 있다(제367조).

40 상중하

저당권에 관한 설명으로 틀린 것은? (다툼이 있으면 판례에 따름) 제24회

① 저당권설정자가 저당권 설정 후 건물을 축조하였으나 경매 당시 제3자가 그 건물을 소유하는 때에도 일괄경매청구권이 인정된다.
② 채권자, 채무자와 제3자 사이에 합의가 있고 채권이 실질적으로 제3자에게 귀속되었다고 볼 수 있는 사정이 있으면 제3자 명의의 저당권설정등기는 유효하다.
③ 저당권설정행위는 처분행위이므로 처분의 권리 또는 권한을 가진 자만이 저당권을 설정할 수 있다.
④ 특별한 사정이 없으면, 저당권이전을 부기등기하는 방법으로 무효인 저당권등기를 다른 채권자를 위한 담보로 유용할 수 있다.
⑤ 특별한 사정이 없으면, 저당권의 피담보채권 소멸 후 그 말소등기 전에 피담보채권의 전부명령을 받아 저당권이전등기가 이루어진 때에도 그 저당권은 효력이 없다.

톺아보기

논점 저당권의 법리를 종합적으로 알고 있는가?
① 저당권설정자가 저당권 설정 후 건물을 축조하여 동일인 소유이면 일괄경매가 가능하지만 경매 당시 제3자가 그 건물을 소유하는 때에는 토지와 건물소유자가 별개이어서 동일인 소유가 아니므로 일괄경매청구권이 인정되지 아니한다.
② 채권자 아닌 제3자명의 저당권은 특별한 사정이 없는 한 무효가 원칙이다. 다만 예외적으로 채권자, 채무자와 제3자 사이에 합의가 있고 채권이 실질적으로 제3자에게 귀속되었다고 볼 수 있는 "특별한 사정이 있으면" 제3자 명의의 저당권설정등기는 유효하다(대판 2001.3.15, 99다48948 전원합의체).
③ 저당권설정행위는 처분행위이므로 처분권한이 필요하다.
④ 이해관계 있는 제3자가 없는 한 무효등기의 유용을 허용한다.
⑤ 채권 소멸 후 그 말소등기 전에 피담보채권의 전부명령을 받아 저당권이전등기가 이루어진 때에도 채권이 소멸하였으므로 그 저당권은 무효이다(대판 2002.9.24, 2002다27910).

41 저당권에 관한 설명으로 옳은 것은? (다툼이 있으면 판례에 따름) 제29회

① 저당권은 그 담보한 채권과 분리하여 타인에게 양도할 수 있다.
② 저당물의 소유권을 취득한 제3자는 그 저당물의 경매에서 경매인이 될 수 없다.
③ 건물저당권의 효력은 특별한 사정이 없는 한 그 건물의 소유를 목적으로 한 지상권에도 미친다.
④ 저당부동산에 대한 압류가 있으면 압류 이전의 저당권설정자의 저당부동산에 관한 차임채권에도 저당권의 효력이 미친다.
⑤ 저당부동산의 제3취득자는 부동산의 보존·개량을 위해 지출한 비용을 그 부동산의 경매대가에서 우선변제받을 수 없다.

톺아보기

논점 저당권의 법리를 종합적으로 알고 있는가?

★ ③ 건물저당권의 효력은 특별한 사정이 없는 한 건물의 소유를 목적으로 한 지상권에도 미친다(권리의 종물이론).

오답해설

① 저당권은 그 담보한 채권과 분리하여 타인에게 양도할 수 없다(수반성).
② 저당물의 소유권을 취득한 제3자는 그 저당물의 경매에서 경매인이 될 수 있다(제363조).
④ 저당권의 실행으로 저당부동산에 대한 '압류가 있은 후'에는 저당권설정자가 그 부동산으로부터 수취한 과실 또는 수취할 수 있는 과실에 미친다(제359조). 따라서 '압류 전의 차임채권'에는 저당권의 효력이 미치지 아니한다.
⑤ 저당부동산의 제3취득자는 부동산의 보존·개량을 위해 지출한 비용을 그 부동산의 경매대가에서 우선변제받을 수 있다(제367조).

42 저당권에 관한 설명으로 옳은 것은? (다툼이 있으면 판례에 따름) 제34회

① 전세권은 저당권의 객체가 될 수 없다.
② 저당권 설정은 권리의 이전적 승계에 해당한다.
③ 「민법」 제365조에 따라 토지와 건물의 일괄경매를 청구한 토지 저당권자는 그 건물의 경매대가에서 우선변제를 받을 수 있다.
④ 건물 건축 개시 전의 나대지에 저당권이 설정될 당시 저당권자가 그 토지 소유자의 건물 건축에 동의한 경우, 저당토지의 임의경매로 인한 법정지상권은 성립하지 않는다.
⑤ 저당물의 소유권을 취득한 제3자는 그 저당물의 보존을 위해 필요비를 지출하더라도 특별한 사정이 없는 한 그 저당물의 경매대가에서 우선상환을 받을 수 없다.

정답 | 40 ① 41 ③ 42 ④

톺아보기

오답해설
① 전세권, 지상권, 공유지분은 저당권의 객체가 될 수 있다.
② 저당권 설정은 권리의 설정적 승계에 해당한다.
③ 「민법」 제365조에 따라 토지와 건물의 일괄경매를 청구한 토지 저당권자는 그 토지의 경매대가에서 우선변제를 받을 수 있다.
⑤ 저당물의 소유권을 취득한 제3자는 그 저당물의 보존을 위해 필요비를 지출하면 그 저당물의 경매대가에서 우선상환을 받을 수 있다.

43 甲은 乙에게 1억원을 대여하면서 乙 소유의 Y건물에 저당권을 취득하였다. 다음 설명 중 옳은 것을 모두 고른 것은? (다툼이 있으면 판례에 따름) 제34회

㉠ 乙이 甲에게 피담보채권 전부를 변제한 경우, 甲의 저당권은 말소등기를 하지 않아도 소멸한다.
㉡ 甲은 Y건물의 소실로 인하여 乙이 취득한 화재보험금청구권에 대하여 물상대위권을 행사할 수 있다.
㉢ 甲은 저당권을 피담보채권과 분리하여 제3자에게 양도하지 못한다.

① ㉠   ② ㉢   ③ ㉠, ㉡
④ ㉡, ㉢   ⑤ ㉠, ㉡, ㉢

톺아보기

모두 옳다.
㉠ 乙이 甲에게 피담보채권 전부를 변제한 경우, 甲의 저당권은 말소등기를 하지 않아도 소멸한다(부종성의 원리).
㉡ 甲은 Y건물의 소실로 인하여 乙이 취득한 화재보험금청구권에 대하여 물상대위권을 행사할 수 있다(물상대위).
㉢ 甲은 저당권을 피담보채권과 분리하여 제3자에게 양도하지 못한다(수반성의 원리).

근저당권

44 근저당권에 관한 설명으로 틀린 것은? (다툼이 있으면 판례에 따름) 제20회

상**중**하

① 근저당권의 실행비용은 채권최고액에 포함되지 않는다.
② 피담보채권의 이자는 채권최고액에 포함된 것으로 본다.
③ 물상보증인은 채권최고액까지만 변제하면 근저당권등기의 말소를 청구할 수 있다.
④ 근저당권자가 피담보채무의 불이행을 이유로 경매신청한 후에 새로운 거래관계에서 발생한 원본채권은 그 근저당권에 의해 담보되지 않는다.
⑤ 근저당권자가 피담보채무의 불이행을 이유로 경매신청을 하여 경매개시결정이 있은 후에 경매신청이 취하된 경우에는 채무확정의 효과가 번복된다.

톺아보기

논점 근저당권의 법리를 종합적으로 아는가?

⑤ 경매신청을 하여 경매개시결정이 있은 후에 '경매신청이 취하'된 경우에는 경매신청시에 확정된 채무확정의 효과가 번복되지 아니한다(대판 2002.11.26, 2001다73022).
①② 이자는 최고액에 포함되지만 실행비용은 최고액에 포함되지 않는다.
★ ③ 채무자는 '채무전액'을 변제하여야 하나, 제3취득자와 물상보증인은 '채권최고액'만 변제하면 된다는 점에서 구별된다.
④ 근저당권자가 피담보채무의 불이행을 이유로 경매신청한 경우 그 시점에 근저당권의 피담보채무액은 확정되고 그 후에 새로운 거래관계에서 발생한 원본채권은 근저당권으로 담보되지 아니한다(대판 2007.4.26, 2005다38300).

45 근저당권에 관한 설명으로 틀린 것은? (다툼이 있으면 판례에 따름) 제26회

상**중**하

① 피담보채무의 확정 전에는 채무자를 변경할 수 없다.
② 1년분이 넘는 지연배상금이라도 채권최고액의 한도 내라면 전액 근저당권에 의해 담보된다.
③ 근저당권이 성립하기 위해서는 그 설정행위와 별도로 피담보채권을 성립시키는 법률행위가 있어야 한다.
④ 후순위 근저당권자가 경매를 신청한 경우 선순위 근저당권의 피담보채권은 매각대금이 완납된 때에 확정된다.
⑤ 선순위 근저당권의 확정된 피담보채권액이 채권최고액을 초과하는 경우, 후순위 근저당권자가 그 채권최고액을 변제하더라도, 선순위 근저당권의 소멸을 청구할 수 없다.

정답 | 43 ⑤ 44 ⑤ 45 ①

톺아보기

논점 근저당권의 법리를 종합적으로 알고 있는가?

① 근저당권은 그 피담보채무가 확정되기 이전이라면 채무의 범위나 또는 채무자를 변경할 수 있는 것이고, 채무의 범위나 채무자가 변경된 경우에는 당연히 변경 후의 범위에 속하는 채권이나 채무자에 대한 채권만이 당해 근저당권에 의하여 담보되고, 변경 전의 범위에 속하는 채권이나 채무자에 대한 채권은 그 근저당권에 의하여 담보되는 채무의 범위에서 제외된다(대판 1999.5.14, 97다15777).

③ 근저당권이 성립하기 위해서는 근저당권설정행위와는 별도로 근저당권의 피담보채권을 성립시키는 법률행위가 있어야 한다(대판 2011.4.28, 2010다107408).

⑤ 근저당부동산에 대하여 후순위근저당권을 취득한 자는 제364조에서 정한 권리를 행사할 수 있는 제3취득자에 해당하지 않기 때문에 선순위근저당권의 최고액을 변제하여도 선순위근저당권의 소멸을 청구하지 못한다(대판 2006.1.26, 2005다17341).

---

46 근저당권에 관한 설명으로 옳은 것을 모두 고른 것은? (판례에 따름) 제35회

㉠ 채무자가 아닌 제3자도 근저당권을 설정할 수 있다.
㉡ 피담보채무 확정 전에는 채무자를 변경할 수 있다.
㉢ 근저당권에 의해 담보될 채권최고액에 채무의 이자는 포함되지 않는다.

① ㉠ ② ㉢ ③ ㉠, ㉡ ④ ㉡, ㉢ ⑤ ㉠, ㉡, ㉢

톺아보기

옳은 것은 ㉠㉡이다.
㉠ 채무자가 아닌 제3자, 즉 물상보증인도 근저당권을 설정할 수 있다.
㉡ 피담보채무 확정 전에는 채무자를 변경할 수 있다(대판 1999.5.14, 97다15777).
㉢ 근저당권에 의해 담보될 채권최고액에 채무의 이자는 포함된다(제357조 제2항).

---

47 근저당권에 관한 설명으로 틀린 것은? (다툼이 있으면 판례에 따름) 제24회

① 채권최고액은 저당목적물로부터 우선변제를 받을 수 있는 한도액을 의미한다.
② 채무자의 채무액이 채권최고액을 초과하는 경우, 물상보증인은 채무자의 채무 전액을 변제하지 않으면 근저당권설정등기의 말소를 청구할 수 없다.
③ 근저당권의 피담보채권이 확정된 경우, 확정 이후에 새로운 거래관계에서 발생하는 채권은 그 근저당권에 의하여 담보되지 않는다.
④ 근저당권자가 경매를 신청한 경우, 그 근저당권의 피담보채권은 경매를 신청한 때 확정된다.
⑤ 근저당권의 후순위 담보권자가 경매를 신청한 경우, 근저당권의 피담보채권은 매수인이 매각대금을 완납한 때 확정된다.

톺아보기

논점 근저당권의 법리를 종합적으로 알고 있는가?

② 물상보증인이나 제3취득자는 채권최고액만을 변제하면 되나 채무자는 채무 전액을 변제하여야 한다는 점에서 다르다(대판 1974.12.10, 74다998).
① 최고액은 책임의 한도액이 아니라 우선 변제받는 한도액을 말한다(대판 1992.5.26, 92다1896).
③ 근저당권의 피담보채권이 확정된 경우, 확정 이후에 새로운 거래관계에서 발생하는 채권은 그 근저당권에 의하여 담보되지 않는다.
★ ④ 후순위 저당권자가 경매신청시에 선순위근저당권의 채권액이 확정되는 시기는 경매신청시가 아니라 경락대금 완납시이다(대판 1999.9.21, 99다26085).
⑤ 근저당권의 후순위 담보권자가 경매를 신청한 경우, 근저당권의 피담보채권은 매수인이 매각대금을 완납한 때 확정된다.

48

근저당권에 관한 설명으로 틀린 것은? (다툼이 있으면 판례에 따름) 제31회

① 채무자가 아닌 제3자도 근저당권을 설정할 수 있다.
② 채권자가 아닌 제3자 명의의 근저당권설정등기는 특별한 사정이 없는 한 무효이다.
③ 근저당권에 의해 담보될 채권최고액에 채무의 이자는 포함되지 않는다.
④ 근저당권설정자가 적법하게 기본계약을 해지하면 피담보채권은 확정된다.
⑤ 근저당권자가 피담보채무의 불이행을 이유로 경매신청을 한 경우에는 경매신청 시에 피담보채권액이 확정된다.

톺아보기

논점 근저당권의 법리를 종합적으로 알고 있는가?

③ 근저당권에 의해 담보될 채권최고액에 채무의 이자는 포함된다.
① 채무자가 아닌 제3자(물상보증인)도 근저당권을 설정할 수 있다.
★ ② 채권자가 아닌 제3자 명의의 근저당권설정등기는 특별한 사정이 없는 한 무효이다.

정답 | 46 ③ 47 ② 48 ③

근저당권의 채권액 확정시기

49 후순위 근저당권자의 신청으로 담보권실행을 위한 경매가 이루어진 경우, 확정되지 않은 선순위 근저당권의 피담보채권이 확정되는 시기는? (다툼이 있으면 판례에 따름)

제28회

① 경매개시결정이 있는 때
② 매수인이 매각대금을 완납한 때
③ 경매법원의 매각허가결정이 있는 때
④ 후순위 근저당권자가 경매를 신청한 때
⑤ 선순위 근저당권자가 경매개시된 사실을 알게 된 때

톺아보기

논점 근저당권에서 채권액 확정 시기를 아는가?

1번 근저당권자가 경매를 신청하는 경우 1번 근저당권의 채권액이 확정되는 시기	"경매를 신청한 때"에 확정된다(대판 2002.11.26, 2001다73022).
후순위근저당권자가 경매신청 한 경우 선순위근저당권의 채권액이 확정되는 시기	선순위근저당권이 소멸되는 시점 즉, "매각대금을 완납한 때" 확정된다(대판 1999.9.21, 99다26085).

50 근저당권에 관한 설명으로 틀린 것은? (다툼이 있으면 판례에 따름)

제34회

① 채권최고액에는 피담보채무의 이자가 산입된다.
② 피담보채무 확정 전에는 채무자를 변경할 수 있다.
③ 근저당권자가 피담보채무의 불이행을 이유로 경매신청을 한 경우, 특별한 사정이 없는 한 피담보채무액은 그 신청시에 확정된다.
④ 물상보증인은 채권최고액을 초과하는 부분의 채권액까지 변제할 의무를 부담한다.
⑤ 특별한 사정이 없는 한, 존속기간이 있는 근저당권은 그 기간이 만료한 때 피담보채무가 확정된다.

톺아보기

물상보증인이나 제3취득자는 채권최고액을 한도로 당해 부동산으로 담보적 책임을 부담하므로 최고액을 변제하면 근저당권을 말소할 수 있다. 따라서 물상보증인은 채권최고액을 초과하는 부분까지 변제할 의무가 있는 것은 아니다(대판 1974.12.10, 74다998).

51

2019.8.1. 甲은 乙에게 2억원(대여기간 1년, 이자 월 1.5%)을 대여하면서 乙 소유 X토지(가액 3억원)에 근저당권(채권최고액 2억 5천만원)을 취득하였고, 2020.7.1. 丙은 乙에게 1억원(대여기간 1년, 이자 월 1%)을 대여하면서 X토지에 2번 근저당권(채권최고액 1억 5천만원)을 취득하였다. 甲과 丙이 변제를 받지 못한 상황에서 丙이 2022.6.1. X토지에 관해 근저당권 실행을 위한 경매를 신청하면서 배당을 요구한 경우, 이에 관한 설명으로 옳은 것은? (다툼이 있으면 판례에 따름)

제33회

> ㉠ 2022.6.1. 甲의 근저당권의 피담보채권액은 확정되지 않는다.
> ㉡ 甲에게 2022.6.1. 이후에 발생한 지연이자는 채권최고액의 범위 내라도 근저당권에 의해 담보되지 않는다.
> ㉢ 甲이 한 번도 이자를 받은 바 없고 X토지가 3억원에 경매되었다면 甲은 경매대가에서 3억원을 변제받는다.

① ㉠ ② ㉡ ③ ㉠, ㉢
④ ㉡, ㉢ ⑤ ㉠, ㉡, ㉢

톺아보기

논점 근저당권의 법리를 종합적으로 사례에 적용할 줄 알고 있는가?
옳은 것은 ㉠이다.

乙 소유 X토지[시가 3억원] — 甲 1번 근저당권[최고액 2억 5천만원] — 丙 2번 근저당권[최고액 1억 5천만원]

㉠ 2번 근저당권자 丙이 2022.6.1. X토지에 관해 근저당권 실행을 위한 경매를 신청한 경우에 1번 근저당권자 甲의 피담보채권액은 매각대금완납시에 확정되므로 아직 채권액은 확정되지 않는다.
㉡ 2번 근저당권자 丙이 2022.6.1. 근저당권 실행을 위한 경매를 신청한 상태로 1번 근저당권자 甲의 채권액은 아직 확정 전이고 2022.6.1. 이후에 발생한 지연이자는 채권최고액의 범위 내라면 근저당권에 의해 담보된다.
㉢ X토지가 3억원에 경매되었다면 甲은 경매대가에서 3억원이 아니라 최고액 2억 5천만원 한도로 우선변제받는다.

정답 | 49 ② 50 ④ 51 ①

공동저당권 - 동시배당

52

甲은 乙에 대한 3억원의 채권을 담보하기 위하여 乙 소유의 X토지와 Y건물에 각각 1번 공동저당권을 취득하고, 丙은 X토지에 피담보채권 2억 4천만원의 2번 저당권을, 丁은 Y건물에 피담보채권 1억 6천만원의 2번 저당권을 취득하였다. X토지와 Y건물이 모두 경매되어 X토지의 경매대가 4억원과 Y건물의 경매대가 2억원이 동시에 배당되는 경우, 丁이 Y건물의 경매대가에서 배당받을 수 있는 금액은? (경매비용이나 이자 등은 고려하지 않음) 제27회

① 0원
② 4천만원
③ 6천만원
④ 1억원
⑤ 1억 6천만원

톺아보기

논점 이시배당의 법리와 후순위자의 배당액을 아는가?

乙 소유 X토지(4억원) ──── 甲(1번 저당권) ──── 丙(2번 저당권)
乙 소유 Y건물(2억원) ──── 甲(1번 저당권) ──── 丁(2번 저당권)

1. 동시경매시 X토지에서 배당액 = 채권액 3억원 × $\dfrac{4억원}{4억원+2억원}$ = 2억원

2. 동시경매시 Y건물에서 배당액 = 채권액 3억원 × $\dfrac{2억원}{4억원+2억원}$ = 1억원

3. 동시배당시 Y건물(시가 2억원)에서 1번 저당권자의 배당액(1억원)을 빼고 남은 금액, 즉 건물의 낙찰가(2억원) - 1번 저당권자의 배당액(1억원) = 1억원, 1억원의 금액이 2번 저당권자가 건물에서 2순위로 배당받는 금액이다.

이시배당시 차순위자의 대위권

53 甲은 채무자 乙의 X토지와 제3자 丙의 Y토지에 대하여 피담보채권 5천만원의 1번 공동저당권을, 丁은 X토지에 乙에 대한 피담보채권 2천만원의 2번 저당권을, 戊는 Y토지에 丙에 대한 피담보채권 3천만원의 2번 저당권을 취득하였다. Y토지가 경매되어 배당금액 5천만원 전액이 甲에게 배당된 후 X토지 매각대금 중 4천만원이 배당되는 경우, 戊가 X토지 매각대금에서 배당받을 수 있는 금액은? (다툼이 있으면 판례에 따름)

제25회

① 0원　　　　　　　　　　② 1천만원
③ 2천만원　　　　　　　　④ 3천만원
⑤ 4천만원

톺아보기

논점 이시배당의 경우 후순위자의 대위권을 사례에 적용할 줄 아는가?

1번 저당권자가 물상보증인의 부동산을 먼저 경매실행한 경우 학설은 첫째, 변제자 대위에 의한 물상보증인 우선설, 둘째, 후순위저당권자의 대위 우선설, 셋째, 선등기자의 대위 우선설로 나누어져 대립하는데, 판례는 물상보증인 우선설의 입장이다(대판 2001.6.1, 2001다21854).

| 乙 소유 X토지(4천만원) ── 甲(1번 저당권) ── 丁(2번 저당권) |
| 丙 소유 Y건물(5천만원) ── 甲(1번 저당권) ── 戊(2번 저당권) |

따라서 1번 저당권자가 우선 배당을 받게 되고, 물상보증인 부동산의 후순위권리자인 戊는 물상보증인이 대위취득한 채무자소유 X토지에 대하여 1번 저당권을 물상대위할 수 있다. 이때 채무자 부동산의 2번 저당권자는 전혀 배당을 받지 못하나 물상보증인 부동산의 후순위권리자는 자신의 채권 전액, 즉 '3천만원'을 대위변제받는다. 이를 차순위자의 대위권이라 한다.

정답 | 52 ④　53 ④

공동근저당권

54

甲은 乙에게 1억원을 대출해주고, 乙 소유의 X토지와 Y토지에 관하여 채권최고액 1억 2,000만원으로 하는 1순위 공동근저당권을 취득하였다. 그 후 甲은 丙이 신청한 X토지의 경매절차에서 8,000만원을 우선변제받았다. 이후 丁이 신청한 경매절차에서 Y토지가 2억원에 매각되었고, 甲의 채권은 원리금과 지연이자 등을 포함하여 경매신청 당시는 5,000만원, 매각대금 완납시는 5,500만원이다. 甲이 Y토지의 매각대금에서 우선배당받을 수 있는 금액은? (다툼이 있으면 판례에 따름)

제29회

① 2,000만원 ② 4,000만원
③ 5,000만원 ④ 5,500만원
⑤ 6,000만원

톺아보기

논점 공동근저당에서 이시배당의 법리를 사례에 적용할 줄 아는가?

```
채무자 乙  X토지(1억 2천만원 최고액) ─── 甲(1번 근저당권) 8천만원 배당 ─── 丙(후순위자)
         Y토지(1억 2천만원 최고액) ─── 甲(1번 근저당권) ?           ─── 丁(후순위자)
```

공동근저당권이 설정된 목적 부동산에 대하여 이시배당이 이루어지는 경우에도 동시배당의 경우와 마찬가지로 공동근저당권자가 공동근저당권 목적 부동산의 각 환가대금으로부터 채권최고액만큼 반복하여 배당받을 수는 없다고 해석하는 것이 제368조 제1항 및 제2항의 취지에 부합한다.
공동담보의 나머지 목적 부동산(Y)에 대하여 공동근저당권자로서 행사할 수 있는 우선변제권의 범위는 이후에 피담보채권액이 증가하더라도 최초의 채권최고액에서 위와 같이 우선변제받은 금액을 공제한 나머지 채권최고액으로 제한된다(대판 2017.12.21, 2013다16992 전원합의체). 즉, 1번 공동근저당권자 甲은 乙 소유 X토지에서 8천만원을 우선변제받았고, 그후에 이시배당으로 Y토지에서 우선변제받는 금액은 [X토지의 최고액(1억 2천만원) − X토지에서 우선변제받은 금액(8천만원) = 4천만원]까지를 Y토지의 매각대금에서 우선 배당받을 수 있는 금액이다.

정답 | 54 ②

land.Hackers.com

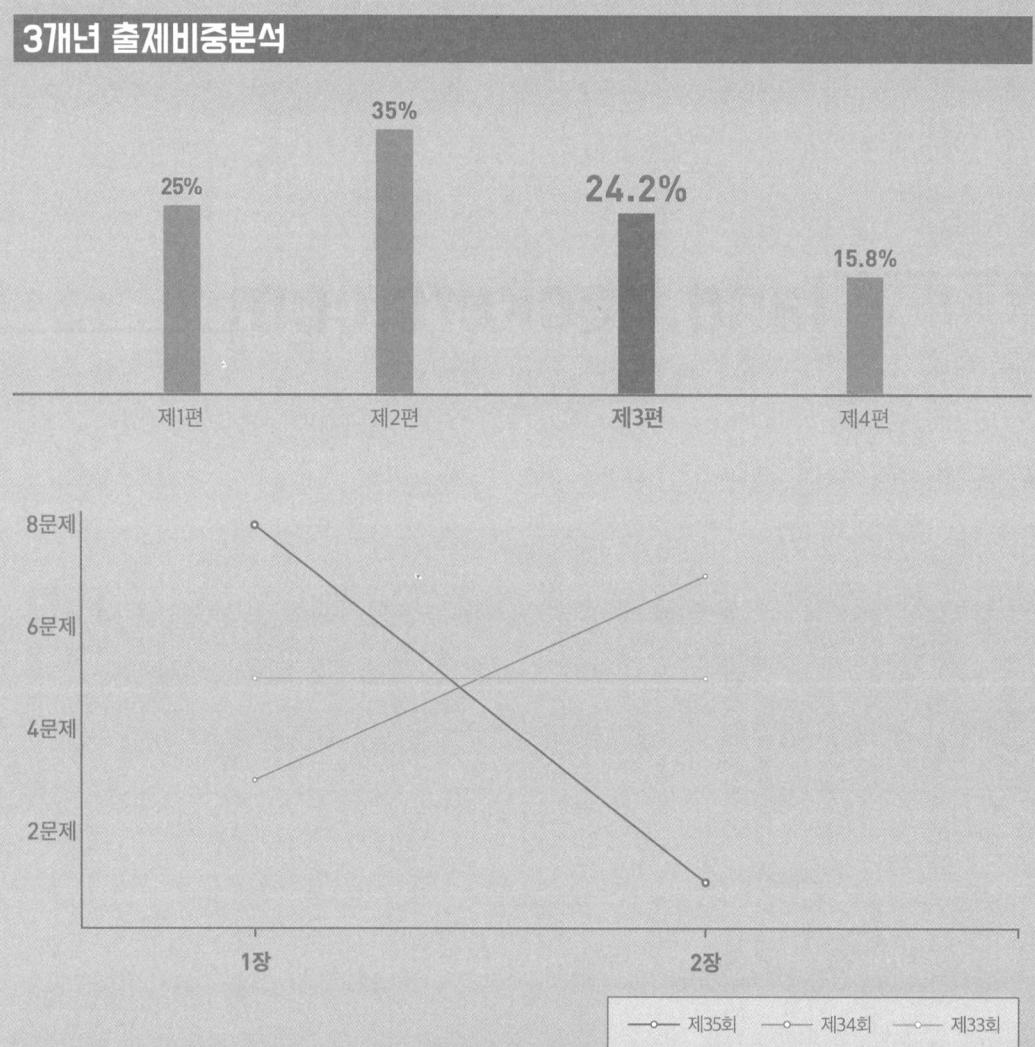

제3편

계약법

제1장　계약총론
제2장　계약각론

제1장 / 계약총론

기본서 p.360~415

계약의 종류

01 계약의 유형에 관한 설명으로 옳은 것은? 제28회

① 부동산매매계약은 유상, 요물계약이다.
② 중개계약은 「민법」상의 전형계약이다.
③ 부동산교환계약은 무상, 계속적 계약이다.
④ 증여계약은 편무, 유상계약이다.
⑤ 임대차계약은 쌍무, 유상계약이다.

톺아보기

논점 계약의 종류를 구별할 수 있는가?
⑤ 임대차계약은 쌍무, 유상, 낙성, 불요식계약이다.

오답해설
① 부동산매매, 교환, 임대차계약은 쌍무, 유상, 낙성, 불요식계약이다.
② 중개계약은 '민법전'에 형태가 존재하지 아니하는 비전형계약이다.
③ 부동산교환계약은 쌍무, 유상, 낙성, 불요식계약이다.
④ 증여, 사용대차 계약은 편무, 무상, 낙성, 불요식계약이다.

02 다음 중 요물계약인 것은? (다툼이 있으면 판례에 따름) 제20회

① 증여계약   ② 교환계약   ③ 매매계약
④ 계약금계약   ⑤ 임대차계약

톺아보기

논점 요물계약의 종류를 알고 있는가?
계약금계약은 계약금을 지급하기로 하는 약정만으로는 성립하지 아니하고 약정한 계약금 전액을 지급하여야 성립하는 요물계약이다(판례). 현상광고도 요물계약이다. 한편, 「민법」은 낙성계약이 원칙이다.

03 계약의 종류와 그에 해당하는 예가 잘못 짝지어진 것은?

제31회

① 쌍무계약 – 도급계약
② 편무계약 – 무상임치계약
③ 유상계약 – 임대차계약
④ 무상계약 – 사용대차계약
⑤ 낙성계약 – 현상광고계약

톺아보기

논점 요물계약의 종류를 알고 있는가?

★ 현상광고는 광고자가 지정행위를 한 자에게 일정한 보수를 지급할 의사표시를 하고, 응모자가 그 광고에서 정한 '지정행위를 완료함'으로써 성립하는 편무, 유상, 요물계약(제675조)이다.

04 계약의 유형에 관한 설명으로 옳은 것은?

제33회

① 매매계약은 요물계약이다.
② 교환계약은 무상계약이다.
③ 증여계약은 낙성계약이다.
④ 도급계약은 요물계약이다.
⑤ 임대차계약은 편무계약이다.

톺아보기

논점 계약의 종류를 구별할 수 있는가?

③ 증여계약은 편무, 무상, 낙성, 불요식계약이다.

오답해설
① 매매계약은 쌍무, 유상, 낙성, 불요식계약이다.
② 교환계약은 쌍무, 유상, 낙성, 불요식계약이다.
④ 도급계약은 쌍무, 유상, 낙성, 불요식계약이다.
⑤ 임대차계약은 쌍무, 유상, 낙성, 불요식계약이다.

05 「민법」상 계약에 관한 설명으로 옳은 것은?

제35회

① 매매계약은 요물계약이다.
② 도급계약은 편무계약이다.
③ 교환계약은 무상계약이다.
④ 증여계약은 요식계약이다.
⑤ 임대차계약은 유상계약이다.

정답 | 01 ⑤ 02 ④ 03 ⑤ 04 ③ 05 ⑤

톺아보기

오답해설
① 매매계약은 요물계약이 아니고 낙성, 쌍무, 유상, 불요식계약이다.
② 도급계약은 편무계약이 아니라 쌍무, 유상, 낙성, 불요식 계약이다.
③ 교환계약은 무상계약이 아니라 유상, 쌍무, 낙성, 불요식 계약이다.
④ 증여계약은 요식계약이 아니라 편무, 무상, 낙성, 불요식계약이다.

계약의 성립

06 계약에 관한 설명으로 틀린 것은? (다툼이 있으면 판례에 따름) 제24회

① 계약을 합의해지하기 위해서는 청약과 승낙이라는 서로 대립하는 의사표시가 합치되어야 한다.
② 당사자 사이에 동일한 내용의 청약이 서로 교차된 경우, 양 청약이 상대방에게 도달한 때에 계약은 성립한다.
③ 계약의 합의해제에 관한 청약에 대하여 상대방이 조건을 붙여 승낙한 때에는 그 청약은 효력을 잃는다.
④ 청약자가 '일정한 기간 내에 회답이 없으면 승낙한 것으로 본다'고 표시한 경우, 특별한 사정이 없으면 상대방은 이에 구속된다.
⑤ 청약자의 의사표시나 관습에 의하여 승낙의 통지가 필요하지 않은 경우, 계약은 승낙의 의사표시로 인정되는 사실이 있는 때에 성립한다.

톺아보기

논점 계약의 성립에 관한 주요논점을 알고 있는가?

④ 청약에 대하여 승낙할 것인가의 여부는 승낙자의 자유이므로 승낙자가 회답기간 내에 회답을 하지 않아도 계약은 청약자의 일방적인 통지만으로 성립할 수 없고 상대방은 이에 구속되지도 않는다(대판 1999.1.29, 98다48903).
① 합의해지는 합의해지의 청약과 합의해지의 승낙으로 성립하는 쌍방간의 계약이므로 두 의사표시가 일치하고 합치되어야 한다.
② 교차청약의 성립시기는 나중 청약이 도달한 때이다.
③ 합의 해제에 관하여 일방이 청약을 하였는데 상대방이 '조건을 붙여 승낙, 변경을 가한 승낙, 연착된 승낙'을 한 때는 애초의 청약은 소멸하고 새로운 청약을 한 것으로 본다.
⑤ 의사실현에 의한 계약 성립시기는 사실행위가 있는 때이다(제532조).

07 청약과 승낙에 관한 설명으로 틀린 것은? 제25회

① 불특정 다수인에 대한 청약은 효력이 있다.
② 불특정 다수인에 대한 승낙은 효력이 없다.
③ 청약과 승낙은 각각 그 발송시에 효력이 생긴다.
④ 승낙기간을 정하지 않은 청약은 상당한 기간 내에 승낙의 통지를 받지 못한 때 그 효력을 잃는다.
⑤ 승낙기간을 정하지 않은 청약에 대하여 연착된 승낙은 청약자가 이를 새로운 청약으로 볼 수 있다.

톺아보기

논점 청약과 승낙의 성질을 알고 있는가?

★ 청약은 도달시에 효력이 발생하나 격지자간의 승낙은 그 발송시에 효력이 생긴다(제531조 도달주의의 예외규정).

08 계약의 성립과 내용에 관한 설명으로 틀린 것은? (판례에 따름) 제35회

① 격지자간의 계약은 승낙의 통지를 발송한 때에 성립한다.
② 관습에 의하여 승낙의 통지가 필요하지 않는 경우, 계약은 승낙의 의사표시로 인정되는 사실이 있는 때에 성립한다.
③ 당사자간에 동일한 내용의 청약이 상호교차된 경우, 양 청약이 상대방에게 도달한 때에 계약이 성립한다.
④ 승낙자가 청약에 대하여 변경을 가하여 승낙한 때에는 그 청약의 거절과 동시에 새로 청약한 것으로 본다.
⑤ 선시공·후분양이 되는 아파트의 경우, 준공 전 그 외형·재질에 관하여 분양광고에만 표현된 내용은 특별한 사정이 없는 한 분양계약의 내용이 된다.

톺아보기

구체적 거래조건이 아닌 아파트 분양광고의 내용은 일반적으로 청약의 유인으로서의 성질을 가지는 데 불과하므로 분양자와 수분양자 사이의 묵시적 합의에 의하여 분양계약의 내용으로 된다고 할 수 없고 이를 이행하지 아니하였다고 하여 분양자에게 계약불이행의 책임을 물을 수는 없다(대판 2019.4.23, 2015다28968).

정답 | 06 ④　07 ③　08 ⑤

09 계약의 청약과 승낙에 관한 설명으로 옳은 것은? 제26회

① 격지자간의 청약은 이를 자유로이 철회할 수 있다.
② 청약은 상대방 있는 의사표시이므로 청약할 때 상대방이 특정되어야 한다.
③ 청약자가 그 통지를 발송한 후 도달 전에 사망한 경우, 청약은 효력을 상실한다.
④ 격지자간의 계약은 승낙의 통지가 도달한 때에 성립한다.
⑤ 승낙기간을 정하여 청약을 하였으나 청약자가 승낙의 통지를 그 기간 내에 받지 못한 경우, 원칙적으로 청약은 효력을 상실한다.

톺아보기

논점 청약과 승낙의 주요법리를 알고 있는가?

★ ⑤ 승낙기간을 정하여 청약을 하였으나 청약자가 승낙의 통지를 그 기간 내에 받지 못한 경우, 원칙적으로 청약은 효력을 상실한다(제529조).

오답해설
① 격지자간의 청약이 도달 후에는 자유로이 철회할 수 없다(청약의 구속력).
② 승낙은 특정인에게 하여야 하지만 청약은 불특정 다수인에게도 할 수 있다.
③ 청약자가 그 통지를 발송한 후 도달 전에 사망한 경우, 청약은 유효하다(제111조 제2항).
④ 격지자간의 계약은 승낙의 통지를 발송한 때 성립한다(제531조).

10 청약에 관한 설명으로 옳은 것은? (단, 특별한 사정은 없으며, 다툼이 있으면 판례에 따름) 제32회

① 불특정다수인에 대한 청약은 효력이 없다.
② 청약이 상대방에게 도달하여 그 효력이 발생하더라도 청약자는 이를 철회할 수 있다.
③ 당사자간에 동일한 내용의 청약이 상호교차된 경우, 양 청약이 상대방에게 발송된 때에 계약이 성립한다.
④ 계약내용이 제시되지 않은 광고는 청약에 해당한다.
⑤ 하도급계약을 체결하려는 교섭당사자가 견적서를 제출하는 행위는 청약의 유인에 해당한다.

톺아보기

논점 청약과 청약의 유인의 주요법리를 알고 있는가?

⑤ 하도급계약을 체결하려는 교섭당사자가 견적서를 제출하는 행위는 통상 주문자의 발주를 권유하는 영업행위의 수단으로서 계약체결의 준비, 교섭행위, 즉 청약의 유인에 해당한다. 회사가 견적서, 이행각서 등의 서류를 제출한 것은 그 기재된 금액의 범의 내에서 공사를 수행하겠다는 취지에 불과하고, 회사가 견적서, 이행각서 등의 서류를 제출한 사정만으로 계약이 성립되었다고 할 수 없다(대판 2001.6.15, 99다40418).

오답해설
① 불특정 다수인에 대한 청약도 효력 있다.
② 청약이 상대방에게 도달한 후에는 철회할 수 없다.
③ 교차청약은 양 청약이 상대방에게 도달한 때 성립한다.
④ 계약내용이 제시되지 않은 분양광고는 청약의 유인에 해당한다(대판 2007.6.1, 2005다5829).

11 계약의 성립에 관한 설명으로 틀린 것은? (다툼이 있으면 판례에 따름) 제28회

① 청약은 그에 대한 승낙만 있으면 계약이 성립하는 구체적·확정적 의사표시이어야 한다.
② 아파트 분양광고는 청약의 유인의 성질을 갖는 것이 일반적이다.
③ 당사자간에 동일한 내용의 청약이 상호교차된 경우, 양 청약이 상대방에게 발송한 때에 계약이 성립한다.
④ 승낙자가 청약에 대하여 조건을 붙여 승낙한 때에는 그 청약의 거절과 동시에 새로 청약한 것으로 본다.
⑤ 청약자가 미리 정한 기간 내에 이의를 하지 아니하면 승낙한 것으로 본다는 뜻을 청약시 표시하였더라도 이는 특별한 사정이 없는 한 상대방을 구속하지 않는다.

톺아보기

논점 청약과 승낙의 주요법리를 알고 있는가?

③ 당사자간에 동일한 내용의 청약이 상호교차된 경우, 양 청약이 상대방에게 도달한 때에 계약이 성립한다(제533조).
① 청약은 그에 대한 승낙만 있으면 계약이 성립하는 구체적·확정적 의사표시이어야 한다.
② 상가나 아파트 분양광고의 내용은 청약의 유인의 성질을 갖는 것이 일반적이다(대판 2007.6.1, 2005다5812).
④ 승낙자가 청약에 대하여 조건을 붙이거나 변경을 가하여 승낙한 때에는 그 청약의 거절과 동시에 새로 청약한 것으로 본다(제534조).
⑤ 청약자가 미리 정한 기간 내에 이의를 하지 아니하면 승낙한 것으로 본다는 뜻을 청약시 표시하였더라도 청약의 상대방은 청약을 받아들일 것인지 여부에 관하여 회답할 의무가 있는 것은 아니므로 특별한 사정이 없는 한 상대방을 구속하지 않는다(대판 1999.1.29, 98다48903).

정답 | 09 ⑤ 10 ⑤ 11 ③

12

「민법」상 계약 성립에 관한 설명으로 틀린 것은? (다툼이 있으면 판례에 따름)

제29회

① 청약은 불특정 다수인을 상대로 할 수 있다.
② 청약은 특별한 사정이 없는 한 철회하지 못한다.
③ 격지자간의 계약은 다른 의사표시가 없으면 승낙의 통지를 발송한 때에 성립한다.
④ 청약자가 청약의 의사표시를 발송한 후 제한능력자가 되어도 청약의 효력에 영향을 미치지 않는다.
⑤ 청약자가 청약에 "일정기간 내에 이의를 제기하지 않으면 승낙한 것으로 본다."는 뜻을 표시한 경우, 이의 없이 그 기간이 지나면 당연히 그 계약은 성립한다.

톺아보기

논점 청약과 승낙의 주요법리를 알고 있는가?

⑤ 승낙자는 청약에 대하여 회답할 의무가 없으므로 청약자가 청약에 "일정기간 내에 이의를 제기하지 않으면 승낙한 것으로 본다."는 뜻을 표시한 경우, 이의 없이 그 기간이 지나간 때에도 상대방은 이에 구속받지 않으며 계약은 성립하지 않는다.
① 청약은 특정인, 불특정 다수인을 상대로 할 수 있다.
② 청약은 특별한 사정이 없는 한 도달 후에는 철회하지 못한다.
③ 격지자간의 계약은 승낙의 통지를 발송한 때에 성립한다(제531조).
④ 청약자가 청약의 의사표시를 발송한 후 제한능력자가 되어도 청약의 효력에 영향을 미치지 않는다(제111조 제2항).

13

甲은 승낙기간을 2020.5.8.로 하여 자신의 X주택을 乙에게 5억원에 팔겠다고 하고, 그 청약은 乙에게 2020.5.1. 도달하였다. 이에 관한 설명으로 틀린 것은? (다툼이 있으면 판례에 따름)

제31회

① 甲의 청약은 乙에게 도달한 때에 그 효력이 생긴다.
② 甲이 청약을 발송한 후 사망하였다면, 그 청약은 효력을 상실한다.
③ 甲이 乙에게 "2020.5.8.까지 이의가 없으면 승낙한 것으로 본다"고 표시한 경우, 乙이 그 기간까지 이의하지 않더라도 계약은 성립하지 않는다.
④ 乙이 2020.5.15. 승낙한 경우, 甲은 乙이 새로운 청약을 한 것으로 보고 이를 승낙함으로써 계약을 성립시킬 수 있다.
⑤ 乙이 5억원을 5천만원으로 잘못 읽어, 2020.5.8. 甲에게 5천만원에 매수한다는 승낙이 도달하더라도 계약은 성립하지 않는다.

톺아보기

논점 청약과 승낙의 주요법리를 알고 사례에 적용할 줄 아는가?
② 甲이 청약을 발송한 후 사망하였다면, 그 청약은 효력을 상실하지 아니한다(제111조 제2항).
④ 연착된 승낙은 새로운 청약으로 간주되므로 청약자가 이에 대하여 승낙을 함으로써 계약을 성립시킬 수 있다.
⑤ 甲의 청약은 5억원인데, 乙이 5천만원으로 잘못 읽고 5천만원에 매수의사를 표시하였다면 계약은 쌍방의 불합의로 불성립한다.

14 甲은 乙에게 우편으로 자기 소유의 X건물을 3억원에 매도하겠다는 청약을 하면서, 자신의 청약에 대한 회신을 2022.10.5.까지 해 줄 것을 요청하였다. 甲의 편지는 2022.9.14. 발송되어 2022.9.16. 乙에게 도달되었다. 이에 관한 설명으로 틀린 것을 모두 고른 것은? (다툼이 있으면 판례에 따름)   제33회

> ㉠ 甲이 2022.9.23. 자신의 청약을 철회한 경우, 특별한 사정이 없는 한 甲의 청약은 효력을 잃는다.
> ㉡ 乙이 2022.9.20. 甲에게 승낙의 통지를 발송하여 2022.9.22. 甲에게 도달한 경우, 甲과 乙의 계약은 2022.9.22.에 성립한다.
> ㉢ 乙이 2022.9.27. 매매가격을 2억 5천만원으로 조정해 줄 것을 조건으로 승낙한 경우, 乙의 승낙은 청약의 거절과 동시에 새로 청약한 것으로 본다.

① ㉠   ② ㉡   ③ ㉠, ㉡   ④ ㉡, ㉢   ⑤ ㉠, ㉡, ㉢

톺아보기

틀린 것은 ㉠㉡이다.
㉠ 甲의 청약이 상대방에게 도달된 시점(9월 16일) 이후에는 청약을 철회할 수 없다. 따라서 9월 23일에 甲이 청약을 철회한 것은 부적법하고 甲의 청약은 효력을 상실하지 않고 존속한다.
㉡ 격지자간의 계약은 승낙의 통지를 발송한 때 성립한다(제531조). 따라서 9월 20일에 승낙의 통지를 발송하여 9월 22일에 도달하였으므로 계약은 9월 20일에 성립한다.
㉢ 조건부 승낙, 연착된 승낙은 청약을 거절하고 새로운 청약을 한 것으로 본다.

정답 | 12 ⑤   13 ②   14 ③

15 약관에 관한 설명으로 틀린 것은? (다툼이 있으면 판례에 따름) 제32회

① 고객에게 부당하게 과중한 지연손해금 등의 손해배상 의무를 부담시키는 약관조항은 무효로 한다.
② 약관내용이 명백하지 못한 때에는 약관작성자에게 불리하게 제한해석해야 한다.
③ 보통거래약관은 신의성실의 원칙에 따라 그 약관의 목적과 취지를 고려하여 공정하고 합리적으로 해석해야 한다.
④ 고객에게 부당하게 불리한 약관조항은 공정을 잃은 것으로 추정된다.
⑤ 보통거래약관의 내용은 개개 계약체결자의 의사나 구체적인 사정을 고려하여 구체적·주관적으로 해석해야 한다.

톺아보기

논점 약관의 주요법리를 아는가?
약관은 객관적·통일적 해석을 하여야 하고 사람마다 다르게 하는 주관적 해석은 금지된다(주관적 해석 금지의 원칙).

계약체결상의 과실책임

16 다음 중 계약체결상의 과실책임이 인정될 수 있는 것은? 제23회

① 수량을 지정한 토지매매계약에서 실제면적이 계약면적에 미달하는 경우
② 토지에 대한 매매계약체결 전에 이미 그 토지 전부가 공용수용된 경우
③ 가옥 매매계약 체결 후, 제3자의 방화로 그 가옥이 전소한 경우
④ 유명화가의 그림에 대해 임대차계약을 체결한 후, 임대인의 과실로 그 그림이 파손된 경우
⑤ 저당권이 설정된 토지를 매수하여 이전등기를 마쳤으나, 후에 저당권이 실행되어 소유권을 잃게 된 경우

톺아보기

논점 계약체결상의 과실책임 성립요건을 알고 있는가?
② 계약체결상의 과실책임은 "원시적 전부불능"일 때 성립한다. 즉 계약체결 당시부터 일방은 불능임을 "알았거나 알 수 있었고" 상대방은 이를 "모르고 무과실"이라는 요건을 갖추어야 성립한다. 그러므로 후발적 불능이거나 원시적 수량부족에 불과한 때에는 계약체결상의 과실책임이 적용되지 않는다.

오답해설
① 원시적 수량부족(일부불능) – 담보책임 문제가 성립한다.
③ 후발적 불능 – 위험부담 문제가 성립한다.
④ 후발적 불능 – 채무불이행책임이 성립한다.

17 계약체결상의 과실책임에 관한 설명으로 옳은 것을 모두 고른 것은? (다툼이 있으면 판례에 따름)

제35회 수정

> ㉠ 계약이 의사의 불합치로 성립하지 않는다는 사실을 알지 못하여 손해를 입은 당사자는 계약체결 당시 그 계약이 불성립될 수 있다는 것을 안 상대방에게 계약체결상의 과실책임을 물을 수 있다.
> ㉡ 부동산 수량지정 매매에서 실제면적이 계약면적에 미달하는 경우, 그 부분의 원시적 불능을 이유로 계약체결상의 과실책임을 물을 수 없다.
> ㉢ 계약체결 전에 이미 매매목적물이 전부 멸실된 사실을 모르고 무과실로 손해를 입은 계약당사자는 계약체결 당시 그 사실을 안 상대방에게 계약체결상의 과실책임을 물을 수 있다.

① ㉠
② ㉡
③ ㉠, ㉢
④ ㉡, ㉢
⑤ ㉠, ㉡, ㉢

톺아보기

옳은 것은 ㉡㉢이다.
㉠ 계약이 의사의 불합치로 성립하지 아니한 경우 그로 인하여 손해를 입은 당사자가 상대방에게 부당이득반환청구 또는 불법행위로 인한 손해배상청구를 할 수 있는지는 별론으로 하고, 상대방이 계약이 성립되지 아니할 수 있다는 것을 알았거나 알 수 있었음을 이유로 제535조를 유추적용하여 계약체결상의 과실로 인한 손해배상청구를 할 수는 없다(대판 2017.11.14, 2015다10929).
㉡ 부동산 수량지정 매매에서 실제면적이 계약면적에 미달하는 경우, 대금감액청구를 할수 있으나 계약체결상의 과실책임을 물을 수 없다(대판 2002.4.9, 99다47396).
㉢ 계약체결 전에 이미 매매목적물이 전부 멸실된 원시적 불능임을 알지 못한자는 계약체결 당시 그 사실을 안 상대방에게 계약체결상의 과실책임을 물을 수 있다.

정답 | 15 ⑤ 16 ② 17 ④

동시이행항변권

18 동시이행관계에 있는 것을 모두 고른 것은? (단, 이에 관한 특약은 없으며, 다툼이 있으면 판례에 따름)

제32회

> ㉠ 부동산의 매매계약이 체결된 경우 매도인의 소유권이전등기의무와 매수인의 잔대금지급의무
> ㉡ 임대차 종료시 임대인의 임차보증금 반환의무와 임차인의 임차물 반환의무
> ㉢ 매도인의 토지거래허가 신청절차에 협력할 의무와 매수인의 매매대금지급의무

① ㉠　　② ㉡　　③ ㉢　　④ ㉠, ㉡　　⑤ ㉡, ㉢

톺아보기

논점 동시이행의 항변권 인정 유무를 아는가?

동시이행관계에 있는 것은 ㉠㉡이다.
㉢ 매도인의 토지거래허가 신청절차에 협력할 의무[부수적 의무]와 매수인의 매매대금지급의무는 동시이행관계가 아니다.

더 알아보기

동시이행관계를 인정하지 않는 경우
1. 저당권에서 채무자의 채무변제의무[선이행의무] ⇨ 채권자의 저당권등기말소의무
2. 양도담보에서 채무자의 채무변제의무[선이행의무] ⇨ 채권자의 소유권이전등기말소의무
3. 토지거래허가에서 매도인의 협력의무[부수적 의무] ⇨ 매수인의 잔금의무
4. 주택임대차에서 임대인의 보증금반환의무[선이행의무] ⇨ 임차인의 임차권등기말소의무
5. 근저당권 실행으로 경매가 무효로 된 경우 낙찰자의 채무자에 대한 등기말소의무와 근저당권자의 매수인에 대한 배당금반환의무(반환의무의 상대방이 서로 다르다)

19 특별한 사정이 없는 한 동시이행의 관계에 있는 경우를 모두 고른 것은? (다툼이 있으면 판례에 따름)

제33회

> ㉠ 임대차계약 종료에 따른 임차인의 임차목적물 반환의무와 임대인의 권리금 회수 방해로 인한 손해배상의무
> ㉡ 「주택임대차보호법」상 임차권등기명령에 따라 행해진 임차권등기의 말소의무와 임대차보증금 반환의무
> ㉢ 구분소유적 공유관계의 해소로 인하여 공유지분권자 상호간에 발생한 지분이전등기의무

① ㉠   ② ㉢   ③ ㉠, ㉡   ④ ㉡, ㉢   ⑤ ㉠, ㉡, ㉢

톺아보기

논점 동시이행의 항변권 인정 유무를 아는가?

특별한 사정이 없는 한 동시이행의 관계에 있는 경우는 ㉢이다.

㉠ 임차인의 목적물반환의무와 임대인의 권리금회수방해라는 보호의무 위반으로 인한 손해배상의무는 동시이행관계가 아니다(대판 2019.7.10, 2018다242727). 「상가건물 임대차보호법」에서 정한 권리금 회수기회 보호의무 위반을 원인으로 하고 있으므로 양 채무는 동일한 법률요건이 아닌 별개의 원인에 기하여 발생한 것일 뿐만 아니라 공평의 관점에서 보더라도 그 사이에 이행상 견련관계를 인정할 수 없다.

㉡ 임대인의 보증금반환의무가 임차인의 임차권등기말소의무보다 선이행의무이다. 주의할 것은 임대인의 임대보증금반환의무와 임차인의 목적물인도의무는 동시이행관계이다.

정답 | 18 ④   19 ②

20. 동시이행의 관계에 있지 않는 것은? (다툼이 있으면 판례에 따름) 제29회

① 계약해제로 인한 당사자 쌍방의 원상회복의무
② 구분소유적 공유관계를 해소하기 위한 공유지분권자 상호간의 지분이전등기의무
③ 전세권이 소멸한 때에 전세권자의 목적물인도 및 전세권설정등기말소의무와 전세권설정자의 전세금반환의무
④ 근저당권 실행을 위한 경매가 무효인 경우, 낙찰자의 채무자에 대한 소유권이전등기말소의무와 근저당권자의 낙찰자에 대한 배당금반환의무
⑤ 가등기담보에 있어 채권자의 청산금지급의무와 채무자의 목적부동산에 대한 본등기 및 인도의무

톺아보기

논점 동시이행의 항변권 인정 유무를 아는가?

④ 근저당권 실행을 위한 경매가 무효인 경우, 낙찰자의 소유권이전등기말소의무는 '채무자'에 대하여 이루어지는 것인 반면에 근저당권자의 배당금반환의무는 '낙찰자'에 대한 의무로 반환의무의 상대방이 서로 어긋나 있으므로 동시이행관계가 아니다.
⑤ 가등기담보에 있어 채권자의 청산금지급의무와 채무자의 목적부동산에 대한 본등기 및 인도의무는 동시이행관계에 있다. 반면에 가등기담보에서 채무자의 채무변제의무와 가등기담보권자의 가등기말소의무는 동시이행관계가 아니라 채무변제가 선이행의무다.

21. 동시이행의 관계에 있는 것을 모두 고른 것은? (다툼이 있으면 판례에 따름) 제31회

㉠ 임대차 종료시 임차보증금 반환의무와 임차물 반환의무
㉡ 피담보채권을 변제할 의무와 근저당권설정등기 말소의무
㉢ 매도인의 토지거래허가 신청절차에 협력할 의무와 매수인의 매매대금지급의무
㉣ 토지임차인이 건물매수청구권을 행사한 경우, 토지임차인의 건물인도 및 소유권이전등기의무와 토지임대인의 건물 대금지급의무

① ㉠　　② ㉠, ㉡　　③ ㉠, ㉣　　④ ㉡, ㉢　　⑤ ㉠, ㉢, ㉣

톺아보기

논점 동시이행의 항변권 인정 유무를 아는가?

동시이행 관계에 있는 것은 ㉠㉣이다.
㉡ 변제할 의무가 저당권 말소보다 선이행의무이다.
㉢ 매도인의 토지거래허가 신청절차에 협력할 의무는 부수적 의무로서 매수인의 매매대금지급의무와 동시이행관계가 아니다.

22 동시이행의 항변권에 관한 설명으로 틀린 것은? (다툼이 있으면 판례에 따름) 제22회

① 동시이행의 항변권을 배제하는 당사자 사이의 특약은 유효하다.
② 동시이행 항변권의 원용이 없으면 법원은 그 인정여부를 심리할 필요가 없다.
③ 동시이행관계에 있는 채무 중 일방채무의 이행불능으로 인한 손해배상채무는 상대방의 채무와 동시이행관계에 있다.
④ 일방의 이행제공으로 수령지체에 빠진 상대방은 그 후 그 일방이 이행제공 없이 이행을 청구하는 경우에는 동시이행항변권을 주장할 수 없다.
⑤ 구분소유적 공유관계가 해소되는 경우, 공유지분권자 상호간의 지분이전등기의무는 동시이행관계에 있다.

톺아보기

논점 동시이행항변권의 주요법리를 알고 있는가?

★ ④ 일방의 이행제공으로 상대방이 수령을 지체하였으나 그 후 이행을 제공한 일방이 '이행제공이 계속되지 않고 이행제공이 중단된 상태'에서 상대방에게 급부의 이행을 청구하면 '수령지체에 빠진 자도 동시이행항변권을 주장할 수 있다(대판 1999.7.9, 98다13754).
① 동시이행의 항변권을 배제하는 당사자 사이의 특약은 유효하다.
② 소송에서 항변권을 주장하지 않으면 법원이 직권으로 고려하지 않는다. 반면에 항변권을 주장하면 상환급부판결을 한다(유치권과 동시이행항변권의 공통점).
③ 본래 채무가 이행불능으로 인하여 손해배상채무로 변경된 경우 본래의 채무가 소멸하는 것이 아니라 손해배상채무로 변질되어 존속하므로 이행불능으로 인한 전보배상의무와 상대방의 반대급부의무 상호간의 의무에는 동시이행관계가 존속한다(대판 2000.2.25, 97다30066).

정답 | 20 ④   21 ③   22 ④

23 동시이행의 항변권에 관한 설명으로 옳은 것은? (다툼이 있으면 판례에 따름)

제26회

① 동시이행관계에 있는 쌍방의 채무 중 어느 한 채무가 이행불능이 되어 손해배상 채무로 바뀌는 경우, 동시이행의 항변권은 소멸한다.
② 임대차 종료 후 보증금을 반환받지 못한 임차인이 동시이행의 항변권에 기하여 임차목적물을 점유하는 경우, 불법점유로 인한 손해배상책임을 진다.
③ 동시이행의 항변권은 당사자의 주장이 없어도 법원이 직권으로 고려할 사항이다.
④ 채권자의 이행청구소송에서 채무자가 주장한 동시이행의 항변이 받아들여진 경우, 채권자는 전부 패소판결을 받게 된다.
⑤ 선이행의무자가 이행을 지체하는 동안에 상대방의 채무의 변제기가 도래한 경우, 특별한 사정이 없는 한 쌍방의 의무는 동시이행관계가 된다.

톺아보기

논점 동시이행 항변권의 법리를 종합적으로 알고 있는가?

⑤ 선이행의무자가 이행을 지체하는 동안에 상대방의 채무의 변제기가 도래한 경우, 특별한 사정이 없는 한 쌍방의 의무는 동시이행관계에 있다(대판 1991.3.27, 90다19930).

오답해설

① 동시이행의 관계에 있는 쌍방의 채무 중 어느 한 채무가 이행불능이 됨으로 인하여 발생한 손해배상채무도 여전히 다른 채무와 동시이행의 관계에 있다(대판 2000.2.25, 97다30066).
② 임대차 종료 후 임차인이 동시이행항변권에 기하여 임차목적물을 점유하고 사용·수익한 경우, 그 점유는 불법점유라 할 수 없어 그로 인한 손해배상책임은 없다. 다만, 그로 인하여 얻은 이익은 부당이득으로 반환하여야 한다(대판 1988.7.10, 98다15545).
③ 동시이행항변권은 항변권자의 원용(주장)에 의해서만 효력이 생기므로 법원은 항변권자의 원용이 없는 한 직권으로 항변권의 존재를 고려하지 못한다.
④ 동시이행항변권이 인정되는 경우 법원에서는 상환이행판결(일부승소)을 한다.

24. 동시이행의 항변권에 관한 설명으로 틀린 것은? (판례에 따름)

① 서로 이행이 완료된 쌍무계약이 무효로 된 경우, 당사자 사이의 반환의무는 동시이행관계에 있다.
② 구분소유적 공유관계가 해소된 경우, 공유지분권자 상호간의 지분이전등기의무는 동시이행관계에 있다.
③ 동시이행의 항변권이 붙어 있는 채권은 특별한 사정이 없는 한 이를 자동채권으로 하여 상계하지 못한다.
④ 양 채무의 변제기가 도래한 쌍무계약에서 수령지체에 빠진 자는 이후 상대방이 자기 채무의 이행제공 없이 이행을 청구하는 경우, 동시이행의 항변권을 행사할 수 있다.
⑤ 채무를 담보하기 위해 채권자 명의의 소유권이전등기가 된 경우, 피담보채무의 변제의무와 그 소유권이전등기의 말소의무는 동시이행관계에 있다.

톺아보기

채무담보의 목적으로 채권자 명의의 소유권이전등기나 그 청구권보전의 가등기가 경료되어 있는 경우, 그 소유권이전등기의 말소나 가등기의 말소를 청구하려면 먼저 그 채무를 변제하여야 하고 피담보채무의 변제와 교환적으로 그 말소를 구할 수는 없다(대판 1984.9.11, 84다카781).

위험부담

25. 甲은 자기소유의 주택을 乙에게 매도하는 계약을 체결하였는데, 그 주택의 점유와 등기가 乙에게 이전되기 전에 멸실되었다. 다음 중 틀린 것은? (다툼이 있으면 판례에 따름)

① 주택이 태풍으로 멸실된 경우, 甲은 乙에게 대금지급을 청구할 수 없다.
② 주택이 태풍으로 멸실된 경우, 甲은 이미 받은 계약금을 반환할 의무가 없다.
③ 甲의 과실로 주택이 전소된 경우, 乙은 계약을 해제할 수 있다.
④ 乙의 과실로 주택이 전소된 경우, 甲은 乙에게 대금지급을 청구할 수 있다.
⑤ 甲이 이행기에 이전등기에 필요한 서류를 제공하면서 주택의 인수를 최고하였으나 乙이 이를 거절하던 중 태풍으로 멸실된 경우, 甲은 乙에게 대금지급을 청구할 수 있다.

정답 | 23 ⑤   24 ⑤   25 ②

톺아보기

논점 위험부담의 법리를 사례에 적용할 줄 아는가?

② 쌍방채무가 책임 없는 사유로 멸실한 경우 쌍방의 채무는 서로 소멸하나 이미 상호간에 받은 계약금이나 급부는 부당이득으로 반환하여야 한다(대판 2009.5.28, 2008다98655).
① 쌍방과실 없이 주택이 멸실한 경우 채무자는 반대급부로 매매대금을 청구할 수 없다(제537조).
③ 甲의 과실로 이행불능이 된 경우 상대방은 계약을 해제할 수 있다.
④ 채권자 乙측의 과실로 주택이 멸실한 경우 매도인은 반대급부를 청구할 수 있다(제538조).
⑤ 甲이 이행제공을 하였으나 상대방이 수령을 지체하던 중 불가항력으로 주택이 멸실한 경우 채권자가 위험을 부담하므로 甲은 乙에게 대금지급을 청구할 수 있다(제538조).

26. 甲과 乙이 乙 소유의 주택에 대한 매매계약을 체결하였는데, 주택이 계약 체결 후 소유권 이전 및 인도 전에 소실되었다. 다음 설명 중 틀린 것은? 제27회

① 甲과 乙의 책임 없는 사유로 주택이 소실된 경우, 乙은 甲에게 매매대금의 지급을 청구할 수 없다.
② 甲과 乙의 책임 없는 사유로 주택이 소실된 경우, 乙이 계약금을 수령하였다면 甲은 그 반환을 청구할 수 있다.
③ 甲의 과실로 주택이 소실된 경우, 乙은 甲에게 매매대금의 지급을 청구할 수 있다.
④ 乙의 과실로 주택이 소실된 경우, 甲은 계약을 해제할 수 있다.
⑤ 甲의 수령지체 중에 甲과 乙의 책임 없는 사유로 주택이 소실된 경우, 乙은 甲에게 매매대금의 지급을 청구할 수 없다.

톺아보기

논점 위험부담의 법리를 사례에 적용할 줄 아는가?

⑤ 채권자 甲의 수령지체 중에 甲과 乙의 책임 없는 사유로 주택이 소실된 경우, 이는 제538조의 채권자 위험부담에 해당하므로 乙은 甲에게 매매대금의 지급을 청구할 수 있다(제538조).
① 쌍방의 과실 없는 사유로 이행불능이 된 것으로서 채무자 위험부담의 법리가 적용되므로 乙은 甲에게 매매대금의 지급을 청구할 수 없다(제537조).
② 甲과 乙의 책임 없는 사유로 주택이 소실된 경우, 乙이 계약금을 수령하였다면 이는 부당이득으로서 甲은 그 반환을 청구할 수 있다(대판 2009.5.28, 2008다98655).
③ 甲의 과실로 주택이 소실된 경우, 乙은 甲에게 매매대금의 지급을 청구할 수 있다(제538조).
④ 乙의 과실로 주택이 소실된 경우, 이는 채무자의 과실 있는 이행불능으로서 甲은 계약을 해제할 수 있다.

27. 쌍무계약상 위험부담에 관한 설명으로 틀린 것은? (다툼이 있으면 판례에 따름)

제31회

① 계약당사자는 위험부담에 관하여 「민법」 규정과 달리 정할 수 있다.
② 채무자의 책임 있는 사유로 후발적 불능이 발생한 경우, 위험부담의 법리가 적용된다.
③ 매매목적물이 이행기 전에 강제수용된 경우, 매수인이 대상청구권을 행사하면 매도인은 매매대금 지급을 청구할 수 있다.
④ 채권자의 수령지체 중 당사자 모두에게 책임 없는 사유로 불능이 된 경우, 채무자는 상대방의 이행을 청구할 수 있다.
⑤ 당사자 일방의 채무가 채권자의 책임 있는 사유로 불능이 된 경우, 채무자는 상대방의 이행을 청구할 수 있다.

톺아보기

논점 위험부담의 주요법리를 아는가?

채무자의 책임 있는 사유로 이행불능이 발생한 경우, 위험부담의 문제가 아니라 채무불이행책임이 문제된다.

28. 甲과 乙은 甲 소유의 X토지에 대하여 매매계약을 체결하였으나 그 후 甲의 채무인 소유권이전등기의무의 이행이 불가능하게 되었다. 다음 설명 중 옳은 것을 모두 고른 것은? (다툼이 있으면 판례에 따름)

제34회

㉠ 甲의 채무가 쌍방의 귀책사유 없이 불능이 된 경우, 이미 대금을 지급한 乙은 그 대금을 부당이득법리에 따라 반환청구할 수 있다.
㉡ 甲의 채무가 乙의 귀책사유로 불능이 된 경우, 특별한 사정이 없는 한 甲은 乙에게 대금지급을 청구할 수 있다.
㉢ 乙의 수령지체 중에 쌍방의 귀책사유 없이 甲의 채무가 불능이 된 경우, 甲은 乙에게 대금지급을 청구할 수 없다.

① ㉠
② ㉢
③ ㉠, ㉡
④ ㉡, ㉢
⑤ ㉠, ㉡, ㉢

정답 | 26 ⑤ 27 ② 28 ③

톺아보기

옳은 것은 ㉠㉡이다.
㉠ 甲의 채무가 쌍방의 귀책사유 없이 불능이 된 경우, 이미 대금을 지급한 乙은 그 대금을 부당이득법리에 따라 반환청구할 수 있다.
㉡ 甲의 채무가 乙의 귀책사유로 불능이 된 경우, 채권자가 위험을 부담하게 되므로 특별한 사정이 없는 한 甲은 乙에게 대금지급을 청구할 수 있다.
㉢ 乙의 수령지체 중에 쌍방의 귀책사유 없이 甲의 채무가 불능이 된 경우, 채권자가 위험을 부담하게 되므로 甲은 乙에게 대금지급을 청구할 수 있다.

29 상중하

甲은 자기 소유 토지를 乙에게 매도하였으나 계약체결 후 그 토지 전부가 수용되어 소유권이전이 불가능하게 되었다. 옳은 것은? (다툼이 있으면 판례에 따름) 제18회

① 乙은 수용의 주체를 상대로 불법행위로 인한 손해배상을 청구할 수 있다.
② 乙은 甲에게 계약체결상의 과실책임을 물을 수 있다.
③ 乙은 특별한 사정이 없는 한 甲에게 매매대금을 지급할 의무가 없다.
④ 乙은 甲에게 채무불이행을 이유로 손해배상을 청구할 수 있다.
⑤ 乙은 이행불능을 이유로 甲과의 계약을 해제할 수 있다.

톺아보기

논점 위험부담의 주요법리를 사례에 적용할 줄 아는가?
③ 계약체결 후 토지가 수용되었으므로 이는 쌍방의 과실 없는 이행불능으로서 위험부담의 문제이다. 매도인 甲은 쌍방책임 없는 사유로 토지를 인도할 수 없게 되었으므로 반대급부로 매수인 乙에게 매매대금의 지급을 청구할 수 없다. 즉 쌍방의 채무는 대립적으로 소멸하므로 甲은 토지인도의무가 소멸하고 乙은 대금지급의무를 부담하지 않는다.

오답해설
① 수용은 법률의 규정에 의한 '적법한 침해'행위이므로 불법행위를 전제로 하는 불법행위책임을 물을 수 없다.
② 계약체결 후의 이행불능이므로 위험부담의 문제일 뿐 원시적 불능에 적용되는 계약체결상의 과실은 적용되지 않는다.
④ 수용은 쌍방의 과실 없이 발생한 것이므로 일방의 귀책사유를 요건으로 하는 채무불이행책임을 추궁할 수 없다.
⑤ 쌍방의 귀책사유 없이 수용된 것이므로 이행불능으로 인한 책임을 상대방에게 물을 수 없다.

30 위험부담에 관한 설명으로 틀린 것은? (다툼이 있으면 판례에 따름) 제30회

① 후발적 불능이 당사자 쌍방에게 책임 없는 사유로 생긴 때에는 위험부담의 문제가 발생한다.
② 편무계약의 경우 원칙적으로 위험부담의 법리가 적용되지 않는다.
③ 당사자 일방이 대상청구권을 행사하려면 상대방에 대하여 반대급부를 이행할 의무가 있다.
④ 당사자 쌍방의 귀책사유 없는 이행불능으로 매매계약이 종료된 경우, 매도인은 이미 지급받은 계약금을 반환하지 않아도 된다.
⑤ 우리 「민법」은 채무자위험부담주의를 원칙으로 한다.

톺아보기

논점 위험부담의 주요법리를 아는가?
당사자 쌍방의 귀책사유 없는 이행불능으로 매매계약이 종료된 경우, 매도인이 지급받은 계약금은 부당이득으로 반환하여야 한다(대판 2009.5.28, 2008다98655).

31 甲은 X건물을 乙에게 매도하고 乙로부터 계약금을 지급받았는데, 그 후 甲과 乙의 귀책사유 없이 X건물이 멸실되었다. 다음 설명 중 옳은 것을 모두 고른 것은? (다툼이 있으면 판례에 따름) 제35회

㉠ 甲은 乙에게 잔대금의 지급을 청구할 수 있다.
㉡ 乙은 甲에게 계약금의 반환을 청구할 수 있다.
㉢ 만약 乙의 수령지체 중에 甲과 乙의 귀책사유 없이 X건물이 멸실된 경우, 乙은 甲에게 계약금의 반환을 청구할 수 있다.

① ㉡   ② ㉢   ③ ㉠, ㉡   ④ ㉠, ㉢   ⑤ ㉡, ㉢

톺아보기

옳은 것은 ㉡이다.
㉠ 쌍방의 귀책사유 없이 X건물이 멸실되었으므로 채무자 위험부담의 원칙에 따라 甲은 乙에게 잔대금지급을 청구할 수 없다(제537조).
㉡ 乙은 甲에게 계약금의 반환을 청구할 수 있다.
㉢ 乙의 수령지체 중에 甲과 乙의 귀책사유 없이 X건물이 멸실된 경우, 채권자위험부담에 따라 甲은 乙에게 매매대금을 청구할 수 있고 계약이 존속하고 있는 한 乙이 계약금을 반환청구할 수는 없다.

정답 | 29 ③ 30 ④ 31 ①

대상청구권

32 甲은 자신의 토지를 乙에게 팔고 중도금까지 수령하였으나, 그 토지가 공용(재결)수용되는 바람에 乙에게 소유권을 이전할 수 없게 되었다. 다음 설명 중 옳은 것은? (다툼이 있으면 판례에 따름)
제29회

① 乙은 매매계약을 해제하고 전보배상을 청구할 수 있다.
② 乙은 甲의 수용보상금청구권의 양도를 청구할 수 있다.
③ 乙은 이미 지급한 중도금을 부당이득으로 반환청구할 수 없다.
④ 乙은 계약체결상의 과실을 이유로 신뢰이익의 배상을 청구할 수 있다.
⑤ 乙이 매매대금 전부를 지급하면 甲의 수용보상금청구권 자체가 乙에게 귀속한다.

톺아보기

논점 대상청구권의 법리를 사례에 적용할 줄 아는가?

② 乙은 매매대금을 지급하고 매매목적물인 토지에 갈음하여 수용보상금청구권의 양도를 청구할 수 있다(이행불능이 발생한 것과 동일한 원인에 의해 이행 목적물에 갈음해 얻는 이익의 상환을 청구하는 권리를 대상청구권이라 한다).

오답해설

① 강제수용은 매도인의 귀책사유가 없으므로 乙은 매매계약을 해제도 할 수 없고, 본래의 채무이행에 대신하는 손해배상(전보배상)을 청구할 수 없다. 전보배상청구는 본래의 채무가 채무자의 귀책사유로 이행불능이 된 경우 그에 갈음하는 손해배상청구를 구하는 것이다.
③ 쌍방의 과실 없는 이행불능의 경우 매도인이 지급받은 매매대금은 부당이득으로 반환하여야 한다(대판 2009.5.28, 2008다98655).
④ 사안은 계약체결 후의 후발적 불능이므로 원시적 불능을 전제로 하는 계약체결상의 과실책임을 추궁할 수 없다.
⑤ 乙이 매매대금 전부를 지급하면 甲의 수용보상금청구권 자체가 乙에게 귀속하는 것이 아니라 수용보상금청구권의 양도를 청구할 수 있다.

제3자를 위한 계약

33
상**중**하

제3자를 위한 계약에 관한 설명으로 옳은 것은? (다툼이 있으면 판례에 따름) 제27회

① 제3자는 계약체결 당시에 현존하고 있어야 한다.
② 요약자의 채무불이행을 이유로 제3자는 요약자와 낙약자의 계약을 해제할 수 있다.
③ 낙약자는 요약자와의 계약에 기한 동시이행의 항변으로 제3자에게 대항할 수 없다.
④ 제3자의 수익의 의사표시 후 특별한 사정이 없는 한, 계약당사자의 합의로 제3자의 권리를 변경시킬 수 없다.
⑤ 낙약자가 상당한 기간을 정하여 제3자에게 수익 여부의 확답을 최고하였음에도 그 기간 내에 확답을 받지 못한 때에는 제3자가 수익의 의사를 표시한 것으로 본다.

톺아보기

논점 제3자를 위한 계약의 법리를 알고 있는가?

④ 제3자의 수익의 의사표시 후 특별한 사정이 없는 한, 계약당사자의 합의로 제3자의 권리를 변경시킬 수 없다(대판 2002.1.25, 2001다30285). 따라서 수익자가 수익표시한 후 당사자는 계약을 변경할 수 없고, 요약자와 낙약자간의 합의해지를 하여도 수익자에게 효력이 없다.

오답해설

① 제3자는 계약체결 당시에 현존할 필요가 없다. 태아를 위한 계약도 유효하다.
★ ② 요약자의 채무불이행시에 제3자는 계약의 당사자가 아니므로 요약자와 낙약자의 계약을 해제할 수 없다(대판 1994.8.12, 92다41559).
③ 낙약자는 요약자와의 '계약에 기한 항변'으로 제3자에게 대항할 수 있다(제542조). 그러므로 낙약자는 요약자가 계약에 기한 급부를 이행하지 않을 때 수익자의 급부요구를 항변할 수 있다.
⑤ 낙약자가 상당한 기간을 정하여 제3자에게 수익 여부의 확답을 최고하였음에도 그 기간 내에 확답을 받지 못한 때에는 제3자가 '수익을 거절'한 것으로 본다(제540조).

정답 | 32 ② 33 ④

34 제3자를 위한 계약에 관한 설명으로 틀린 것은? (다툼이 있으면 판례에 따름) 제29회

① 제3자가 하는 수익의 의사표시의 상대방은 낙약자이다.
② 낙약자는 기본관계에 기한 항변으로 제3자에게 대항할 수 없다.
③ 낙약자의 채무불이행이 있으면, 요약자는 수익자의 동의 없이 계약을 해제할 수 있다.
④ 수익자는 계약의 해제를 원인으로 한 원상회복청구권이 없다.
⑤ 수익자는 요약자의 제한행위능력을 이유로 계약을 취소하지 못한다.

톺아보기

논점 제3자를 위한 계약의 주요법리를 알고 있는가?
② 낙약자는 기본관계에 기한 항변으로 제3자에게 대항할 수 있다. 반대로 대가관계에 기한 항변으로 제 3자에게 대항하지 못한다.
④ 수익자는 계약의 당사자가 아니므로 해제권과 해제를 원인으로 한 원상회복청구권이 없다.
⑤ 수익자는 계약의 당사자가 아니므로 요약자의 제한행위능력을 이유로 계약을 취소하지 못한다.

35 제3자를 위한 계약에 관한 설명으로 틀린 것은? (다툼이 있으면 판례에 따름)
제28회

① 수익자는 계약의 해제권이나 해제를 원인으로 한 원상회복청구권이 없다.
② 수익의 의사표시를 한 수익자는 낙약자에게 직접 그 이행을 청구할 수 있다.
③ 낙약자는 요약자와의 계약에서 발생한 항변으로 수익자에게 대항할 수 없다.
④ 채무자와 인수인의 계약으로 체결되는 병존적 채무인수는 제3자를 위한 계약으로 볼 수 있다.
⑤ 계약당사자가 제3자에 대하여 가진 채권에 관하여 그 채무를 면제하는 계약도 제3자를 위한 계약에 준하는 것으로서 유효하다.

톺아보기

논점 제3자를 위한 계약의 법리를 종합적으로 알고 있는가?
③ 낙약자는 요약자와의 계약에서 발생한 항변으로 수익자에게 대항할 수 있다(제542조).
① 계약당사자의 지위에 기하여 인정되는 계약의 해제권·취소권 등은 계약당사자만이 행사할 수 있고 수익자는 계약당사자가 아니므로, 이를 행사할 수 없다. 따라서 낙약자의 채무불이행이 있을 경우에 계약의 해제권과 해제에 따른 원상회복청구권도 요약자에게 귀속하고, 수익자는 계약의 해제권과 원상회복청구권을 행사할 수 없다(대판 1994.8.12, 92다41559).

제3자를 위한 계약의 사례문제

36 매도인 甲과 매수인 乙이 계약을 하면서 그 대금을 丙에게 지급하기로 하는 제3자를 위한 계약을 체결하였다. 다음 설명 중 **틀린** 것은? (다툼이 있으면 판례에 따름)

제25회

① 乙은 甲의 丙에 대한 항변으로 丙에게 대항할 수 있다.
② 丙이 수익의 의사표시를 한 후 乙이 대금을 지급하지 않으면, 甲은 계약을 해제할 수 있다.
③ 丙이 수익의 의사표시를 하면 특별한 사정이 없는 한 乙에 대한 대금지급청구권을 확정적으로 취득한다.
④ 乙이 상당한 기간을 정하여 丙에게 수익 여부의 확답을 최고하였으나 그 기간 내에 확답을 받지 못하면, 丙이 수익을 거절한 것으로 본다.
⑤ 乙이 丙에게 대금을 지급한 후 계약이 해제된 경우, 특별한 사정이 없는 한 乙은 丙에게 대금의 반환을 청구할 수 없다.

톺아보기

논점 제3자를 위한 계약의 법리를 사례에 적용할 줄 알고 있는가?
乙은 기본관계에 기한 항변으로 丙에게 대항할 수 있으나 甲의 丙에 대한 항변(대가관계에 기한 항변)으로 丙에게 대항할 수 없다.

37 甲은 자신의 토지를 乙에게 매도하기로 하고, 매매대금을 자신의 채권자 丙에게 지급하도록 乙과 약정하였다. 다음 설명 중 **틀린** 것은? (다툼이 있으면 판례에 따름)

제24회

① 丙이 매매대금의 수령여부에 대한 의사를 표시하지 않는 경우, 乙은 상당한 기간을 정하여 丙에게 계약이익의 향수 여부에 대한 확답을 최고할 수 있다.
② 丙은 乙에게 수익의 의사표시를 하면 그에게 직접 매매대금의 지급을 청구할 수 있다.
③ 丙이 매매대금의 지급을 청구하였으나 乙이 이를 지급하지 않으면 丙은 매매계약을 해제할 수 있다.
④ 乙이 丙에게 매매대금을 지급하였는데 계약이 해제된 경우, 특별한 사정이 없는 한 乙은 丙에게 부당이득반환을 청구할 수 없다.
⑤ 甲이 소유권을 이전하지 않으면 乙은 특별한 사정이 없는 한 丙의 대금지급청구를 거절할 수 있다.

정답 | 34 ② 35 ③ 36 ① 37 ③

톺아보기

논점 제3자를 위한 계약의 법리를 사례에 적용할 줄 알고 있는가?

③ 낙약자가 채무를 이행하지 아니하면 수익자는 그로 인한 손해배상을 낙약자에게 청구할 수 있을 뿐 계약체결의 당사자가 아니므로 계약해제권, 원상회복청구권은 없다(대판 1994.8.12, 92다41559).
① 낙약자는 최고권이 있고 확답을 받지 못하면 수익거절로 본다(제540조).
② 수익표시한 경우 수익자는 낙약자에게 직접 그 이행을 청구할 수 있다.
④ 요약자와 낙약자간의 계약이 무효로 된 경우 계약관계의 청산은 당사자간에 이루어져야 하므로 낙약자는 수익자에게 이미 지급한 급부인 매매대금을 부당이득으로 반환청구할 수 없다(대판 2005.7.22, 2005다7566).

---

38 甲은 자신의 토지를 乙에게 매도하면서 그 대금은 乙이 甲의 의무이행과 동시에 丙에게 지급하기로 약정하고, 丙은 乙에게 수익의 의사표시를 하였다. 다음 설명 중 틀린 것은? (다툼이 있으면 판례에 따름)　　　　　　　　　　제26회

① 丙은 乙의 채무불이행을 이유로 甲과 乙의 매매계약을 해제할 수 없다.
② 甲과 乙의 매매계약이 적법하게 취소된 경우, 丙의 급부청구권은 소멸한다.
③ 甲이 乙에게 매매계약에 따른 이행을 하지 않더라도, 乙은 특별한 사정이 없는 한 丙에게 대금지급을 거절할 수 없다.
④ 丙이 수익의 의사표시를 한 후에는 특별한 사정이 없는 한 甲과 乙의 합의에 의해 丙의 권리를 소멸시킬 수 없다.
⑤ 丙이 대금을 수령하였으나 매매계약이 무효인 것으로 판명된 경우, 특별한 사정이 없는 한 乙은 丙에게 대금반환을 청구할 수 없다.

톺아보기

논점 제3자를 위한 계약의 법리를 사례에 적용할 줄 알고 있는가?

甲이 乙에게 매매계약에 따른 이행을 하지 않으면 乙은 계약에 기한 항변으로 수익자에게 항변할 수 있다(제542조). 그러므로 乙은 丙의 대급지급요구를 거부할 수 있다.

39

甲(요약자)과 乙(낙약자)은 丙을 수익자로 하는 제3자를 위한 계약을 체결하였다. 다음 설명 중 **틀린** 것은? (다툼이 있으면 판례에 따름) 제30회

① 甲은 대가관계의 부존재를 이유로 자신이 기본관계에 기하여 乙에게 부담하는 채무의 이행을 거부할 수 없다.
② 甲과 乙간의 계약이 해제된 경우, 乙은 丙에게 급부한 것이 있더라도 丙을 상대로 부당이득반환을 청구할 수 없다.
③ 丙이 수익의 의사표시를 한 후 甲이 乙의 채무불이행을 이유로 계약을 해제하면, 丙은 乙에게 그 채무불이행으로 자기가 입은 손해의 배상을 청구할 수 있다.
④ 甲과 乙간의 계약이 甲의 착오로 취소된 경우, 丙은 착오취소로써 대항할 수 없는 제3자의 범위에 속한다.
⑤ 수익의 의사표시를 한 丙은 乙에게 직접 그 이행을 청구할 수 있다.

톺아보기

논점 제3자를 위한 계약을 사례에 적용할 수 있는가?

④ 甲과 乙간의 계약이 甲의 착오로 취소된 경우, 丙은 착오취소로써 대항할 수 없는 제3자의 범위에 포함되지 않는다. 왜냐하면 수익자는 요약자와 낙약자간의 계약으로부터 직접 권리를 취득한 자이지 낙약자와 수익자 자신이 새로운 법률상 원인으로 새로운 이해관계를 맺는 자가 아니기 때문에 착오로 인한 취소로 대항할 수 없는 제3자에 포함되지 않는다.
① 낙약자는 "요약자와 수익자 사이의 법률관계"에 기한 항변(甲의 丙에 대한 항변)으로 수익자에게 대항할 수 없다. 마찬가지로 요약자도 "대가관계의 부존재나 효력 상실"을 이유로 자신이 기본관계에 기하여 낙약자에게 부담하는 채무의 이행을 거부할 수 없다(대판 2003.12.11, 2003다49771).

40

甲은 자신의 X부동산을 乙에게 매도하면서 대금채권을 丙에게 귀속시키기로 하고, 대금지급과 동시에 소유권이전등기를 해 주기로 했다. 그 후 丙은 乙에게 수익의 의사를 표시하였다. 이에 관한 설명으로 옳은 것은? (다툼이 있으면 판례에 따름) 제31회

① 甲과 乙은 특별한 사정이 없는 한 계약을 합의해제할 수 있다.
② 乙이 대금지급의무를 불이행한 경우, 丙은 계약을 해제할 수 있다.
③ 甲이 乙의 채무불이행을 이유로 계약을 해제한 경우, 丙은 乙에 대하여 손해배상을 청구할 수 있다.
④ 甲이 소유권이전등기를 지체하는 경우, 乙은 丙에 대한 대금지급을 거절할 수 없다.
⑤ 乙이 甲의 채무불이행을 이유로 계약을 해제한 경우, 乙은 이미 지급한 대금의 반환을 丙에게 청구할 수 있다.

정답 | 38 ③   39 ④   40 ③

톺아보기

논점 제3자를 위한 계약을 사례에 적용할 수 있는가?
③ 甲이 乙의 채무불이행을 이유로 계약을 해제한 경우, 丙은 乙에게 그로인한 손해배상을 청구할 수 있다.

오답해설
① 甲과 乙은 특별한 사정이 없는 한 계약을 합의해제할 수 없다.
② 乙이 대금지급의무를 불이행한 경우, 丙은 계약당사자가 아니므로 계약을 해제할 수 없다.
④ 甲이 소유권이전등기를 지체하는 경우, 乙은 丙에 대한 대금지급을 거절할 수 있는 동시이행항변권이 있다.
⑤ 계약관계의 청산은 요약자와 낙약자간에 이루어져야 하므로 乙은 이미 지급한 대금의 반환을 丙에게 반환 청구할 수 없다.

---

41 甲은 그 소유의 토지를 乙에게 매도하면서 甲의 丙에 대한 채무변제를 위해 乙이 그 대금 전액을 丙에게 지급하기로 하는 제3자를 위한 계약을 乙과 체결하였고, 丙도 乙에 대해 수익의 의사표시를 하였다. 다음 설명 중 <u>틀린</u> 것은? (다툼이 있으면 판례에 따름)

제34회

① 乙은 甲과 丙 사이의 채무부존재의 항변으로 丙에게 대항할 수 없다.
② 丙은 乙의 채무불이행을 이유로 甲과 乙 사이의 계약을 해제할 수 없다.
③ 乙이 甲의 채무불이행을 이유로 계약을 해제한 경우, 특별한 사정이 없는 한 乙은 丙에게 이미 이행한 급부의 반환을 청구할 수 있다.
④ 甲이 乙의 채무불이행을 이유로 계약을 해제하면, 丙은 乙에게 채무불이행으로 인해 자신이 입은 손해의 배상을 청구할 수 있다.
⑤ 甲은 丙의 동의 없이도 乙의 채무불이행을 이유로 계약을 해제할 수 있다.

톺아보기

乙이 甲의 채무불이행을 이유로 계약을 해제한 경우, 특별한 사정이 없는 한 乙은 丙에게 이미 이행한 급부의 반환을 청구할 수 없다.

42 제3자를 위한 계약에 관한 설명으로 틀린 것은? (다툼이 있으면 판례에 따름) 제32회

① 제3자의 권리는 그 제3자가 채무자에 대해 수익의 의사표시를 하면 계약의 성립 시에 소급하여 발생한다.
② 제3자는 채무자의 채무불이행을 이유로 그 계약을 해제할 수 없다.
③ 채무자에게 수익의 의사표시를 한 제3자는 그 채무자에게 그 채무의 이행을 직접 청구할 수 있다.
④ 채무자는 상당한 기간을 정하여 계약이익의 향수 여부의 확답을 제3자에게 최고할 수 있다.
⑤ 채무자와 인수인의 계약으로 체결되는 병존적 채무인수는 제3자를 위한 계약으로 볼 수 있다.

톺아보기

논점 제3자를 위한 계약을 사례에 적용할 수 있는가?
제3자의 권리는 그 제3자가 채무자에 대해 수익의 의사표시를 하면 그때부터 수익자에게 권리가 발생하고, 계약의 성립시에 소급하여 발생하는 것이 아니다.

43 제3자를 위한 유상·쌍무계약에 관한 설명으로 옳은 것은? (다툼이 있으면 판례에 따름) 제33회

① 제3자를 위한 계약의 당사자는 요약자, 낙약자, 수익자이다.
② 수익자는 계약체결 당시 특정되어 있어야 한다.
③ 수익자는 제3자를 위한 계약에서 발생한 해제권을 가지는 것이 원칙이다.
④ 낙약자는 특별한 사정이 없는 한 요약자와의 기본관계에서 발생한 항변으로써 수익자의 청구에 대항할 수 있다.
⑤ 요약자는 특별한 사정이 없는 한 수익자의 동의 없이 낙약자의 이행불능을 이유로 계약을 해제할 수 없다.

톺아보기

논점 제3자를 위한 계약의 주요법리를 알고 있는가?

오답해설
① 제3자를 위한 계약의 당사자는 요약자와 낙약자이다.
② 수익자는 계약체결 당시 특정되거나 현존할 필요가 없다.
③ 수익자는 계약의 당사자가 아니므로 제3자를 위한 계약에서 발생한 해제권, 원상회복청구권을 행사할 수 없음이 원칙이다.
⑤ 요약자는 수익자의 동의 없이 낙약자의 이행불능을 이유로 계약을 해제할 수 있다.

정답 | 41 ③ 42 ① 43 ④

44 매도인 甲과 매수인 乙사이에 매매대금을 丙에게 지급하기로 하는 제3자를 위한 계약을 체결하였고, 丙이 乙에게 수익의 의사표시를 하였다. 다음 설명 중 옳은 것은? (다툼이 있으면 판례에 따름) 제35회

① 乙의 대금채무 불이행이 있는 경우, 甲은 丙의 동의 없이 乙과의 계약을 해제할 수 없다.
② 乙의 기망행위로 甲과 乙의 계약이 체결된 경우, 丙은 사기를 이유로 그 계약을 취소할 수 있다.
③ 甲과 丙의 법률관계가 무효인 경우, 특별한 사정이 없는 한 乙은 丙에게 대금지급을 거절할 수 있다.
④ 乙이 매매대금을 丙에게 지급한 후에 甲과 乙의 계약이 취소된 경우, 乙은 丙에게 부당이득반환을 청구할 수 있다.
⑤ 甲과 乙이 계약을 체결할 때 丙의 권리를 변경시킬 수 있음을 유보한 경우, 甲과 乙은 丙의 권리를 변경시킬 수 있다.

톺아보기

오답해설
① 요약자는 '수익자의 동의 없이' 계약을 해제할 수 있다(대판 1970.2.24, 69다1410).
② 乙의 기망행위로 甲과 乙의 계약이 체결된 경우, 丙은 계약당사자가 아니므로 당사자의 지위에서 가지는 사기를 이유로 그 계약을 취소할 수 없다.
③ 낙약자는 '요약자와 수익자 사이의 법률관계'가 소멸한 경우 기본관계는 여전히 유효하므로 수익자의 급부 요구를 거부할 수 없다(대판 2003.12.11, 2003다49771).
④ 계약의 청산문제는 계약을 체결한 요약자와 낙약자간에 이루어져야 하므로 낙약자는 계약의 당사자가 아닌 수익자에게 기본관계의 해제에 따른 원상회복청구나 부당이득반환을 청구할 수 없다(대판 2005.7.22, 2005다7566).

해제

45 최고 없이도 해제권을 행사할 수 있는 경우가 <u>아닌</u> 것은? (다툼이 있으면 판례에 따름) 제18회

① 매수인의 대금지급이 지체된 때
② 매도인의 과실로 계약목적물인 별장이 소실된 때
③ 당사자가 약정한 해제권의 유보사실이 발생한 때
④ 이행기가 도래하지 않은 상태에서 매도인이 소유권이전의 거부의사를 명확히 표시한 때
⑤ 매매의 목적부동산에 설정된 저당권의 실행으로 매수인이 소유권을 취득할 수 없게 된 때

톺아보기

논점 해제를 위해 최고가 필요한 경우를 구별할 수 있는가?
① 이행지체이므로 해제를 위하여는 최고가 필요하다(제544조).
② 이행불능으로 최고가 필요 없다(제546조).
③ 약정해제특약이 있는 경우 최고 없이 해제할 수 있다.
④ 미리 이행거절 의사를 명백히 표시한 경우 최고 없이 해제할 수 있다(대판 1991.11.26, 91다23103).
⑤ 권리의 하자로 인한 담보책임시 최고 없이 해제할 수 있다.

---

46 乙은 甲소유 X토지를 매수하고 계약금을 지급한 후 X토지를 인도받아 사용·수익하고 있다. 다음 설명 중 틀린 것은? (판례에 따름) 제35회

① 계약이 채무불이행으로 해제된 경우, 乙은 甲에게 X토지와 그 사용이익을 반환할 의무가 있다.
② 계약이 채무불이행으로 해제된 경우, 甲은 乙로부터 받은 계약금에 이자를 가산하여 반환할 의무를 진다.
③ 甲이 乙의 중도금 지급채무 불이행을 이유로 계약을 해제한 이후에도 乙은 착오를 이유로 계약을 취소할 수 있다.
④ 만약 甲의 채권자가 X토지를 가압류하면, 乙은 이를 이유로 계약을 즉시 해제할 수 있다.
⑤ 만약 乙명의로 소유권이전등기가 된 후 계약이 합의해제되면, X토지의 소유권은 甲에게 당연히 복귀한다.

톺아보기

매매목적물인 부동산에 '근저당권설정등기나 가압류가 말소되지 아니한 경우' 바로 매도인의 소유권이전등기 의무가 이행불능으로 되었다고 할 수 없고, 매수인으로서는 매도인에게 상당기간을 정하여 이행을 '최고하고' 그 기간 내에 이행하지 아니할 때에 한하여 계약을 해제할 수 있다(대판 2003.5.13, 2000다50688).
다만, 매도인이 그 가압류 또는 가처분을 모두 해제할수 없는 '무자력상태에 있다고 인정되는 경우'에는 매수인이 매도인의 소유권 이전의무가 이행불능임을 이유로 해제할 수 있다(대판 2005다139211).

정답 | 44 ⑤ 45 ① 46 ④

47 이행지체로 인한 계약의 해제에 관한 설명으로 틀린 것은? (다툼이 있으면 판례에 따름)   제28회

① 이행의 최고는 반드시 미리 일정기간을 명시하여 최고하여야 하는 것은 아니다.
② 계약의 해제는 손해배상의 청구에 영향을 미치지 않는다.
③ 당사자 일방이 정기행위를 일정한 시기에 이행하지 않으면 상대방은 이행의 최고 없이 계약을 해제할 수 있다.
④ 당사자의 쌍방이 수인인 경우, 계약의 해제는 그 1인에 대하여 하더라도 효력이 있다.
⑤ 쌍무계약에서 당사자의 일방이 이행을 제공하더라도 상대방이 채무를 이행할 수 없음이 명백한지의 여부는 계약해제시를 기준으로 판단하여야 한다.

톺아보기

논점 해제의 법리를 종합적으로 알고 있는가?
당사자의 쌍방이 수인인 경우, 계약의 해제는 그 전원으로부터 전원에게 행사하여야 한다.

---

48 계약해제에 관한 설명으로 틀린 것은? (다툼이 있으면 판례에 따름)   제25회

① 계약이 적법하게 해제된 후에도 착오를 원인으로 그 계약을 취소할 수 있다.
② 계약을 합의해제한 경우에도 「민법」상 해제의 효과에 따른 제3자 보호규정이 적용된다.
③ 매도인의 이행불능을 이유로 매수인이 계약을 해제하려면 매매대금의 변제제공을 하여야 한다.
④ 토지매수인으로부터 그 토지 위에 신축된 건물을 매수한 자는 토지매매계약의 해제로 인하여 보호받는 제3자에 해당하지 않는다.
⑤ 공유자가 공유토지에 대한 매매계약을 체결한 경우, 특별한 사정이 없는 한 공유자 중 1인은 다른 공유자와 별개로 자신의 지분에 관하여 매매계약을 해제할 수 있다.

톺아보기

논점 해제의 주요법리를 알고 있는가?
★ 쌍무계약에서 이행불능으로 인한 계약해제의 경우 채무자의 급부가 상대방의 채무와 동시이행관계에 있더라도 그 "이행의 제공이나 반대급부의 제공"을 할 필요가 없다(대판 2003.1.24, 2000다22850).

49

계약해제에 관한 설명으로 틀린 것은? (다툼이 있으면 판례에 따름) 제29회

① 매도인의 책임 있는 사유로 이행불능이 되면 매수인은 최고 없이 계약을 해제할 수 있다.
② 계약이 합의해제된 경우, 다른 사정이 없으면 채무불이행으로 인한 손해배상을 청구할 수 없다.
③ 매도인이 매매계약을 적법하게 해제하였더라도, 매수인은 계약해제의 효과로 발생하는 불이익을 면하기 위하여 착오를 원인으로 그 계약을 취소할 수 있다.
④ 계약상대방이 수인인 경우, 특별한 사정이 없는 한 그 중 1인에 대하여 한 계약의 해제는 효력이 없다.
⑤ 매도인은 다른 약정이 없으면 합의해제로 인하여 반환할 금전에 그 받은 날로부터 이자를 가산하여야 할 의무가 있다.

톺아보기

논점 해제의 법리를 종합적으로 알고 있는가?

⑤ 합의해제가 있는 경우 해제에 관한 제548조 제2항의 규정은 적용되지 아니하므로, 당사자 사이에 약정이 없는 이상 합의해제로 인하여 반환할 금전에 그 받은 날로부터의 이자를 가하여야 할 의무가 있는 것은 아니다(대판 2003.1.24, 2000다5336).
① 매도인의 책임 있는 사유로 이행불능이 되면 매수인은 최고 없이 계약을 해제할 수 있다.
② 계약이 합의해제된 경우, 다른 사정이 없으면 채무불이행으로 인한 손해배상을 청구할 수 없다.
④ 계약상대방이 수인인 경우 해제의사표시는 전원에 대하여 하지 않으면 효력이 없다.

50

매매계약의 법정해제에 관한 설명으로 옳은 것을 모두 고른 것은? (다툼이 있으면 판례에 따름) 제34회

㉠ 일방당사자의 계약위반을 이유로 한 상대방의 계약해제 의사표시에 의해 계약이 해제되었음에도 상대방이 계약이 존속함을 전제로 계약상 의무의 이행을 구하는 경우, 특별한 사정이 없는 한 계약을 위반한 당사자도 당해 계약이 상대방의 해제로 소멸되었음을 들어 그 이행을 거절할 수 있다.
㉡ 계약해제로 인한 원상회복의 대상에는 매매대금은 물론 이와 관련하여 그 계약의 존속을 전제로 수령한 지연손해금도 포함된다.
㉢ 과실상계는 계약해제로 인한 원상회복의무의 이행으로서 이미 지급한 급부의 반환을 구하는 경우에는 적용되지 않는다.

① ㉠ ② ㉡ ③ ㉠, ㉢ ④ ㉡, ㉢ ⑤ ㉠, ㉡, ㉢

정답 | 47 ④ 48 ③ 49 ⑤ 50 ⑤

톺아보기

모두 옳다.
㉠ 일방당사자의 채무불이행을 이유로 해제권자가 계약의 해제를 통지한 경우 계약을 위반한 당사자도 해제권자가 본래계약의 이행을 청구해오면 당해 계약이 해제권자의 해제로 소멸했음을 들어 그 이행을 거절할 수 있다(대판 2008.10.23, 2007다54979).
㉡ 매매계약이 해제되면 그 효력이 소급적으로 소멸함에 따라 각 당사자는 상대방에 대하여 원상회복의무가 있으므로 이미 그 계약상 의무에 기하여 이행된 급부는 원상회복을 위하여 부당이득으로 반환되어야 하고, 그 원상회복의 대상에는 매매대금은 물론 이와 관련하여 그 매매계약의 존속을 전제로 수령한 지연손해금도 포함된다(대판 2001.11.27, 2001다31189).
㉢ 과실상계는 채무불이행 또는 불법행위로 인한 손해배상책임에 대하여 인정되는 것이고, 매매계약이 해제되어 소급적으로 효력을 잃은 결과 매매당사자에게 당해 계약에 기한 급부가 없었던 것과 동일한 재산상태를 회복시키기 위한 원상회복의무의 이행으로서 이미 지급한 매매대금 기타의 급부의 반환을 구하는 경우에는 과실상계는 적용되지 아니한다(대판 2014.3.13, 2013다34143).

계약의 해제시 보호받는 제3자

51 계약해제의 소급효로부터 보호될 수 있는 제3자에 해당하는 자는? (다툼이 있으면 판례에 따름)

제23회

① 계약해제 전, 계약상의 채권을 양수하여 이를 피보전권리로 하여 처분금지가처분결정을 받은 채권자
② 계약해제 전, 해제대상인 계약상의 채권 자체를 압류 또는 전부(轉付)한 채권자
③ 해제대상 매매계약에 의하여 채무자명의로 이전등기된 부동산을 가압류 집행한 가압류채권자
④ 주택의 임대권한을 부여받은 매수인으로부터 매매계약이 해제되기 전에 주택을 임차한 후, 대항요건을 갖추지 않은 임차인
⑤ 해제대상 매매계약의 매수인으로부터 목적 부동산을 증여받은 후 소유권이전등기를 마치지 않은 수증자

톺아보기

논점 해제의 소급효로부터 보호되는 제3자 해당 여부를 알고 있는가?
③ 해제의 소급효로부터 보호받는 제3자란 해제된 계약으로부터 생긴 법률적 효과를 기초로 하여 "해제권의 행사가 있기 전"에 새로운 이해관계를 가졌을 뿐 아니라 "등기·인도 등으로 완전한 권리를 취득한 자"를 말한다(대판 2003.1.24, 2000다22850). 해제대상인 매매계약에 의하여 채무자명의로 이전등기된 부동산을 매입하여 이전등기를 마치거나 계약의 목적물에 가압류 집행한 가압류채권자는 계약해제의 경우 보호받는 제3자에 해당한다(대판 2000.1.14, 99다40937).

| 오답해설 |
① 해제에 의하여 소멸하는 계약상 "채권"을 피보전권리로 가처분결정을 받은 자는 해제의 경우 보호받는 제3자가 아니다.
★ ② 해제에 의하여 소멸하는 계약상 채권을 압류한 자는 보호받는 제3자가 아니다.
④ 임차인이 대항요건을 갖추지 못하였으므로 해제의 경우 보호받는 제3자가 아니다.
⑤ 수증자가 이전등기를 하기 전이므로 보호받는 제3자가 아니다.

52 甲 소유의 X토지와 乙 소유의 Y주택에 대한 교환계약에 따라 각각 소유권이전등기가 마쳐진 후 그 계약이 해제되었다. 계약해제의 소급효로부터 보호되는 제3자에 해당하지 <u>않는</u> 자를 모두 고른 것은? (다툼이 있으면 판례에 따름) 제27회

㉠ 계약의 해제 전 乙로부터 X토지를 매수하여 소유권이전등기를 경료한 자
㉡ 계약의 해제 전 乙로부터 X토지를 매수하여 그에 기한 소유권이전청구권보전을 위한 가등기를 마친 자
㉢ 계약의 해제 전 甲으로부터 Y주택을 임차하여 「주택임대차보호법」상의 대항력을 갖춘 임차인
㉣ 계약의 해제 전 X토지상의 乙의 신축 건물을 매수한 자

① ㉡   ② ㉢   ③ ㉣   ④ ㉠, ㉡   ⑤ ㉢, ㉣

| 톺아보기 |

[논점] 해제의 소급효로부터 보호되는 제3자의 해당 여부를 사례에 적용할 줄 아는가?
해제시 보호되는 제3자란 해제된 계약으로부터 생긴 법률적 효과를 기초로 하여 "해제권의 행사가 있기 전"에 새로운 이해관계를 가졌을 뿐 아니라 "등기·인도 등으로 완전한 권리를 취득한 자"를 말한다(대판 2003.1.24, 2000다22850). 판례에 의할 때 ㉠㉡㉢은 모두 해제 전 완전한 권리를 취득한 자로서 해제의 경우 보호받는 제3자에 해당한다.
㉣ 계약의 목적물인 토지를 기초로 새로운 이해관계를 가진 자가 아니라 토지 위에 신축한 건물을 매수한 자로서 토지매매계약이 해제된 경우 보호받는 제3자가 아니다(대판 1991.5.28, 90다카16761).

53 계약해제시 보호되는 제3자에 해당하지 않는 자를 모두 고른 것은? (다툼이 있으면 판례에 따름)

제30회

㉠ 계약해제 전 그 계약상의 채권을 양수하고 이를 피보전권리로 하여 처분금지가처분결정을 받은 채권자
㉡ 매매계약에 의하여 매수인 명의로 이전등기된 부동산을 계약해제 전에 가압류 집행한 자
㉢ 계약해제 전 그 계약상의 채권을 압류한 자

① ㉠   ② ㉠, ㉡   ③ ㉠, ㉢   ④ ㉡, ㉢   ⑤ ㉠, ㉡, ㉢

톺아보기

논점 계약의 해제시 보호받는 제3자를 이해하는가?

계약해제시 보호되는 제3자에 해당하지 않는 자는 ㉠㉢으로 계약해제시 보호되는 제3자란 해제된 계약으로부터 생긴 법률적 효과를 기초로 하여 새로운 이해관계를 가졌을 뿐 아니라 등기·인도 등으로 "완전한 권리를 취득한 자"를 말한다(대판 2003.1.24, 2000다22850).

㉠ 계약해제 전 그 예약상의 '채권'을 양수하고 이를 피보전권리로 하여 처분금지가처분결정을 받은 채권자는 해제시 보호받는 제3자에 포함되지 않는다.
㉡ 해제된 계약에 의하여 채무자의 책임재산이 된 계약의 목적물을 가압류한 가압류채권자는 그 가압류에 의하여 당해 목적물에 대하여 잠정적으로 그 권리행사만을 제한하는 것이나 종국적으로는 이를 환가하여 그 대금으로 피보전채권의 만족을 얻을 수 있는 권리를 취득하는 것이므로, 그 권리를 보전하기 위하여서는 위 조항 단서에서 말하는 제3자에는 위 가압류채권자도 포함된다고 보아야 한다(대판 2000.1.14, 99다40937).
㉢ 계약상 채권을 자체를 압류한 자는 해제시 보호받는 제3자에 포함되지 않는다(대판 2000.4.11, 99다51685).

54 甲은 자신의 X토지를 乙에게 매도하고 소유권이전등기를 마쳐주었으나, 乙은 변제기가 지났음에도 매매대금을 지급하지 않고 있다. 이에 관한 설명으로 틀린 것을 모두 고른 것은? (다툼이 있으면 판례에 따름)

제33회

㉠ 甲은 특별한 사정이 없는 한 별도의 최고 없이 매매계약을 해제할 수 있다.
㉡ 甲이 적법하게 매매계약을 해제한 경우, X토지의 소유권은 등기와 무관하게 계약이 없었던 상태로 복귀한다.
㉢ 乙이 X토지를 丙에게 매도하고 그 소유권이전등기를 마친 후 甲이 乙을 상대로 적법하게 매매계약을 해제하였다면, 丙은 X토지의 소유권을 상실한다.

① ㉠   ② ㉡   ③ ㉢   ④ ㉠, ㉢   ⑤ ㉡, ㉢

톺아보기

논점 청약과 승낙의 주요법리를 알고 사례에 적용할 줄 아는가?

틀린 것은 ㉠㉢이다.

㉠ 乙은 변제기가 지났음에도 매매대금을 지급하지 않고 있으므로 이행지체상태이다. 따라서 별도의 최고를 하여야 매매계약을 해제할 수 있다.

㉡ 甲이 적법하게 매매계약을 해제한 경우, X토지의 소유권은 소유권이전등기와 관계없이 당연히 계약이 없었던 상태로 자동복귀한다.

㉢ 乙이 X토지를 丙에게 매도하고 그 소유권이전등기를 마친 후 甲이 乙을 상대로 적법하게 매매계약을 해제하였다면, 丙은 甲과 乙간의 매매계약의 해제에도 불구하고 영향을 받지 않는 제3자에 해당한다. 그러므로 丙은 X토지의 소유권을 상실하지 아니한다.

---

55 매도인 甲과 매수인 乙 사이의 X주택에 관한 계약이 적법하게 해제된 경우, 해제 전에 이해관계를 맺은 자로서 '계약해제로부터 보호되는 제3자'에 해당하지 <u>않는</u> 자는? (다툼이 있으면 판례에 따름) 　　　　제35회

① 乙의 소유권이전등기청구권을 압류한 자
② 乙의 책임재산이 된 X주택을 가압류한 자
③ 乙명의로 소유권이전등기가 된 X주택에 관하여 저당권을 취득한 자
④ 乙과 매매예약에 따라 소유권이전등기청구권보전을 위한 가등기를 마친 자
⑤ 乙명의로 소유권이전등기가 된 X주택에 관하여 「주택임대차보호법」상 대항요건을 갖춘 자

톺아보기

계약의 해제로부터 권리를 침해받지 않는 제3자란 해제된 계약으로부터 생긴 법률적 효과를 기초로 하여 해제 전에 새로운 이해관계를 가졌을 뿐만 아니라 등기·인도 등으로 '완전한 권리를 취득한 자'를 말한다(대판 2003.1.24, 2000다22850). 따라서 乙의 소유권이전등기청구권(채권)을 압류한 자는 해제시 보호받는 제3자에 해당하지 아니한다.

정답 | 53 ③　54 ④　55 ①

56 합의해제·해지에 관한 설명으로 틀린 것은? (다툼이 있으면 판례에 따름) 제30회

① 계약을 합의해제할 때에 원상회복에 관하여 반드시 약정해야 하는 것은 아니다.
② 계약이 합의해제된 경우, 다른 사정이 없는 한 채무불이행으로 인한 손해배상을 청구할 수 없다.
③ 합의해지로 인하여 반환할 금전에 대해서는 특약이 없더라도 그 받은 날로부터 이자를 가산해야 한다.
④ 계약의 합의해제에 관한 청약에 대하여 상대방이 변경을 가하여 승낙한 때에는 그 청약은 효력을 잃는다.
⑤ 합의해제의 경우에도 법정 해제의 경우와 마찬가지로 제3자의 권리를 해하지 못한다.

톺아보기

논점 합의해제, 합의해지의 주요법리를 알고 있는가?

합의해지 또는 해지계약이라 함은 해지권의 유무에 불구하고 계약 당사자 쌍방이 합의에 의하여 계속적 계약의 효력을 해지시점 이후부터 장래를 향하여 소멸하게 하는 것을 내용으로 하는 새로운 계약으로서, 그 효력은 그 합의의 내용에 의하여 결정되고 여기에는 해제, 해지에 관한 제548조 제2항의 규정은 적용되지 아니하므로, 당사자 사이에 약정이 없는 이상 합의해지로 인하여 반환할 금전에 그 받은 날로부터의 이자를 가하여야 할 의무가 있는 것은 아니다(대판 2003.1.24, 2000다5336·5343). 합의해지가 성립하기 위해서는 쌍방 당사자의 표시행위에 나타난 의사의 내용이 객관적으로 일치하여야 하므로 계약당사자 일방이 계약해지에 관한 조건을 제시한 경우 그 조건에 관한 합의까지 이루어져야 한다(대판 1996.2.27, 95다43044).

57 부동산의 매매계약이 합의해제된 경우에 관한 설명으로 틀린 것은? (다툼이 있으면 판례에 따름) 제31회

① 특별한 사정이 없는 한 채무불이행으로 인한 손해배상을 청구할 수 있다.
② 매도인은 원칙적으로 수령한 대금에 이자를 붙여 반환할 필요가 없다.
③ 매도인으로부터 매수인에게 이전되었던 소유권은 매도인에게 당연히 복귀한다.
④ 합의해제의 소급효는 법정해제의 경우와 같이 제3자의 권리를 해하지 못한다.
⑤ 매도인이 잔금기일 경과 후 해제를 주장하며 수령한 대금을 공탁하고 매수인이 이의 없이 수령한 경우, 특별한 사정이 없는 한 합의해제된 것으로 본다.

톺아보기

논점 합의해제, 합의해지의 주요법리를 알고 있는가?

합의해제의 경우 특별한 사정이 없는 한 채무불이행으로 인한 손해배상을 청구할 수 없다.

58 합의해제에 관한 설명으로 틀린 것은? (다툼이 있으면 판례에 따름) 제32회

① 부동산매매계약이 합의해제된 경우, 다른 약정이 없는 한 매도인은 수령한 대금에 이자를 붙여 반환할 필요가 없다.
② 당사자 쌍방은 자기 채무의 이행제공 없이 합의에 의해 계약을 해제할 수 있다.
③ 합의해제의 소급효는 법정해제의 경우와 같이 제3자의 권리를 해하지 못한다.
④ 계약이 합의해제된 경우 다른 사정이 없는 한, 합의해제시에 채무불이행으로 인한 손해배상을 청구할 수 있다.
⑤ 매도인이 잔금기일 경과 후 해제를 주장하며 수령한 대금을 공탁하고 매수인이 이의 없이 수령한 경우, 특별한 사정이 없는 한 합의해제된 것으로 본다.

톺아보기

논점 합의해제, 합의해지의 주요법리를 알고 있는가?

★ 계약이 합의해제된 경우 다른 사정이 없는 한, 합의해제시에 채무불이행으로 인한 손해배상을 청구할 수 없다.

59 계약의 해지에 관한 설명으로 틀린 것은? (다툼이 있으면 판례에 따름) 제27회

① 계약해지의 의사표시는 묵시적으로도 가능하다.
② 해지의 의사표시가 상대방에게 도달하면 이를 철회하지 못한다.
③ 토지임대차에서 그 기간의 약정이 없는 경우, 임차인은 언제든지 계약해지의 통고를 할 수 있다.
④ 당사자 일방이 수인인 경우, 그 중 1인에 대하여 해지권이 소멸한 때에는 다른 당사자에 대하여도 소멸한다.
⑤ 특별한 약정이 없는 한, 합의해지로 인하여 반환할 금전에는 그 받은 날로부터의 이자를 가하여야 한다.

톺아보기

논점 해지의 법리를 종합적으로 알고 있는가?

특별한 약정이 없는 한, 합의해지로 인하여 반환할 금전에는 그 받은 날로부터의 이자를 가할 의무가 있는 것은 아니다. 합의해지의 경우에는 합의해지의 청약과 합의해지의 승낙이라는 새로운 계약의 내용에 의하여 결정되는 것이므로 제548조 제2항의 규정(금전 반환 시 이자가산 규정)은 적용되지 아니하므로 당사자 사이에 약정이 없는 이상 '합의해지'로 인하여 반환할 금전에 그 받은 날로부터 이자를 부가하여야 할 의무가 없다(대판 2003.1.24, 2000다5336).

정답 | 56 ③ 57 ① 58 ④ 59 ⑤

60 계약해제 · 해지에 관한 설명으로 틀린 것은? (다툼이 있으면 판례에 따름) 제31회

① 계약의 해지는 손해배상청구에 영향을 미치지 않는다.
② 채무자가 불이행 의사를 명백히 표시하더라도 이행기 도래 전에는 최고 없이 해제할 수 없다.
③ 이행불능으로 계약을 해제하는 경우, 채권자는 동시이행관계에 있는 자신의 급부를 제공할 필요가 없다.
④ 일부 이행불능의 경우, 계약목적을 달성할 수 없으면 계약 전부의 해제가 가능하다.
⑤ 계약당사자 일방 또는 쌍방이 여러 명이면, 해지는 특별한 사정이 없는 한 그 전원으로부터 또는 전원에게 해야 한다.

톺아보기

논점 해제 · 해지의 주요법리를 종합적으로 알고 있는가?

채무자가 채무불이행 의사를 명백히 표시하였을 경우, 이행기 도래 전에 이행의 제공 없이 최고 없이 해제할 수 있다.

정답 | 60 ②

제2장 / 계약각론

기본서 p.416~475

제1절 매매

01 매매의 일방예약에 관한 설명으로 틀린 것은? (다툼이 있으면 판례에 따름) 제21회

① 매매의 일방예약은 언제나 채권계약이다.
② 본계약 성립 전에 일방이 예약내용을 변경하는 것은 특별한 사정이 없는 한 허용되지 않는다.
③ 부동산소유권이전을 내용으로 하는 본계약의 예약완결권은 가등기할 수 있다.
④ 예약완결권의 제척기간이 지난 후에 상대방이 예약목적물인 부동산을 인도받았다면, 예약완결권은 제척기간의 경과로 소멸하지 아니한다.
⑤ 매매예약완결권의 제척기간이 도과하였는지의 여부는 법원의 직권조사사항이다.

톺아보기

논점 매매예약의 주요법리를 알고 있는가?

★ ④ 예약완결권은 예약성립일로부터 10년의 제척기간에 걸리므로 일방이 목적물을 인도받은 경우에도 10년이 경과하면 소멸시효가 아니라 제척기간의 경과로 소멸한다(대판 2003.1.10, 2000다26425). 반면에 매수인의 등기청구권은 점유하면 소멸시효에 걸리지 않는다는 점에서 예약완결권과 구별된다.
① 예약은 장차 본계약 체결을 약정하는 것이므로 언제나 채권계약이다.
② 예약도 계약이므로 일방이 예약내용을 임의로 변경할 수 없음이 원칙이다.
③ 예약완결권은 상속이나 가등기할 수 있다.
⑤ 매매예약완결권은 제척기간으로서 소멸시효와 달리 법원의 직권조사사항이다.

정답 | 01 ④

02 매매의 일방예약에 관한 설명으로 옳은 것은? (다툼이 있으면 판례에 따름) 제28회

① 매매의 일방예약은 물권계약이다.
② 매매의 일방예약은 상대방이 매매를 완결할 의사를 표시하는 때에 매매의 효력이 생긴다.
③ 예약완결권을 행사기간 내에 행사하였는지에 관해 당사자의 주장이 없다면 법원은 이를 고려할 수 없다.
④ 매매예약이 성립한 이후 상대방의 예약완결권 행사 전에 목적물이 전부 멸실되어 이행불능이 된 경우에도 예약완결권을 행사할 수 있다.
⑤ 예약완결권은 당사자 사이에 그 행사기간을 약정하지 않은 경우 그 예약이 성립한 날로부터 5년 내에 이를 행사하여야 한다.

톺아보기

논점 매매예약의 주요법리를 알고 있는가?
② 매매의 일방예약은 상대방이 매매를 완결할 의사를 표시하는 때에 매매의 효력이 생긴다(제564조).

오답해설
① 매매의 일방예약은 장차 본 계약의 체결을 약정한 것이므로 언제나 채권계약이다.
③ 예약완결권의 행사기간은 제척기간으로서 당사자의 주장이 없어도 법원은 이를 직권으로 고려할 수 있다 (대판 2000.10.13, 99다18725).
④ 매매예약이 성립한 이후 목적물이 전부 멸실되어 이행불능이 된 경우에는 예약완결권을 행사할 수 없고, 그 귀책사유에 따라 책임소재를 가릴 뿐이다.
⑤ 예약완결권은 당사자 사이에 그 행사기간을 약정하지 않은 경우 그 예약이 성립한 날로부터 10년 내에 이를 행사하여야 한다.

03 매매계약에 관한 설명으로 틀린 것은? (다툼이 있으면 판례에 따름) 제30회

① 매매계약은 요물계약이다.
② 매매계약은 유상·쌍무계약이다.
③ 매도인의 담보책임은 무과실책임이다.
④ 타인의 권리도 매매의 대상이 될 수 있다.
⑤ 매매계약에 관한 비용은 특별한 사정이 없는 한 당사자 쌍방이 균분하여 부담한다.

톺아보기

논점 매매의 종합적 법리를 이해하는가?
매매, 교환, 임대차계약은 요물계약이 아니라 낙성, 쌍무, 유상, 불요식계약이다.

04 甲은 그 소유의 X부동산에 관하여 乙과 매매의 일방예약을 체결하면서 예약완결권은 乙이 가지고 20년 내에 행사하기로 약정하였다. 이에 관한 설명으로 옳은 것은? (다툼이 있으면 판례에 따름) 제33회

① 乙이 예약체결시로부터 1년 뒤에 예약완결권을 행사한 경우, 매매는 예약체결시로 소급하여 그 효력이 발생한다.
② 乙의 예약완결권은 형성권에 속하므로 甲과의 약정에도 불구하고 그 행사기간은 10년으로 단축된다.
③ 乙이 가진 예약완결권은 재산권이므로 특별한 사정이 없는 한 타인에게 양도할 수 있다.
④ 乙이 예약완결권을 행사기간 내에 행사하였는지에 관해 甲의 주장이 없다면 법원은 이를 고려할 수 없다.
⑤ 乙이 예약완결권을 행사하더라도 甲의 승낙이 있어야 비로소 매매계약은 그 효력이 발생한다.

톺아보기

[오답해설]
① 예약완결권을 행사한 경우, 매매는 예약체결시로 소급하여 발생하는 것이 아니라 완결권을 행사한 때부터 효력이 생긴다.
② 예약완결권의 행사기간을 정한 때에는 그 기간 내에 행사하여야 하고, 행사기간을 정하지 않은 때에는 10년 내에 행사하여야 한다.
④ 예약완결권의 행사기간은 제척기간으로서 당사자의 주장이 없어도 법원은 이를 직권으로 고려할 수 있다 (대판 2000.10.13, 99다18725).
⑤ 예약완결권은 형성권으로 상대방의 승낙을 요하지 아니한다.

정답 | 02 ② 03 ① 04 ③

05 매매의 일방예약에 관한 설명으로 틀린 것은? (다툼이 있으면 판례에 따름) 제34회

① 일방예약이 성립하려면 본계약인 매매계약의 요소가 되는 내용이 확정되어 있거나 확정할 수 있어야 한다.
② 예약완결권의 행사기간 도과 전에 예약완결자가 예약목적물인 부동산을 인도받은 경우, 그 기간이 도과되더라도 예약완결권은 소멸되지 않는다.
③ 예약완결권은 당사자 사이에 행사기간을 약정한 때에는 그 기간 내에 행사해야 한다.
④ 상가에 관하여 매매예약이 성립한 이후 법령상의 제한에 의해 일시적으로 분양이 금지되었다가 다시 허용된 경우, 그 예약완결권의 행사는 이행불능이라 할 수 없다.
⑤ 예약완결권 행사의 의사표시를 담은 소장 부본의 송달로써 예약완결권을 재판상 행사하는 경우, 그 행사가 유효하기 위해서는 그 소장 부본이 제척기간 내에 상대방에게 송달되어야 한다.

톺아보기

② 예약완결권은 예약이 성립한 때부터 10년 내에 이를 행사하여야 하고, 위 기간을 도과한 때에는 상대방이 예약목적물인 부동산을 인도받은 경우라도 예약완결권은 제척기간의 경과로 인하여 소멸한다(대판 1995.11.10, 94다22682).
① 매매의 예약은 당사자의 일방이 매매를 완결할 의사를 표시한 때에 매매의 효력이 생기는 것이므로 적어도 일방예약이 성립하려면 그 예약에 터 잡아 맺어질 본계약의 요소가 되는 매매목적물, 이전방법, 매매가액 및 지급방법 등의 내용이 확정되어 있거나 확정할 수 있어야 한다(대판 1993.5.27, 93다4908·4915·4922).
③ 행사기간의 약정이 있으면 그 기간 내에, 행사기간의 약정이 없는 때에는 예약이 성립한 때로부터 10년 내에 행사해야 한다.
④ 백화점 점포에 관해 매매예약이 성립한 이후 일시적으로 법령상의 제한으로 인하여 분양이 금지되었다가 다시 그러한 금지가 없어진 경우, 그 매매예약에 기한 매매예약완결권의 행사가 이행불능이라고 할 수는 없다(대판 2000.10.13, 99다18725).
⑤ 매매의 일방예약에서 예약자의 상대방이 매매예약완결의 의사표시를 하여 매매의 효력을 생기게 하는 권리, 즉 매매예약의 완결권은 일종의 형성권으로서 당사자 사이에 그 행사기간을 약정한 때에는 그 기간 내에, 그러한 약정이 없는 때에는 그 예약이 성립한 때부터 10년 내에 이를 행사하여야 하고 그 기간이 지난 때에는 예약완결권은 제척기간의 경과로 인하여 소멸한다. 예약완결권의 제척기간이 도과하였는지 여부는 직권조사사항으로서 이에 대한 당사자의 주장이 없더라도 법원이 당연히 직권으로 조사하여 재판에 고려하여야 한다(대판 2000.10.13, 99다18725). 예약완결권은 재판상이든 재판 외이든 그 기간 내에 행사하면 되는 것으로서, 예약완결권자가 예약완결권 행사의 의사표시를 담은 소장 부본을 상대방에게 송달함으로써 재판상 행사하는 경우에는 그 소장 부본이 상대방에게 도달한 때에 비로소 예약완결권 행사의 효력이 발생하여 예약완결권자와 상대방 사이에 매매의 효력이 생기므로, 예약완결권 행사의 의사표시가 담긴 소장 부본이 제척기간 내에 상대방에게 송달되어야만 예약완결권자가 제척기간 내에 적법하게 예약완결권을 행사하였다고 볼 수 있다(대판 2019.7.25, 2019다227817).

계약금

06 계약금에 관한 설명으로 틀린 것은? (다툼이 있으면 판례에 따름)   제26회

① 계약금은 별도의 약정이 없는 한 해약금으로 추정된다.
② 매매해약금에 관한 「민법」 규정은 임대차에도 적용된다.
③ 해약금에 기해 계약을 해제하는 경우에는 원상회복의 문제가 생기지 않는다.
④ 토지거래허가구역 내 토지에 관한 매매계약을 체결하고 계약금만 지급한 상태에서 거래허가를 받은 경우, 다른 약정이 없는 한 매도인은 계약금의 배액을 상환하고 계약을 해제할 수 없다.
⑤ 계약금만 수령한 매도인이 매수인에게 계약의 이행을 최고하고 매매잔금의 지급을 청구하는 소송을 제기한 경우, 다른 약정이 없는 한 매수인은 계약금을 포기하고 계약을 해제할 수 있다.

톺아보기

논점 계약금에 관한 종합적 법리를 알고 있는가?

④ 토지거래허가를 받은 경우에도 이는 주된 채무가 아닌 부수적 채무에 불과하여 아직 주된 채무의 이행착수 전 단계이므로 매도인이 계약금의 배액을 상환하고 계약을 해제함으로써 적법하게 해제된다(대판 2009.4.23, 2008다62427).
② 매매계약에 관한 규정은 매매 이외의 다른 유상계약에도 준용된다(제567조). 따라서 매매계약금에 관한 제565조의 규정은 임대차에도 적용된다.
③ 계약금에 의한 해제는 당사자 일방이 이행에 착수하기 전에 가능하므로 계약이 해제되어도 원상회복의 문제가 생기지 않는다.
⑤ 매도인이 매수인에 대하여 매매계약의 이행을 최고하고 매매잔대금의 지급을 구하는 소송을 제기한 것만으로는 이행에 착수하였다고 볼 수 없으므로(대판 2008.10.23, 2007다72274), 매수인은 그 상태에서도 계약금을 포기하고 계약을 해제할 수 있다.

정답 | 05 ② 06 ④

07 계약금에 관한 설명으로 옳은 것은? (다툼이 있으면 판례에 따름) 제22회 수정

① 계약금에 의해 해제권이 유보된 경우, 채무불이행을 이유로 계약을 해제할 수 없다.
② 매도인이 이행에 전혀 착수하지 않았다면 매수인은 중도금을 지급한 후에도 계약금을 포기하고 계약을 해제할 수 있다.
③ 매도인이 계약금의 배액을 상환하고 계약을 해제한 경우, 매수인은 매도인에게 해약금 해제로 인한 손해배상을 청구할 수 있다.
④ 계약금의 포기나 배액상환에 의한 해제권 행사를 배제하는 당사자의 약정은 무효이다.
⑤ 매도인이 매수인에게 이행을 최고하고 대금지급을 구하는 소송을 제기한 후에도 매수인은 계약금을 포기하고 계약을 해제할 수 있다.

톺아보기

논점 계약금에 관한 주요법리와 판례를 알고 있는가?

⑤ 매도인이 매수인에게 이행을 최고하고 대금지급을 구하는 소송을 제기하여 승소판결을 받은 경우에도 아직 이행착수가 아니므로 일방은 계약금을 포기하고 해제할 수 있다(대판 2008.10.23, 2007다72274).

오답해설

★ ① 계약금에 의해 해제권이 유보된 경우, 일방의 귀책사유에 기인한 채무불이행을 이유로 계약을 해제(법정해제)할 수 있다.
② 매수인이 중도금을 지급한 후에는 계약금을 포기하고 계약을 해제할 수 없다.
③ 법정해제와 달리 계약금해제는 그로 인한 손해배상을 청구할 수 없다.
④ 계약금을 포기하고 해제할 수 있는 제565조 규정은 임의규정이므로 당사자간의 계약금의 포기에 의한 해제권 행사를 배제하는 당사자의 합의나 특약은 유효하다(대판 2009.4.23, 2008다50615).

08 甲은 자신의 토지를 乙에게 매도하면서 계약금을 수령한 후, 중도금과 잔금은 1개월 후에 지급받기로 약정하였다. 다음 설명 중 틀린 것은? (다툼이 있으면 판례에 따름) 제27회

① 甲과 乙 사이에 계약금을 위약금으로 하는 특약도 가능하다.
② 甲과 乙 사이의 계약금계약은 매매계약의 종된 계약이다.
③ 乙은 중도금의 지급 후에는 특약이 없는 한 계약금을 포기하고 계약을 해제할 수 없다.
④ 乙의 해약금에 기한 해제권 행사로 인하여 발생한 손해에 대하여 甲은 그 배상을 청구할 수 있다.
⑤ 甲과 乙 사이에 해약금에 기한 해제권을 배제하기로 하는 약정을 하였다면 더 이상 그 해제권을 행사할 수 없다.

톺아보기

논점 해약금 해제의 법리를 사례에 적용할 수 있는가?

④ 乙의 해약금에 기한 해제권 행사로 인하여 발생한 손해에 대하여 甲은 그로 인한 손해배상을 청구할 수 없다. 왜냐하면 해약금해제는 채무불이행을 원인으로 하는 것이 아니기 때문이다.
① 계약금을 위약금으로 하는 특약도 가능하다.
② 계약금계약은 매매계약의 종된 요물계약이다.
③ 어느 일방이 이행에 착수한 경우, 즉 매도인이 이행에 전혀 착수하지 않았더라도 매수인이 중도금을 지급하여 이행에 착수하였다면 매수인은 계약금을 포기하고 계약을 해제할 수 없다.
⑤ 제565조의 해약권을 배제하기로 하는 약정은 유효하고 계약금포기에 의한 계약해제는 할 수 없다(대판 2009.4.23, 2008다50615).

09 계약금에 관한 설명으로 틀린 것은? (다툼이 있으면 판례에 따름)   제28회

① 계약금 포기에 의한 계약해제의 경우, 상대방은 채무불이행을 이유로 손해배상을 청구할 수 없다.
② 계약금계약은 계약에 부수하여 행해지는 종된 계약이다.
③ 계약금을 위약금으로 하는 당사자의 특약이 있으면 계약금은 위약금의 성질이 있다.
④ 계약금을 포기하고 행사할 수 있는 해제권은 당사자의 합의로 배제할 수 있다.
⑤ 매매계약시 계약금의 일부만을 먼저 지급하고 잔액은 나중에 지급하기로 한 경우, 매도인은 실제 받은 일부 금액의 배액을 상환하고 매매계약을 해제할 수 있다.

톺아보기

논점 계약금에 관한 종합적 법리를 알고 있는가?

⑤ 실제 교부받은 금액의 배액을 상환하고 계약을 해제할 수 있다면 이는 당사자가 '교부하기로 한 일정한 금액을 계약금으로 정한 의사에 반하게 되고, 또한 교부받은 금원이 소액인 경우에는 사실상 계약을 자유로이 해제할 수 있게 되어 계약의 구속력이 약하게 되어 부당한 결과가 된다. 한편 수령자가 매매계약을 해제할 수 있다하더라도 해약금의 기준이 되는 금원은 "실제 교부받은 일부계약금"이 아니라 "당사자가 교부하기로 한 약정계약금"이라고 봄이 타당하므로 매도인이 '계약금의 일부로서 지급받은 금원'의 배액을 상환하고 매매계약을 해제할 수 없다(대판 2015.4.23, 2014다231378).
① 계약금 포기에 의한 계약해제의 경우, 법정해제권의 행사와 달리 상대방은 그로 손해배상을 청구할 수 없다.
② 계약금계약은 매매계약에 부수하여 행해지는 종된 요물계약이다.
③ 계약금을 위약금으로 하는 당사자의 특약이 있으면 계약금은 위약금의 성질이 있다.
④ 제565조의 계약금을 포기하고 행사할 수 있는 해제권은 임의규정으로서 당사자의 합의로 배제할 수 있다(대판 2009.4.23, 2008다50615).

정답 | 07 ⑤   08 ④   09 ⑤

10 甲은 자신의 X부동산에 관하여 매매대금 3억원, 계약금 3천만원으로 하는 계약을 乙과 체결하였다. 다음 설명 중 틀린 것은? (다툼이 있으면 판례에 따름) 제29회 수정

① 乙이 계약금의 전부를 지급하지 않으면, 계약금계약은 성립하지 않는다.
② 乙이 계약금을 지급하였더라도 정당한 사유 없이 잔금 지급을 지체한 때에는 甲은 채무불이행으로 계약을 해제하고 손해배상을 청구할 수 있다.
③ 甲과 乙 사이의 매매계약이 무효이거나 취소되더라도 계약금계약의 효력은 소멸하지 않는다.
④ 乙이 甲에게 지급한 계약금 3천만원은 증약금으로서의 성질을 가진다.
⑤ 乙이 계약금과 중도금을 지급한 경우, 특별한 사정이 없는 한 甲은 계약금의 배액을 상환하여 계약을 해제할 수 없다.

톺아보기

논점 계약금 해제의 법리를 사례에 적용할 줄 아는가?

③ 계약금계약은 종된 계약이므로 주계약이 무효이거나 취소되면 종된 계약에 해당하는 계약금계약의 효력도 소멸한다.
① 계약금 계약은 요물계약이어서 계약금을 전액지불한 때 성립하므로 계약금의 전부를 지급하지 않으면, 계약금계약은 성립하지 않는다.
② 계약금이 교부된 경우에도 일방의 채무불이행을 원인으로 하는 법정해제권 행사에 아무 영향을 미치지 않는다. 따라서 계약금이 수수되었다하여도 매수인의 잔금불이행을 원인으로 하는 법정해제권을 행사하고 그로 인한 손해배상을 청구할 수 있다.
⑤ 매수인이 계약금과 중도금을 지급한 경우, 특별한 사정이 없는 한 매도인은 계약금의 배액을 상환하여 계약을 해제할 수 없다.

11 계약금에 관한 설명으로 옳은 것을 모두 고른 것은? (다툼이 있으면 판례에 따름)

제30회

㉠ 계약금은 별도의 약정이 없는 한 해약금의 성질을 가진다.
㉡ 매수인이 이행기 전에 중도금을 지급한 경우, 매도인은 특별한 사정이 없는 한 계약금의 배액을 상환하여 계약을 해제할 수 없다.
㉢ 매도인이 계약금의 배액을 상환하여 계약을 해제하는 경우, 그 이행의 제공을 하면 족하고 매수인이 이를 수령하지 않더라도 공탁까지 할 필요는 없다.

① ㉠   ② ㉠, ㉡   ③ ㉠, ㉢   ④ ㉡, ㉢   ⑤ ㉠, ㉡, ㉢

톺아보기

논점 계약금의 주요법리를 이해하는가?

옳은 것은 ㉠㉡㉢이다.
㉠ 계약금은 별도의 약정이 없는 한 해약금의 성질을 가진다.
㉡ 이행기의 약정이 있는 경우라 하더라도 당사자가 채무의 이행기 전에는 착수하지 아니하기로 하는 특약을 하는 등 특별한 사정이 없는 한 일방이 이행기 전에 중도금 이행에 착수할 수 있다. 그 경우 매수인이 중도금을 이행기 전에 이행착수하였다면, 매도인이 계약금의 배액을 상환하고 해제권을 행사할 수 없다 (대판 2002.11.26, 2002다46492).
㉢ 수령자가 배액을 제공하였으나 이를 교부자가 "수령거절"하였을 경우 계약금의 배액의 제공으로써 충분하고 상대방이 수령을 거절하더라도 이를 "공탁"할 의무는 없다(대판 1981.10.27, 80다2784).

---

12 甲은 자신의 X토지를 乙에게 매도하는 계약을 체결하고 乙로부터 계약금을 수령하였다. 이에 관한 설명으로 <u>틀린</u> 것은? (다툼이 있으면 판례에 따름) 제31회

① 乙이 지급한 계약금은 해약금으로 추정한다.
② 甲과 乙이 계약금을 위약금으로 약정한 경우, 손해배상액의 예정으로 추정한다.
③ 乙이 중도금 지급기일 전 중도금을 지급한 경우, 甲은 계약금 배액을 상환하고 해제할 수 없다.
④ 만약 乙이 甲에게 약정한 계약금의 일부만 지급한 경우, 甲은 수령한 금액의 배액을 상환하고 계약을 해제 할 수 없다.
⑤ 만약 X토지가 토지거래허가구역 내에 있고 매매계약에 대하여 허가를 받은 경우, 甲은 계약금 배액을 상환하고 해제할 수 없다.

톺아보기

논점 계약금의 주요법리를 이해하는가?

X토지가 토지거래허가구역 내에 있고 매매계약에 대하여 허가를 받은 후라도 甲은 계약금 배액을 상환하고 해제할 수 있다.

정답 | 10 ③ 11 ⑤ 12 ⑤

13

甲은 2023.9.30. 乙에게 자신 소유의 X부동산을 3억원에 매도하되, 계약금 2천만원은 계약 당일, 중도금 2억원은 2023.10.30, 잔금 8천만원은 2023.11.30.에 지급받기로 하는 매매계약을 체결하고, 乙로부터 계약 당일 계약금 전액을 지급받았다. 다음 설명 중 옳은 것을 모두 고른 것은? (특별한 사정은 없으며, 다툼이 있으면 판례에 따름)

제34회

> ㉠ 乙이 2023.10.25. 중도금 2억원을 甲에게 지급한 경우, 乙은 2023.10.27. 계약금을 포기하더라도 계약을 해제할 수 없다.
> ㉡ 乙이 2023.10.25. 중도금 2억원을 甲에게 지급한 경우, 甲은 2023.10.27. 계약금의 배액을 상환하더라도 계약을 해제할 수 없다.
> ㉢ 乙이 계약 당시 중도금 중 1억원의 지급에 갈음하여 자신의 丙에 대한 대여금채권을 甲에게 양도하기로 약정하고 그 자리에 丙도 참석하였다면, 甲은 2023.10.27. 계약금의 배액을 상환하더라도 계약을 해제할 수 없다.

① ㉠
② ㉢
③ ㉠, ㉡
④ ㉡, ㉢
⑤ ㉠, ㉡, ㉢

톺아보기

모두 옳다.

㉠㉡ 제565조 제1항에서 말하는 당사자의 일방이라는 것은 매매 쌍방 중 어느 일방을 지칭하는 것이고 상대방이라 국한하여 해석할 것이 아니다. 제565조 제1항에서 말하는 당사자의 일방이라는 것은 매매 쌍방 중 어느 일방을 지칭하는 것이고 상대방이라고 국한하는 것이 아니므로 매매계약의 일부 이행에 착수한 당사자는 비록 상대방이 이행에 착수하지 않았다 하더라도 해제권을 행사할 수 없다(대판 1970.4.18, 70다105).

㉢ 매수인이 중도금 일부의 지급에 갈음하여 매도인에게 제3자에 대한 대여금채권을 양도한 경우: 매수인은 매매계약과 함께 채무의 일부 이행에 착수하였으므로, 매도인은 계약금의 배액을 상환하고 해제권을 행사할 수 없다(대판 2006.11.24, 2005다39594).

14. 매매에 관한 설명으로 틀린 것은? (다툼이 있으면 판례에 따름) 〈제24회〉

① 측량비용, 등기비용, 담보권 말소비용 등 매매계약에 관한 비용은 특별한 사정이 없으면 당사자 쌍방이 균분하여 분담한다.
② 매매목적물의 인도와 동시에 대금을 지급할 때에는 특별한 사정이 없으면 그 인도장소에서 대금을 지급하여야 한다.
③ 매매의 일방예약은 상대방이 매매를 완결한 의사를 표시하는 때에 매매의 효력이 생긴다.
④ 당사자 사이에 다른 약정이 없으면 계약금은 해약금으로 추정한다.
⑤ 계약금계약은 매매계약에 종된 계약이고 요물계약이다.

톺아보기

논점 매매의 법리를 종합적으로 알고 있는가?

계약비용은 반반씩 부담하나 등기비용은 계약비용이 아니므로 매수인이 부담하는 것이 관행이다(대판 1975.5.27, 75다235).

15. 매매계약에 관한 설명으로 틀린 것은? 〈제25회〉

① 매매의 목적이 된 권리가 타인에게 속한 경우에는 매도인은 그 권리를 취득하여 매수인에게 이전하여야 한다.
② 매매계약에 관한 비용은 특별한 사정이 없는 한 당사자가 균분하여 부담한다.
③ 담보책임의 면책특약이 있는 경우, 매도인은 알면서 고지하지 않은 하자에 대해서도 그 책임을 면한다.
④ 목적물의 인도와 동시에 대금을 지급할 경우, 특별한 사정이 없는 한 대금은 목적물의 인도장소에서 지급해야 한다.
⑤ 당사자 일방에 대한 의무이행의 기한이 있는 때에는 상대방의 의무이행에 대하여도 동일한 기한이 있는 것으로 추정한다.

정답 | 13 ⑤ 14 ① 15 ③

톺아보기

논점 매매의 법리를 종합적으로 알고 있는가?
★ 매도인이 하자를 "알고 고지하지 아니한 경우" 및 제3자에게 권리를 설정 또는 양도한 행위에 대하여는 그 면제특약이 있어도 매도인은 하자에 대하여 책임을 면하지 못한다(제584조).

16

「민법」상 매매계약에 관한 설명으로 틀린 것은? (다툼이 있으면 판례에 따름) 제34회

① 매매계약은 낙성·불요식계약이다.
② 타인의 권리도 매매의 목적이 될 수 있다.
③ 매도인의 담보책임 규정은 그 성질이 허용되는 한 교환계약에도 준용된다.
④ 매매계약에 관한 비용은 특약이 없는 한 매수인이 전부 부담한다.
⑤ 경매목적물에 하자가 있는 경우, 매도인은 물건의 하자로 인한 담보책임을 지지 않는다.

톺아보기

매매계약에 관한 비용은 특약이 없는 한 매수인이 전부 부담하는 것이 아니라 당사자 쌍방이 균분하여 부담한다.

17

매매에 관한 설명으로 틀린 것은? (다툼이 있으면 판례에 따름) 제26회

① 매매비용을 매수인이 전부 부담한다는 약정은 특별한 사정이 없는 한 유효하다.
② 지상권은 매매의 대상이 될 수 없다.
③ 매매목적물의 인도와 동시에 대금을 지급할 경우, 그 인도장소에서 대금을 지급하여야 한다.
④ 매매목적물이 인도되지 않고 대금도 완제되지 않은 경우, 목적물로부터 생긴 과실은 매도인에게 속한다.
⑤ 당사자 사이에 행사기간을 정하지 않은 매매의 예약완결권은 그 예약이 성립한 때로부터 10년 내에 행사하여야 한다.

톺아보기

논점 매매의 법리를 종합적으로 알고 있는가?
매매의 객체는 재산권이고 이는 아무런 제한이 없으므로 물건과 권리 모두 대상이다. 그러므로 자기소유물이나 타인소유물과 같은 물건뿐만 아니라 임차권과 같은 채권 또는 지상권, 전세권과 같은 물권도 매매의 대상이 될 수 있다.

18 甲은 그 소유의 X토지에 대하여 乙과 매매계약을 체결하였다. 다음 설명 중 틀린 것은? (다툼이 있으면 판례에 따름) 제30회

상 중 하

① X토지가 인도되지 않고 대금도 완제되지 않은 경우, 특별한 사정이 없는 한 乙은 인도의무의 지체로 인한 손해배상을 청구할 수 없다.
② 乙이 대금지급을 거절할 정당한 사유가 있는 경우, X토지를 미리 인도받았더라도 그 대금에 대한 이자를 지급할 의무는 없다.
③ X토지가 인도되지 않았다면, 특별한 사정이 없는 한 乙이 잔대금지급을 지체하여도 甲은 잔대금의 이자상당액의 손해배상청구를 할 수 없다.
④ X토지를 아직 인도받지 못한 乙이 미리 소유권이전등기를 경료받았다고 하여도 매매대금을 완제하지 않은 이상 X토지에서 발생하는 과실은 甲에게 귀속된다.
⑤ X토지가 인도되지 않았다면 乙이 대금을 완제하더라도 특별한 사정이 없는 한 X토지에서 발생하는 과실은 甲에게 귀속된다.

톺아보기

논점 매매의 법리를 사례에 적용할 수 있는가?

★ ⑤ 매수인이 이미 매매대금을 완납한 후에는 목적물에 대한 인도가 이루어지기 이전이라도 과실수취권은 매수인에게 있다(대판 1993.11.9, 93다28928).
①④ 매수인이 미리 소유권이전등기를 경료받았다고 하여도 아직 "매매대금을 완납하지 않은 이상" 부동산으로부터 발생하는 과실은 매수인이 아니라 매도인에게 귀속되어야 한다(대판 1992.4.28, 91다32527). 이 경우 과실은 이자에 대응하는 것이므로 매도인의 인도의무가 이행지체가 있더라도 매수인은 인도의무의 지체로 인한 손해배상금의 지급을 구할 수 없다(대판 2004.4.23, 2004다8210).
② 매수인의 대금지급의무와 매도인의 근저당권설정등기말소의무가 동시이행관계에 있어서 매수인이 대금지급을 거절할 정당한 사유가 있는 경우에는 매매목적물을 미리 인도받았다하더라도 제587조에 의한 이자지급할 의무가 없다(대판 2018.9.28, 2016다246800).
③ 제587조에 의하면, 매매계약 있은 후에도 인도하지 아니한 목적물로부터 생긴 과실은 매도인에게 속하고, 매수인은 목적물의 인도를 받은 날로부터 대금의 이자를 지급하여야 한다고 규정하고 있는 바, 이는 매매당사자 사이의 형평을 꾀하기 위하여 매매목적물이 인도되지 아니하더라도 매수인이 대금을 완제한 때에는 그 시점 이후의 과실은 매수인에게 귀속되지만, '매매목적물이 인도되지 아니하고 또한 매수인이 대금을 완제하지 아니한 때'에는 매도인의 이행지체가 있더라도 과실은 매도인에게 귀속되는 것이므로 매수인은 매도인의 인도의무의 지체로 인한 손해배상금의 지급을 구할 수 없다(대판 2004.4.23, 2004다8210).

정답 | 16 ④ 17 ② 18 ⑤

19 매매에서 과실의 귀속과 대금의 이자 등에 관한 설명으로 옳은 것을 모두 고른 것은? (대금지급과 목적물인도는 동시이행관계에 있고, 다툼이 있으면 판례에 따름)

제34회

> ㉠ 매매계약 후 목적물이 인도되지 않더라도 매수인이 대금을 완제한 때에는 그 시점 이후 목적물로부터 생긴 과실은 매수인에게 귀속된다.
> ㉡ 매수인이 대금지급을 거절할 상당한 사유가 있는 경우, 매수인은 목적물을 미리 인도받더라도 대금 이자의 지급의무가 없다.
> ㉢ 매매계약이 취소된 경우, 선의의 점유자인 매수인의 과실취득권이 인정되는 이상 선의의 매도인도 지급받은 대금의 운용이익 내지 법정이자를 반환할 의무가 없다.

① ㉠
② ㉡
③ ㉠, ㉢
④ ㉡, ㉢
⑤ ㉠, ㉡, ㉢

톺아보기

모두 옳다.
㉠ 매매계약 후 목적물이 인도되지 않더라도 매수인이 대금을 완제한 때에는 그 시점 이후 목적물로부터 생긴 과실은 매수인에게 귀속된다.
㉡ 매수인의 대금지급의무와 매도인의 근저당권설정등기말소의무가 동시이행관계에 있어서 매수인이 대금지급을 거절할 정당한 사유가 있는 경우에는 매매목적물을 미리 인도받았다하더라도 제587조에 의한 이자지급 의무가 없다(대판 2018.9.28, 2016다246800).
㉢ 쌍무계약이 취소된 경우 선의의 매수인에게 제201조가 적용되어 과실취득권이 인정되는 이상 선의의 매도인에게도 제587조의 유추적용에 의하여 대금의 운용이익 내지 법정이자의 반환을 부정함이 형평에 맞는다(대판 1993.5.14, 92다45025).

담보책임

20 매도인의 담보책임에 관한 설명으로 옳은 것은? (판례에 따름) 제26회

① 타인의 권리를 매도한 자가 그 전부를 취득하여 매수인에게 이전할 수 없는 경우, 악의의 매수인은 계약을 해제할 수 없다.
② 저당권이 설정된 부동산의 매수인이 저당권의 행사로 그 소유권을 취득할 수 없는 경우, 악의의 매수인은 특별한 사정이 없는 한 계약을 해제하고 손해배상을 청구할 수 있다.
③ 매매목적인 권리의 전부가 타인에게 속하여 권리의 전부를 이전할 수 없게 된 경우, 매도인은 선의의 매수인에게 신뢰이익을 배상하여야 한다.
④ 매매목적 부동산에 전세권이 설정된 경우, 계약의 목적 달성 여부와 관계없이, 선의의 매수인은 계약을 해제할 수 있다.
⑤ 권리의 일부가 타인에게 속한 경우, 선의의 매수인이 갖는 손해배상청구권은 계약한 날로부터 1년 내에 행사되어야 한다.

톺아보기

논점 권리의 하자를 종합적으로 알고 있는가?
② 저당권이 설정된 부동산의 매수인이 저당권의 행사로 그 소유권을 취득할 수 없는 경우, 악의의 매수인은 계약을 해제하고 손해배상을 청구할 수 있다(제576조).

오답해설
★ ① 전부타인의 권리의 매매인 경우에는 매수인은 선의, 악의를 불문하고 계약을 해제할 수 있다.
③ 매도인의 담보책임의 내용으로서의 손해배상은 신뢰이익의 배상이 아닌 이행이익의 배상이다(대판 1967.5.18, 66다2618).
④ 매매목적 부동산에 전세권이 설정된 경우, 선의의 매수인은 그로 인하여 계약의 목적을 달성할 수 없는 경우에 한하여 계약을 해제할 수 있다(제575조 제1항).
⑤ 매수인이 선의인 경우 매도인의 담보책임의 제척기간은 "계약한 날"로부터 1년이 아니라 "사실을 안 날"로부터 1년이다(제573조).

정답 | 19 ⑤ 20 ②

21

권리의 하자에 대한 매도인의 담보책임과 관련하여 '악의의 매수인에게 인정되는 권리'로 옳은 것을 모두 고른 것은?
제33회

㉠ 권리의 전부가 타인에게 속하여 매수인에게 이전할 수 없는 경우 – 계약해제권
㉡ 권리의 일부가 타인에게 속하여 그 권리의 일부를 매수인에게 이전할 수 없는 경우 – 대금감액청구권
㉢ 목적물에 설정된 저당권의 실행으로 인하여 매수인이 소유권을 취득할 수 없는 경우 – 계약해제권
㉣ 목적물에 설정된 지상권에 의해 매수인의 권리행사가 제한되어 계약의 목적을 달성할 수 없는 경우 – 계약해제권

① ㉠, ㉡   ② ㉠, ㉣   ③ ㉡, ㉢   ④ ㉢, ㉣   ⑤ ㉠, ㉡, ㉢

톺아보기

논점 권리의 하자를 종합적으로 알고 있는가?
옳은 것은 ㉠㉡㉢이다.

더 알아보기

담보책임에서 매수인이 선의·악의 관계없이 주장할 수 있는 경우

전부타인 권리매매의 경우	매수인의 해제권
일부타인 권리매매의 경우	매수인의 감액청구권
저당권의 실행(제576조)	매수인의 손해배상청구권, 해제권

22

부동산매매계약이 수량지정매매인데, 그 부동산의 실제면적이 계약면적에 미치지 못한 경우에 관한 설명으로 틀린 것은? (다툼이 있으면 판례에 따름)
제28회

① 선의의 매수인은 대금감액을 청구할 수 없다.
② 악의의 매수인은 손해배상을 청구할 수 없다.
③ 담보책임에 대한 권리행사기간은 매수인이 그 사실을 안 날로부터 1년 이내이다.
④ 미달부분의 원시적 불능을 이유로 계약체결상의 과실책임에 따른 책임의 이행을 구할 수 없다.
⑤ 잔존한 부분만이면 매수인이 이를 매수하지 않았을 경우, 선의의 매수인은 계약 전부를 해제할 수 있다.

톺아보기

논점 수량지정 매매에서 매수인의 권리를 아는가?
① 선의인 매수인에 한하여 대금감액을 청구할 수 있다(제572조 제1항).
② 악의의 매수인은 손해배상을 청구할 수 없다(제572조 제3항). 선의이어야 손해배상청구를 할 수 있다.
③ 권리행사기간은 매수인이 선의인 경우 그 사실을 안 날로부터 1년 이내이다.
④ 수량 지정매매에 해당할 때에 한하여 매수인은 담보책임으로 대금감액청구권을 행사할 수 있으나 그 매매계약이 그 미달 부분만큼 일부 무효임을 들어 부당이득반환청구를 할 수 없고, 그 부분의 원시적 불능을 이유로 계약체결상의 과실에 따른 책임의 이행을 구할 수 없다(대판 2004.4.9, 99다47396).

---

23 수량을 지정한 매매의 목적물의 일부가 멸실된 경우 매도인의 담보책임에 관한 설명으로 틀린 것은? (단, 이에 관한 특약은 없으며, 다툼이 있으면 판례에 따름)

제32회

① 수량을 지정한 매매란 특정물이 일정한 수량을 가지고 있다는 데 주안을 두고 대금도 그 수량을 기준으로 정한 경우를 말한다.
② 악의의 매수인은 대금감액과 손해배상을 청구할 수 있다.
③ 선의의 매수인은 멸실된 부분의 비율로 대금감액을 청구할 수 있다.
④ 잔존한 부분만이면 매수하지 아니하였을 때에는 선의의 매수인은 계약전부를 해제할 수 있다.
⑤ 선의의 매수인은 일부멸실의 사실을 안 날부터 1년 내에 매도인의 담보책임에 따른 매수인의 권리를 행사해야 한다.

톺아보기

논점 수량지정 매매에서 매수인의 권리를 아는가?
선의의 매수인은 대금감액과 손해배상을 청구할 수 있다.

정답 | 21 ⑤ 22 ① 23 ②

물건의 하자

24

甲은 乙로부터 X토지를 매수하여 상가용 건물을 신축할 계획이었으나, 법령상의 제한으로 그 건물을 신축할 수 없게 되었다. 또한 토지의 오염으로 통상적인 사용도 기대할 수 없었다. 다음 중 옳은 것은? (다툼이 있으면 판례에 따름) 제23회

① 토지에 대한 법령상의 제한으로 건물신축이 불가능하면 이는 매매목적물의 하자에 해당한다.
② X토지에 하자가 존재하는지의 여부는 언제나 목적물의 인도시를 기준으로 판단하여야 한다.
③ 甲이 토지가 오염되어 있다는 사실을 계약체결시에 알고 있었더라도 乙에게 하자담보책임을 물을 수 있다.
④ 甲이 토지의 오염으로 인하여 계약의 목적을 달성할 수 없더라도 계약을 해제할 수 없다.
⑤ 甲은 토지의 오염사실을 안 날로부터 1년 내에는 언제든지 乙에 대하여 담보책임에 기한 손해배상을 청구할 수 있다.

톺아보기

논점 물건의 하자담보책임을 알고 있는가?

① 토지에 대한 법령상의 제한으로 건물신축이 불가능하면 이는 권리의 하자가 아니라 매매목적물의 하자에 해당한다(대판 2000.1.18, 98다18506).

오답해설

② 그 하자유무의 판단은 계약성립할 때를 기준으로 판단한다(대판 2000.1.18, 98다18506).
③ 토지의 오염사실을 알고(악의) 매수하였다면 매수인은 물건의 하자담보책임을 물을 수 없다(제580조 단서). 매수인이 선의이어야 담보책임을 물을 수 있다.
★ ④ 물건의 하자로 목적을 달성할 수 없는 경우는 계약을 해제할 수 있다. 반면에 계약의 목적달성을 할 수 있는 경우에는 해제할 수 없고 손해배상만을 청구할 수 있다(제580조).
⑤ 물건의 하자는 안 날로부터 1년이 아니라 6월 내에 행사하여야 한다(제582조).

25. 하자담보책임에 관한 설명으로 틀린 것은? (다툼이 있으면 판례에 따름) 제28회

① 건축을 목적으로 매수한 토지에 대해 법적 제한으로 건축허가를 받을 수 없어 건축이 불가능한 경우, 이는 매매목적물의 하자에 해당한다.
② 하자담보책임으로 발생하는 매수인의 계약해제권 행사기간은 제척기간이다.
③ 하자담보책임에 기한 매수인의 손해배상청구권도 소멸시효의 대상이 될 수 있다.
④ 매도인이 매매목적물에 하자가 있다는 사실을 알면서 이를 매수인에게 고지하지 않고 담보책임 면제의 특약을 맺은 경우 그 책임을 면할 수 없다.
⑤ 매도인의 담보책임은 무과실책임이므로 하자의 발생 및 그 확대에 가공한 매수인의 잘못을 참작하여 손해배상 범위를 정할 수 없다.

톺아보기

논점 하자담보책임의 법리를 알고 있는가?

⑤ 매도인의 담보책임은 무과실책임이므로 여기에는 제396조의 과실상계규정이 준용될 수 없다하더라도 담보책임이 「민법」의 지도이념인 공평의 원칙에 입각한 것인 이상 그 하자의 발생 및 그 확대에 가공한 매수인의 잘못을 참작하여 손해배상 범위를 정할 수 있다(대판 1995.6.30, 94다23920).
③ 하자담보책임에 기한 매수인의 손해배상청구권도 소멸시효의 대상이 될 수 있다.
④ 매도인이 매매목적물에 하자가 있다는 사실을 알면서 이를 매수인에게 고지하지 않고 담보책임 면제의 특약을 맺은 경우 그 책임을 면할 수 없다(제584조).

26. 불특정물의 하자로 인해 매도인의 담보책임이 성립한 경우, 매수인의 권리로 규정된 것을 모두 고른 것은? 제31회

㉠ 계약해제권
㉡ 손해배상청구권
㉢ 대금감액청구권
㉣ 완전물급부청구권

① ㉢
② ㉠, ㉢
③ ㉡, ㉣
④ ㉠, ㉡, ㉣
⑤ ㉠, ㉡, ㉢, ㉣

톺아보기

논점 종류물 하자담보책임의 법리를 알고 있는가?

해당하는 것은 ㉠㉡㉣이다.
종류물 하자의 경우 매수인은 해제 또는 손해배상의 청구를 하지 아니하고 하자 없는 물건의 청구를 할 수 있다(제581조). 대금감액청구권은 일부타인소유인 경우와 수량부족일 경우에 인정된다.

정답 | 24 ① 25 ⑤ 26 ④

경매의 하자

27 甲은 경매절차에서 저당목적물인 乙 소유의 X토지를 경매로 매각받고, 그 소유권이 전등기가 경료되었다. 다음 중 **틀린** 것은? (다툼이 있으면 판례에 따름) 제23회

① 甲은 X토지의 물건의 하자를 이유로 담보책임을 물을 수 없음이 원칙이다.
② 채무자 乙이 권리의 하자를 알고 고지하지 않았다면 甲은 乙에게 손해배상을 청구할 수 있다.
③ 경매절차가 무효인 경우, 甲은 담보책임을 물을 수 없다.
④ 담보책임이 인정되는 경우, 甲은 乙의 자력 유무를 고려함이 없이 곧바로 배당채권자에게 대금의 전부 또는 일부의 상환을 청구할 수 있다.
⑤ 만약 乙이 물상보증인인 경우, 담보책임으로 인해 매매계약이 해제되면 그 대금 반환채무는 乙이 부담한다.

톺아보기

논점 경매의 하자에서 담보책임의 법리를 알고 있는가?

④ 경매하자에서 1차적인 담보책임을 지는 자는 매도인의 지위에 있는 채무자이고, 2차적으로 채무자가 자력이 없는 경우에 배당받은 채권자이다(제578조 제2항).
① 경매에서는 물건의 하자는 담보책임을 물을 수 없다(제580조 제2항).
② 경매하자의 경우 원칙적으로 매수인은 법에 의하여 강제로 경매당한 소유권자에게 하자로 인한 손해배상을 청구하지 못한다. 다만, 예외적으로 하자를 알고 고지하지 않은 사정이 있는 경우에는 손해배상을 청구할 수 있다(제578조 제3항).
③ 경매자체가 유효하여야 담보책임이 성립하나 경매자체가 무효인 경우에는 담보책임을 물을 수 없다(대판 2004.6.24, 2003다59259).
⑤ 제578조 제1항의 임의 경매에서 하자로 인한 담보책임을 지는 자에는 채무자뿐만 아니라 물상보증인도 포함된다. 따라서 경락인이 경매의 하자로 계약을 적법하게 해제권을 행사하였을 때에는 채무자뿐만 아니라 물상보증인도 경락인에 대하여 원상회복의무를 부담한다(대판 1988.4.12, 87다카2641).

28

乙 명의로 소유권이전등기청구권보전의 가등기가 마쳐진 甲 소유의 X건물에 대하여 丙이 경매를 신청하였다. 그 경매절차에서 매각대금을 완납한 丁명의로 X건물의 소유권이전등기가 마쳐졌고, 매각대금이 丙에게 배당되었다. 다음 설명 중 **틀린** 것은? (다툼이 있으면 판례에 따름)

제29회

① X건물 자체에 하자가 있는 경우, 丁은 甲에게 하자담보책임을 물을 수 없다.
② 경매절차가 무효인 경우, 丁은 甲에게 손해배상을 청구할 수 있다.
③ 경매절차가 무효인 경우, 丁은 丙에게 부당이득반환을 청구할 수 있다.
④ 丁이 소유권을 취득한 후 乙이 가등기에 기한 본등기를 마친 경우, 丁은 X건물에 관한 계약을 해제할 수 있다.
⑤ 丁이 소유권을 취득한 후 乙이 가등기에 기한 본등기를 마친 경우, 丁은 甲이 자력이 없는 때에는 丙에게 배당금의 반환을 청구할 수 있다.

톺아보기

논점 경매의 하자에서 담보책임의 법리를 알고 있는가?

② "경매절차 자체가 무효"인 경우에는 경매의 채무자에게 담보책임은 인정될 여지가 없다. 이 경우에는 낙찰자는 채권자를 상대로 배당금에 대한 부당이득반환청구를 할 수 있을 뿐이고 손해배상을 청구할 수 없다 (대판 2004.6.24, 2003다59259).
① 경매에서는 건물 자체에 하자가 있는 경우, 하자담보책임을 물을 수 없다.
④ 가등기에 기한 본등기를 마친 경우, 소유권을 상실한 매수인에게는 제576조의 저당권 실행에 의한 담보책임을 준용한다. 따라서 가등기 후 중간취득자 丁은 가등기에 기한 본등기의 실행으로 소유권을 잃게 되는데, 이때 소유권을 상실한 매수인 丁은 선의·악의를 불문하고 X건물에 관한 계약을 해제할 수 있다.
⑤ 경매로 인한 하자에서 1차적인 책임은 채무자이나 채무자에게 자력이 없으면 2차적인 책임은 배당받은 채권자이다.

정답 | 27 ④ 28 ②

담보책임의 종합

29 매도인의 담보책임에 관한 설명으로 틀린 것은? 제24회

① 변제기에 도달한 채권의 매도인이 채무자의 자력을 담보한 경우, 원칙적으로 매매계약 당시의 자력을 담보한 것으로 추정한다.
② 저당권이 설정된 부동산의 매수인이 그 소유권을 보존하기 위해 출재한 경우, 매수인은 매도인에게 그 상환을 청구할 수 있다.
③ 매매의 목적이 된 부동산에 대항력을 갖춘 임대차가 있는 경우, 선의의 매수인은 그로 인해 계약의 목적을 달성할 수 없음을 이유로 계약을 해제할 수 있다.
④ 매매의 목적인 권리의 일부가 타인에게 속하고 잔존한 부분만이면 매수하지 아니하였을 경우, 악의의 매수인은 그 사실을 안 날로부터 1년 내에 해제권을 행사할 수 있다.
⑤ 매매계약 당시에 그 목적물의 일부가 멸실된 경우, 선의의 매수인은 대금의 감액을 청구할 수 있다.

톺아보기

논점 담보책임의 법리를 종합적으로 알고 있는가?

★ ④ 매매의 목적인 권리의 일부가 타인에게 속하고 잔존한 부분만이면 매수하지 아니하였을 경우, 악의인 경우 계약일로부터 1년 내, 선의인 경우 안 날로부터 1년 내에 행사하여야 한다(제573조).
① "변제기에 도달한 채권"의 매도인이 채무자의 자력을 담보한 경우, 원칙적으로 매매계약 당시의 자력을 담보한 것으로 추정한다. 반면에 "변제기에 도달하지 않은 채권" 매매의 경우에는 변제기의 자력을 담보한 것으로 추정한다(제579조).
③ 매수인이 대항력 갖춘 임차권의 존재를 모르고(선의) 매수하여 매수목적을 달성하지 못하는 경우 매매계약을 해제할 수 있다. 반면에 세입자를 끼고 매수한 때는 임차권자의 존재를 알고 매수한 것이므로 담보책임을 물을 수 없다.

환매

30 환매에 관한 설명으로 틀린 것은? (다툼이 있으면 판례에 따름) 제27회

① 부동산에 대한 매매등기와 동시에 환매권 보류를 등기하지 않더라도 제3자에게 대항할 수 있다.
② 환매특약은 매매계약과 동시에 하여야 한다.
③ 부동산에 대한 환매기간을 7년으로 정한 때에는 5년으로 단축된다.
④ 환매등기가 경료된 나대지에 건물이 신축된 후 환매권이 행사된 경우, 특별한 사정이 없는 한, 그 건물을 위한 관습상의 법정지상권은 발생하지 않는다.
⑤ 특별한 약정이 없는 한, 환매대금에는 매수인이 부담한 매매비용이 포함된다.

톺아보기

논점 환매에 관한 주요법리를 알고 있는가?

① 매매의 목적물이 부동산인 경우에 매매등기와 동시에 환매권의 보류를 "등기"한 때에는 제3자에 대하여 그 효력이 있다(제592조). 환매특약을 등기하지 않으면 제3자에게 대항할 수 없다.
② 환매특약은 매매계약과 동시에 하여야 한다(제590조).
③ 부동산에 대한 환매기간은 5년을 넘지 못한다. 약정기간이 이를 넘은 때는 5년으로 단축된다(제591조 제1항).
④ 나대지상에 환매특약의 등기가 마쳐진 상태에서 대지소유자가 그 지상에 건물을 신축하였다면, 대지소유자는 건물신축 당시부터 환매특약의 등기 당시의 권리관계 그대로 토지소유권을 이전해 줄 잠재적 의무를 부담하므로 통상의 대지소유자는 그 건물이 장차 철거되어야 하는 운명에 처하게 될 것임을 예상하면서도 그 건물을 건축한 것으로 볼 수 있다. 그러므로 환매권의 행사에 따라 토지와 건물의 소유자가 달라진 경우에 그 건물을 위한 관습상의 법정지상권은 애초부터 생기지 않는다(대판 2010.11.25, 2010두16431).

정답 | 29 ④ 30 ①

31 상중하

부동산매매에서 환매특약을 한 경우에 관한 설명으로 <u>틀린</u> 것은? (다툼이 있으면 판례에 따름)
제30회

① 매매등기와 환매특약등기가 경료된 이후, 그 부동산 매수인은 그로부터 다시 매수한 제3자에 대하여 환매특약의 등기사실을 들어 소유권이전등기절차 이행을 거절할 수 없다.
② 환매기간을 정한 때에는 다시 이를 연장하지 못한다.
③ 매도인이 환매기간 내에 환매의 의사표시를 하면 그는 그 환매에 의한 권리취득의 등기를 하지 않아도 그 부동산을 가압류 집행한 자에 대하여 권리취득을 주장할 수 있다.
④ 환매기간에 관한 별도의 약정이 없으면 그 기간은 5년이다.
⑤ 환매특약은 매매계약과 동시에 하여야 한다.

톺아보기

논점 환매의 법리를 이해하는가?

③ 「부동산등기법」 제64조의2에 의하면 환매특약의 등기는 매수인의 권리취득의 등기에 부기하고, 이 등기는 환매에 의한 권리취득의 등기를 한 때에는 이를 말소하도록 되어 있으며 환매에 의한 권리취득의 등기는 이전등기의 방법으로 하여야 할 것인 바, 설사 환매특약부 매매계약의 매도인이 환매기간 내에 매수인에게 환매의 의사표시를 한 바 있다고 하여도 그 환매에 의한 권리취득의 등기를 함이 없이는(다시 말하면 환매권자 앞으로 소유권이전등기를 경료하지 않은 때에는) 환매권자 자신이 부동산의 소유권자임을 내세워 부동산에 가압류집행을 한 자에 대하여 이를 주장할 수 없다(대판 1990.12.26, 90다카16914).
① 환매특약이 등기 후 부동산을 부동산의 매수자가 전득자인 제3자에게 매매계약을 한 경우 매수인은 전득자의 등기이전요구가 있었을 때에 도로 환매될 부동산임을 이유로 거부할 수 있을까? 환매특약의 등기가 있다고 하여도 매수인의 처분권을 금지하는 효력이 없으므로 매수인은 환매특약등기 이후에 부동산을 매매한 제3자의 소유권이전요구를 거부할 수 없다(대판 1994.10.25, 94다35527).

32 부동산의 환매에 관한 설명으로 틀린 것은? (다툼이 있으면 판례에 따름) 제33회

① 환매특약은 매매계약과 동시에 이루어져야 한다.
② 매매계약이 취소되어 효력을 상실하면 그에 부수하는 환매특약도 효력을 상실한다.
③ 환매시 목적물의 과실과 대금의 이자는 특별한 약정이 없으면 이를 상계한 것으로 본다.
④ 환매기간을 정하지 않은 경우, 그 기간은 5년으로 한다.
⑤ 환매기간을 정한 경우, 환매권의 행사로 발생한 소유권이전등기청구권은 특별한 사정이 없는 한 그 환매기간 내에 행사하지 않으면 소멸한다.

톺아보기

논점 환매의 법리를 이해하는가?

환매기간을 정한 경우, 환매권자는 이전등기를 하여야 비로소 매도인 명의로 소유권이 복귀하는데, 환매권의 행사로 발생한 소유권이전등기청구권은 채권적 청구권으로서 「환매권의 행사기간」이 아니라 「환매권을 행사한 날」로부터 10년의 소멸시효에 걸린다.

33 「민법」상 환매에 관한 설명으로 틀린 것은? 제34회

① 환매권은 양도할 수 없는 일신전속권이다.
② 매매계약이 무효이면 환매특약도 무효이다.
③ 환매기간을 정한 경우에는 그 기간을 다시 연장하지 못한다.
④ 환매특약등기는 매수인의 권리취득의 등기에 부기하는 방식으로 한다.
⑤ 환매특약은 매매계약과 동시에 해야 한다.

톺아보기

환매권은 양도할 수 있고 상속할 수 있는 권리로서 일신전속권이 아니다.

정답 | 31 ③   32 ⑤   33 ①

34

甲은 자기 소유 X토지를 3억원에 乙에게 매도하면서 동시에 환매할 권리를 보유하기로 약정하고 乙이 X토지에 대한 소유권 이전등기를 마쳤다. 이에 관한 설명으로 **틀린** 것은? (다툼이 있으면 판례에 따름) 제32회

① 특별한 약정이 없는 한, 甲은 환매기간 내에 그가 수령한 3억원과 乙이 부담한 매매비용을 반환하고 X토지를 환매할 수 있다.
② 甲과 乙이 환매기간을 정하지 아니한 경우 그 기간은 5년으로 한다.
③ 환매등기는 乙 명의의 소유권이전등기에 대한 부기등기의 형식으로 한다.
④ 만일 甲의 환매등기 후 丙이 乙로부터 X토지를 매수하였다면, 乙은 환매등기를 이유로 丙의 X토지에 대한 소유권이전등기청구를 거절할 수 있다.
⑤ 만일 甲의 환매등기 후 丁이 X토지에 乙에 대한 채권을 담보하기 위하여 저당권을 설정하였다면, 甲이 적법하게 환매권을 행사하여 X토지의 소유권이전등기를 마친 경우 丁의 저당권은 소멸한다.

톺아보기

논점 환매의 법리를 이해하는가?

④ 환매특약이 등기 후 부동산을 부동산의 매수자가 전득자인 제3자에게 매매계약을 한 경우 매수인은 전득자의 등기이전요구가 있었을 때에 도로 환매될 부동산임을 이유로 거부할 수 있을까? 환매특약의 등기가 있다고 하여도 매수인의 처분권을 금지하는 효력이 없으므로 매수인은 환매특약등기 이후에 부동산을 매매한 제3자의 소유권이전요구를 거부할 수 없다(대판 1994.10.25, 94다35527).
⑤ 환매특약등기 후 목적물에 경료된 부동산 위의 저당권, 가압류같은 부담은 환매권자가 환매권을 행사하면 직권말소된다.

제2절 교환

35

甲은 자신의 2억원 상당 건물을 乙의 토지와 교환하는 계약을 체결하면서 乙로부터 1억원을 보충하여 지급받기로 하였다. 다음 설명 중 **틀린** 것은? (다툼이 있으면 판례에 따름) 제25회

① 甲·乙 사이의 계약은 불요식계약이다.
② 甲과 乙은 특별한 사정이 없는 한 서로 하자담보책임을 지지 않는다.
③ 乙의 보충금 1억원의 미지급은 교환계약의 해제사유에 해당된다.
④ 계약체결 후 건물이 乙의 과실로 소실되었다면, 乙의 보충금지급의무는 소멸하지 않는다.
⑤ 보충금의 지급기한을 정하지 않았다면, 乙은 건물을 인도받은 날부터 지급하지 않은 보충금의 이자를 甲에게 지급해야 한다.

톺아보기

논점 교환계약의 주요법리를 아는가?

② 교환계약은 유상계약이므로 하자담보책임이 준용되어 甲과 乙은 특별한 사정이 없는 한 서로 하자담보책임을 부담한다.
① 교환계약은 낙성, 쌍무, 유상, 불요식계약이다.
③ 보충금 1억원의 미지급은 교환계약의 해제사유에 해당한다는 것이 판례다(대판 1998.7.24, 98다13877).
④ 계약체결 후 건물이 乙의 과실로 소실되었다면, 이는 乙의 귀책사유로 인한 채무불이행책임문제로서 건물인도채무에 갈음하는 손해배상책임을 지며 이와 별도로 乙의 보충금지급의무는 그대로 존속한다.
⑤ 건물을 인도받은 날부터 이자를 甲에게 지급해야 한다(제587조 준용).

---

36 甲은 자신의 X건물(1억원 상당)을 乙의 Y토지(2억원 상당)와 교환하는 계약을 체결하면서 乙에게 8천만원의 보충금을 지급하기로 약정하였다. 다음 설명 중 틀린 것은? (다툼이 있으면 판례에 따름) 제27회

① 甲과 乙의 교환계약은 서면의 작성을 필요로 하지 않는다.
② 乙은 甲의 보충금 미지급을 이유로 교환계약을 해제할 수 없다.
③ 계약체결 후 이행 전에 X건물이 지진으로 붕괴된 경우, 甲은 乙에게 Y토지의 인도를 청구하지 못한다.
④ X건물에 설정된 저당권의 행사로 乙이 그 소유권을 취득할 수 없게 된 경우, 乙은 계약을 해제할 수 있다.
⑤ 교환계약이 해제된 경우, 甲과 乙의 원상회복의무는 동시이행관계에 있다.

톺아보기

논점 교환의 법리를 이해하는가?

乙은 甲의 보충금 미지급을 이유로 교환계약을 해제할 수 있다. 일방이 보충금지급에 갈음하여 상대편으로부터 이전받을 목적물에 관한 근저당권의 채무를 인수하기로 한 경우 채무를 인수한 당사자는 특별한 사정이 없는 한 보충금을 제외한 나머지 재산권을 상대방에게 이전해 주면 교환계약상 의무를 다한 것이 된다. 그런데 채무를 인수한 당사자가 채무의 변제를 게을리하여 임의경매절차가 개시되거나 상대편이 이를 막기 위하여 채무를 변제한 "특별한 사정이 있는 경우"에는 그러한 사정이 있다는 이유로 교환계약을 해제할 수 있다 (대판 1998.7.24, 98다13877).

정답 | 34 ④ 35 ② 36 ②

37. 부동산의 교환계약에 관한 설명으로 옳은 것을 모두 고른 것은? (다툼이 있으면 판례에 따름)
제32회

㉠ 유상·쌍무계약이다.
㉡ 일방이 금전의 보충지급을 약정한 경우 그 금전에 대하여는 매매대금에 관한 규정을 준용한다.
㉢ 다른 약정이 없는 한 각 당사자는 목적물의 하자에 대해 담보책임을 부담한다.
㉣ 당사자가 자기 소유 목적물의 시가를 묵비하여 상대방에게 고지하지 않은 경우, 특별한 사정이 없는 한 상대방의 의사결정에 불법적인 간섭을 한 것이다.

① ㉠, ㉡   ② ㉢, ㉣   ③ ㉠, ㉡, ㉢
④ ㉡, ㉢, ㉣   ⑤ ㉠, ㉡, ㉢, ㉣

톺아보기

논점 교환의 법리를 이해하는가?
옳은 것은 ㉠㉡㉢이다.
★ ㉣ 교환계약의 당사자가 목적물의 시가를 묵비, 허위고지하는 것은 상대방의 의사결정에 불법적인 간섭을 한 것이라고 볼 수 없으므로 위법한 기망행위에 해당하지 않는다(대판 2002.9.4, 2000다54406).

제3절 임대차

38. 임차인의 권리에 관한 설명으로 옳은 것은? (다툼이 있으면 판례에 따름)
제26회

① 임차물에 필요비를 지출한 임차인은 임대차 종료시 그 가액증가가 현존한 때에 한하여 그 상환을 청구할 수 있다.
② 건물임차인이 그 사용의 편익을 위해 임대인으로부터 부속물을 매수한 경우, 임대차 종료 전에도 임대인에게 그 매수를 청구할 수 있다.
③ 건물소유를 목적으로 한 토지임대차를 등기하지 않았더라도, 임차인이 그 지상 건물의 보존등기를 하면, 토지임대차는 제3자에 대하여 효력이 생긴다.
④ 건물소유를 목적으로 한 토지임대차의 기간이 만료된 경우, 임차인은 계약갱신의 청구 없이도 매도인에게 건물의 매수를 청구할 수 있다.
⑤ 토지임대차가 묵시적으로 갱신된 경우, 임차인은 언제든지 해지통고할 수 있으나, 임대인은 그렇지 않다.

톺아보기

논점 임대차의 주요법리를 알고 있는가?

★ ③ 건물소유를 목적으로 한 토지임대차를 등기하지 않았더라도, 임차인이 그 지상건물의 보존등기를 하면, 토지임대차는 제3자에 대하여 효력이 생긴다(제622조).

오답해설

① 필요비는 종료 전에도 지출 즉시 청구할 수 있다(제626조).
② 임대차 종료시에 부속물매수청구가 가능하다(제646조).
④ 1차적으로 먼저 갱신청구하고 거절하면 2차적으로 지상물매수청구함이 원칙이다. 다만, 기간약정 없는 토지임대차에서 임대인이 해지통고를 하여 임대차가 종료된 경우에는 해지통고 속에 임차인의 갱신청구를 거절하는 의사가 내포된 것이므로 그러한 특수한 사정이 있는 경우에는 갱신청구 없이 지상물매수청구할 수 있다(대판 1995.12.26, 95다42195).
⑤ 토지임대차에서 묵시갱신되면 양 당사자는 언제든지 해지통고할 수 있다(제635조). 이 점에서 임차인만 해지할 수 있는 주택임대차와 다르다.

39

乙이 甲으로부터 건물의 소유를 목적으로 X토지를 10년간 임차하여 그 위에 자신의 건물을 신축한 경우에 관한 설명으로 **틀린** 것은? (다툼이 있으면 판례에 따름)

제32회

① 특별한 사정이 없는 한 甲이 X토지의 소유자가 아닌 경우에도 임대차 계약은 유효하게 성립한다.
② 甲과 乙 사이에 반대약정이 없으면 乙은 甲에 대하여 임대차등기절차에 협력할 것을 청구할 수 있다.
③ 乙이 현존하는 지상건물을 등기해도 임대차를 등기하지 않은 때에는 제3자에 대해 임대차의 효력이 없다.
④ 10년의 임대차 기간이 경과한 때 乙의 지상건물이 현존하는 경우 乙은 임대차 계약의 갱신을 청구할 수 있다.
⑤ 乙의 차임연체액이 2기의 차임액에 달하는 경우, 특약이 없는 한 甲은 임대차 계약을 해지할 수 있다.

톺아보기

논점 임대차의 주요법리를 알고 있는가?

건물의 소유를 목적으로 하는 토지임대차에 있어서는 그 임대차를 등기하지 않은 경우에도 임차인이 그 지상건물을 등기하면 토지의 임차권을 가지고 제3자에게 대항할 수 있다(제622조).

정답 | 37 ③ 38 ③ 39 ③

40

임대차의 차임에 관한 설명으로 틀린 것은? (다툼이 있으면 판례에 따름) 제31회

① 임차물의 일부가 임차인의 과실 없이 멸실되어 사용·수익할 수 없는 경우, 임차인은 그 부분의 비율에 의한 차임의 감액을 청구할 수 있다.
② 여럿이 공동으로 임차한 경우, 임차인은 연대하여 차임지급의무를 부담한다.
③ 경제사정변동에 따른 임대인의 차임증액청구에 대해 법원이 차임증액을 결정한 경우, 그 결정 다음날부터 지연손해금이 발생한다.
④ 임차인의 차임연체로 계약이 해지된 경우, 임차인은 임대인에 대하여 부속물매수를 청구할 수 없다.
⑤ 연체차임액이 1기의 차임액에 이르면 건물임대인이 차임연체로 해지할 수 있다는 약정은 무효이다.

톺아보기

논점 임대차의 주요법리를 알고 있는가?

경제사정변동에 따른 임대인의 차임증액청구(지상권에서 지료증감청구권, 전세권에서 전세금증감청구권)는 형성권으로 증액청구 즉시 효력이 발생하고, 법원이 차임증액을 결정한 다음날부터 발생하는 것이 아니다.

임차인의 부속물매수청구권

41

임차인의 부속물매수청구권에 관한 설명으로 틀린 것은? (다툼이 있으면 판례에 따름) 제29회

① 임차인의 지위와 분리하여 부속물매수청구권만을 양도할 수 없다.
② 임차목적물의 구성부분은 부속물매수청구권의 객체가 될 수 없다.
③ 임대차계약이 임차인의 채무불이행으로 해지된 경우, 부속물매수청구권은 인정되지 않는다.
④ 부속물은 임차인이 임대인의 동의를 얻어 부속하거나 임대인으로부터 매수한 것이어야 한다.
⑤ 건물임차인이 자신의 비용을 들여 증축한 부분을 임대인 소유로 하기로 한 약정이 유효한 때에도 임차인의 유익비상환청구가 허용된다.

톺아보기

논점 임대차의 주요법리를 알고 있는가?
⑤ 건물임차인이 자신의 비용을 들여 증축한 부분을 임대인 소유로 하기로 한 약정은 임차인이 건물의 원상회복의무를 면제받는 대신에 임차인이 투입한 비용상환청구권을 포기하는 약정으로서 유효하므로 임차인의 유익비상환청구는 허용되지 않는다(대판 1996.8.20, 94다44705).
① 임차인의 지위와 분리하여 부속물매수청구권만을 양도할 수 없다.
★ ② 임차목적물의 구성부분은 비용상환청구권의 대상이 되고, 임차목적물과 독립한 물건은 부속물매수청구권의 객체이다.

---

42 임차인의 부속물매수청구권에 관한 설명으로 틀린 것은? (다툼이 있으면 판례에 따름)

제30회

① 토지 내지 건물의 임차인에게 인정된다.
② 임대인으로부터 매수한 물건을 부속한 경우에도 인정된다.
③ 적법한 전차인에게도 인정된다.
④ 이를 인정하지 않는 약정으로 임차인에게 불리한 것은 그 효력이 없다.
⑤ 오로지 임차인의 특수목적을 위해 부속된 물건은 매수청구의 대상이 아니다.

톺아보기

논점 부속물매수청구권을 이해하는가?
임차인의 부속물매수청구권은 토지가 아니라 건물 기타 공작물의 임차인에 한하여 허용된다(제646조).

---

43 임차인의 부속물매수청구권과 유익비상환청구권에 관한 설명으로 옳은 것은? (다툼이 있으면 판례에 따름)

제27회

① 유익비상환청구권은 임대차 종료시에 행사할 수 있다.
② 부속된 물건이 임차물의 구성부분으로 일체가 된 경우 특별한 약정이 없는 한, 부속물매수청구의 대상이 된다.
③ 임대차 기간 중에 부속물매수청구권을 배제하는 당사자의 약정은 임차인에게 불리하더라도 유효하다.
④ 일시사용을 위한 것임이 명백한 임대차의 임차인은 부속물의 매수를 청구할 수 있다.
⑤ 유익비상환청구권은 임대인이 목적물을 반환받은 날로부터 1년 내에 행사하여야 한다.

정답 | 40 ③   41 ⑤   42 ①   43 ①

톺아보기

논점 부속물매수청구권과 유익비청구권의 차이를 아는가?
① 유익비상환청구권은 임대차 종료시에, 필요비상환청구권은 지출 즉시 행사할 수 있다(제626조).

오답해설
② 부속된 물건이 임차물의 구성부분으로 일체가 된 경우 특별한 약정이 없는 한, 부속물매수청구의 대상이 아니라 비용상환청구의 대상이 된다. 부속물매수청구를 하려면 임차물과 독립한 물건이어야 한다(대판 1993.10.8, 93다25738).
③ 부속물매수청구권은 강행규정이다. 따라서 임대차 기간 중에 부속물매수청구권을 배제하는 당사자의 약정은 임차인에게 불리하므로 무효이다.
④ 일시사용임대차에는 부속물매수청구권이 적용되지 않으나 비용상환청구권은 적용된다.
⑤ 유익비상환청구권은 임대인이 목적물을 반환받은 날로부터 1년이 아니라 6월 내에 행사하여야 한다(제617조).

임차인의 지상물매수청구권

44 임차인 甲이 임대인 乙에게 지상물매수청구권을 행사하는 경우에 관한 설명으로 옳은 것은? (다툼이 있으면 판례에 따름) 제30회

① 甲의 매수청구가 유효하려면, 乙의 승낙을 요한다.
② 건축허가를 받은 건물이 아니라면, 甲은 매수청구를 하지 못한다.
③ 甲 소유 건물이 乙이 임대한 토지와 제3자 소유의 토지 위에 걸쳐서 건립된 경우, 甲은 건물 전체에 대하여 매수청구를 할 수 있다.
④ 임대차가 甲의 채무불이행 때문에 기간 만료 전에 종료되었다면, 甲은 매수청구를 할 수 없다.
⑤ 甲은 매수청구권의 행사에 앞서 임대차계약의 갱신을 청구할 수 없다.

톺아보기

논점 지상물매수청구권의 법리를 정확히 알고 있는가?
④ 임차인의 차임 2기 연체로 인한 채무불이행에 의하여 임대차가 종료하였을 경우 임차인의 매수청구권이 인정되지 않는다(대판 2003.4.22, 2003다7685).

오답해설
① 甲의 지상물매수청구권은 형성권이므로 상대방의 승낙을 요하지 아니한다.
② 건축허가를 받지 아니한 무허가 건물도 甲은 매수청구를 할 수 있다.
★ ③ 임차인 소유 건물이 임대인이 임대한 토지 외에 임차인 또는 제3자 소유의 토지 위에 걸쳐서 건립되어 있는 경우에는 건물전체에 대하여 매수청구권은 허용될 수 없고 임차지상에 서 있는 건물 부분 중 "구분소유의 객체가 될 수 있는 부분에 한하여" 임차인에게 매수청구가 허용된다(대판 1996.3.21, 93다42634 전원합의체).

45. 토지임차인의 지상물매수청구권에 관한 설명으로 옳은 것은? (다툼이 있으면 판례에 따름)

제24회

① 매수청구권의 대상이 되는 지상물은 임대인의 동의를 얻어 신축한 것에 한정된다.
② 임차인이 지상물의 소유권을 타인에게 이전한 경우, 임차인은 지상물매수청구권을 행사할 수 없다.
③ 임차인이 임대인에게 계약의 갱신을 청구하지 않더라도 특별한 사정이 없으면 임차인은 지상물의 매수를 청구할 수 있다.
④ 임대인의 해지통고로 기간의 정함이 없는 토지임차권이 소멸한 경우에는 임차인은 지상물의 매수를 청구할 수 없다.
⑤ 임대인과 임차인 사이에 임대차기간이 만료하면 임차인이 지상건물을 철거하기로 한 약정은 특별한 사정이 없으면 유효하다.

톺아보기

논점 지상물매수청구의 법리를 알고 있는가?

② 지상물매수청구권은 지상물의 소유자가 행사하는 권리이므로 지상물의 소유권이 제3자에게 이전하였다면 임차인은 지상물의 소유자가 아니므로 지상물매수를 청구할 수 없다(대판 1993.7.27, 93다6386).

오답해설

① 매수청구권의 대상이 되는 지상물은 임대인의 동의를 얻어 신축한 것에 한정하지 않는다(대판 1993.11.12, 93다34589).
③ 1차적으로 임차인이 임대인에게 계약의 갱신을 청구(청구권)하여 임대인이 거절하면 2차적으로 지상물매수를 청구(형성권)할 수 있다(제643조).
④ 건물소유 목적의 토지임차권이 임대인의 해지통고에 의하여 소멸한 경우 해지통고의 의사 속에는 계약갱신청구를 거절한다는 의사가 포함되어 있으므로 임차인은 "계약갱신청구 없이 곧바로" 지상물매수청구권이 인정된다(대판 1995.12.26, 95다42195).
⑤ 강행규정으로 지상건물을 철거하기로 하는 특약, 지상물매수청구권을 포기하는 특약은 무효이다.

정답 | 44 ④ 45 ②

46

甲은 건물 소유를 목적으로 乙 소유의 X토지를 임차한 후, 그 지상에 Y건물을 신축하여 소유하고 있다. 위 임대차계약이 종료된 후, 甲이 乙에게 Y건물에 관하여 지상물매수청구권을 행사하는 경우에 관한 설명으로 틀린 것은? (다툼이 있으면 판례에 따름) 제34회

① 특별한 사정이 없는 한 Y건물이 미등기 무허가건물이라도 매수청구권의 대상이 될 수 있다.
② 임대차기간이 만료되면 甲이 Y건물을 철거하기로 한 약정은 특별한 사정이 없는 한 무효이다.
③ Y건물이 X토지와 제3자 소유의 토지 위에 걸쳐서 건립되었다면, 甲은 Y건물 전체에 대하여 매수청구를 할 수 있다.
④ 甲의 차임연체를 이유로 임대차계약이 해지된 경우, 甲은 매수청구권을 행사할 수 없다.
⑤ 甲이 적법하게 매수청구권을 행사한 후에도 Y건물의 점유·사용을 통하여 X토지를 계속하여 점유·사용하였다면, 甲은 乙에게 X토지 임료 상당액의 부당이득 반환의무를 진다.

톺아보기

임차인 소유 건물이 임대인이 임대한 토지 외에 임차인 또는 제3자 소유의 토지 위에 걸쳐서 건립되어 있는 경우에는 건물 전체에 대하여 매수청구할 수 없고, '구분소유의 객체가 될 수 있는 부분에 한하여' 임차인에게 매수청구가 허용된다(대판 1996.3.21, 93다42634 전원합의체).

47

건물소유를 목적으로 하는 토지임차인의 지상물매수청구권에 관한 설명으로 옳은 것은? (다툼이 있으면 판례에 따름) 제35회

① 지상 건물을 타인에게 양도한 임차인도 매수청구권을 행사할 수 있다.
② 임차인은 저당권이 설정된 건물에 대해서는 매수청구권을 행사할 수 없다.
③ 토지소유자가 아닌 제3자가 토지를 임대한 경우, 임대인은 특별한 사정이 없는 한 매수청구권의 상대방이 될 수 없다.
④ 임대인이 임차권 소멸 당시에 이미 토지소유권을 상실하였더라도 임차인은 그에게 매수청구권을 행사할 수 있다.
⑤ 기간의 정함이 없는 임대차에서 임대인의 해지통고에 의하여 임차권이 소멸된 경우, 임차인은 매수청구권을 행사할 수 없다.

톺아보기

③ 토지소유자가 아닌 제3자가 토지임대를 한 경우에 임대차계약의 당사자로서 토지를 임대하였다면, 토지소유자가 임대인의 지위를 승계하였다는 등의 특별한 사정이 없는 한 임대인이 아닌 토지소유자가 직접 지상물매수청구권의 상대방이 될 수는 없다(대판 2017.4.26, 2014다72449).

[오답해설]
① 건물을 신축한 토지임차인이 '건물을 타인에게 양도'한 경우 토지임차인은 건물의 소유자가 아니므로 지상물매수청구를 할 수 없다(대판 1993.7.27, 93다6386).
② 근저당권이 설정되어 있는 건물도 매수청구할 수 있다(대판 2008.5.29, 2007다4356).
④ 매수청구의 상대방은 원칙적으로 토지임차권 소멸 당시의 토지임대인이므로 임대인이 임차권 소멸 당시에 이미 토지소유권을 상실하였다면 임차인은 그에게 매수청구권을 행사할 수 없다.
⑤ 기간의 정함이 없는 임대차에 있어서 임대인이 해지통고를 한 경우, 이는 미리 갱신거절을 한 것으로 볼 수 있으므로 '계약갱신 청구 없이 곧바로' 지상물매수청구를 할 수 있다(대판 1995.7.11, 94다34265 전원합의체).

적법전대의 사례

48 건물임대인 甲의 동의를 얻어 임차인 乙이 丙과 전대차계약을 체결하고 그 건물을 인도해 주었다. 옳은 것을 모두 고른 것은? (다툼이 있으면 판례에 따름) 제26회

상 중 하

> ㉠ 甲과 乙의 합의로 임대차계약이 종료되어도 丙의 권리는 소멸하지 않는다.
> ㉡ 전대차 종료시에 丙은 건물 사용의 편익을 위해 乙의 동의를 얻어 부속한 물건의 매수를 甲에게 청구할 수 있다.
> ㉢ 임대차와 전대차 기간이 모두 만료된 경우, 丙은 건물을 甲에게 직접 명도해도 乙에 대한 건물명도의무를 면하지 못한다.
> ㉣ 乙의 차임연체액이 2기의 차임액에 달하여 甲이 임대차계약을 해지하는 경우, 甲은 丙에 대해 그 사유의 통지 없이도 해지로써 대항할 수 있다.

① ㉠, ㉢   ② ㉠, ㉣   ③ ㉡, ㉢   ④ ㉡, ㉣   ⑤ ㉢, ㉣

톺아보기

[논점] 적법전대의 법리를 사례에 적용할 줄 아는가?
옳은 것은 ㉠㉣이다.
㉠ 甲과 乙의 합의로 임대차계약이 종료되어도 전차인 丙의 권리는 소멸하지 않는다.

정답 | 46 ③   47 ③   48 ②

ⓒ 적법한 건물의 전차인 측이 임대인에게 부속물매수청구권을 행사할 수 있는 경우는 제647조에 의할 때 '임대인의 동의'를 얻어 임차인으로부터 매수하여 부속한 경우이어야 한다. 사안에서 'ⓒ' 지문의 경우는 '임차인의 동의를 얻어 부속'한 경우이므로 부속물매수청구의 요건을 갖추지 못하였으므로 전차인은 부속물매수청구할 수 없다.
ⓒ 임차인이 임차물을 전대하여 그 임대차 기간 및 전대차 기간이 모두 만료된 경우 임대인은 전차인에 대하여 소유권에 기한 반환청구권에 터 잡아 목적물을 자신에게 직접 반환해 줄 것을 요구할 수 있고, 전차인은 목적물을 임대인에게 직접 명도함으로써 임차인(전대인)에 대한 목적물 명도의무를 면한다(대판 1995.12.12, 95다23996).
ⓔ "기간의 약정이 없는 임대차계약이 해지통고"로 인하여 종료된 경우에 그 임대물이 적법하게 전대되었을 때에는 임대인은 "전차인에 대하여 그 사유를 통지"하지 아니하면 해지로써 전차인에게 대항하지 못한다(제638조 제1항). 반면에 사안의 경우처럼 "임차인의 차임연체"를 이유로 임대인이 임대차계약을 해지하는 경우는 위 조항이 적용되지 않으므로 임대인은 전차인에 대하여 그 사유의 통지 없이도 해지로써 대항할 수 있다.

49 상중하

甲은 자기 소유 X창고 건물 전부를 乙에게 월차임 60만원에 3년간 임대하였고, 乙은 甲의 동의를 얻어 X건물 전부를 丙에게 월차임 70만원에 2년간 전대하였다. 이에 관한 설명으로 **틀린** 것은? (단, 이에 관한 특약은 없으며, 다툼이 있으면 판례에 따름)

제32회

① 甲과 乙의 합의로 임대차 계약을 종료한 경우 丙의 권리는 소멸한다.
② 丙은 직접 甲에 대해 월차임 60만원을 지급할 의무를 부담한다.
③ 甲은 乙에게 월차임 60만원의 지급을 청구할 수 있다.
④ 甲에 대한 차임연체액이 120만원에 달하여 甲이 임대차계약을 해지한 경우, 丙에게 그 사유를 통지하지 않아도 해지로써 丙에게 대항할 수 있다.
⑤ 전대차 기간이 만료한 경우 丙은 甲에게 전전대차(前轉貸借)와 동일한 조건으로 임대할 것을 청구할 수 없다.

톺아보기

논점 적법전대의 법리를 사례에 적용할 줄 아는가?
① 적법전대의 경우에 甲과 乙의 합의로 임대차 계약을 종료한 경우 丙의 권리는 소멸하지 아니한다.
③ 적법전대한 경우, 전차인은 임대인에 대해 직접 차임을 지급할 의무가 있다(제630조 제1항). 그럼에도 불구하고, 임대인은 임차인에 대한 권리 행사에 영향을 미치지 아니하므로(제630조 제2항) 甲은 임대차계약의 당사자인 乙에게 월차임 60만원의 지급을 청구할 수 있다.
④ 甲에 대한 차임연체액이 2기(120만원)에 달하여 甲이 임대차계약을 해지한 경우, 丙에게 그 사유를 통지하지 않아도 해지로써 丙에게 대항할 수 있다.

⑤ 임대차와 전대차가 동시에 만료되고 지상시설이 현존하는 경우에 전차인은 임대인에 대하여 종전의 임대차와 동일한 조건으로 임대할 것을 청구할 수 있다(제644조). 따라서 전대차 기간이 만료한 경우 丙은 甲에게 전전대차(前轉貸借)와 동일한 조건으로 임대할 것을 청구할 수 없다.

무단전대의 사례

50 상 중 하

임차인 乙은 임대인 甲의 동의 없이 丙과 전대차계약을 맺고 임차건물을 인도해 주었다. 다음 설명 중 옳은 것은? (다툼이 있으면 판례에 따름)   제24회

① 甲과 乙 사이의 합의로 임대차계약이 종료하더라도 丙은 甲에게 전차권을 주장할 수 있다.
② 丙은 乙에 대한 차임의 지급으로 甲에게 대항할 수 없으므로, 차임을 甲에게 직접 지급하여야 한다.
③ 甲은 임대차계약이 존속하는 한도 내에서는 丙에게 불법점유를 이유로 한 차임 상당의 손해배상청구를 할 수 없다.
④ 임대차계약이 해지통고로 종료하는 경우, 丙에게 그 사유를 통지하지 않으면 甲은 해지로써 丙에게 대항할 수 없다.
⑤ 전대차가 종료하면 丙은 전차물 사용의 편익을 위하여 乙의 동의를 얻어 부속한 물건의 매수를 甲에게 청구할 수 있다.

톺아보기

논점 무단전대의 법리를 사례에 적용할 줄 아는가?
★ ③ 임대인이 임대차를 해지하지 않는 한 임차인에게 차임을 청구할 수 있으므로 임대인은 전차인에게 차임상당액을 부당이득반환청구하거나 손해배상을 청구하지 못한다(대판 2008.2.28, 2006다10323).

오답해설
① 적법전대일 경우에는 합의로 임대차를 종료하더라도 전차인의 권리는 소멸하지 않으나(제631조) 무단전대에서는 甲과 乙간의 합의로 임대차가 종료하면 전차권은 소멸한다. 따라서 전차인은 임대인에게 전차권을 주장할 수 없다.
② 적법전대일 경우 타당한 기술이고 무단전대일 경우 전차인은 임대인이 아니라 계약당사자인 임차인에게 차임을 지급하여야 한다.
④ 무단전대가 아니라 적법전대일 경우에 타당한 기술이다(제638조 제1항).
⑤ 적법전대일 경우 전차인은 지상물매수청구권이 있으나 무단전차인은 지상물매수청구권이 없다.

정답 | 49 ① 50 ③

51 甲 소유의 건물을 임차하고 있던 乙이 甲의 동의 없이 이를 다시 丙에게 전대하였다. 다음 설명 중 틀린 것은? (다툼이 있으면 판례에 따름) 제27회

① 특별한 사정이 없는 한, 甲은 무단전대를 이유로 임대차계약을 해지할 수 있다.
② 乙은 丙에게 건물을 인도하여 丙이 사용·수익할 수 있도록 할 의무가 있다.
③ 乙과 丙의 전대차계약에도 불구하고 甲과 乙의 임대차관계는 소멸하지 않는다.
④ 임대차계약이 존속하는 동안에는 甲은 丙에게 불법점유를 이유로 한 차임상당의 손해배상을 청구할 수 없다.
⑤ 乙이 건물의 소부분을 丙에게 사용하게 한 경우에 甲은 이를 이유로 임대차계약을 해지할 수 있다.

톺아보기

논점 무단전대의 법리를 사례에 적용할 줄 아는가?

⑤ 임차인이 건물의 "소부분을 타인에게 사용"하게 하는 경우에는 임대인의 동의를 필요로 하지 않는다(제632조). 따라서 甲은 이를 이유로 임대차계약을 해지할 수 없다.
④ 임대차계약이 존속하는 동안에는, 즉 임대차계약의 해지 전에는 甲은 여전히 임차인 乙에게 차임을 청구할 수 있는 상황이므로 무단전차인 丙에게 불법점유를 이유로 한 차임상당의 손해배상을 청구할 수 없다 (대판 2008.2.28, 2006다10323).

52 甲 소유의 X토지를 건물 소유의 목적으로 임차한 乙은 甲의 동의 없이 이를 丙에게 전대하였다. 다음 설명 중 틀린 것은? (다툼이 있으면 판례에 따름) 제29회

① 乙과 丙 사이의 전대차계약은 유효하다.
② 甲은 임대차계약이 종료되지 않으면 X토지의 불법점유를 이유로 丙에게 차임상당의 부당이득반환을 청구할 수 없다.
③ 甲은 임대차계약이 존속하는 동안에는 X토지의 불법점유를 이유로 丙에게 차임상당의 손해배상을 청구할 수 없다.
④ 만약 乙이 X토지에 신축한 건물의 보존등기를 마친 후 丁이 X토지의 소유권을 취득하였다면, 乙은 丁에게 건물매수청구권을 행사할 수 없다.
⑤ 만약 乙이 X토지에 신축한 건물의 소유권을 임대차종료 전에 戊에게 이전하였다면, 乙의 건물매수청구권은 인정되지 않는다.

톺아보기

논점 무단전대의 법리를 사례에 적용할 줄 아는가?

④ 임차인 乙이 X토지에 신축한 건물의 보존등기를 마친 후 토지의 매수인 丁이 토지의 소유권을 취득하였다면, 제622조의 대항력을 갖춘 임차인 乙은 토지의 양수인 丁에게 건물매수청구권을 행사할 수 있다.
① 임대인의 동의 없는 乙과 丙 사이의 전대차계약은 유효하다. 다만, 임대인에게 전차권으로 대항할 수 없다.
③ 甲은 임대차계약이 종료되지 않으면(해지 전) 임대인 甲은 임차인 乙에게 임대차관계에 기한 차임을 여전히 청구할 수 있으므로 X토지의 불법점유를 이유로 무단전차인 丙에게 차임상당의 부당이득반환을 청구하거나 손해배상을 청구할 수 없다.
⑤ 지상물의 소유자에 한하여 지상물매수청구권을 행사할 수 있으므로 건물의 소유권을 임대차종료 전에 戊에게 양도한 임차인은 지상물매수청구권을 행사할 수 없다.

53

甲은 자신의 X건물을 乙에게 임대하였고, 乙은 甲의 동의 없이 X건물에 대한 임차권을 丙에게 양도하였다. 다음 설명 중 **틀린** 것은? (다툼이 있으면 판례에 따름)

제28회

① 乙은 丙에게 甲의 동의를 받아 줄 의무가 있다.
② 乙과 丙 사이의 임차권 양도계약은 유동적 무효이다.
③ 甲은 乙에게 차임의 지급을 청구할 수 있다.
④ 만약 丙이 乙의 배우자이고 X건물에서 동거하면서 함께 가구점을 경영하고 있다면, 甲은 임대차계약을 해지할 수 없다.
⑤ 만약 乙이 甲의 동의를 받아 임차권을 丙에게 양도하였다면, 이미 발생된 乙의 연체차임채무는 특약이 없는 한 丙에게 이전되지 않는다.

톺아보기

논점 무단전대의 법리를 사례에 적용할 줄 아는가?

임대인의 동의 없이 임차권을 양도한 경우 乙과 丙 사이의 임차권 양도계약은 무효가 아니라 유효하나 임대인에게 대항하지 못한다(대판 1986.2.25, 85다카1812).

정답 | 51 ⑤ 52 ④ 53 ②

54 임대인과 임차인 사이의 약정으로 유효한 것은? (단, 일시사용을 위한 임대차가 아님을 전제로 함)
제29회

① 임대인의 동의 없이 임차권을 양도할 수 있도록 하는 약정
② 임차인의 과실 없는 임차물의 일부 멸실에 따른 차임감액청구권을 배제하는 약정
③ 건물 소유를 목적으로 하는 토지임대차에서 임차인의 건물매수청구권을 배제하는 약정
④ 건물임대인으로부터 매수한 부속물에 대한 임차인의 매수청구권을 배제하는 약정
⑤ 기간의 약정이 없는 임대차에서 임차인의 해지권을 배제하는 약정

톺아보기

논점 임대차의 규정 중 강행규정과 임의규정을 구별하는가?
임대인의 동의 없이 임차권을 양도할 수 있도록 하는 약정, 임차인의 비용상환청구권 규정은 강행규정이 아니고 임의규정이다. 나머지는 모두 강행규정이다.

임대차의 종료시 법률관계

55 甲이 자기 소유의 X건물을 乙에게 임대하여 인도한 경우에 대한 설명으로 옳은 것을 모두 고른 것은? (다툼이 있으면 판례에 따름)
제21회

㉠ 乙은 특별한 사정이 없는 한, 甲에게 반환할 때까지 선량한 관리자의 주의로 X건물을 보존하여야 한다.
㉡ X건물의 멸실로 인하여 乙의 甲에 대한 채무불이행책임이 문제되는 경우, 乙의 귀책사유에 대한 증명책임은 甲에게 있다.
㉢ 乙이 자신의 비용으로 X건물에 증축한 부분을 甲의 소유로 귀속시키기로 하는 약정은 특별한 사정이 없는 한 부속물매수청구권을 포기하는 약정이므로 무효이다.
㉣ 甲이 임대차에 관한 채권에 기하여 X건물에 부속한 乙 소유의 동산을 압류한 때에는 질권과 동일한 효력이 있다.

① ㉠, ㉡ ② ㉠, ㉢ ③ ㉡, ㉢ ④ ㉡, ㉣ ⑤ ㉠, ㉣

톺아보기

논점 임대차 종료시의 법률관계를 알고 있는가?
옳은 것은 ㉠㉣이다.
㉠ 임차물의 보관의무 – 임차인 乙은 甲에게 반환할 때까지 선량한 관리자의 주의로 X건물을 보존해야 한다.

㉡ X건물의 화재, 멸실로 인해 임차인의 임대인에 대한 채무불이행책임(물건 반환채무 위반)이 문제되는 경우, 임차인의 귀책사유에 대한 증명책임은 임대인 甲이 아니라 채무자인 임차인 자신 乙에게 있다.
㉢ 임차인이 자신의 비용으로 X건물에 증축한 부분을 임대인 소유로 귀속시키기로 하는 약정은 첫째, 임차인의 비용상환청구권을 포기하는 약정으로서 유효하며, 둘째, 부속물매수청구권에 해당하려면 부속물의 소유가 임차인이어야 한다. 그런데 증축부분의 소유를 임대인에게 귀속하기로 약정하여 증축부분의 소유가 임차인이 아니므로 부속물매수청구권을 포기하는 약정에 해당하지 않기 때문에 위 특약은 강행규정에 반하여 무효라고 할 수 없다(대판 1996.8.20, 94다44705).
㉣ 甲이 임대차에 관한 채권에 기하여 X건물에 부속한 乙 소유의 "동산"을 압류한 때는 질권과 동일 효력이 있다(제648조, 법정질권). "부동산"을 압류한 때는 저당권과 동일한 효력이 있다(제649조, 법정저당권).

56 건물임대차계약상 보증금에 관한 설명으로 틀린 것을 모두 고른 것은? (다툼이 있으면 판례에 따름)

제33회

㉠ 임대차계약에서 보증금을 지급하였다는 사실에 대한 증명책임은 임차인이 부담한다.
㉡ 임대차계약이 종료하지 않은 경우, 특별한 사정이 없는 한 임차인은 보증금의 존재를 이유로 차임의 지급을 거절할 수 없다.
㉢ 임대차 종료 후 보증금이 반환되지 않고 있는 한, 임차인의 목적물에 대한 점유는 적법점유이므로 임차인이 목적물을 계속하여 사용·수익하더라도 부당이득 반환의무는 발생하지 않는다.

① ㉠   ② ㉡   ③ ㉢   ④ ㉠, ㉡   ⑤ ㉡, ㉢

톺아보기

틀린 것은 ㉢이다.
㉠ 임대차계약에서 보증금을 지급하였다는 사실에 대한 증명책임은 임차인이 부담하고 보증금을 반환하였다는 입증책임은 임대인이 한다.
㉡ 임대차계약이 종료하지 않은 경우, 특별한 사정이 없는 한 임차인은 보증금의 존재를 이유로 차임의 지급을 거절할 수 없다.
㉢ 임대차 종료 후 보증금이 반환되지 않고 있는 한, 임차인의 목적물에 대한 점유는 적법점유이나 임차인이 목적물을 계속하여 본래의 용도로 사용·수익하였다면 부당이득반환의무를 부담한다(대판 1989.2.28, 87다카2114).

정답 | 54 ①   55 ⑤   56 ③

57 「민법」상 임대차계약에 관한 설명으로 틀린 것은? (다툼이 있으면 판례에 따름)

제34회

① 임대인이 목적물을 임대할 권한이 없어도 임대차계약은 유효하게 성립한다.
② 임차기간을 영구로 정한 임대차약정은 특별한 사정이 없는 한 허용된다.
③ 임차인은 특별한 사정이 없는 한 자신이 지출한 임차물의 보존에 관한 필요비 금액의 한도에서 차임의 지급을 거절할 수 있다.
④ 임대차가 묵시의 갱신이 된 경우, 전임대차에 대해 제3자가 제공한 담보는 원칙적으로 소멸하지 않는다.
⑤ 임대차 종료로 인한 임차인의 원상회복의무에는 임대인이 임대 당시의 부동산 용도에 맞게 다시 사용할 수 있도록 협력할 의무까지 포함된다.

톺아보기

④ 임대차가 묵시의 갱신이 된 경우, 전임대차에 대해 제3자가 제공한 담보는 기간의 만료로 인하여 원칙적으로 소멸한다(제639조).
① 처분권 없는 자의 임대차 계약도 유효하다. 임대차는 처분행위가 아니라 의무부담행위이고 목적물의 소유권을 상대방에게 이전하는 것이 아니므로, 임대인이 임대물에 대한 소유권이나 또는 그것을 처분할 권한을 가질 것을 요하지 않는다(대판 1996.3.8, 95다15087).
② 20년을 초과할 수 없다는 제651조 규정이 임대인의 재산권과 계약자유를 제한하는 수단으로 적합하지 않아서 헌법재판소에서 위헌으로 결정되었다(헌재 2013.12. 26, 2011헌바234). 따라서 임대차의 존속기간은 영구로 약정할 수 있다.
③ 임대인의 필요비상환의무는 특별한 사정이 없는 한 임차인의 차임지급의무와 서로 대응하는 관계에 있으므로, 임차인은 지출한 필요비 금액의 한도에서 차임의 지급을 거절할 수 있다(대판 2019.11.14, 2016다227694).
⑤ 임대차 종료로 인한 임차인의 원상회복의무에는 임대인이 임대 당시의 부동산 용도에 맞게 다시 사용할 수 있도록 협력할 의무까지 포함된다. 임차인의 원상회복의무에는 임대인이 임대 당시의 부동산 용도에 맞게 다시 사용할 수 있도록 협력할 의무(영업허가에 대한 폐업신고절차를 이행할 의무)까지 포함된다(대판 2008.10.9, 2008다34903).

58

甲은 자신의 X주택을 보증금 2억원, 월차임 50만원으로 乙에게 임대하였는데, 乙이 전입신고 후 X주택을 점유·사용하면서 차임을 연체하다가 계약이 종료되었다. 계약 종료 전에 X주택의 소유권이 매매를 원인으로 丙에게 이전되었다. 다음 설명 중 틀린 것은? (다툼이 있으면 판례에 따름) 제35회

① 특별한 사정이 없는 한 丙이 임대인의 지위를 승계한 것으로 본다.
② 연체차임에 대한 지연손해금의 발생종기는 특별한 사정이 없는 한 X주택이 반환되는 때이다.
③ 丙은 甲의 차임채권을 양수하지 않았다면 X주택을 반환받을 때 보증금에서 이를 공제할 수 없다.
④ X주택을 반환할 때까지 잔존하는 甲의 차임채권은 압류가 되었더라도 보증금에서 당연히 공제된다.
⑤ X주택을 반환하지 않으면, 특별한 사정이 없는 한 乙은 보증금이 있음을 이유로 연체차임의 지급을 거절할 수 없다.

톺아보기

③ 보증금이 수수된 임대차계약에서 차임채권이 양도되었다고 하더라도, 임차인은 임대차계약이 종료되어 목적물을 반환할 때까지 연체한 차임 상당액을 보증금에서 공제할 것을 주장할 수 있다(대판 2013다77225).
① 丙이 임대인의 지위를 승계한 것으로 본다(「주택임대차보호법」제3조).
② 연체차임에 대한 지연손해금의 발생 종기는 다른 특별한 사정이 없는 한 임대차계약의 해지시가 아니라 목적물이 반환되는 때라고 할 것이다(대판 2009다39233).
④ 임대보증금이 수수된 임대차계약에서 차임채권에 관하여 압류 및 추심명령이 있었다 하더라도, 당해 임대차계약이 종료되어 목적물이 반환될 때에는 그 때까지 추심되지 아니한 채 잔존하는 차임채권 상당액도 임대보증금에서 당연히 공제된다(대판 2004다56554).

정답 | 57 ④ 58 ③

59. 법률에 다른 규정이 없으면 선량한 권리자의 주의의무를 부담하지 않는 사람은?

제29회

① 임차인 ② 전세권자
③ 유치권자 ④ 소유권자
⑤ 점유매개관계의 직접점유자

톺아보기

논점 선관주의의무와 자기재산과 동일주의를 부담하는 경우를 알고 있는가?

임차인(①)은 임차물을 임대인에게 반환할 때까지 선량한 관리자의 주의를 가지고 보관하여야 한다(제374조). 전세권자(②) 그리고 유치권자(③)도 타인소유물을 보관하는 자로서 선관주의의무를 부담하며, 점유매개관계의 직접점유자(⑤)도 선관주의의무를 부담한다. 반면에 소유권자(④)는 선관주의 의무가 아니라 자기재산과 동일한 주의로 관리한다.

60. 건물전세권자와 건물임차권자 모두에게 인정될 수 있는 권리를 모두 고른 것은?

제30회

> ㉠ 유익비상환청구권
> ㉡ 부속물매수청구권
> ㉢ 전세금 또는 차임의 증감청구권

① ㉢ ② ㉠, ㉡ ③ ㉠, ㉢
④ ㉡, ㉢ ⑤ ㉠, ㉡, ㉢

톺아보기

논점 임차권과 전세권을 비교할 수 있는가?
㉠ 전세권자의 유익비상환청구권(제310조), 임차인의 유익비상환청구권(제626조 제2항)
㉡ 전세권자의 부속물매수청구권(제316조), 임차인의 부속물매수청구권(제646조)
㉢ 전세권자의 전세금증감청구권(제312조의2), 임차인의 차임증감청구권(제628조)

61 토지임차인에게 인정될 수 있는 권리가 아닌 것은?

제33회

① 부속물매수청구권
② 유익비상환청구권
③ 지상물매수청구권
④ 필요비상환청구권
⑤ 차임감액청구권

톺아보기

논점 임차권자의 권리를 알고 있는가?

① 임차인의 부속물매수청구권(제646조)은 토지가 아니라 건물의 임차인에게 인정된다.
②④ 제626조의 유익비상환청구권, 필요비상환청구권은 토지, 건물임차인 모두에게 인정된다.
③ 제643조의 지상물매수청구권은 토지임차인에게 인정되는 권리이다.
⑤ 제627조의 차임감액청구권은 토지나 건물임차인에게 인정된다.

정답 | 59 ④ 60 ⑤ 61 ①

land.Hackers.com
해커스 공인중개사 단원별 기출문제집

3개년 출제비중분석

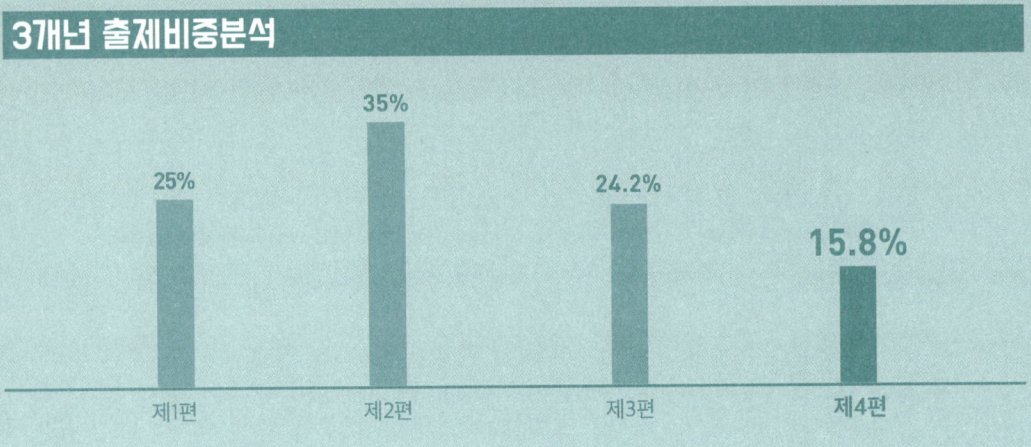

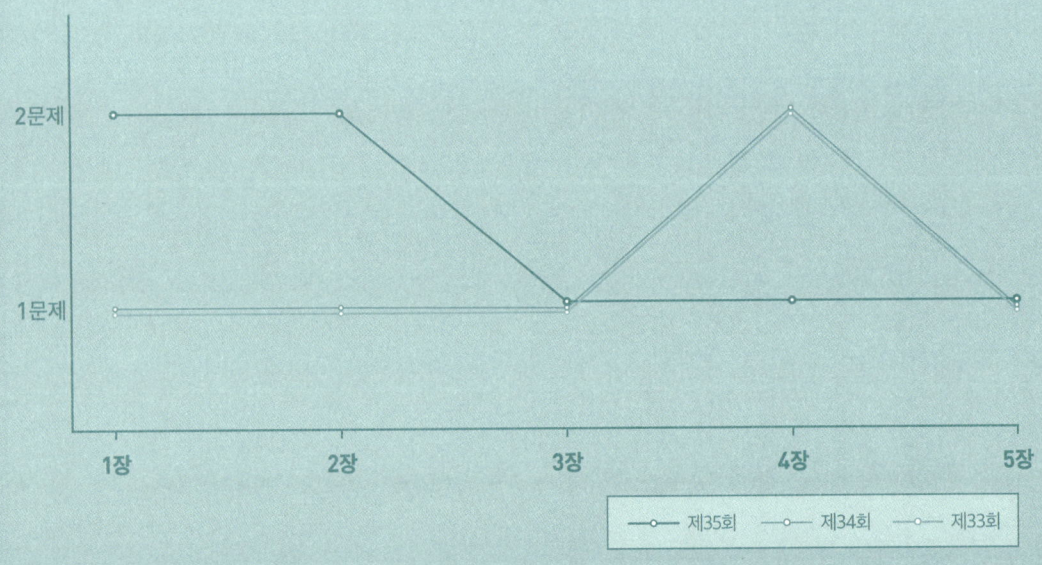

제4편

민사특별법

제1장 주택임대차보호법
제2장 상가건물 임대차보호법
제3장 가등기담보 등에 관한 법률
제4장 집합건물의 소유 및 관리에 관한 법률
제5장 부동산 실권리자명의 등기에 관한 법률

제1장 / 주택임대차보호법

기본서 p.478~498

01 「주택임대차보호법」의 적용대상이 되는 경우를 모두 고른 것은? (다툼이 있으면 판례에 따름)

제27회

상**중**하

㉠ 임차주택이 미등기인 경우
㉡ 임차주택이 일시사용을 위한 것임이 명백하게 밝혀진 경우
㉢ 사무실로 사용되던 건물이 주거용 건물로 용도 변경된 경우
㉣ 적법한 임대권한을 가진 자로부터 임차하였으나 임대인이 주택소유자가 아닌 경우

① ㉠, ㉢
② ㉡, ㉣
③ ㉠, ㉢, ㉣
④ ㉡, ㉢, ㉣
⑤ ㉠, ㉡, ㉢, ㉣

톺아보기

논점 「주택임대차보호법」이 적용되는 경우를 아는가?

「주택임대차보호법」의 적용대상이 되는 경우는 ㉠㉢㉣이다.

㉠ 「주택임대차보호법」은 주거용건물의 임대차에 관하여 적용되는데, 이때 미등기주택에도 적용된다. 즉, 임차주택이기만 하면 건물의 내역을 따지지 아니하므로 허가받은 건물인지, 등기를 마친 건물인지를 구별하지 아니하고 본법은 적용된다(대판 2007.6.21, 2004다26133 전원합의체).
㉡ 일시사용임대차에는 「주택임대차보호법」과 「상가건물 임대차보호법」 모두 적용되지 않는다.
㉢ 사무실용 건물이 주거용 건물로 용도 변경된 후 이를 임차한 소액임차인은 보증금 중 일정액을 우선하여 변제받을 수 있다(대판 2009.8.20, 2009다26879).
㉣ 소유자는 아니나 적법한 임대권한을 가진 자와 임대차 계약체결시에도 적용된다. 즉, 「주택임대차보호법」이 적용되는 임대차로서는, 반드시 임차인과 주택의 소유자인 임대인 사이에 임대차계약이 체결된 경우에 한정된다고 할 수는 없고, 나아가 주택의 소유자는 아니지만 주택에 관하여 적법하게 임대차계약을 체결할 수 있는 권한을 가진 임대인(주택의 명의신탁자)과 사이에 임대차계약이 체결된 경우도 포함된다(대판 1995.10.12, 95다22283).

02

「주택임대차보호법」에 관한 설명으로 옳은 것은? (다툼이 있으면 판례에 따름) 제26회

① 주민등록의 신고는 행정청이 수리한 때가 아니라, 행정청에 도달한 때 효력이 발생한다.
② 등기명령의 집행에 따라 주택 전부에 대해 타인 명의의 임차권등기가 끝난 뒤 소액보증금을 내고 그 주택을 임차한 자는 최우선변제권을 행사할 수 없다.
③ 임차권보다 선순위의 저당권이 존재하는 주택이 경매로 매각된 경우, 경매의 매수인은 임대인의 지위를 승계한다.
④ 소액임차인은 경매신청의 등기 전까지 임대차계약서에 확정일자를 받아야 최우선변제권을 행사할 수 있다.
⑤ 주택임차인의 우선변제권은 대지의 환가대금에는 미치지 않는다.

톺아보기

논점 「주택임대차보호법」의 법리를 종합적으로 아는가?

② 임차권등기명령의 집행에 따라 주택 전부에 대해 타인 명의의 임차권등기가 끝난 뒤 소액보증금을 내고 그 주택을 임차한 자는 최우선변제권을 행사할 수 없다(「주택임대차보호법」 제3조의3 제6항).

오답해설
① 주민등록의 신고는 행정청이 수리한 때 효력이 생긴다(대판 2009.1.30, 2006다17850).
③ 임차권보다 선순위의 저당권이 존재하는 주택이 경매로 매각된 경우, 임차권은 대항력이 없으므로 경매절차의 매수인은 임대인의 지위를 승계하지 않는다.
④ 소액임차인의 최우선변제권은 대항요건만 갖추면 된다. 반면에 우선변제권은 대항요건과 확정일자를 갖추어야 한다.
⑤ 주택임차인의 우선변제권은 건물과 대지의 환가대금에도 미친다.

03

「주택임대차보호법」에 관한 설명으로 옳은 것을 모두 고른 것은? (다툼이 있으면 판례에 따름)

제33회

> ㉠ 다가구용 단독주택 일부의 임차인이 대항력을 취득하였다면, 후에 건축물 대장상으로 다가구용 단독주택이 다세대주택으로 변경되었다는 사정만으로는 이미 취득한 대항력을 상실하지 않는다.
> ㉡ 우선변제권이 있는 임차인은 임차주택과 별도로 그 대지만이 경매될 경우, 특별한 사정이 없는 한 그 대지의 환가대금에 대하여 우선변제권을 행사할 수 있다.
> ㉢ 임차인이 대항력을 가진 후 그 임차주택의 소유권이 양도되어 양수인이 임차보증금반환채무를 부담하게 되었더라도, 임차인이 주민등록을 이전하면 양수인이 부담하는 임차보증금반환채무는 소멸한다.

① ㉠   ② ㉢   ③ ㉠, ㉡   ④ ㉡, ㉢   ⑤ ㉠, ㉡, ㉢

정답 | 01 ③　02 ②　03 ③

톺아보기

옳은 것은 ㉠㉡이다.
- ㉠ 다가구용 단독주택 일부의 임차인이 대항력을 취득하였다면, 후에 건축물 대장상으로 다가구용 단독주택이 다세대주택으로 변경되었다는 사정만으로는 이미 취득한 대항력을 상실하지 않는다(대판 2007.2.8, 2006다70516).
- ★ ㉡ 우선변제권이 있는 임차인은 임차주택과 별도로 그 대지만이 경매될 경우, 특별한 사정이 없는 한 그 대지의 환가대금에 대하여 우선변제권을 행사할 수 있다(대판 2007.6.21, 2004다26133 전원합의체).
- ㉢ 주택의 임차인이 '제3자에 대하여' 대항력을 구비한 후 임대주택의 소유권이 양도된 경우, '그 양수인이 임대인의 지위를 승계'하게 되므로 임대인의 보증금 반환채무도 양수인에게 이전되는 것이고, 이와 같이 양수인이 보증금반환채무를 부담하게 된 이후에 임차인이 주민등록을 다른 곳으로 이전하여도 이미 발생한 임차보증금반환채무가 소멸되지 아니한다(대판 1993.12.7, 93다36615).

04 「주택임대차보호법」상의 대항력에 관한 설명으로 틀린 것은? (단, 일시사용을 위한 임대차가 아니고 임차권등기가 이루어지지 아니한 경우를 전제하며 판례에 따름)

제32회

① 임차인이 타인의 점유를 매개로 임차주택을 간접점유하는 경우에도 대항요건인 점유가 인정될 수 있다.
② 임차인이 지위를 강화하고자 별도로 전세권설정등기를 마친 후 「주택임대차보호법」상의 대항요건을 상실한 경우, 「주택임대차보호법」상의 대항력을 상실한다.
③ 주민등록을 마치고 거주하던 자기 명의의 주택을 매도한 자가 매도와 동시에 이를 다시 임차하기로 약정한 경우, 매수인 명의의 소유권이전등기 여부와 관계없이 대항력이 인정된다.
④ 임차인이 주택의 인도와 주민등록을 마친 때에는 그 다음 날 오전 영시부터 대항력이 생긴다.
⑤ 임차인이 가족과 함께 임차주택의 점유를 계속하면서 가족의 주민등록은 그대로 둔 채 임차인의 주민등록만 일시적으로 옮긴 경우 대항력을 상실하지 않는다.

톺아보기

기존에 주민등록을 마치고 그 주택에 거주하던 소유자가 주택을 타인에게 매도한 후 매수인으로부터 그 주택을 다시 임차한 경우, 종전 소유자인 주택의 양도인은 '매수인 명의로 소유권이전등기가 경료된 날'로부터가 아니라 '소유권이전등기가 경료된 다음 날'로부터 대항력을 취득한다(대판 2000.2.11, 99다59306).

05
乙은 甲 소유의 X주택에 대하여 보증금 3억원으로 하는 임대차계약을 甲과 체결한 다음 즉시 대항요건을 갖추고 확정일자를 받아 현재 거주하고 있다. 다음 설명 중 옳은 것은?
제29회

① 묵시적 갱신으로 인한 임대차계약의 존속기간은 2년이다.
② 임대차기간을 1년으로 약정한 경우, 乙은 그 기간이 유효함을 주장할 수 없다.
③ 임대차계약이 묵시적으로 갱신된 경우, 甲은 언제든지 乙에게 계약해지를 통지할 수 있다.
④ 乙은 임대차가 끝나기 전에 X주택의 소재지를 관할하는 법원에 임차권등기명령을 신청할 수 있다.
⑤ 임대차기간이 만료하기 전에 甲이 丙에게 X주택을 매도하고 소유권이전등기를 마친 경우, 乙은 丙에게 임차권을 주장할 수 없다.

톺아보기

논점 「주택임대차보호법」 사례 종합

오답해설
② 임대차기간을 1년으로 약정한 경우, 임차인 乙은 그 기간이 유효함을 주장할 수 있으나, 임대인은 1년을 주장할 수 없다.
③ 임대차계약이 묵시적으로 갱신된 경우, 임대인 甲이 아니라 임차인 乙만 언제든지 계약해지를 통지할 수 있다.
④ 임대차가 끝난 후 임차권등기명령을 신청할 수 있다.
⑤ 임차인은 대항력이 있으므로 양수인에게 임차권을 대항할 수 있다.

06
甲이 그 소유의 X주택에 거주하려는 乙과 존속기간 1년의 임대차계약을 체결한 경우에 관한 설명으로 틀린 것은?
제30회

① 乙은 2년의 임대차 존속기간을 주장할 수 있다.
② 乙은 1년의 존속기간이 유효함을 주장할 수 있다.
③ 乙이 2기의 차임액에 달하도록 차임을 연체한 경우, 묵시적 갱신이 인정되지 아니한다.
④ 임대차계약이 묵시적으로 갱신된 경우, 乙은 언제든지 甲에게 계약해지를 통지할 수 있다.
⑤ X주택의 경매로 인한 환가대금에서 이 보증금을 우선변제받기 위해서 X주택을 양수인에게 인도할 필요가 없다.

정답 | 04 ③ 05 ① 06 ⑤

톺아보기

논점 「주택임대차보호법」의 기본원리를 이해하는가?

⑤ X주택의 경매로 인한 환가대금에서 乙이 보증금을 우선 변제받기 위해서 X주택을 양수인에게 인도하여야 한다. 임차인은 임차주택을 양수인에게 인도하지 않으면 우선 변제에 따른 보증금을 받을 수 없다(「주택임대차보호법」 제3조의2).
①② 임차인은 2년이나 1년을 선택하여 주장할 수 있다. 반면에 임대인은 1년을 주장할 수 없다.

07

임차인 乙은 임대인 甲에게 2024.3.10.로 기간이 만료되는 X주택의 임대차계약에 대해 「주택임대차보호법」에 따라 갱신요구 통지를 하여 그 통지가 2024.1.5. 甲에게 도달하였고, 甲이 갱신거절 통지를 하지 않아 계약이 갱신되었다. 그 후 乙이 갱신된 계약기간이 개시되기 전인 2024.1.29. 갱신된 임대차계약의 해지를 통지하여 2024.1.30. 甲에게 도달하였다. 임대차계약의 종료일은? (다툼이 있으면 판례에 따름) 제35회

① 2024.1.30. ② 2024.3.10. ③ 2024.4.30.
④ 2024.6.10. ⑤ 2026.3.10.

톺아보기

제6조 제1항에 따라 계약이 갱신된 경우 같은 조 제2항에도 불구하고 임차인은 언제든지 임대인에게 계약해지를 통지할 수 있다.
제1항에 따른 해지는 임대인이 그 통지를 받은 날부터 3개월이 지나면 그 효력이 발생한다. 따라서 묵시갱신된 경우에 임차인이 해지통지를 한 1.30.부터 3개월이 경과한 4.30.에 종료된다.

08

「주택임대차보호법」상 임차인의 계약갱신요구권에 관한 설명으로 옳은 것을 모두 고른 것은? 제32회

㉠ 임대차기간이 끝나기 6개월 전부터 2개월 전까지의 기간에 행사해야 한다.
㉡ 임대차 조건이 동일한 경우 여러 번 행사할 수 있다.
㉢ 임차인이 임대인의 동의 없이 목적 주택을 전대한 경우 임대인은 계약갱신요구를 거절하지 못한다.

① ㉠ ② ㉡ ③ ㉢ ④ ㉠, ㉢ ⑤ ㉡, ㉢

톺아보기

논점 「주택임대차보호법」의 주요원리를 이해하는가?

옳은 것은 ㉠이다.
㉠ 임대차기간이 끝나기 6개월 전부터 2개월 전까지의 기간에 행사해야 한다(「주택임대차보호법」 제6조의3 제1항).
㉡ 계약갱신요구권은 1회에 한하여 행사할 수 있다(「주택임대차보호법」 제6조의3 제2항).
㉢ 임차인이 임대인의 동의 없이 목적 주택을 전대한 경우, 2기의 차임을 연체한 사실이 있는 경우, 중과실로 파손한 경우등에는 임대인은 임차인의 계약갱신요구를 거절할 수 있다(「주택임대차보호법」 제6조의3 제1항).

---

09 甲은 乙의 저당권이 설정되어 있는 丙 소유의 X주택을 丙으로부터 보증금 2억원에 임차하여 즉시 대항요건을 갖추고 확정일자를 받아 거주하고 있다. 그 후 丁이 X주택에 저당권을 취득한 다음 저당권실행을 위한 경매에서 戊가 X주택의 소유권을 취득하였다. 다음 설명 중 옳은 것은? (다툼이 있으면 판례에 따름) 제28회

① 乙의 저당권은 소멸한다.
② 戊가 임대한 丙의 지위를 승계한다.
③ 甲이 적법한 배당요구를 하면 乙보다 보증금 2억원에 대해 우선변제를 받는다.
④ 甲은 戊로부터 보증금을 전부 받을 때까지 임대차관계의 존속을 주장할 수 있다.
⑤ 丁이 甲보다 매각대금으로부터 우선변제를 받는다.

톺아보기

논점 중간에 낀 임차인 관련원리를 사례에 적용할 수 있는가?

丙 소유 주택 ─1번 저당권[말소기준권리](乙) ─중간에 낀 임차권자(甲) ─2번 저당권(丁)

후순위권리자의 저당권 실행으로 선순위저당권도 함께 소멸하는 경우 선순위저당권보다 뒤에 대항요건을 갖춘 임차권자도 함께 소멸하므로 그 건물의 경락인에게 임차권으로 대항할 수 없다(대판 1987.2.24, 86다카1936). 그러므로 임차권은 소멸하는 결과 경락인은 임대인의 지위를 승계하지 않는다.
① 경매가 실행되면 乙-甲-丁 모두 소멸한다.

오답해설
② 임차권은 소멸하여 낙찰자에게 대항할 수 없고, 낙찰자는 임대인의 지위를 승계하지 않는다.
③⑤ 배당순위는 乙 > 甲에 대해 우선하고, 甲 > 丁에 대해 우선한다.
④ 중간에 낀 임차권은 경매로 소멸하여 임대차의 존속을 주장하지 못한다.

정답 | 07 ③　08 ①　09 ①

10 상중하

주택임차인 乙이 보증금을 지급하고 대항요건을 갖춘 후 임대인 甲이 그 주택의 소유권을 丙에게 양도하였다. 이에 관한 설명으로 <u>틀린</u> 것은? (다툼이 있으면 판례에 따름)

제31회

① 甲은 특별한 사정이 없는 한 보증금반환의무를 면한다.
② 임차주택 양도 전 발생한 연체차임채권은 특별한 사정이 없는 한 丙에게 승계되지 않는다.
③ 임차주택 양도 전 보증금반환채권이 가압류된 경우, 丙은 제3채무자의 지위를 승계한다.
④ 丙이 乙에게 보증금을 반환하더라도 특별한 사정이 없는 한 甲에게 부당이득반환을 청구할 수 없다.
⑤ 만약 甲이 채권담보를 목적으로 임차주택을 丙에게 양도한 경우, 甲은 특별한 사정이 없는 한 보증금반환의무를 면한다.

톺아보기

논점 「주택임대차보호법」의 주요원리를 이해하는가?

⑤ 주택의 양도담보의 경우는 채권담보를 위하여 신탁적으로 양도담보권자에게 주택의 소유권이 이전될 뿐이어서, 특별한 사정이 없는 한, 양도담보권자가 주택의 사용수익권을 갖게 되는 것이 아니고 또 주택의 소유권이 양도담보권자에게 확정적, 종국적으로 이전되는 것도 아니므로 양도담보권자는 이 법 조항에서 말하는 '주택양수인'에 해당되지 아니한다(대판 1993.11.23, 93다4083).
① 임차주택이 양도되면 주택의 양도인은 보증금반환의무를 면하고 주택의 양수인이 승계한다.
② 임차건물의 소유권이 이전하기 전에 발생한 연체차임이나 관리비 등은 별도의 채권양도절차가 없는 한 원칙적으로 양수인에게 승계되지 않으며, 임대인만이 임차인에게 청구할 수 있다(대판 2017.3.22, 2016다218874).
③ 임차주택 양도 전 보증금반환채권이 가압류된 경우, 주택의 양수인 丙은 제3채무자의 지위(임대인이 부담하는 보증금반환의무)를 승계한다(대판 2013.1.17, 2011다49523 전원합의체).

11 甲은 2023.1.5. 乙로부터 그 소유의 X주택을 보증금 2억원, 월 임료 50만원, 기간은 계약일로부터 1년으로 정하여 임차하는 내용의 계약을 체결하고, 당일 乙에게 보증금을 지급함과 동시에 X주택을 인도받아 주민등록을 마치고 확정일자를 받았다. 다음 중「주택임대차보호법」의 적용에 관한 설명으로 틀린 것은? (다툼이 있으면 판례에 따름) 제34회

① 甲은 2023.1.6. 오전 영시부터 대항력을 취득한다.
② 제3자에 의해 2023.5.9. 경매가 개시되어 X주택이 매각된 경우, 甲은 경매절차에서 배당요구를 하지 않아도 보증금에 대해 우선변제를 받을 수 있다.
③ 乙이 X주택을 丙에게 매도하고 소유권이전등기를 마친 경우, 乙은 특별한 사정이 없는 한 보증금반환의무를 면한다.
④ 甲이 2기의 차임액에 달하는 차임을 연체하면 묵시적 갱신이 인정되지 않는다.
⑤ 묵시적 갱신이 된 경우, 갱신된 임대차계약의 존속기간은 2년이다.

톺아보기

확정일자를 갖춘 임차인이 우선변제권을 행사하기 위하여는 배당요구를 하여야 보증금에 대하여 우선변제를 받을 수 있다. 반면에 임차권등기명령을 갖춘 임차인은 배당요구를 하지 않아도 우선변제를 받을 수 있다는 점에서 구별된다.

12 선순위 담보권 등이 없는 주택에 대해 대항요건과 확정일자를 갖춘 임대차에 관한 설명으로 틀린 것은? (다툼이 있으면 판례에 따름) 제28회

① 임차권은 상속인에게 상속될 수 있다.
② 임차인의 우선변제권은 대지의 환가대금에도 미친다.
③ 임대차가 묵시적으로 갱신된 경우, 그 존속기간은 2년으로 본다.
④ 임차인이 경매절차에서 해당 주택의 소유권을 취득한 경우, 임대인에 대하여 보증금반환을 청구할 수 있다.
⑤ 임차인의 보증금반환채권이 가압류된 상태에서 그 주택이 양도된 경우, 가압류채권자는 양수인에 대하여만 가압류의 효력을 주장할 수 있다.

정답 | 10 ⑤ 11 ② 12 ④

톺아보기

논점 주택임대차의 주요법리를 알고 있는가?

④ 임차인이 경매절차에서 해당 주택의 소유권을 취득한 경우, 혼동에 의하여 임차인의 보증금반환청구권은 소멸한다. 그 결과 경락인은 임대인에 대하여 보증금반환을 청구할 수 없다.
① 임차권은 상속인에게 상속될 수 있다.
② 임차인의 우선변제권은 주택뿐만 아니라 대지의 환가대금에도 미친다.
③ 임대차가 묵시적으로 갱신된 경우, 그 존속기간은 2년으로 본다.
★ ⑤ 임차인의 보증금반환채권이 가압류된 상태에서 그 주택이 양도된 경우, 가압류채권자는 양수인에 대하여만 가압류의 효력을 주장할 수 있다. 주택양수인에게 보증금반환채무가 승계된다(대판 2005.9.9, 2005다23773).

13 상중하

甲은 乙 소유의 X주택에 관하여 乙과 보증금 3억원으로 하는 임대차계약을 체결하고 2018.3.5. 대항요건과 확정일자를 갖추었다. 丙은 2018.5.6. X주택에 관하여 저당권을 취득하였고, 甲은 2020.3.9. X주택에 임차권등기명령의 집행에 따른 임차권등기를 마쳤다. 이에 관한 설명으로 옳은 것은? (다툼이 있으면 판례에 따름)

제31회

① 甲은 임차권등기의 비용을 乙에게 청구할 수 있다.
② 甲이 2020.3.10. 다른 곳으로 이사한 경우, 대항력을 잃는다.
③ 乙의 임차보증금반환의무와 甲의 임차권등기말소의무는 동시이행의 관계에 있다.
④ 경매가 2020.6.9. 개시되어 X주택이 매각된 경우, 甲이 배당요구를 하지 않으면 丙보다 우선변제를 받을 수 없다.
⑤ 만약 2020.4.5. 丁이 X주택을 보증금 2억원에 임차하여 대항요건을 갖춘 다음 X주택이 경매된 경우, 丁은 매각대금에서 丙보다 우선변제를 받을 수 있다.

톺아보기

논점 주택임대차의 법리를 사례에 적용할 줄 아는가?
① 甲은 임차권등기의 비용을 임대인 乙에게 청구할 수 있다.

오답해설
② 甲이 임차권등기 이후 2020.3.10. 다른 곳으로 이사한 경우, 대항력을 상실하지 않는다.
③ 乙의 임차보증금반환의무와 甲의 임차권등기말소의무는 동시이행의 관계가 아니다.
④ 甲이 임차권등기명령에 따른 임차권등기를 마친 경우에는 배당요구를 하지 않아도 丙보다 우선변제를 받을 수 있다.
⑤ 丙의 저당권은 2018.5.6.이고 2020.4.5. 丁이 X주택을 보증금 2억원에 임차하여 대항요건을 갖추었다면, 저당권이 임차권보다 선순위로서 丙이 丁보다 우선변제를 받을 수 있다.

정답 | 13 ①

제2장 / 상가건물 임대차보호법

기본서 p.500~516

01 상중하

2023.1. 甲은 선순위 권리자가 없는 乙의 X상가건물을 보증금 1억원, 월차임 40만원에 임차하여 대항요건을 갖추고 확정일자를 받았다. 다음 설명 중 <u>틀린</u> 것은? (다툼이 있으면 판례에 따름)
제25회 수정

① 甲이 3기의 차임 상당액을 연체한 경우, 乙은 甲의 계약갱신요구를 거절할 수 있다.
② 임대기간에 대하여 별도의 약정이 없는 경우, 그 기간은 1년으로 본다.
③ 甲이 보증금반환청구소송의 확정판결에 따라 X건물에 대한 경매를 신청하는 경우, 甲의 건물명도의무이행은 집행개시의 요건이다.
④ 甲이 X건물의 환가대금에서 보증금을 우선변제받기 위해서는 대항요건이 배당요구 종기까지 존속하여야 한다.
⑤ 보증금이 전액 변제되지 않는 한 X건물에 대한 경매가 실시되어 매각되더라도 甲의 임차권은 존속한다.

톺아보기

논점 환산보증금 이내의 상가임대차의 법리를 사례에 적용할 줄 아는가?

임차인이 임차건물에 대하여 보증금반환청구소송의 확정판결, 그 밖에 이에 준하는 집행권원에 의하여 경매를 신청하는 경우에는 「민사집행법」 제41조에도 불구하고 반대의무의 이행이나 이행의 제공을 집행개시의 요건으로 하지 아니한다(「상가건물 임대차보호법」 제5조 제1항).

정답 | 01 ③

02

甲이 2020.2.10. 乙 소유의 X상가건물을 乙로부터 보증금 15억원에 임차하여 「상가건물 임대차보호법」상의 대항요건을 갖추고 영업하고 있다. 다음 설명 중 **틀린** 것은?

제28회 수정

① 甲의 계약갱신요구권은 최초의 임대차기간을 포함한 전체 임대차기간이 10년을 초과하지 아니하는 범위에서만 행사할 수 있다.
② 甲과 乙 사이에 임대차기간을 6개월로 정한 경우, 乙은 그 기간이 유효함을 주장할 수 있다.
③ 甲의 계약갱신요구권에 따라 갱신되는 임대차는 전 임대차와 동일한 조건으로 다시 계약된 것으로 본다.
④ 임대차종료 후 보증금이 반환되지 않은 경우 甲은 X건물의 소재지 관할법원에 임차권등기명령을 신청할 수 없다.
⑤ X건물이 경매로 매각된 경우, 甲은 특별한 사정이 없는 한 보증금에 대해 일반채권자보다 우선하여 변제받을 수 있다.

톺아보기

논점 환산보증금액수 9억원을 초과하는 상가임대차의 법리를 아는가?

★ 보증금이 15억원인 경우, 임차인의 우선변제권이 보장되지 않으므로 甲은 보증금에 대해 일반채권자보다 우선하여 변제받을 수 없다. 환산보증금을 초과하는 상가임대차에는 우선변제권 규정, 최단 기간 보장규정, 임차권 등기명령의 보장 규정이 적용을 받지 않는다. 다만, 환산보증금을 초과하는 임대차에도 갱신요구권 보장, 대항력 규정, 권리금 규정은 「상가건물 임대차보호법」의 적용을 받는다.

03

乙은 식당을 운영하기 위해 2023.5.1. 甲으로부터 그 소유의 서울특별시 소재 X상가건물을 보증금 10억원, 월 임료 100만원, 기간은 정함이 없는 것으로 하여 임차하는 상가임대차계약을 체결하였다. 「상가건물 임대차보호법」상 乙의 주장이 인정되는 것을 모두 고른 것은? (다툼이 있으면 판례에 따름)

제34회

> ㉠ X상가건물을 인도받고 사업자등록을 마친 乙이 대항력을 주장하는 경우
> ㉡ 乙이 甲에게 1년의 존속기간을 주장하는 경우
> ㉢ 乙이 甲에게 계약갱신요구권을 주장하는 경우

① ㉠   ② ㉢   ③ ㉠, ㉡   ④ ㉡, ㉢   ⑤ ㉠, ㉡, ㉢

톺아보기

㉠ 환산보증금액을 초과하는 임대차에 대항력은 인정된다.
㉡ 환산보증금액을 초과하는 임대차에 최단기간의 보장규정은 적용되지 아니한다.

ⓒ 갱신요구권도 환산보증금을 초과할 때는 인정됨이 원칙이나 판례는 예외적으로 기간 약정 없는 임대차에서는 기간 만료 6월에서 1월 전에 행사하는 갱신요구권을 인정하지 아니한다. 즉, 「상가건물 임대차보호법」에서 '기간을 정하지 않은 임대차'는 그 기간을 1년으로 간주하지만(제9조 제1항), 대통령령으로 정한 보증금액을 초과하는 임대차는 위 규정이 적용되지 않으므로(제2조 제1항 단서), 원래의 상태 그대로 기간을 정하지 않은 것이 되어 「민법」의 적용을 받는다. 이러한 임대차는 임대인이 언제든지 해지를 통고할 수 있고 임차인 이 통고를 받은 날로부터 6개월이 지남으로써 효력이 생기므로, 임대차기간이 정해져 있음을 전제로 기간 만료 6개월 전부터 1개월 전까지 사이에 행사하도록 규정된 임차인의 계약 갱신요구권은 발생할 여지가 없다(대판 2021.12.30, 2021다233730).

04 상중하

세종특별자치시에 소재하는 甲 소유의 X상가건물의 1층 점포를 乙이 분식점을 하려고 甲으로부터 2022.2.16. 보증금 6억원, 차임 월 100만원에 임차하였고 임차권등기는 되지 않았다. 이에 관한 설명으로 옳은 것을 모두 고른 것은?

제33회

> ⊙ 乙이 점포를 인도받은 날에 사업자등록을 신청한 경우, 그 다음 날부터 임차권의 대항력이 생긴다.
> ⓒ 乙이 대항요건을 갖춘 후 임대차계약서에 확정일자를 받은 경우, 「민사집행법」상 경매시 乙은 임차건물의 환가대금에서 후순위권리자보다 우선하여 보증금을 변제받을 권리가 있다.
> ⓒ 乙은 「감염병의 예방 및 관리에 관한 법률」 제49조 제1항 제2호에 따른 집합 제한 또는 금지 조치를 총 3개월 이상 받음으로써 발생한 경제사정의 중대한 변동으로 폐업한 경우에는 임대차계약을 해지할 수 있다.

① ⓒ   ② ⓒ   ③ ⊙, ⓒ   ④ ⊙, ⓒ   ⑤ ⊙, ⓒ, ⓒ

톺아보기

논점 환산보증금을 초과하는 상가임대차의 법리를 아는가?

상가임대차에서 환산보증금액수는 지역별로 상이한데 서울은 9억원, 과밀억제권·부산광역시는 6억 9천만원, 세종특별자치시의 환산보증금액은 5억 4천만원 이하이다. 문제의 사안은 세종시로서 보증금 6억원, 차임 월 100만원에 임차하였으므로 환산보증금액이 7억원에 해당하여 세종시의 환산보증금액수(5억 4천만원)을 초과하는 임대차에 해당한다.
⊙ 환산보증금액수를 초과하는 임대차에도 대항력은 인정한다.
ⓒ 환산보증금액수를 초과하는 임대차이므로 우선변제권은 인정되지 않는다.
ⓒ 임차인은 「감염병의 예방 및 관리에 관한 법률」 제49조 제1항 제2호에 따른 집합 제한 또는 금지 조치(같은 항 제2호의2에 따라 운영시간을 제한한 조치를 포함한다)를 총 3개월 이상 받음으로써 발생한 경제사정의 중대한 변동으로 폐업한 경우에는 임대차계약을 해지할 수 있다[「상가건물 임대차보호법」 제11조의 2(폐업으로 인한 임차인의 해지권)].

정답 | 02 ⑤   03 ①   04 ④

05 상중하

「상가건물 임대차보호법」상 임차인이 그가 주선한 신규 임차인이 되려는 자로부터 권리금을 지급받는 것을 방해한 임대인에게 손해배상을 청구할 권리는 "임대차가 종료한 날부터 (   ) 이내에 행사하지 않으면 시효의 완성으로 소멸한다." 빈칸에 들어갈 기간은?

제26회

① 6개월　② 1년　③ 2년　④ 3년　⑤ 5년

톺아보기

임대인에게 손해배상을 청구할 권리는 임대차가 종료한 날부터 <u>3년 이내</u>에 행사하지 않으면 시효의 완성으로 소멸한다(「상가건물 임대차보호법」 제10조의4 제4항).

06 상중하

「상가건물 임대차보호법」의 내용으로 옳은 것은?

제27회

① 임차인이 대항력을 갖추기 위해서는 임대차계약서상의 확정일자를 받아야 한다.
② 사업자등록의 대상이 되지 않는 건물에 대해서는 위 법이 적용되지 않는다.
③ 기간을 정하지 아니하거나 기간을 2년 미만으로 정한 임대차는 2년으로 본다.
④ 전차인의 차임연체액이 2기의 차임액에 달하는 경우, 전대인은 전대차계약을 해지할 수 있다.
⑤ 권리금회수의 방해로 인한 임차인의 임대인에 대한 손해배상청구권은 그 방해가 있은 날로부터 3년 이내에 행사하지 않으면 시효의 완성으로 소멸한다.

톺아보기

논점 「상가건물 임대차보호법」의 종합문제

② 「상가건물 임대차보호법」은 사업자등록의 대상이 되는 건물에 대해서 해당 법이 적용되고 사업자등록의 대상이 되지 않는 건물은 적용되지 않는다.

오답해설

★ ① 임차인이 대항력을 갖추기 위해서는 사업자등록과 인도가 요건이고 임대차계약서상의 확정일자는 요건이 아니다.
③ 기간을 정하지 아니하거나 기간을 1년 미만으로 정한 임대차는 그 기간을 1년으로 본다.
④ 3기 연체이어야 해지할 수 있다(「상가건물 임대차보호법」 제10조의8).
⑤ 권리금회수의 방해로 인한 임차인의 임대인에 대한 손해배상청구권은 그 방해가 있은 날로부터가 아니라 임대차의 종료일로부터 3년 이내이다(「상가건물 임대차보호법」 제10조의4 제4항).

07 상가임대인이 그의 임차인이 주선한 신규임차인으로 되려는 자와 임대차계약의 체결을 거절할 수 있는 경우를 모두 고른 것은?

제29회

㉠ 임대차목적물인 상가건물을 6개월 동안 영리목적으로 사용하지 아니한 경우
㉡ 임차인이 주선한 신규임차인이 되려는 자가 보증금을 지급할 자력이 없는 경우
㉢ 임대인이 선택한 신규임차인이 임차인과 권리금계약을 체결하고 그 권리금을 지급한 경우
㉣ 임차인이 주선한 신규임차인이 되려는 자가 임차인으로서의 의무를 위반할 우려가 있는 경우

① ㉠, ㉡ ② ㉠, ㉢ ③ ㉡, ㉣ ④ ㉠, ㉢, ㉣ ⑤ ㉡, ㉢, ㉣

톺아보기

논점 권리금회수기회보호규정에 대하여 알고 있는가?

타당한 거절사유는 ㉡㉢㉣이다.
㉠ 임대차목적물인 상가건물을 1년 6개월 동안 영리목적으로 사용하지 아니한 경우 권리금계약체결의 거절에 정당한 이유가 있다(「상가건물 임대차보호법」 제10조의4 제2항).

08 乙은 甲 소유의 X상가건물을 甲으로부터 임차하고 인도 및 사업자등록을 마쳤다. 乙의 임대차가 제3자에 대하여 효력이 있는 경우를 모두 고른 것은? (다툼이 있으면 판례에 따름)

제31회

㉠ 乙이 폐업한 경우
㉡ 乙이 폐업신고를 한 후에 다시 같은 상호 및 등록번호로 사업자등록을 한 경우
㉢ 丙이 乙로부터 X건물을 적법하게 전차하여 직접 점유하면서 丙 명의로 사업자등록을 하고 사업을 운영하는 경우

① ㉠ ② ㉢ ③ ㉠, ㉡ ④ ㉡, ㉢ ⑤ ㉠, ㉡, ㉢

톺아보기

이의제기로 ②④번이 복수정답처리되어 많은 수험생들이 구제받은 문제로서 지문구성에 오류가 있었던 제31회 기출문제이다.
㉠ 乙이 폐업한 경우 대항력을 상실한다.
㉡ 乙이 폐업신고를 한 후에 다시 같은 상호 및 등록번호로 사업자등록을 한 경우 애초의 대항력은 소멸하고 다시 같은 상호로 사업자등록을 한 그때부터 새로운 대항력이 생긴다.

정답 | 05 ④ 06 ② 07 ⑤ 08 ②④

09 「상가건물 임대차보호법」에 관한 설명으로 옳은 것은? 제30회

① 임대차계약을 체결하려는 자는 임대인의 동의 없이도 관할 세무서장에게 해당 상가건물의 임대차에 관한 정보제공을 요구할 수 있다.
② 임차인이 임차한 건물을 중대한 과실로 전부 파손한 경우, 임대인은 권리금회수의 기회를 보장할 필요가 없다.
③ 임차인은 임대인에게 계약갱신을 요구할 수 있으나 전체 임대차기간이 7년을 초과해서는 안 된다.
④ 임대차가 종료한 후 보증금이 반환되지 않은 때에는 임차인은 관할 세무서에 임차권등기명령을 신청할 수 있다.
⑤ 임대차계약이 묵시적으로 갱신된 경우, 임차인의 계약 해지의 통고가 있으면 즉시 해지의 효력이 발생한다.

톺아보기

논점 「상가건물 임대차보호법」의 원리를 이해하고 있는가?

② 임차인이 임차한 건물을 중대한 과실로 전부 파손한 경우, 임대인은 권리금회수의 기회를 보장할 필요가 없다(「상가건물 임대차보호법」 제10조의4 제1항 단서의 명문 규정). 다만, 제10조 제1항의 각 호의 어느 하나에 해당하는 사유(즉 임차인의 계약갱신요구의 거절사유 8가지를 말함)가 있는 경우에는 그러하지 아니하다.

오답해설
① 임대차계약을 체결하려는 자는 임대인의 동의를 얻어 관할 세무서장에게 해당 상가건물의 임대차에 관한 정보제공을 요구할 수 있다(「상가건물 임대차보호법」 제4조 제4항).
③ 갱신요구권은 5년에서 10년으로 법률개정되었다(「상가건물 임대차보호법」 제10조 제2항).
④ 임차권등기명령의 신청은 세무서가 아니라 건물소재지의 관할 법원에 신청한다.
⑤ 3개월 후에 발생한다.

10 임차인 乙은 甲소유의 X상가건물에 관하여 월차임 200만원, 기간 2023.5.24.~2024.5.23.로 하는 임대차계약을 甲과 체결하였고, 기간만료 14일 전인 2024.5.9. 갱신거절의 통지를 하여 다음 날 甲에게 도달하였다. 임대차계약의 종료일은? (다툼이 있으면 판례에 따름) 제35회

① 2024.5.10.   ② 2024.5.23.   ③ 2024.8.23.
④ 2024.11.23.   ⑤ 2025.5.23.

톺아보기

상가의 임차인이 임대차기간 만료 1개월 전부터 만료일 사이에 갱신거절의 통지를 한 경우 임대차계약은 묵시적 갱신이 인정되지 않고 "임대차기간의 만료일"에 종료한다고 보아야 한다(대판 2024.6.27, 2023다307024).

11 「상가건물 임대차보호법」이 적용되는 X건물에 관하여 임대인 甲과 임차인 乙이 보증금 3억원, 월차임 60만원으로 정하여 체결한 임대차가 기간만료로 종료되었다. 그런데 甲이 乙에게 보증금을 반환하지 않아서 乙이 현재 X건물을 점유·사용하고 있다. 다음 설명 중 옳은 것은? (판례에 따름)

제35회

① 甲은 乙에게 불법행위로 인한 손해배상을 청구할 수 있다.
② 乙은 甲에 대해 채무불이행으로 인한 손해배상의무를 진다.
③ 甲은 乙에게 차임에 상당하는 부당이득반환을 청구할 수 있다.
④ 甲은 乙에게 종전 임대차계약에서 정한 차임의 지급을 청구할 수 있다.
⑤ 乙은 보증금을 반환받을 때까지 X건물에 대해 유치권을 행사할 수 있다.

톺아보기

④ 상가임대차법이 적용되는 임대차가 기간만료나 당사자의 합의, 해지 등으로 종료된 경우 보증금을 반환받을 때까지 임차 목적물을 계속 점유하면서 사용·수익한 임차인은 종전 임대차계약에서 정한 차임을 지급할 의무를 부담할 뿐이고, 시가에 따른 차임에 상응하는 부당이득금을 지급할 의무를 부담하는 것은 아니다(대판 2023.11.9, 2023다257600).

오답해설

① 임대차계약 종료 후에도 임차인이 동시이행의 항변권을 행사하여 임차물을 계속 점유하여 온 것이라면, 임차인의 건물에 대한 점유는 불법점유라고 할 수 없다. 따라서 임차인으로서는 불법행위로 인한 손해배상의무를 부담하지 않는다(대판 1989.2.28, 87다카2114).
② 乙은 계약종료된 후에 보증금이 반환되지 않아서 동시이행항변권으로 점유하고 있으므로 甲에 대해 채무불이행으로 인한 손해배상의무를 부담하지 않는다.
③ 상가임차인은 보증금을 반환받을 때까지 임대차 관계가 존속하는 것으로 의제된다. 이는 임대차기간이 끝난 후에도 상가건물의 임차인이 보증금을 반환받을 때까지는 임차인의 목적물에 대한 점유를 임대차기간이 끝나기 전과 마찬가지 정도로 강하게 보호함으로써 임차인의 보증금반환채권을 실질적으로 보장하기 위한 것이다.
따라서 상가임대차법이 적용되는 상가건물의 임차인이 임대차 종료 이후에 보증금을 반환받기 전에 임차 목적물을 점유하고 있다고 하더라도 임차인에게 차임 상당의 부당이득이 성립한다고 할 수 없다(대판 2023.11.9, 2023다257600).
⑤ 보증금반환채권은 건물에 관하여 발생한 채권이 아니므로 건물에 유치권을 주장할 수 없다.

제3장 / 가등기담보 등에 관한 법률

01

「가등기담보 등에 관한 법률」이 원칙적으로 적용되는 것은? (단, 이자는 고려하지 않으며, 다툼이 있으면 판례에 따름)

① 1억원을 차용하면서 부동산에 관하여 가등기나 소유권이전등기를 하지 않은 경우
② 매매대금채무 1억원의 담보로 2억원 상당의 부동산 소유권이전등기를 한 경우
③ 차용금채무 1억원의 담보로 2억원 상당의 부동산에 대해 대물변제예약을 하고 가등기한 경우
④ 차용금채무 3억원의 담보로 이미 2억원의 다른 채무에 대한 저당권이 설정된 4억원 상당의 부동산에 대해 대물변제예약을 하고 가등기한 경우
⑤ 1억원을 차용하면서 2억원 상당의 그림을 양도담보로 제공한 경우

톺아보기

「가등기담보 등에 관한 법률」의 적용요건은 첫째, 담보물의 시가가 [선순위채권액 + 차용액]보다 큰 경우에 적용된다. 둘째, 소비대차로 채권이 발생할 것, 셋째, 채권자 앞으로 등기를 경료할 것이 요구된다.

02

「가등기담보 등에 관한 법률」에 관한 설명으로 옳은 것은? (다툼이 있으면 판례에 따름)

① 공사대금채무를 담보하기 위한 가등기에도 「가등기담보 등에 관한 법률」이 적용된다.
② 청산금을 지급할 필요 없이 청산절차가 종료한 경우, 그때부터 담보목적물의 과실수취권은 채권자에게 귀속한다.
③ 가등기담보의 채무자는 귀속정산과 처분정산 중 하나를 선택할 수 있다.
④ 가등기담보의 채무자의 채무변제와 가등기 말소는 동시이행관계에 있다.
⑤ 담보가등기 후의 저당권자는 청산기간 내라도 저당권의 피담보채권의 도래 전에는 담보목적 부동산의 경매를 청구할 수 없다.

톺아보기

논점 가등기담보의 법리를 알고 있는가?

② 채권자가「가등기담보 등에 관한 법률」에 따라 채무자에게 담보권실행을 통지한 경우 청산금을 지급할 여지가 없는 때에는 2월의 청산기간이 경과함으로써 청산절차는 종료되고, 이에 따라 채권자는 더 이상의 반대급부의 제공 없이 채무자에 대하여 소유권이전등기청구권 및 목적물인도청구권을 가진다 할 것이므로 담보목적물에 대한 과실수취권 등을 포함한 사용·수익권은 청산절차의 종료와 함께 채권자에게 귀속된다(대판 2001.2.27, 2000다20465).

오답해설

③ 채무자가 선택하는 것이 아니라 가등기담보권자인 채권자가 선택한다(「가등기담보 등에 관한 법률」제12조 제1항).
④ 채무의 변제가 가등기 말소보다 먼저 이행되어야 할 선이행의무이다.
⑤ 후순위저당권자는 청산기간 내에는 자기 채권의 변제기가 도래하기 전이라도 담보목적 부동산의 경매를 청구할 수 있다(「가등기담보 등에 관한 법률」제12조 제2항).

03 「가등기담보 등에 관한 법률」의 설명으로 옳은 것은? (다툼이 있으면 판례에 따름) 제30회

① 가등기가 담보가등기인지, 청구권보전을 위한 가등기인지의 여부는 등기부상 표시를 보고 결정한다.
② 채권자가 담보권실행을 통지함에 있어서, 청산금이 없다고 인정되면 통지의 상대방에게 그 뜻을 통지하지 않아도 된다.
③ 청산금은 담보권실행의 통지 당시 담보목적부동산의 가액에서 피담보채권액을 뺀 금액이며, 그 부동산에 선순위담보권이 있으면 위 피담보채권액에 선순위담보로 담보한 채권액을 포함시킨다.
④ 통지한 청산금액이 객관적으로 정확하게 계산된 액수와 맞지 않으면, 채권자는 정확하게 계산된 금액을 다시 통지해야 한다.
⑤ 채권자가 채무자에게 담보권실행을 통지하고 난 후부터는 담보목적물에 대한 과실수취권은 채권자에게 귀속한다.

톺아보기

논점 「가등기담보 등에 관한 법률」의 주요원리를 이해하고 있는가?

★ ③ 청산금은 담보권실행의 통지 당시 담보목적 부동산의 가액에서 피담보채권액을 뺀 금액이며, 그 부동산에 선순위담보권이 있으면 위 피담보채권액에 선순위담보로 담보한 채권액을 포함시킨다.

정답 | 01 ③ 02 ② 03 ③

> [오답해설]

★ ① 가등기가 담보가등기인지 여부는 그 등기부상 표시나 등기시에 주고 받은 서류의 종류에 의하여 형식적으로 결정될 것이 아니고 거래의 실질과 당사자의 의사해석에 따라 결정될 문제라고 할 것이다(대판 1992.2.11, 91다36932).
② 채권자가 담보권실행을 통지함에 있어서, 청산금이 없다고 인정되는 경우에도 통지의 상대방에게 그 뜻을 통지하여야 한다.
④ 통지한 청산금액은 다툴 수 없다.
⑤ 채권자가 채무자에게 담보권실행을 통지하고 난 후부터라도 청산금을 지급하기 전에는 담보목적물에 대한 과실수취권은 채무자에게 귀속한다.

04 「가등기담보 등에 관한 법률」이 적용되는 가등기담보에 관한 설명으로 옳은 것은? (다툼이 있으면 판례에 따름)

제33회

① 채무자가 아닌 제3자는 가등기담보권의 설정자가 될 수 없다.
② 귀속청산에서 변제기 후 청산금의 평가액을 채무자에게 통지한 경우, 채권자는 그가 통지한 청산금의 금액에 관하여 다툴 수 있다.
③ 공사대금채권을 담보하기 위하여 담보가등기를 한 경우, 「가등기담보 등에 관한 법률」이 적용된다.
④ 가등기담보권자는 특별한 사정이 없는 한 가등기담보권을 그 피담보채권과 함께 제3자에게 양도할 수 있다.
⑤ 가등기담보권자는 담보목적물에 대한 경매를 청구할 수 없다.

톺아보기

④ 가등기담보권자는 특별한 사정이 없는 한 가등기담보권을 그 피담보채권과 함께 제3자에게 양도할 수 있다(담보물권의 수반성의 원리).

> [오답해설]

① 채무자가 아닌 제3자는 가등기담보권의 설정자가 될 수 있다.
② 청산금의 평가액을 채무자에게 통지한 경우, 채권자는 그가 통지한 청산금의 금액에 관하여 다툴 수 없다.
③ 공사대금채권을 담보하기 위하여 담보가등기를 한 경우, 소비대차로 인한 채권이 아니므로 「가등기담보 등에 관한 법률」이 적용되지 않는다.
⑤ 가등기담보권자는 귀속청산과 경매청구 중 선택할 수 있다.

05 상중하

甲은 乙에게 빌려준 1,000만원을 담보하기 위해 乙 소유의 X토지(시가 1억원)에 가등기를 마친 다음, 丙이 X토지에 대해 저당권을 취득하였다. 다음 설명 중 옳은 것은? (다툼이 있으면 판례에 따름) 제28회

① 乙의 채무변제의무와 甲의 가등기말소의무는 동시이행의 관계에 있다.
② 甲이 청산기간이 지나기 전에 가등기에 의한 본등기를 마치면 그 본등기는 무효이다.
③ 乙이 청산기간이 지나기 전에 한 청산금에 관한 권리의 양도는 이로써 丙에게 대항할 수 있다.
④ 丙은 청산기간이 지나면 그의 피담보채권 변제기가 도래하기 전이라도 X토지의 경매를 청구할 수 있다.
⑤ 甲의 가등기담보권 실행을 위한 경매절차에서 X토지의 소유권을 丁이 취득한 경우, 甲의 가등기담보권은 소멸하지 않는다.

톺아보기

논점 가등기담보권의 사례 종합

② 청산기간이 지나기 전에 가등기에 의한 본등기를 마치면 그 본등기는 무효이다(대판 2002.6.11, 99다41657).

오답해설

① 乙의 채무변제의무가 가등기말소의무보다 선이행의무이고 동시이행의 관계가 아니다.
③ 채무자가 청산기간이 지나기 전에 한 청산금에 관한 권리의 양도나 처분은 이로써 후순위권리자에게 대항할 수 없다(「가등기담보 등에 관한 법률」 제7조 제1항).
④ 후순위권리자는 <u>청산기간이 지나기 전</u> 그의 피담보채권 변제기가 도래하기 전이라도 X토지의 경매를 청구할 수 있다(「가등기담보 등에 관한 법률」 제12조 제2항). <u>청산기간이 지나면</u> 경매청구를 못한다.
⑤ 가등기담보권 실행을 위한 경매가 실행된 경우 가등기담보권은 소멸한다.

정답 | 04 ④ 05 ②

06 「가등기담보 등에 관한 법률」상 채권자가 담보목적 부동산의 소유권을 취득하기 위하여 채무자에게 실행통지를 할 때 밝히지 <u>않아도</u> 되는 것은? 제27회

① 청산금의 평가액
② 후순위담보권자의 피담보채권액
③ 통지 당시 담보목적부동산의 평가액
④ 청산금이 없다고 평가되는 경우 그 뜻
⑤ 담보목적부동산이 둘 이상인 경우 각 부동산의 소유권 이전에 의하여 소멸시키려는 채권

톺아보기

논점 가등기담보권의 실행통지시 통지의 내용을 아는가?

「가등기담보 등에 관한 법률」 제3조, 제4조에 의할 때 청산금의 평가액, 담보부동산의 평가액, 청산금이 없을 때 그 뜻, 담보목적부동산이 둘 이상인 경우 각 부동산의 소유권 이전에 의하여 소멸시키려는 채권을 통지하여야 한다(「가등기담보 등에 관한 법률」 제3조, 제4조). 그러나 선순위담보권자의 채권액이라면 통지를 하여야 하나 후순위담보권자의 채권액은 통지를 할 필요가 없다.

07 「가등기담보 등에 관한 법률」에 관한 설명으로 <u>틀린</u> 것은? (다툼이 있으면 판례에 따름) 제32회

① 담보가등기를 마친 부동산에 대하여 강제경매가 된 경우 담보가등기권리는 그 부동산의 매각에 의해 소멸한다.
② 가등기의 피담보채권은 당사자의 약정과 관계없이 가등기의 원인증서인 매매예약서상의 매매대금의 한도로 제한된다.
③ 채무자가 청산기간이 지나기 전에 한 청산금에 관한 권리의 양도는 이로써 후순위권리자에게 대항하지 못한다.
④ 가등기가 담보가등기인지 여부는 거래의 실질과 당사자의 의사해석에 따라 결정된다.
⑤ 가등기담보부동산의 예약 당시 시가가 그 피담보채무액에 미달하는 경우에는 청산금평가액의 통지를 할 필요가 없다.

톺아보기

논점 가등기담보의 법리를 알고 있는가?

매매예약서상 매매대금은 편의상 기재하는 것에 불과하고, 가등기의 피담보채권액이 매매예약서상 기재된 매매대금의 한도로 제한되는 것이 아니다(대판 1996.12.23, 96다39387).

08

甲은 乙에게 무이자로 빌려준 1억원을 담보하기 위해, 丙명의의 저당권(피담보채권 5,000만원)이 설정된 乙소유의 X건물(시가 2억원)에 관하여 담보가등기를 마쳤고, 乙은 변제기가 도래한 甲에 대한 차용금을 지급하지 않고 있다. 다음 설명 중 틀린 것은? (다툼이 있으면 판례에 따름)   제35회

① 甲이 귀속정산절차에 따라 적법하게 X건물의 소유권을 취득하면 丙의 저당권은 소멸한다.
② 甲이 乙에게 청산금을 지급하지 않고 자신의 명의로 본등기를 마친 경우, 그 등기는 무효이다.
③ 甲의 청산금지급채무와 乙의 가등기에 기한 본등기 및 X건물 인도채무는 동시이행관계에 있다.
④ 경매절차에서 丁이 X건물의 소유권을 취득하면 특별한 사정이 없는 한 甲의 가등기담보권은 소멸한다.
⑤ 만약 청산금이 없는 경우, 적법하게 실행통지를 하여 2개월의 청산기간이 지나면 청산절차의 종료와 함께 X건물에 대한 사용·수익권은 甲에게 귀속된다.

톺아보기

甲이 귀속정산절차에 따라 적법하게 X건물의 소유권을 취득하면 담보물에 붙어 있는 부담을 승계한 채로 소유권을 취득하게 된다. 그러므로 甲이 취득한 X건물의 소유권에 존재하던 후순위권리자 丙의 저당권은 소멸하지 아니한다. 이때 후순위 저당권자가 가등기 담보권자의 귀속청산을 저지하고자 한다면 경매를 청구하면 가등기담보권은 소멸하게 된다.

정답 | 06 ② 07 ② 08 ①

양도담보권

09 乙은 甲으로부터 1억원을 빌리면서 자신의 X토지(시가 3억원)를 양도담보로 제공하고 甲 명의로 소유권이전등기를 마쳤다. 그 후 丙은 X토지를 사용·수익하던 乙과 임대차계약을 맺고 그 토지를 인도받아 사용하고 있다. 다음 설명 중 틀린 것은? (다툼이 있으면 판례에 따름)

제29회

① 甲은 피담보채권의 변제기 전에도 丙에게 임료 상당을 부당이득으로 반환청구할 수 있다.
② 甲은 특별한 사정이 없는 한 담보권실행을 위하여 丙에게 X토지의 인도를 청구할 수 있다.
③ 乙이 피담보채무의 이행지체에 빠졌을 경우, 甲은 丙에게 소유권에 기하여 X토지의 인도를 청구할 수 없다.
④ 甲이 乙에게 청산금을 지급함으로써 소유권을 취득하면 甲의 양도담보권은 소멸한다.
⑤ 만약 甲이 선의의 丁에게 X토지를 매도하고 소유권이전등기를 마친 경우, 乙은 丁에게 소유권이전등기의 말소를 청구할 수 없다.

톺아보기

논점 양도담보권의 주요법리를 사례에 적용할 줄 아는가?

① 양도담보의 사례이다.

> 乙(양도담보설정자로 소유자) - 甲(양도담보권자) - 丙(후순위임차인)

양도담보권 설정 후 담보물을 적법하게 양도담보설정자로부터 임차하여 사용 중에 있는 임차인은 채무의 변제기 전의 상황인 때는 적법한 사용권을 가지므로 양도담보권자는 그 적법한 사용권을 가진 임차인에게 부당이득반환을 청구할 수 없다. 만약 변제기 도래 후의 상황이면 양도담보권자는 담보권을 적법하게 실행하여 양도담보 설정 후의 임차인에게 목적물의 인도 및 부당이득반환을 청구할 수 있다.

② 甲은 변제기 도래 후 적법하게 담보권실행을 위하여 담보권자 乙보다 후순위 임차인 丙에게 X토지의 인도를 청구할 수 있다. 양도담보권자인 채권자(건물의 보존등기를 마친 자)는 채무자가 채무를 이행하지 않을 때 목적부동산의 처분권을 행사하기 위하여 양도담보권을 실행시켜서 건물에 거주하는 "채무자나 건물의 임차인"에게 명도를 청구할 수 있다(대판 2001.1.5, 2000다47682).

③ 부동산의 양도담보설정자(乙)는 그 등기명의 없이도 '실질적인 소유자임을 주장'하여 그 부동산의 불법점유자인 제3자에 대하여 불법점유상태의 배제권을 행사할 수 있다(대판 1988.4.25, 87다카2696). 그런데 甲은 양도담보권자이지 소유권이 없는 자이므로 소유권에 기한 토지인도를 청구할 수 없다.

④ 甲이 乙에게 청산금을 지급함으로써 소유권을 취득하면 甲은 동일한 부동산에 양도담보권과 소유권을 취득하므로 혼동에 의하여 양도담보권은 소멸한다.

⑤ 양도담보권자가 부동산을 선의의 제3자에게 처분한 때에는 선의의 제3자가 유효하게 소유권을 취득하며 채무자는 선의의 제3자에게 등기말소를 청구할 수 없다(「가등기담보 등에 관한 법률」제11조 단서).

10

乙은 甲에 대한 1억원의 차용금채무를 담보하기 위해 자신의 X건물(시가 2억원)에 관하여 甲 명의로 소유권이전등기를 마쳤다. 이에 관한 설명으로 옳은 것은? (다툼이 있으면 판례에 따름)

제31회 수정

① 甲은 X건물의 화재로 乙이 취득한 화재보험금청구권에 대하여 물상대위권을 행사할 수 없다.
② 甲은 乙로부터 X건물을 임차하여 사용하고 있는 丙에게 소유권에 기하여 그 반환을 청구할 수 있다.
③ 甲은 (채무자가 이행지체에 빠진 경우) 담보권실행으로서 乙로부터 임차하여 X건물을 점유하고 있는 丙에게 그 인도를 청구할 수 있다.
④ 甲은 乙로부터 X건물을 임차하여 사용하고 있는 丙에게 임료 상당의 부당이득반환을 청구할 수 있다.
⑤ 甲이 X건물을 선의의 丁에게 소유권이전등기를 해 준 경우, 乙은 丁에게 소유권이전등기말소를 청구할 수 있다.

톺아보기

③ 甲은 (乙이 이행지체에 빠진 경우) 담보권실행으로서 乙로부터 임차하여 X건물을 점유하고 있는 丙에게 그 인도를 청구할 수 있다.

오답해설
① 甲은 X건물의 화재로 乙이 취득한 화재보험금청구권에 대하여 물상대위권을 행사할 수 있다.
② 甲은 양도담보권자일뿐 소유권자가 아니므로 채무자가 이행지체에 빠졌을 경우에 乙로부터 X건물을 임차하여 사용하고 있는 丙에게 소유권에 기하여 그 반환을 청구할 수 없다.
④ 변제기 도래 후의 상황이면 양도담보권자는 담보권을 적법하게 실행하여 양도담보권 설정 후의 임차인에게 목적물의 인도 및 부당이득반환을 청구할 수 있다. 변제기 전이면 부당이득반환을 청구할 수 없다.
⑤ 甲이 X건물을 선의의 제3자 丁에게 소유권이전등기를 해 준 경우, 제3자는 유효하게 소유권을 취득하므로 乙은 선의 제3자 丁에게 소유권이전등기말소를 청구할 수 없다(「가등기담보 등에 관한 법률」 제11조 단서).

제4장 / 집합건물의 소유 및 관리에 관한 법률

기본서 p.532~547

01 상중하

집합건물의 소유 및 관리에 관한 법령상 집합건물에 관한 설명으로 **틀린** 것은? (다툼이 있으면 판례에 따름)
제26회

① 집합건축물대장에 등록되지 않더라도 구분소유가 성립할 수 있다.
② 공용부분의 사용과 비용부담은 전유부분의 지분비율에 따른다.
③ 집합건물의 공용부분은 시효취득의 대상이 될 수 없다.
④ 관리인 선임 여부와 관계 없이 공유자는 단독으로 공용부분에 대한 보존행위를 할 수 있다.
⑤ 구분소유자는 규약 또는 공정증서로써 달리 정하지 않는 한 그가 가지는 전유부분과 분리하여 대지사용권을 처분할 수 없다.

톺아보기

논점 「집합건물의 소유 및 관리에 관한 법률」의 주요법리를 알고 있는가?

★ 공용부분의 비용부담은 지분의 비율에 따르지만(「집합건물의 소유 및 관리에 관한 법률」 제17조), 공용부분의 사용은 지분비율에 따르는 것이 아니라 '그 용도에 따라' 사용한다(「집합건물의 소유 및 관리에 관한 법률」 제11조).

02 상중하

「집합건물의 소유 및 관리에 관한 법률」에 관한 설명으로 **틀린** 것은? (다툼이 있으면 판례에 따름)
제25회

① 집합건물의 임차인은 관리인이 될 수 없다.
② 서면결의의 방법에 의한 재건축결의가 가능하다.
③ 전유부분에 설정된 저당권의 효력은 특별한 사정이 없는 한 대지사용권에 미친다.
④ 관리단집회는 구분소유자 전원이 동의하면 소집절차를 거치지 않고 소집할 수 있다.
⑤ 공용부분 관리비에 대한 연체료는 특별승계인에게 승계되는 공용부분 관리비에 포함되지 않는다.

톺아보기

논점 집합건물의 관리에 대한 주요법리를 알고 있는가?
★ ① 집합건물의 임차인은 관리인이 될 수 있다. 관리인은 관리위원회 위원과 달리 구분소유자가 아닌 자도 가능하다.
② 서면결의의 방법에 의한 재건축결의가 가능하다(대판 2006.12.8, 2006다33340).
③ 전유부분에 설정된 저당권의 효력은 특별한 사정이 없는 한 대지사용권에 미친다.
④ 「집합건물의 소유 및 관리에 관한 법률」 제35조
⑤ 공용부분 관리비에 대한 연체료는 특별승계인에게 승계되는 공용부분 관리비에 포함되지 않는다(대판 2006.6.29, 2004다3598).

03 「집합건물의 소유 및 관리에 관한 법률」의 내용으로 틀린 것은? 제27회

① 전유부분은 구분소유권의 목적인 건물부분을 말한다.
② 대지사용권은 구분소유자가 전유부분을 소유하기 위하여 건물의 대지에 대하여 가지는 권리를 말한다.
③ 구분소유자 전원의 동의로 소집된 관리단집회는 소집절차에서 통지되지 않은 사항에 대해서도 결의할 수 있다.
④ 건물의 시공자가 전유부분에 대하여 구분소유자에게 지는 담보책임의 존속기간은 사용승인일부터 기산한다.
⑤ 대지 위에 구분소유권의 목적인 건물이 속하는 1동의 건물이 있을 경우, 대지의 공유자는 그 건물의 사용에 필요한 범위의 대지에 대하여 분할을 청구하지 못한다.

톺아보기

논점 집합건물의 주요법리를 알고 있는가?
④ 건물의 시공자가 전유부분에 대하여 구분소유자에게 지는 담보책임의 기산점은 사용승인일부터가 아니라 인도일로부터 기산한다. 공용부분의 담보책임의 기산점은 사용승인일로부터 기산한다(「집합건물의 소유 및 관리에 관한 법률」 제9조의2).
③ 관리단집회는 제34조에 따라 통지한 사항에 관하여만 결의할 수 있다(「집합건물의 소유 및 관리에 관한 법률」 제36조 제1항). 그러나 구분소유자 전원이 동의하면 "소집절차에서 통지되지 않은 사항"에 대해서도 결의할 수 있다(「집합건물의 소유 및 관리에 관한 법률」 제36조 제3항).
⑤ 「집합건물의 소유 및 관리에 관한 법률」 제8조

정답 | 01 ② 02 ① 03 ④

04 「집합건물의 소유 및 관리에 관한 법률」에 관한 설명으로 틀린 것은?   제29회

① 관리인의 대표권 제한은 선의의 제3자에게 대항할 수 없다.
② 구조상의 공용부분에 관한 물권의 득실변경은 등기하여야 효력이 생긴다.
③ 관리인은 매년 회계연도 종료 후 3개월 이내에 정기 관리단집회를 소집하여야 한다.
④ 일부의 구분소유자만이 공용하도록 제공되는 것임이 명백한 공용부분은 그들 구분소유자의 공유에 속한다.
⑤ 공유자가 공용부분에 관하여 다른 공유자에 대하여 가지는 채권은 그 특별승계인에 대하여도 행사할 수 있다.

톺아보기

논점 집합건물의 주요법리를 알고 있는가?

② 구조상의 공용부분에 관한 물권의 득실변경은 등기를 요하지 아니한다(「집합건물의 소유 및 관리에 관한 법률」 제13조 제3항).
① 관리인의 대표권 제한은 선의의 제3자에게 대항할 수 없다(「집합건물의 소유 및 관리에 관한 법률」 제25조 제2항).
④ 일부의 구분소유자만이 공용하도록 제공되는 것임이 명백한 공용부분은 "일부공용부분"이라 한다.
⑤ 공유자가 공용부분에 관하여 다른 공유자에 대하여 가지는 채권은 그 특별승계인에 대하여도 행사할 수 있다(「집합건물의 소유 및 관리에 관한 법률」 제18조).

05 「집합건물의 소유 및 관리에 관한 법률」에 관한 설명으로 옳은 것을 모두 고른 것은?   제31회

㉠ 각 공유자는 공용부분을 그 용도에 따라 사용할 수 있다.
㉡ 전유부분에 관한 담보책임의 존속기간은 사용검사일부터 기산한다.
㉢ 구조상 공용부분에 관한 물권의 득실변경은 그 등기를 해야 효력이 발생한다.
㉣ 분양자는 원칙적으로 전유부분을 양수한 구분소유자에 대하여 담보책임을 지지 않는다.

① ㉠   ② ㉢   ③ ㉠, ㉡   ④ ㉠, ㉣   ⑤ ㉡, ㉢, ㉣

톺아보기

옳은 것은 ㉠이다.
㉡ 전유부분에 관한 담보책임의 존속기간은 인도일부터이다.
㉢ 구조상 공용부분의 득실변경은 등기를 요하지 아니한다.
㉣ 분양자는 전유부분을 양수한 현재의 구분소유자에 대하여 담보책임을 부담한다.

06 「집합건물의 소유 및 관리에 관한 법률」상 구분소유자의 5분의 4 이상의 결의가 있어야만 하는 경우는?

제28회

① 재건축 결의
② 공용부분의 변경
③ 구분소유권의 경매청구
④ 규약의 설정·변경 및 폐지
⑤ 구분소유자의 전유부분 사용금지의 청구

톺아보기

논점 구분소유자 5분의 4 이상의 특별결의를 요하는 경우

구분소유자의 5분의 4 이상의 결의요건	재건축 결의(「집합건물의 소유 및 관리에 관한 법률」 제47조 제2항)
구분소유자의 4분의 3 이상의 결의요건	• 서면결의(「집합건물의 소유 및 관리에 관한 법률」 제41조) • 구분소유권의 사용금지, 경매청구 • 규약의 설정·폐지
구분소유자의 전원동의요건	소집절차의 생략

07 「집합건물의 소유 및 관리에 관한 법률」의 설명으로 틀린 것은?

제30회

① 규약 및 관리단 집회의 결의는 구분소유자의 특별승계인에 대하여도 효력이 있다.
② 구분소유건물의 공용부분에 관한 물권의 득실변경은 등기가 필요하지 않다.
③ 관리인은 구분소유자가 아니더라도 무방하다.
④ 재건축 결의는 구분소유자 및 의결권의 각 5분의 4 이상의 결의에 의한다.
⑤ 재건축 결의 후 재건축 참가 여부를 서면으로, 촉구받은 재건축반대자가 법정기간 내에 회답하지 않으면 재건축에 참가하겠다는 회답을 한 것으로 본다.

톺아보기

논점 「집합건물의 소유 및 관리에 관한 법률」의 기본원리를 정확히 이해하는가?

재건축 결의 후 재건축 참가 여부를 서면으로, 촉구받은 재건축반대자가 법정기간 내에 회답하지 않으면 재건축에 참가하지 않겠다는 뜻을 회답한 것으로 본다(「집합건물의 소유 및 관리에 관한 법률」 제48조 제3항).

정답 | 04 ② 05 ① 06 ① 07 ⑤

08 「집합건물의 소유 및 관리에 관한 법률」에 관한 설명으로 틀린 것을 모두 고른 것은? (다툼이 있으면 판례에 따름)
제32회

㉠ 구분건물이 객관적·물리적으로 완성되더라도 그 건물이 집합건축물대장에 등록되지 않는 한 구분소유권의 객체가 되지 못한다.
㉡ 집합건물 구분소유권의 특별승계인이 그 구분소유권을 다시 제3자에게 이전한 경우, 관리규약에 달리 정함이 없는 한, 각 특별승계인들은 자신의 전(前)구분소유자의 공용부분에 대한 체납관리비를 지급할 책임이 있다.
㉢ 전유부분은 구분소유권의 목적인 건물부분을 말한다.

① ㉠   ② ㉡   ③ ㉢   ④ ㉠, ㉡   ⑤ ㉡, ㉢

톺아보기

틀린 것은 ㉠이다.
㉠ 1동의 건물 및 그 구분행위에 상응하는 구분건물이 객관적·물리적으로 완성되면 아직 그 건물이 집합건축물 대장에 등록되거나 구분건물로서 등기부에 등기되지 않았더라도 그 시점에서 구분소유가 성립한다 (대판 2013.1.17, 2010다71578 전원합의체).
㉡ 각 특별승계인들은 자신의 전(前)구분소유자의 공용부분에 대한 체납관리비를 승계하므로 이를 지급할 책임이 있다.
㉢ 전유부분은 구분소유권의 목적인 건물부분을 말한다.

09 「집합건물의 소유 및 관리에 관한 법률」상 공용부분에 관한 설명으로 옳은 것을 모두 고른 것은? (다툼이 있으면 판례에 따름)
제33회

㉠ 관리단집회 결의나 다른 구분소유자의 동의 없이 구분소유자 1인이 공용부분을 독점적으로 점유·사용하는 경우, 다른 구분소유자는 공용부분의 보존행위로서 그 인도를 청구할 수 있다.
㉡ 구분소유자 중 일부가 정당한 권원 없이 구조상 공용부분인 복도를 배타적으로 점유·사용하여 다른 구분소유자가 사용하지 못하였다면, 특별한 사정이 없는 한 이로 인하여 얻은 이익을 다른 구분소유자에게 부당이득으로 반환하여야 한다.
㉢ 관리단은 관리비 징수에 관한 유효한 규약이 없더라도 공용부분에 대한 관리비를 그 부담의무자인 구분소유자에게 청구할 수 있다.

① ㉠   ② ㉡   ③ ㉠, ㉢   ④ ㉡, ㉢   ⑤ ㉠, ㉡, ㉢

톺아보기

옳은 것은 ㉡㉢이다.

㉠ 집합건물의 구분소유자가 「집합건물의 소유 및 관리에 관한 법률」의 관련 규정에 따라 관리단집회 결의나 다른 구분소유자의 동의 없이 공용부분의 전부 또는 일부를 독점적으로 점유·사용하고 있는 경우 다른 구분소유자는 공용부분의 보존행위로서 그 인도를 청구할 수는 없고, 특별한 사정이 없는 한 자신의 지분권에 기초하여 공용부분에 대한 방해 상태를 제거하거나 공동 점유를 방해하는 행위의 금지 등을 청구할 수 있다(대판 2020.10.15, 2019다245822).

㉡ [다수의견] 구분소유자 중 일부가 정당한 권원 없이 집합건물의 복도, 계단 등과 같은 공용부분을 배타적으로 점유·사용함으로써 이익을 얻고, 그로 인하여 다른 구분소유자들이 해당 공용부분을 사용할 수 없게 되었다면, 공용부분을 무단점유한 구분소유자는 특별한 사정이 없는 한 해당 공용부분을 점유·사용함으로써 얻은 이익을 부당이득으로 반환할 의무가 있다(대판 2020.5.21, 2017다220744 전원합의체).

10. 집합건물의 소유 및 관리에 관한 법령상 관리인 및 관리위원회 등에 관한 설명으로 옳은 것은?

제33회

① 구분소유자가 아닌 자는 관리인이 될 수 없다.
② 구분소유자가 10인 이상일 때에는 관리단을 대표하고 관리단의 사무를 집행할 관리인을 선임하여야 한다.
③ 관리위원회를 둔 경우에도 규약에서 달리 정한 바가 없으면, 관리인은 공용부분의 보존행위를 함에 있어 관리위원회의 결의를 요하지 않는다.
④ 규약에서 달리 정한 바가 없으면, 관리인은 관리위원회의 위원이 될 수 있다.
⑤ 규약에서 달리 정한 바가 없으면, 관리위원회 위원은 부득이한 사유가 없더라도 서면이나 대리인을 통하여 의결권을 행사할 수 있다.

톺아보기

② 구분소유자가 10인 이상일 때에는 관리단을 대표하고 관리단의 사무를 집행할 관리인을 선임하여야 한다(「집합건물의 소유 및 관리에 관한 법률」 제24조 제1항).

[오답해설]
① 구분소유자가 아닌 자도 관리인이 될 수 있다. 관리위원회의 위원은 구분소유자 중에서 선임한다.
③ 관리인은 공용부분의 보존행위를 함에 있어 관리위원회의 결의를 요한다.
④ 관리인은 관리위원회의 위원이 될 수 없다.

정답 | 08 ① 09 ④ 10 ②

11 「집합건물의 소유 및 관리에 관한 법률」상 집합건물의 전부공용부분 및 대지사용권에 관한 설명으로 틀린 것은? (특별한 사정은 없으며, 다툼이 있으면 판례에 따름) 제34회

① 공용부분은 취득시효에 의한 소유권 취득의 대상이 될 수 없다.
② 각 공유자는 공용부분을 그 용도에 따라 사용할 수 있다.
③ 구조상 공용부분에 관한 물권의 득실변경은 등기가 필요하지 않다.
④ 구분소유자는 규약 또는 공정증서로써 달리 정하지 않는 한 그가 가지는 전유부분과 분리하여 대지사용권을 처분할 수 없다.
⑤ 대지사용권은 전유부분과 일체성을 갖게 된 후 개시된 강제경매절차에 의해 전유부분과 분리되어 처분될 수 있다.

톺아보기

법원의 '강제경매' 절차에 의하더라도 전유부분과 대지사용권은 분리 처분할 수 없다(대판 2009.6.23, 2009다26145).

12 「집합건물의 소유 및 관리에 관한 법률」상 관리인에 관한 설명으로 틀린 것은? 제35회

① 관리인은 구분소유자여야 한다.
② 관리인은 공용부분의 보존행위를 할 수 있다.
③ 관리인의 임기는 2년의 범위에서 규약으로 정한다.
④ 관리인은 규약에 달리 정한 바가 없으면 관리위원회의 위원이 될 수 없다.
⑤ 관리인의 대표권은 제한할 수 있지만, 이를 선의의 제3자에게 대항할 수 없다.

톺아보기

관리인은 관리인은 구분소유자일 필요가 없으며(집합건물법 제24조 제2항), 임기는 2년의 범위에서 규약으로 정한다. 반면에 관리위원회 위원은 구분소유자 중에서 선임하여야 한다.

정답 | 11 ⑤ 12 ①

제5장 / 부동산 실권리자명의 등기에 관한 법률

기본서 p.548~561

01 상중하

甲과 乙의 명의신탁약정에 따라 乙이 丙으로부터 건물을 매수한 후 자신의 명의로 등기한 경우, 「부동산 실권리자명의 등기에 관한 법률」이 적용되는 경우를 모두 고른 것은? (다툼이 있으면 판례에 따름) 제27회

> ㉠ 甲이 탈세 목적으로 명의신탁약정을 한 경우
> ㉡ 甲과 乙이 묵시적으로 명의신탁약정을 한 경우
> ㉢ 乙 명의의 등기가 소유권이전등기청구권 보전을 위한 가등기인 경우

① ㉠
② ㉢
③ ㉠, ㉡
④ ㉡, ㉢
⑤ ㉠, ㉡, ㉢

톺아보기

논점 「부동산 실권리자명의 등기에 관한 법률」의 적용대상을 아는가?

「부동산 실권리자명의 등기에 관한 법률」의 적용되는 경우는 ㉠㉡㉢이다.
㉠ 탈세목적의 명의신탁일 경우 「부동산 실권리자명의 등기에 관한 법률」은 적용된다.
㉡ 명시적인 명의신탁관계 뿐만 아니라 묵시적인 명의신탁관계에도 적용된다.
㉢ 명의신탁의 금지대상은 모든 물권이므로 가등기도 명의신탁의 금지대상에 포함된다.

정답 | 01 ⑤

2자간 명의신탁의 사례

02 甲은 조세포탈·강제집행의 면탈 또는 법령상 제한의 회피를 목적으로 하지 않고, 배우자 乙과의 명의신탁약정에 따라 자신의 X토지를 乙 명의로 소유권이전등기를 마쳐주었다. 다음 설명 중 틀린 것은? (다툼이 있으면 판례에 따름) 제28회

① 乙은 甲에 대해 X토지의 소유권을 주장할 수 없다.
② 甲이 X토지를 丙에게 매도한 경우, 이를 타인의 권리매매라고 할 수 없다.
③ 丁이 X토지를 불법점유하는 경우, 甲은 직접 丁에 대해 소유물반환청구권을 행사할 수 있다.
④ 乙로부터 X토지를 매수한 丙이 乙의 甲에 대한 배신행위에 적극 가담한 경우, 乙과 丙사이의 계약은 무효이다.
⑤ 丙이 乙과의 매매계약에 따라 X토지에 대한 소유권이전등기를 마친 경우, 특별한 사정이 없는 한 丙이 X토지의 소유권을 취득한다.

톺아보기

논점 종중, 배우자, 종교단체간의 유효한 명의신탁의 법리를 아는가?

③ 종중, 배우자간의 명의신탁 특례로서 "탈세목적이 없으면" 유효한 명의신탁이다. 외부관계에서는 수탁자가 소유권자이다. 그러므로 제3자의 침해에 대하여 신탁자는 수탁자를 대위하여 배제를 구할 수 있으나 직접 제3자에게 방해배제를 구할 수 없다(대판 1979.9.25, 77다1079).
① 내부관계에서는 신탁자가 소유권자이므로 수탁자는 신탁자에게 부동산의 소유권을 주장할 수 없다(대판 1993.11.9, 92다31699). 乙은 甲에 대해 X토지의 소유권을 주장할 수 없다.
② 甲이 X토지를 丙에게 매도한 경우, 이를 타인의 권리매매라고 할 수 없다.
④ 수탁자 乙로부터 X토지를 매수한 제3자 丙이 乙의 甲에 대한 배신행위에 적극 가담한 경우, 乙과 丙 사이의 계약은 반사회적 행위로서 무효이다(대판 1992.6.9, 91다29842).
⑤ 수탁자가 제3자에게 부동산을 처분한 경우 특별한 사정이 없는 한 제3자 丙이 X토지의 소유권을 취득한다.

03

甲은 법령상의 제한을 회피하기 위해 2019.5. 배우자 乙과 명의신탁약정을 하고 자신의 X건물을 乙 명의로 소유권이전등기를 마쳤다. 이에 관한 설명으로 **틀린** 것은? (다툼이 있으면 판례에 따름)

제31회

① 甲은 소유권에 의해 乙을 상대로 소유권이전등기의 말소를 청구할 수 있다.
② 甲은 乙에게 명의신탁해지를 원인으로 소유권이전등기를 청구할 수 없다.
③ 乙이 소유권이전등기 후 X건물을 점유하는 경우, 乙의 점유는 타주점유이다.
④ 乙이 丙에게 X건물을 증여하고 소유권이전등기를 해 준 경우, 丙은 특별한 사정이 없는 한 소유권을 취득한다.
⑤ 乙이 丙에게 X건물을 적법하게 양도하였다가 다시 소유권을 취득한 경우, 甲은 乙에게 소유물반환을 청구할 수 있다.

톺아보기

⑤ 양자간 등기명의신탁에서 명의수탁자가 신탁부동산을 처분하여 제3취득자가 유효하게 소유권을 취득하고 이로써 명의신탁자가 신탁부동산에 대한 소유권을 상실했다면, 명의신탁자의 소유권에 기한 물권적 청구권, 즉 말소등기청구권이나 진정명의회복을 원인으로 한 이전등기청구권도 더 이상 그 존재 자체가 인정되지 않는다. 그 후 명의수탁자가 우연히 신탁 부동산의 소유권을 다시 취득하였다고 하더라도 명의신탁자가 신탁부동산의 소유권을 상실한 사실에는 변함이 없으므로, 여전히 물권적 청구권은 그 존재 자체가 인정되지 않는다(대판 2013.2.28, 2010다89814).
① 신탁자가 진정한 소유자로서 진정명의회복으로 이전등기를 청구하거나 소유권에 기하여 이전등기의 말소를 청구할 수 있다.
② 명의신탁약정이 탈세목적으로 무효이므로 명의신탁약정의 해지를 원인으로 소유권이전등기를 청구할 수 없다.
③ 수탁자의 토지점유는 타주점유이다.
④ 수탁자가 제3자에 처분한 경우 제3자는 선의, 악의 불문하고 소유권을 취득한다.

정답 | 02 ③ 03 ⑤

04

甲은 법령상 제한을 회피할 목적으로 2023.5.1. 배우자 乙과 자신 소유의 X건물에 대해 명의신탁약정을 하고, 甲으로부터 乙 앞으로 소유권이전등기를 마쳤다. 다음 설명 중 틀린 것은? (특별한 사정은 없으며, 다툼이 있으면 판례에 따름) 제34회

① 甲은 乙을 상대로 진정명의회복을 원인으로 한 소유권이전등기를 청구할 수 있다.
② 甲은 乙을 상대로 부당이득반환을 원인으로 한 소유권이전등기를 청구할 수 있다.
③ 甲은 乙을 상대로 명의신탁해지를 원인으로 한 소유권이전등기를 청구할 수 없다.
④ 乙이 丙에게 X건물을 매도하고 소유권이전등기를 해준 경우, 丙은 소유권을 취득한다.
⑤ 乙이 丙에게 X건물을 매도하고 소유권이전등기를 해준 경우, 乙은 甲에게 불법행위책임을 부담한다.

톺아보기

② 甲은 乙을 상대로 '침해'부당이득반환을 원인으로 한 소유권이전등기를 청구할 수 없다(대판 2012다97864). 수탁자가 제3자에게 처분하지 않은 한 甲은 수탁자를 상대로 소유권을 회복할 수 있으므로 甲은 수탁자에게 침해부당이득반환을 청구할 수 없다.
③ 甲은 乙을 상대로 명의신탁해지를 원인으로 한 소유권이전등기를 청구할 수 없다. 왜냐하면 명의신탁약정의 해지는 명의신탁약정이 유효함을 전제로 하는 것인데 설문에서 甲은 법령상 회피를 목적으로 배우자 乙에게 명의신탁약정을 하여 무효인 명의신탁약정을 하였기 때문이다.

05

甲은 친구 乙과의 명의신탁약정에 따라 2024.3.5. 자신의 X부동산을 乙명의로 소유권이전등기를 해 주었고, 그 후 乙은 丙에게 이를 매도하고 丙명의로 소유권이전등기를 해 주었다. 다음 설명 중 옳은 것은? (판례에 따름) 제35회

① 甲은 乙을 상대로 불법행위로 인한 손해배상을 청구할 수 있다.
② 甲과 乙의 명의신탁약정으로 인해 乙과 丙의 매매계약은 무효이다.
③ 甲은 丙을 상대로 X부동산에 관한 소유권이전등기말소를 청구할 수 있다.
④ 甲은 乙을 상대로 명의신탁약정 해지를 원인으로 하는 소유권이전등기를 청구할 수 있다.
⑤ 만약 乙이 X부동산의 소유권을 丙으로부터 다시 취득한다면, 甲은 乙을 상대로 소유권에 기하여 이전등기를 청구할 수 있다.

톺아보기

오답해설

② 乙과 丙의 매매계약은 유효하다. 수탁자의 물권을 기초로 새로운 이해관계를 맺은 제3자는 선의·악의 불문하고 소유권을 취득한다.
③ 제3자 丙은 유효하게 소유권을 취득하므로 甲은 丙을 상대로 X부동산에 관한 소유권이전등기말소를 청구할 수 없다(부동산실명법 제4조 제3항).
④ 甲·乙간의 명의신탁약정은 무효이므로 甲은 乙을 상대로 명의신탁약정 해지를 원인으로 하는 소유권이전등기를 청구할 수 없다.
⑤ 乙이 X부동산의 소유권을 丙에게 매각하면 丙은 소유권을 취득하게 되고 甲은 소유권을 상실하게 된다. 그 후 우연히 丙으로부터 乙이 다시 취득한다 하여도 이미 소유권을 상실한 甲은 乙을 상대로 소유권에 기하여 물권적 청구권을 행사할 수 없다(대판 2013.2.28, 2010다89814).

06 「부동산 실권리자명의 등기에 관한 법률」에 관한 설명으로 옳은 것은? (다툼이 있으면 판례에 따름)

제26회 수정

① 소유권 이외의 부동산 물권의 명의신탁은 동 법률의 적용을 받지 않는다.
② 채무변제를 담보하기 위해 채권자가 부동산 소유권을 이전받기로 하는 약정은 동 법률의 명의신탁약정에 해당한다.
③ "무효"인 양자간 등기명의신탁의 경우 신탁자는 수탁자에게 명의신탁약정의 해지를 원인으로 소유권이전등기를 청구할 수 없다.
④ 3자간 등기명의신탁의 경우 수탁자가 자진하여 신탁자에게 소유권이전등기를 해주더라도, 그 등기는 무효이다.
⑤ 명의신탁약정의 무효는 악의의 제3자에게 대항할 수 있다.

톺아보기

논점 명의신탁의 주요법리를 알고 있는가?

★ ③ 무효인 양자간 등기명의신탁의 경우 명의신탁자는 명의수탁자에 대하여 명의신탁해지를 원인으로 하는 소유권이전등기를 청구할 수 없다(대판 1999.1.26, 98다1027).

오답해설

① 「부동산 실권리자명의 등기에 관한 법률」은 소유권뿐만 아니라 모든 부동산물권의 명의신탁도 동법의 규율대상으로 삼고 있다(「부동산 실권리자명의 등기에 관한 법률」 제2조 제1호).
② 가등기담보나 양도담보는 「부동산 실권리자명의 등기에 관한 법률」의 규율대상인 명의신탁약정에 해당하지 않는다(「부동산 실권리자명의 등기에 관한 법률」 제2조 제1호 가목).
④ 이른바 3자간 등기명의신탁에 있어서 명의수탁자가 자의로 명의신탁자에게 바로 소유권이전등기를 경료해 준 경우, 그 등기는 결국 실체관계에 부합하는 등기로서 유효하다(대판 2004.6.25, 2004다6764).
⑤ 명의신탁약정의 무효는 제3자에게 대항하지 못한다(「부동산 실권리자명의 등기에 관한 법률」 제4조 제3항). 이때 제3자의 선·악은 불문한다.

정답 | 04 ② 05 ① 06 ③

07 부동산 명의신탁약정과 그에 따른 등기의 무효로 대항할 수 없는 제3자(「부동산 실권리자명의 등기에 관한 법률」 제4조 제3항)에 해당하는 자를 모두 고른 것은? (다툼이 있으면 판례에 따름)

제34회

㉠ 명의수탁자의 상속인
㉡ 명의신탁된 부동산을 가압류한 명의수탁자의 채권자
㉢ 명의신탁자와 명의신탁된 부동산소유권을 취득하기 위한 계약을 맺고 등기명의만을 명의수탁자로부터 경료받은 것과 같은 외관을 갖춘 자
㉣ 학교법인이 명의수탁자로서 기본재산에 관한 등기를 마친 경우, 기본재산 처분에 관하여 허가권을 갖는 관할청

① ㉡
② ㉠, ㉢
③ ㉢, ㉣
④ ㉠, ㉡, ㉢
⑤ ㉡, ㉢, ㉣

톺아보기

해당하는 것은 ㉡이다.
㉠ 「부동산 실권리자명의 등기에 관한 법률」 제4조 제3항에 정한 '제3자'는 명의수탁자가 물권자임을 기초로 그와 새로운 이해관계를 맺은 사람을 말하고 명의수탁자의 상속인은 명의수탁자가 물권자임을 기초로 새로운 이해관계를 맺은 자에 해당하지 않는다.
㉡ 명의신탁된 부동산을 가압류한 명의수탁자의 채권자는 명의수탁자가 물권자임을 기초로 그와 새로운 이해관계를 맺은 사람에 해당하는 제3자이다.
㉢ 부동산실명법 제4조 제3항에서 "제3자"라고 함은 명의신탁 약정의 당사자 및 포괄승계인 이외의 자로서 명의수탁자가 물권자임을 기초로 그와의 사이에 직접 새로운 이해관계를 맺은 사람을 말한다고 할 것이므로, 명의수탁자로부터 명의신탁된 부동산의 소유명의를 이어받은 사람이 위 규정에 정한 제3자에 해당하지 아니한다면 그러한 자로서는 부동산실명법 제4조 제3항의 규정을 들어 무효인 명의신탁등기에 터 잡아 마쳐진 자신의 등기의 유효를 주장할 수 없고, 따라서 그 명의의 등기는 실체관계에 부합하여 유효라고 하는 등의 특별한 사정이 없는 한 무효라고 할 것이다(대판 2005.11.10, 2003다11714).
㉣ 학교법인이 명의신탁약정에 기하여 명의수탁자로서 기본재산에 관한 등기를 마침으로써 관할청이 기본재산 처분에 관하여 허가권을 갖게 된다고 하더라도, 위 관할청의 허가권은 위와 같은 목적 달성을 위하여 관할청에게 주어진 행정상 권한에 불과한 것이어서 위 관할청을 명의수탁자인 학교법인이 물권자임을 기초로 학교법인과 사이에 직접 새로운 이해관계를 맺은 자라고 볼 수 없으므로, 부동산실명법 제4조 제3항에서 규정하는 제3자에 해당한다고 할 수 없다(대판 2013.8.22, 2013다31403).

매도인이 선의인 계약명의신탁의 사례

08 상중하

2020년 甲은 丙의 X토지를 취득하고자 친구 乙과 명의신탁약정을 체결하고 乙에게 그 매수자금을 주었다. 甲과의 약정대로 乙은 명의신탁 사실을 모르는 丙으로부터 X토지를 매수하는 계약을 자기 명의로 체결하고 소유권이전등기를 경료받았다. 다음 설명 중 옳은 것은? (다툼이 있으면 판례에 따름)   제26회 수정

① X토지의 소유자는 丙이다.
② 甲이 乙과의 관계에서 소유권을 가지는 것을 전제로 하여 장차 X토지의 처분대가를 乙이 甲에게 지급하기로 하는 약정은 유효하다.
③ 甲과 乙 및 甲의 친구 丁 사이의 새로운 명의신탁약정에 의하여 乙이 다시 甲이 지정한 丁에게 X토지의 이전등기를 해 준 경우, 丁은 그 소유권을 취득한다.
④ 만약 乙이 甲의 아들이라면, 명의신탁약정은 유효하다.
⑤ 만약 乙과 명의신탁 사실을 아는 丙이 매매계약에 따른 법률효과를 직접 甲에게 귀속시킬 의도로 계약을 체결한 사정이 인정된다면, 甲과 乙의 명의신탁은 3자간 등기명의신탁으로 보아야 한다.

톺아보기

논점 3자간 등기명의신탁인지 계약명의신탁인지의 구별

⑤ 명의신탁약정이 3자간 등기명의신탁인지 아니면 계약명의신탁인지의 구별은 계약당사자가 누구인가를 확정하는 문제로 귀결된다. 계약명의자가 명의수탁자로 되어 있다고 하더라도 계약당사자를 명의신탁자로 볼 수 있다면 이는 3자간 등기명의신탁이 된다. 따라서 계약명의자인 명의수탁자가 아니라 '명의신탁자에게 계약에 따른 법률효과를 직접 귀속시킬 의도'로 계약을 체결한 "특별한 사정이 인정"된다면 명의신탁자가 계약당사자라고 할 것이므로, 이 경우의 명의신탁관계는 3자간 등기명의신탁(중간생략형 명의신탁)으로 보아야 한다(대판 2010.10.28, 2010다52799).

오답해설

① 丙 소유 부동산을 수탁자 乙이 매매하고 수탁자에게로 소유권이전등기한 것으로 X토지의 소유자는 매수자인 수탁자인 乙이다.
② 그들 사이에 매수대금의 실질적 부담자의 지시에 따라 부동산의 소유명의를 이전하거나 그 "처분대금을 반환하기로 약정"하였다 하더라도 이는 「부동산 실권리자명의 등기에 관한 법률」에 의하여 무효인 명의신탁약정을 전제로 명의신탁 부동산 자체 또는 그 처분대금의 반환을 구하는 범주에 속하는 것이어서 이 역시 명의신탁약정의 일부로서 무효이다(대판 2006.11.9, 2006다35117).
③ 계약명의신탁에서 명의신탁자와 명의수탁자 및 제3자 사이의 새로운 명의신탁약정에 의하여 명의수탁자가 다시 명의신탁자가 지정하는 제3자 앞으로 소유권이전등기를 마쳐 주었다면, (새로운 거래관계 없이 등기명의만 차명으로 이전한 것으로서) 제3자 명의의 소유권이전등기는 무효이다. 이때 제3자는 소유권이전등기에도 불구하고 그 부동산의 소유권을 취득하거나 그 매수대금 상당의 이익을 얻었다고 할 수 없으므로, 명의수탁자가 여전히 그 부동산의 소유자이다(대판 2009.9.10, 2006다73102).

정답 | 07 ① 08 ⑤

매도인이 악의인 계약명의신탁의 사례

09

2014년 甲은 친구 乙과 계약명의신탁을 약정하였다. 그 사실을 알고 있는 매도인 丙은 명의수탁자 乙과의 매매계약에 따라 乙 명의로 X토지의 소유권을 이전해 주었다. 다음 설명 중 옳은 것은? (다툼이 있으면 판례에 따름)

제25회 수정

① 乙은 X토지에 대한 소유권을 취득한다.
② 甲은 丙에 대하여 X토지에 대한 소유권이전등기를 청구할 수 있다.
③ 乙이 X토지의 소유권이전등기를 말소하지 않더라도 丙은 乙의 매매대금반환청구를 거절할 수 없다.
④ 乙이 X토지를 丁에게 매도하여 소유권이전등기를 해준 경우, 丁은 X토지의 소유권을 취득한다.
⑤ 乙이 X토지를 선의의 丁에게 매도하여 소유권이전등기를 해준 경우, 乙의 행위는 丙의 소유권에 대한 침해행위가 아니다.

톺아보기

논점 매도인이 악의인 계약명의신탁의 법리를 아는가?

④ 계약명의신탁에서 매도인이 선의가 아니라 악의인 경우 매매도 무효, 소유권이전등기도 무효, 명의신탁의 약정도 모두 무효이다. 수탁자로부터 X토지를 매수한 제3자 丁은 선의, 악의를 불문하고 X토지의 소유권을 취득한다(「부동산 실권리자명의 등기에 관한 법률」 제4조 제3항).

오답해설

① 매도인이 계약명의 신탁사실을 알고 있으므로 매도인에서 수탁자로의 소유권이전등기는 무효이다. 따라서 수탁자 乙은 소유권을 취득하지 못한다.
② 매도인은 수탁자와 매매계약을 체결한 것이고 신탁자와 매매계약을 체결한 것이 아니므로 매매계약의 당사자가 아닌 신탁자 甲은 매도인 丙에 대하여 X토지에 대한 소유권이전등기를 청구할 수 없다.
③ 매도인에서 수탁자로의 소유권이전등기는 매도인이 악의인 경우에는 무효이다. 그러므로 수탁자 乙의 이전등기 말소의무와 매도인의 대금반환의무는 동시이행관계이다. 따라서 수탁자가 등기말소를 해주지 않으면 매도인은 대금반환을 거절할 수 있다(대판 2002.3.15, 2001다61654).

더 알아보기 – 사례

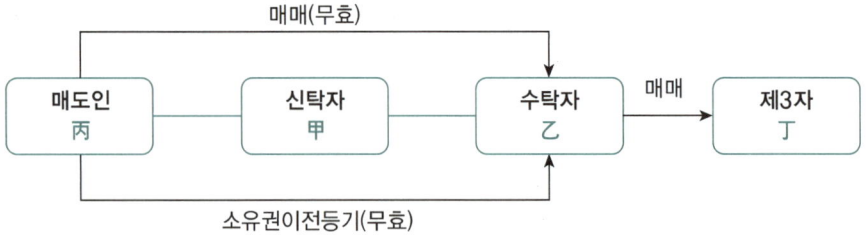

계약명의신탁의 종합

10 2022.8.16. 甲은 조세포탈의 목적으로 친구인 乙과 명의신탁약정을 맺고 乙은 이에 따라 甲으로부터 매수자금을 받아 丙 소유의 X토지를 자신의 명의로 매수하여 등기를 이전받았다. 이에 관한 설명으로 틀린 것은? (다툼이 있으면 판례에 따름)

제33회

① 甲과 乙의 명의신탁약정은 무효이다.
② 甲과 乙의 명의신탁약정이 있었다는 사실을 丙이 몰랐다면, 乙은 丙으로부터 X토지의 소유권을 승계취득한다.
③ 乙이 X토지의 소유권을 취득하더라도, 甲은 乙에 대하여 부당이득을 원인으로 X토지의 소유권이전등기를 청구할 수 없다.
④ 甲은 乙에 대해 가지는 매수자금 상당의 부당이득반환청구권에 기하여 X토지에 유치권을 행사할 수 없다.
⑤ 만일 乙이 丁에게 X토지를 양도한 경우, 丁이 명의신탁약정에 대하여 단순히 알고 있었다면 丁은 X토지의 소유권을 취득하지 못한다.

톺아보기

논점 계약명의신탁의 법리를 사례에 적용할 줄 아는가?

⑤ 만일 乙이 丁에게 X토지를 양도한 경우, 丁이 명의신탁약정에 대하여 단순히 알고 있었다면 丁은 X토지의 소유권을 유효하게 취득한다.
① 명의신탁의 약정은 무효이다.
② 甲과 乙의 명의신탁약정이 있었다는 사실을 매도인 丙이 몰랐다면(선의), 수탁자 乙은 丙으로부터 X토지의 소유권을 유효하게 승계취득한다.
③ 乙이 X토지의 소유권을 취득하더라도, 甲은 乙에 대하여 부당이득을 원인으로 X토지의 소유권이전등기를 청구할 수 없고 매매대금 상당을 부당이득반환청구할 수 있다.

더 알아보기 – 사례

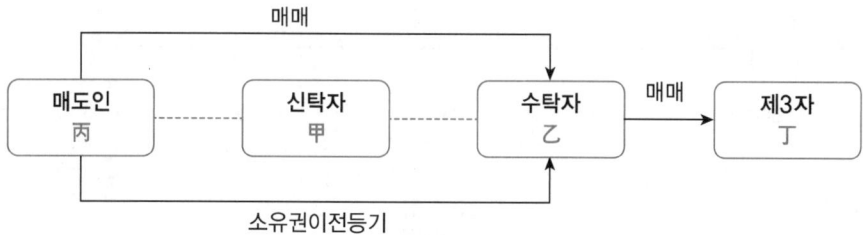

정답 | 09 ④   10 ⑤

경매로 인한 계약명의신탁

11 甲은 2015.10.17. 경매절차가 진행 중인 乙 소유의 토지를 취득하기 위하여, 丙에게 매수자금을 지급하면서 丙 명의로 소유권이전등기를 하기로 약정하였다. 丙은 위 약정에 따라 위 토지에 대한 매각허가결정을 받고 매각대금을 완납한 후 자신의 명의로 소유권이전등기를 마쳤다. 다음 설명 중 옳은 것을 모두 고른 것은? (이자 등은 고려하지 않고, 다툼이 있으면 판례에 따름)

제27회

> ㉠ 甲과 丙의 관계는 계약명의신탁에 해당한다.
> ㉡ 甲과 丙의 명의신탁약정 사실을 乙이 알았다면 丙은 토지의 소유권을 취득하지 못한다.
> ㉢ 甲은 丙에 대하여 매수자금 상당의 부당이득반환을 청구할 수 있다.

① ㉠   ② ㉢   ③ ㉠, ㉢   ④ ㉡, ㉢   ⑤ ㉠, ㉡, ㉢

톺아보기

논점 경매로 인한 계약명의신탁의 법리를 알고 있는가?

옳은 것은 ㉠㉢이다.

㉠ 이 사안은 경매와 계약명의신탁의 결합형 사안으로서 수탁자가 경락인에 해당하는 계약명의신탁이다. 그러므로 ㉠지문은 타당하다.

★ ㉡ 경매로 인한 계약명의신탁에서는 '매도인이 선의, 악의와 관계없이' 매도인에서 수탁자로의 소유권이전등기가 유효하다(대판 2012.11.15, 2012다69197).

㉢ 「부동산 실권리자명의 등기에 관한 법률」 "시행 후" 계약명의신탁인 경우에는 신탁자는 애초부터 당해 부동산의 소유권을 취득할 수 없었으므로 수탁자는 당해 부동산 자체가 아니라 명의신탁자로부터 제공받은 "매수자금"을 부당이득하였다고 할 것이다. 따라서 신탁자는 수탁자에게 "매수자금"을 부당이득반환청구할 수 있으나 "부동산 자체"를 부당이득으로 반환청구할 수 없다(대판 2005.1.28, 2002다66922).

더 알아보기 – 사례

12 부동산경매절차에서 丙 소유의 X건물을 취득하려는 甲은 친구 乙과 명의신탁약정을 맺고 2018.5. 乙 명의로 매각허가결정을 받아 자신의 비용으로 매각대금을 완납하였다. 그 후 乙 명의로 X건물의 소유권이전등기가 마쳐졌다. 다음 설명 중 옳은 것은? (다툼이 있으면 판례에 따름) 제29회

① 甲은 乙에 대하여 X건물에 관한 소유권이전등기말소를 청구할 수 있다.
② 甲은 乙에 대하여 부당이득으로 X건물의 소유권반환을 청구할 수 있다.
③ 丙이 甲과 乙 사이의 명의신탁약정이 있다는 사실을 알았더라도 乙은 X건물의 소유권을 취득한다.
④ X건물을 점유하는 甲은 乙로부터 매각대금을 반환받을 때까지 X건물을 유치할 권리가 있다.
⑤ X건물을 점유하는 甲이 丁에게 X건물을 매도하는 계약을 체결한 경우, 그 계약은 무효이다.

톺아보기

논점 경매로 인한 계약명의신탁의 법리를 아는가?

③ 경매로 인한 계약명의신탁 사안이다. 즉, 丙이 매도인이고 乙이 낙찰자로 소유권이전등기가 경료된 상태이다. 경매로 인한 계약명의신탁에서는 매도인이 "선의, 악의" 관계없이 매도인에서 수탁자로의 소유권이전등기가 유효하다(대판 2012.11.15, 2012다69197).

오답해설
① 신탁자는 소유권을 취득한자가 아니므로 신탁자 甲은 수탁자 乙에 대하여 X건물에 관한 소유권이전등기 말소를 청구할 수 없다.
②「부동산 실권리자명의 등기에 관한 법률」시행 후 수탁자의 신탁자에 대한 부당이득반환의 대상은 부동산 자체가 아니라 매매대금이므로 甲은 乙에 대하여 부당이득으로 X건물의 소유권반환을 청구할 수 없다.
④ 명의신탁자의 수탁자에 대한 매매대금의 부당이득반환청구권(땅 사라고 대준 돈)은 부동산 자체로부터 발생한 채권이 아니므로, 결국 유치권 성립요건으로서의 목적물과 채권 사이의 견련관계를 인정할 수 없으므로 부동산에 대하여 유치권을 주장할 수 없다(대판 2009.3.26, 2008다34828).
⑤ 신탁자 甲이 丁에게 X건물을 매도하는 계약을 체결한 경우, 그 계약은 타인소유물의 매매로서 유효하다.

더 알아보기 – 사례

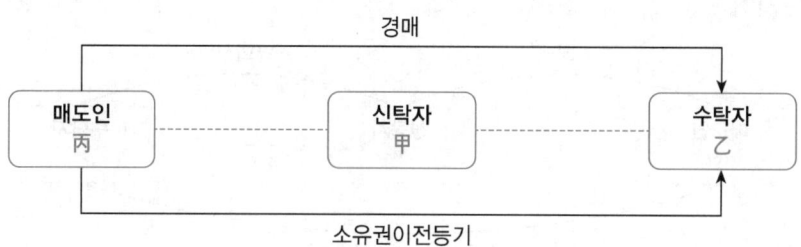

제5장 부동산 실권리자명의 등기에 관한 법률

3자간 등기명의신탁(중간생략형 명의신탁)의 사례

13 甲은 2013년에 친구 乙과 명의신탁약정을 하고 丙 소유의 X부동산을 매수하면서 丙에게 부탁하여 乙 명의로 소유권이전등기를 하였다. 다음 설명 중 옳은 것은? (다툼이 있으면 판례에 따름)

제24회

① 乙이 X부동산의 소유자이다.
② 甲은 명의신탁해지를 원인으로 乙에게 소유권이전등기를 청구할 수 있다.
③ 甲은 부당이득반환을 원인으로 乙에게 소유권이전등기를 청구할 수 있다.
④ 丙은 진정명의회복을 원인으로 乙에게 소유권이전등기를 청구할 수 있다.
⑤ 만약 甲과 乙이 사실혼 관계에 있다면 甲과 乙 사이의 명의신탁약정은 유효이다.

톺아보기

논점 3자간 등기명의신탁의 법리를 사례에 적용할 줄 아는가?

④ 매도인에서 수탁자에게 경료된 소유권이전등기는 무효이므로 부동산의 진정한 소유권자는 차명등기를 경료한 수탁자가 아니라 토지의 매도인이다. 그러므로 매도인은 진정한 소유권에 기하여 '수탁자명의 무효등기를 말소청구'하거나 '진정명의회복을 원인으로 이전등기를 청구'할 수 있다(고법 2005.5.26, 2004나59500).

오답해설
① 매도인에서 차명으로 수탁자에게 경료된 소유권이전등기는 무효이므로 명의수탁자는 소유자가 아니라 매도인이 진정한 소유권자이다.
② 명의신탁해지를 원인으로 소유권이전등기를 청구하려면 명의신탁 약정이 유효이어야 하는데 甲·乙 간의 명의신탁 '약정이 무효'이므로 해지 자체가 불가능하다. 따라서 신탁자는 무효인 명의신탁약정의 해지를 원인으로 수탁자에 대하여 소유권이전등기를 청구할 수 없다.
③ 매도자와 신탁자간 토지매매계약관계는 유효하고 수탁자에게 차명으로 경료된 등기는 무효이어서 매도인에게 소유권이 자동 복귀되고, 매수인은 유효한 매매계약으로 말미암아 매도자에게 소유권이전청구권을 여전히 가짐으로써 어떤 손해를 입었다고 볼 수 없는 결과 신탁자는 수탁자에게 부당이득을 원인으로 토지소유권이전등기를 청구할 수 없다(대판 2008.11.27, 2008다55290).
⑤ 사실혼 배우자간의 명의신탁은 무효이다.

더 알아보기 – 사례

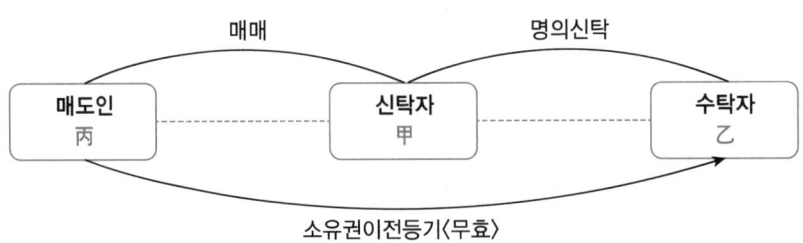

14 상중하

X부동산을 매수하고자 하는 甲은 乙과 명의신탁약정을 하고 乙 명의로 소유권이전등기를 하기로 하였다. 그 후 甲은 丙에게서 그 소유의 X부동산을 매수하고 대금을 지급하였으며, 丙은 甲의 부탁에 따라 乙 앞으로 이전등기를 해 주었다. 다음 설명 중 틀린 것은? (다툼이 있으면 판례에 따름)   제30회

① 甲과 乙 사이의 명의신탁약정은 무효이다.
② 甲은 乙을 상대로 부당이득반환을 원인으로 한 소유권이전등기를 구할 수 있다.
③ 甲은 丙을 상대로 소유권이전등기청구를 할 수 있다.
④ 甲은 丙을 대위하여 乙 명의 등기의 말소를 구할 수 있다.
⑤ 甲과 乙간의 명의신탁약정 사실을 알고 있는 丁이 乙로부터 X부동산을 매수하고 이전등기를 마쳤다면, 丁은 특별한 사정이 없는 한 그 소유권을 취득한다.

톺아보기

논점 3자간 등기명의신탁의 법리를 이해하는가?

가답안에서 ②번으로 발표하였으나 이의제기로 모두 정답 처리된 출제오류의 문제에 해당하는 문제이다.
[사안의 해설] 丙 소유 부동산을 신탁자 甲이 매매계약을 체결하고 소유권이전은 매도인 丙에서 수탁자 乙에게 이루어진 중간생략형 등기명의신탁사안이다.

① 甲과 乙 사이의 명의신탁약정은 무효이다.
 [이의제기 근거] 신탁자와 수탁자간의 신분관계가 친구 사이라고 특정되지 않은 설문구성을 기초로 판단하건데, 신탁자와 수탁자가 종중, 배우자 관계인지 특정되지 않은 이상, 甲과 乙 사이의 명의신탁은 유효인지 무효인지 설문으로는 전혀 판단할 수 없다. 「부동산 실권리자명의 등기에 관한 법률」 제8조에 의하면 종중, 배우자, 종교단체간의 명의신탁은 탈세목적이 없으면 유효하나 친구간의 명의신탁은 무효로 처리된다.

② 甲은 乙을 상대로 부당이득반환을 원인으로 한 소유권 이전등기를 구할 수 없다. 명의신탁약정과 물권변동은 무효라도 매도인과 신탁자 사이의 매매계약은 유효하므로 여전히 신탁자는 매도인에게 매매계약에 기한 소유권이전등기청구권을 보유하고 있어서 어떤 손해를 입었다고 볼 수 없다. 따라서 신탁자는 수탁자를 상대로 '부당이득반환을 원인'으로 직접 부동산의 소유권이전등기를 청구할 수는 없다(대판 2008.11.27, 2008다55290).

③ 甲은 丙을 상대로 소유권이전등기청구를 할 수 있다.
 [이의제기 근거] 매수자 甲이 매도인 丙을 상대로 매매를 원인으로 소유권이전등기를 청구하기 위해서는 선결조건으로 매매계약 시점이 특정되어야 하고, 계약시점에서 10년 이내라는 문구가 존재해야 하는데, 설문에서는 전혀 매매시점이 특정되지 않아서 매수자의 등기청구권이 존속하는지, 아니면 10년 경과로 소멸시효로 소멸하였는지 판단할 자료가 전혀 없다. 그러므로 ③번 지문도 정답여부를 확정할 수 없는 출제오류의 지문이다.

정답 | 13 ④ 14 모두 정답

④ 甲은 丙을 대위하여 乙 명의 등기의 말소를 구할 수 있다.
[이의제기 근거] 매수자 甲이 매도인 丙을 대위하여 乙 명의 등기의 말소를 구할 수 있으려면 매수자 甲에게 매도인 丙에 대한 등기청구권이 아직 존재하는 것을 전제로 하는데, 위 ③에서 설명한 이유처럼 매매시점이 특정되지 않은 이유로 매수자 甲이 매도인 丙을 상대로 하는 등기청구권이 존재하는지가 설문에서 판단할 자료가 전혀 존재하지 않는다. 그러므로 甲은 丙을 대위하여 乙 명의 등기의 말소를 구할 수 있다는 지문은 정오를 확정할 수 없는 상태이다.
⑤ 「부동산 실권리자명의 등기에 관한 법률」 제4조 제3항에 의하면 명의신탁의 약정 및 물권변동의 무효는 선의·악의 불문하고 제3자에게 대항하지 못한다. 그러므로 제3자가 악의여도 유효하게 소유권을 취득한다.

명의신탁 전체

15 「부동산 실권리자명의 등기에 관한 법률」상의 명의신탁에 관한 설명으로 옳은 것을 모두 고른 것은? (다툼이 있으면 판례에 따름) 제22회

> ㉠ 탈법적인 목적이 없다면 사실혼 배우자간의 명의신탁은 허용된다.
> ㉡ 이 법에서 허용되는 상호명의신탁의 경우, 공유물분할청구의 소를 제기하여 구분소유적 공유관계를 해소할 수 없다.
> ㉢ 무효인 명의신탁약정에 기하여 타인명의의 등기가 마쳐졌다면 그것은 당연히 불법원인급여에 해당한다고 보아야 한다.
> ㉣ 명의수탁자가 제3자에게 부동산을 처분한 경우, 그 제3자는 선의·악의를 불문하고 소유권을 취득하는 것이 원칙이다.

① ㉠, ㉡   ② ㉠, ㉣   ③ ㉡, ㉢   ④ ㉡, ㉣   ⑤ ㉢, ㉣

톺아보기

논점 명의신탁의 법리를 종합적으로 알고 있는가?
옳은 것은 ㉡㉣이다.
㉠ 법률혼이 아니라 사실혼 배우자간의 명의신탁은 무효이다.
㉡ 「부동산 실권리자명의 등기에 관한 법률」에서 허용되는 상호명의신탁의 경우, 각 공유자는 지분등기를 가진 상대방에게 자신의 소유권을 주장하면서 "상호명의신탁 계약을 해지"하여 공유관계를 해소하여야지 공유관계를 주장하여 "공유물분할청구의 소"를 제기해서는 공유관계를 해소할 수 없다(대판 1989.9.12, 88다카10517).
㉢ 명의신탁약정에 기하여 타인명의의 등기가 마쳐졌다면 불법원인급여에 해당하지 않는다(대판 2003.11.27, 2003다41722).
㉣ 명의수탁자가 제3자에게 부동산을 처분한 경우, 그 제3자는 선의·악의를 불문하고 소유권을 취득한다.

상호명의신탁

16 甲과 乙은 X토지에 관하여 구분소유적 공유관계에 있다. 다음 설명 중 틀린 것은? (다툼이 있으면 판례에 따름)

제25회

① 甲과 乙은 자신들의 특정 구분부분을 단독으로 처분할 수 있다.
② 甲의 특정 구분부분에 대한 乙의 방해행위에 대하여, 甲은 소유권에 기한 방해배제를 청구할 수 있다.
③ 乙은 특정 구분부분에 대한 丙의 방해행위에 대하여, 甲은 丙에게 공유물의 보존행위로서 방해배제를 청구할 수 없다.
④ 丁이 경매를 통하여 乙의 지분을 취득한 경우, 甲·丁 사이에 구분소유적 공유관계가 당연히 인정되는 것은 아니다.
⑤ 甲이 자신의 특정 구분부분에 Y건물을 신축하여 소유한 경우, 乙이 강제경매를 통하여 甲의 지분을 취득하더라도 甲은 Y건물에 대한 관습법상의 법정지상권을 취득할 수 있다.

톺아보기

논점 상호명의신탁의 법리를 알고 있는가?

③ 상호명의신탁 문제이다. 구분소유자 내부관계로는 구분소유권을, 제3자인 외부관계로는 공유관계를 주장하여 물권적 청구권을 행사할 수 있다. 그러므로 乙은 특정 구분부분에 대한 제3자 丙의 방해행위에 대하여 외부관계로서의 공유관계를 주장하여 甲은 丙에게 공유물의 방해배제를 청구할 수 있다.
①② 내부관계에서는 구분소유권을 가지므로 각 구분소유자는 단독으로 자신의 구분소유부분을 처분할 수 있다. 또한 다른 구분소유자의 방해행위에 대해서도 소유권에 기해 방해배제가 가능하다.
⑤ 구분소유자 자신이 소유하는 부분에 자신이 건물을 신축하여 소유하는 경우(동일인 소유의 토지와 건물임) 강제경매로 토지지분만 경매된 경우 건물에는 관습법상 지상권이 성립한다(대판 1990.6.26, 89다카24094).

더 알아보기 – 사례

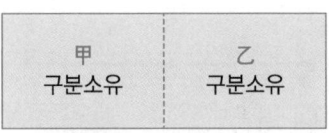

- 내부관계 – 각자 구분 소유권
- 외부관계 – 공유관계

정답 | 15 ④ 16 ③

17 甲은 자신의 X토지 중 일부를 특정(Y부분)하여 乙에게 매도하면서 토지를 분할하는 등의 절차를 피하기 위하여 편의상 乙에게 Y부분의 면적 비율에 상응하는 공유지분등기를 마쳤다. 다음 설명 중 옳은 것은? (다툼이 있으면 판례에 따름) 제29회

① 乙은 甲에 대하여 공유물분할을 청구할 수 없다.
② 乙은 甲의 동의 없이 Y부분을 제3자에게 처분할 수 없다.
③ 乙이 Y부분을 점유하는 것은 권원의 성질상 타주점유이다.
④ 乙이 Y부분이 아닌 甲 소유의 부분에 건물을 신축한 경우에 법정지상권이 성립한다.
⑤ 乙은 Y부분을 불법점유하는 丙에 대하여 공유물의 보존행위로 그 배제를 구할 수 없다.

톺아보기

논점 상호명의신탁의 법리를 알고 있는가?

① 乙은 甲에 대하여 공유물분할을 청구할 수 없고 상호명의신탁의 해지로 지분이전등기를 하여야 한다. 상호명의신탁관계에서 건물의 특정 부분에 대한 구분소유권을 소유하는 자는 그 부분에 대하여 신탁적으로 지분등기를 가지고 있는 자를 상대로 하여 그 특정 소유부분에 대한 상호명의신탁 해지를 원인으로 한 지분이전등기절차의 이행을 구할 수 있을 뿐 그 건물 전체에 대한 공유물분할을 구할 수는 없다(대판 1989.9.12, 88다카10517).

오답해설
② 내부관계에서는 소유권을 가지므로 乙은 甲의 동의 없이 자신이 구분소유하는 부분을 제3자에게 처분할 수 있다.
③ 乙이 Y부분을 점유하는 것은 매매로 인한 것이므로 권원의 성질상 자주점유이다.
④ "자기의 구분소유가 아닌 부분"에 건물을 신축하고 대지만 처분한 경우 그 건물은 처음부터 토지와 건물이 동일인의 소유가 아닌 경우에 해당하므로 관습상 지상권이 성립하지 않는다(대판 1994.1.28, 93다49871).
⑤ 1필지 전체에 관하여 '공유관계가 성립'되고 '공유자로서의 권리만'을 주장할 수 있는 것이므로 제3자의 방해행위가 있는 경우에는 자기의 구분소유 부분뿐 아니라 전체토지에 대하여 소유권에 기한 것이 아니라 '공유물의 보존행위'로서 그 배제를 구할 수 있다(대판 1994.2.8, 93다42986).

더 알아보기 – 사례

대외관계〈공유등기〉

정답 | 17 ①

빈출지문 노트

부록 빈출지문 노트

제1편 민법총칙

01 농지매매에서 농지취득자격증명은 농지매매의 효력발생요건이 아니고 등기요건에 불과하다.

02 상대방 없는 단독행위에는 재단법인 설립행위, 소유권의 포기, 유언, 유증이 있다.

03 중개사와 의뢰인간의 직접거래 금지규정은 단속규정이다.

04 반사회질서의 법률행위에 해당하는지 여부는 해당 법률행위가 이루어진 때, 즉 법률행위의 성립 당시를 기준으로 판단해야 한다.

05 부동산의 이중매매가 무효인 경우 이러한 무효는 절대적 무효이므로 그 부동산을 제2매수인으로부터 전득한 자는 설사 2매매가 무효임을 모른 상태로 선의라 하여도 이중매매가 유효함을 주장할 수 없다.

06 법률행위가 대리인에 의하여 행해진 경우, 궁박 상태는 본인을 기준으로 하고 경솔, 무경험 여부는 대리인을 기준으로 판단하여야 한다.

07 매매계약이 불공정한 법률행위에 해당하는지는 변제기가 아니라 계약체결 당시를 기준으로 판단하여야 한다.

08 쌍방의 착오가 있어도 진의가 공통이면 쌍방의 공통된 진의(합의)대로 계약은 성립한다.

09 상대방이 표의자의 진의 아님을 알았을 경우, 표의자는 진의 아닌 의사표시를 취소할 수 있는 것이 아니라 무효이다.

10 가장행위는 허위표시로서 무효이고 은닉행위인 증여는 유효하다.

11 허위표시를 본인의 대리인이 한 경우 그 표준이 되는 자는 대리인이므로 대리인이 상대방과 통정허위표시를 한 경우 이는 무효로 귀결되고 설령 본인이 이를 몰랐어도 본인은 허위표시의 제3자가 아니므로 유효를 주장할 수 없다.

12 통정허위표시에 의해 체결된 제3자를 위한 계약에서 수익자는 낙약자와 새로운 이해관계가 존재하지 않으므로 허위표시의 무효로서 대항할 수 없는 제3자가 아니다.

13 파산선고에 따라 파산자와는 독립한 지위에서 파산채권자 전체의 공동의 이익을 위하여 직무를 행하게 된 파산관재인은 그 허위표시에 따라 외형상 형성된 법률관계를 토대로 실질적으로 새로운 법률상 이해관계를 가지게 된 「민법」 제108조 제2항의 제3자에 해당하고, 그 선의·악의도 파산관재인 개인의 선의·악의를 기준으로 할 수는 없고, 총파산채권자를 기준으로 하여 파산채권자 모두가 악의로 되지 않는 한 파산관재인은 선의의 제3자라고 할 수밖에 없다.

14 상대방에 의해 유발된 동기의 착오는 동기가 표시되지 않았더라도 중요부분의 착오가 될 수 있다.

15 대리인의 기망행위에 의해 계약이 체결된 경우, 계약의 상대방은 본인이 선의이더라도 계약을 취소할 수 있다. 왜냐하면 대리인의 기망행위는 상대방의 관점에서 보면 대리인과 본인은 동일시 될 수 있는 자이기 때문에 본인이 대리인의 사기사실을 모른 경우에도 상대방은 취소할 수 있다.

16 강박행위의 위법성은 목적과 수단을 비교하여 결정하는데 어떤 해악의 고지가 거래관념상 그 해악의 고지로서 추구하는 목적 달성을 위한 수단으로 부적당한 경우에는 강박행위가 위법하다고 인정된다. 부정행위에 대한 고소와 고발도 위법한 목적이 없는 한 정당한 권리행사가 되지만 위법한 목적이 있으면 위법성이 인정된다.

17 제3자의 사기로 계약을 체결한 경우, 피해자는 그 계약을 취소함이 없이도 불법행위로 인한 손해배상책임을 물을 수 있다.

18 상대방이 정당한 사유 없이 통지의 수령을 거절한 경우에도 그가 통지의 내용을 알 수 있는 객관적 상태에 놓인 때에는 도달된 것으로 보아 의사표시의 효력이 생긴다.

19 대리행위의 하자로 인한 취소권, 해제권은 원칙적으로 대리인이 아니라 본인에게 귀속된다.

20 계약상 채무불이행을 이유로 계약이 상대방 당사자에 의하여 유효하게 해제되었다면, 해제로 인한 원상회복의무와 손해배상책임을 부담하는 자는 대리인이 아니라 계약의 당사자인 본인이다.

21 임의대리인이 본인의 승낙이나 부득이한 사유로 복대리인을 선임한 경우, 본인에 대하여 그 선임감독에 관한 책임을 부담한다.

22 무권대리행위의 추인은 형성권으로서 상대방의 승낙을 요하지 않는 단독행위로서 전부에 대하여 해야 하고, 일부에 대한 추인, 변경을 가한 추인은 상대방의 동의를 얻지 못하는 한 효력이 없다.

23 표현대리가 인정되려면 대리행위가 유효하고 표현대리인이 본인을 위한 것임을 현명하여야 한다. 그런데 대리행위가 강행법규에 위반하여 무효(토지거래허가제를 위반한 경우, 총유재산을 대표자가 총회결의 없이 처분한 경우 등)에는 표현대리가 성립하지 않는다. 사원총회의 결의를 거쳐야 처분할 수 있는 비법인사단의 총유재산을 대표자가 임의로 처분한 경우 이는 강행법규 위반으로서 무효이고, 권한을 넘은 표현대리에 관한 규정이 준용될 수 없다.

24 본인으로부터 근저당설정의 대리권을 수여받은 대리인이 본인으로부터 받은 등기서류일체를 이용하여 자기 앞으로 소유권이전등기한 후 자기이름으로 매매를 한 경우 대리인에게는 대리관계의 표시가 전혀 없으므로 「민법」 제126조의 표현대리를 주장할 수 없다.

25 권한을 넘은 표현대리의 기본대리권에는 종류를 불문하고 인정되므로 복대리인 선임권 없는 대리인이 선임한 복대리인도 「민법」 제126조의 기본대리권이 인정된다.

26 대리인의 기망행위로 계약을 체결한 상대방은 본인이 그 기망행위를 알지 못한 경우, 사기를 이유로 계약을 취소할 수 있다.

27 무효행위의 추인은 추인한 때부터 유효이다. 반면에 무권대리의 추인은 처음부터 소급하여 유효로 된다.

28 계약금만 지급된 상태에서 관할관청에 허가를 신청하여 토지거래의 허가를 얻었어도 이는 이행의 착수가 아니므로 계약금에 기한 해제는 허용된다.

29 취소권은 취소할 수 있는 날이 아니라 추인할 수 있는 날로부터 3년 내에 행사하여야 한다.

30 취소권자가 아니라 취소권자의 상대방이 이행을 청구한 경우에는 법정추인이 아니다.

31 법정대리인은 취소의 원인 종료 전에도 취소할 수 있는 법률행위를 추인할 수 있다.

32 당사자가 조건성취의 효력을 그 성취 전에 소급하게 할 의사를 표시하면 당사자 사이에서 법률행위는 조건이 성취한 때부터가 아니라 소급하여 효력이 생긴다(「민법」 제147조 제3항).

33 기한이익상실 특약은 특별한 사정이 없으면 형성권부 기한이익상실 특약으로 추정된다.

34 조건성취의 효력은 특별한 사정이 없는 한 조건이 성취한 때부터 발생하고 소급하지 않는다.

제2편 물권법

01 온천권, 사도통행권, 근린공원 이용권은 관습상 물권이 아니다.

02 타인 토지에 무단으로 신축된 미등기건물을 매수하여 대금을 지급하고 점유하는 자는 건물의 소유권은 없으나 사실상 처분권을 가진 자이므로 건물철거청구의 상대방이 될 수 있다.

03 소유권에 기한 물권적 청구권은 그 소유자가 소유권을 상실하면 더 이상 인정되지 않는다.

04 소유권을 상실한 전소유자가 불법점유자에 대해 그 물권적 청구권에 의한 방해배제를 할 수 없다.

05 법익의 침해가 이미 과거에 침해가 발생하여 이미 종결된 손해는 손해배상청구의 영역이고 물권적 방해배제청구의 영역이 아니다.

06 건물임차인이 권원에 기하여 증축한 부분은 구조상·이용상 독립성이 없는 때에는 기존건물의 부합물로서 건물소유자의 소유이나, 구조상·이용상 독립성이 있는 경우 임차인의 소유에 속한다.

07 미등기건물의 양수인이 등기 없이 점유하고 있는 경우 미등기건물의 양수인은 건물의 소유권자는 아니나 사실상 건물의 처분권(건물의 철거권한)을 보유한 자이기 때문에 건물의 철거 청구의 상대방이 될 수 있다.

08 공유물분할은 공유자 전원의 동의가 있어야 하므로 1인이라도 누락되면 무효이다.

09 과반수지분의 공유자가 그 공유물의 특정부분을 배타적으로 사용·수익하기로 정하는 것은 공유물의 관리방법으로서 적법하다고 할 것이므로, 과반수지분의 공유자로부터 사용·수익을 허락받은 점유자에 대하여 소수지분의 공유자는 그 점유자가 사용·수익하는 건물의 철거나 퇴거 등 점유배제를 구할 수 없다.

10 지상권자는 토지소유자의 의사에 반하여 지상권을 타인에게 양도할 수 있는 처분의 자유가 절대적으로 보장된다.

11 지상권자는 물권을 취득한 것이므로 제3자에게도 지상권을 주장할 수 있다. 그 결과 지상권이 설정된 토지를 양수한 자는 지상권자에게 그 토지의 인도를 청구할 수 없다.

12 지상권자의 지료지급연체가 토지소유권의 양도 전후에 걸쳐 이루어진 경우 토지양수인에 대한 연체기간이 2년이 되지 않는다면 토지양수인은 양도인에 대한 지료연체액을 합산하여 지상권소멸청구를 할 수 없다.

13 분묘기지권을 시효취득하는 경우에는 토지소유자가 지료지급을 청구한 때로부터 지료를 지급하여야 한다.

14 법정지상권이 붙은 건물을 제3자에게 양도하는 경우 건물의 양수인은 형식주의 원리에 의거하여 지상권의 등기 없이는 법정지상권을 취득하지 못하고, 법정지상권은 원래의 지상권자인 건물양도인에게 유보되어 있다.

15 지역권은 요역지와 분리하여 다른 권리(저당권)의 목적이 될 수 없고 분리하여 처분할 수 없다.

16 1필의 토지 일부를 승역지로 할 수 있으나 일부를 요역지로 할 수 없다.

17 건물에 대한 전세권이 법정갱신된 경우, 이는 법률의 규정에 의한 것이므로 전세권자는 새로이 전세권등기 없이도 건물의 양수인에게 전세권을 주장할 수 있다.

18 건물일부의 전세권자는 나머지 건물 전체에 대하여 전세권에 기하여 경매청구할 수 없다.

19 유치권자의 의무사항에는 유치물을 사용, 대여, 담보제공하기 위하여는 채무자의 승낙을 얻을 의무가 있다.

20 유치권자가 물건의 관리, 점유를 제3자에게 맡겨서 제3자가 직접점유하고 유치권자는 물건을 간접점유하는 경우(이때 유치권자는 물건의 점유를 장악하고 있는 상태), 유치권은 소멸하지 않는다. 반면에 채무자가 직접점유하는 물건을 채권자가 간접점유하는 경우 물건의 점유가 채무자에게 장악되고 있고 유치권자는 물건의 점유를 장악하고 있지 못한 것이므로 유치권은 인정되지 아니한다.

21 임차인은 보증금반환청구권, 권리금반환채권을 피담보채권으로 하여 임차건물에 유치권을 행사할 수 없다.

22 저당권자는 목적물의 점유권이 없으므로 목적물에 대한 침해시 반환청구권이 인정되지 않는다. 다만, 저당권에 기한 방해제거, 예방청구권은 인정된다.

23 저당권의 대상이 된 전세권이 기간 만료로 소멸한 경우 저당권자는 더 이상 전세권 자체에 대하여 실행을 할 수 없고, 전세권에 갈음하여 존속하는 것으로 볼 수 있는 전세금반환채권에 대해서 물상대위를 할 수 있다.

24 저당권의 목적인 건물에 증축되어 기존건물과의 독립성이 있는 경우 저당권의 효력이 미치지 아니하지만, 독립성이 없는 증축부분은 기존건물의 구성부분으로서 건물의 부합물에 해당하므로 저당권의 효력은 증축부분에도 미친다.

25 저당부동산에 대한 후순위저당권자는 저당부동산의 피담보채권을 변제하고 그 저당권의 소멸을 청구할 수 있는 제3취득자에 해당하지 않는다.

26 건물저당권의 효력은 특별한 사정이 없는 한 건물의 소유를 목적으로 한 지상권에도 미친다(권리의 종물이론).

27 채무자는 채무전액을 변제하여야 하나, 제3취득자와 물상보증인은 채권최고액만 변제하면 된다.

28 후순위 저당권자가 경매신청시에 선순위근저당권의 채권액이 확정되는 시기는 경매신청시가 아니라 경락대금 완납시이다.

제3편 계약법

01 현상광고는 광고자가 지정행위를 한 자에게 일정한 보수를 지급할 의사표시를 하고, 응모자가 그 광고에서 정한 지정행위를 완료함으로써 성립하는 편무, 유상, 요물계약이다(「민법」 제675조).

02 청약은 도달시에 효력이 발생하나 격지자간의 승낙은 그 발송시에 효력이 생긴다(「민법」 제531조).

03 승낙기간을 정하여 청약을 하였으나 청약자가 승낙의 통지를 그 기간 내에 받지 못한 경우, 원칙적으로 청약은 효력을 상실한다(「민법」 제529조).

04 일방의 이행제공으로 상대방이 수령을 지체하였으나 그 후 이행을 제공한 일방이 이행제공이 계속되지 않고 이행제공이 중단된 상태에서 상대방에게 급부의 이행을 청구하면 수령지체에 빠진 자도 동시이행항변권을 주장할 수 있다.

05 매매목적물이 이행기 전에 강제수용된 경우, 매수인이 대상청구권을 행사하기 위하여는 반대급부의무를 이행하여야 한다. 따라서 그 경우 매도인은 매수인에게 매매대금 지급을 청구할 수 있다.

06 요약자의 채무불이행시에 제3자는 계약의 당사자가 아니므로 요약자와 낙약자의 계약을 해제할 수 없다.

07 쌍무계약에서 이행불능으로 인한 계약해제의 경우 채무자의 급부가 상대방의 채무와 동시이행관계에 있더라도 그 이행의 제공이나 반대급부의 제공을 할 필요가 없다.

08 해제에 의하여 소멸하는 계약상 채권을 압류한 자는 보호받는 제3자가 아니다.

09 계약이 합의해제된 경우 다른 사정이 없는 한, 합의해제시에 채무불이행으로 인한 손해배상을 청구할 수 없다.

10 예약완결권은 예약성립일로부터 10년의 제척기간에 걸리므로 일방이 목적물을 인도받은 경우에도 10년이 경과하면 소멸시효가 아니라 제척기간의 경과로 소멸한다.

11 계약금에 의해 해제권이 유보된 경우, 일방의 귀책사유에 기인한 채무불이행을 이유로 계약을 해제(법정해제)할 수 있다.

12 매도인이 하자를 알고 고지하지 아니한 경우 및 제3자에게 권리를 설정 또는 양도한 행위에 대하여는 그 면제특약이 있어도 매도인은 하자에 대하여 책임을 면하지 못한다.

13 매수인이 이미 매매대금을 완납한 후에는 목적물에 대한 인도가 이루어지기 이전이라도 과실수취권은 매수인에게 있다.

14 전부타인 소유인 경우 매수인은 선의·악의 관계없이 해제할 수 있으나 선의일 때만 손해배상을 청구할 수 있다.

15 일부타인의 소유인 경우 매수인은 선의·악의 관계없이 대금감액을 청구할 수 있으나 손해배상청구나 해제는 선의일 때만 가능하다.

16 물건의 하자로 목적을 달성할 수 없는 경우는 계약을 해제할 수 있다. 반면에 계약의 목적달성을 할 수 있는 경우에는 해제할 수 없고 손해배상만을 청구할 수 있다(「민법」 제580조).

17 매매의 목적인 권리의 일부가 타인에게 속하고 잔존한 부분만이면 매수하지 아니 하였을 경우, 악의인 경우 계약일로부터 1년 내, 선의인 경우 안 날로부터 1년 내에 행사하여야 한다.

18 교환계약의 당사자가 목적물의 시가를 묵비, 허위고지하는 것은 상대방의 의사결정에 불법적인 간섭을 한 것이라고 볼 수 없으므로 위법한 기망행위에 해당하지 않는다.

19 건물소유를 목적으로 한 토지임대차를 등기하지 않았더라도, 임차인이 그 지상건물의 보존등기를 하면, 토지임대차는 제3자에 대하여 효력이 생긴다.

20 임차목적물의 구성부분은 비용상환청구권의 대상이 되고, 임차목적물과 독립한 물건은 부속물매수청구권의 객체이다.

21 임차인 소유 건물이 임대인이 임대한 토지 외에 임차인 또는 제3자 소유의 토지 위에 걸쳐서 건립되어 있는 경우에는 건물전체에 대하여 매수청구권은 허용될 수 없고 임차지 상에 서 있는 건물 부분 중 구분소유의 객체가 될 수 있는 부분에 한하여 임차인에게 매수청구가 허용된다.

22 임대인이 임대차를 해지하지 않는 한 임차인에게 차임을 청구할 수 있으므로 임대인은 전차인에게 차임 상당액을 부당이득반환청구하거나 손해배상을 청구하지 못한다.

제4편 민사특별법

01 임차인의 우선변제권은 건물과 대지가 함께 경매될 경우뿐만 아니라 임차주택과 별도로 대지만이 경매될 경우에도 그 대지의 경매대금에서도 우선변제를 받을 수 있다.

02 임차인의 보증금반환채권이 가압류된 상태에서 그 주택이 양도된 경우, 가압류채권자는 양수인에 대하여만 가압류의 효력을 주장할 수 있다. 주택양수인에게 보증금반환채무가 승계된다.

03 임차주택과 대지가 함께 경매되는 경우뿐만 아니라 주택의 대지만이 경매되는 경우에도 그 환가대금에서 최우선변제를 받을 수 있다.

04 상가건물 보증금이 15억원인 경우, 「상가건물 임대차보호법」의 최단기간의 규정이 적용되지 않으므로 당사자가 임대차기간을 6개월로 정한 경우, 양당사자는 그 기간이 유효함을 주장할 수 있다.

05 임차인이 대항력을 갖추기 위해서는 사업자등록과 인도가 요건이고 임대차계약서상의 확정일자는 요건이 아니다.

06 가등기가 담보가등기인지 여부는 그 등기부상 표시나 등기시에 주고 받은 서류의 종류에 의하여 형식적으로 결정될 것이 아니고 거래의 실질과 당사자의 의사해석에 따라 결정될 문제이다.

07 공용부분의 비용부담은 지분의 비율에 따르지만(「집합건물의 소유 및 관리에 관한 법률」 제17조), 공용부분의 사용은 지분비율에 따르는 것이 아니라 그 용도에 따라 사용한다(「집합건물의 소유 및 관리에 관한 법률」 제11조).

08 집합건물의 임차인은 관리인이 될 수 있다. 관리인은 관리위원회 위원과 달리 구분소유자가 아닌 자도 가능하다.

09 무효인 양자간 등기명의신탁의 경우 명의신탁자는 명의수탁자에 대하여 명의신탁해지를 원인으로 하는 소유권이전등기를 청구할 수 없다.

10 경매로 인한 계약명의신탁에서는 매도인이 선의, 악의와 관계없이 매도인에서 수탁자로의 소유권이전등기가 유효하다.

저자 약력

양민 교수

현 해커스 공인중개사학원 민법 및 민사특별법 대표강사
해커스 공인중개사 민법 및 민사특별법 동영상강의 대표강사

전 EBS 민법 및 민사특별법 대표강사
MTN 민법 및 민사특별법 대표강사
고시동네 민법 및 민사특별법 대표강사
랜드프로 민법 및 민사특별법 대표강사

저서 민법 및 민사특별법(기본서·핵심요약집), 랜드프로, 2020~2021
민법 및 민사특별법(기출문제집), 랜드프로, 2020~2021
민법 및 민사특별법(한손노트), 랜드프로, 2021~2022
민법 및 민사특별법(기본서), 해커스패스, 2023~2025
민법 및 민사특별법(급소지문특강), 해커스패스, 2022
민법 및 민사특별법(한손노트), 해커스패스, 2023~2025
민법 및 민사특별법(핵심요약집), 해커스패스, 2024~2025
민법 및 민사특별법(출제예상문제집), 해커스패스, 2023~2024
공인중개사 1차(기초입문서), 2023~2025
공인중개사 1차(핵심요약집), 해커스패스, 2023
공인중개사 1차(단원별 기출문제집), 해커스패스, 2023~2024

해커스 공인중개사 단원별 기출문제집
1차 민법 및 민사특별법

초판 2쇄 발행	2025년 6월 4일
초판 1쇄 발행	2025년 2월 7일
지은이	양민, 해커스 공인중개사시험 연구소 공편저
펴낸곳	해커스패스
펴낸이	해커스 공인중개사 출판팀
주소	서울시 강남구 강남대로 428 해커스 공인중개사
고객센터	1588-2332
교재 관련 문의	land@pass.com
	해커스 공인중개사 사이트(land.Hackers.com) 1:1 무료상담
	카카오톡 플러스 친구 [해커스 공인중개사]
학원 강의 및 동영상강의	land.Hackers.com
ISBN	979-11-7244-797-7 (13360)
Serial Number	01-02-01

저작권자 ⓒ 2025, 양민
이 책의 모든 내용, 이미지, 디자인, 편집 형태는 저작권법에 의해 보호받고 있습니다.
서면에 의한 저자와 출판사의 허락 없이 내용의 일부 혹은 전부를 인용, 발췌하거나, 복제, 배포할 수 없습니다.

공인중개사 시험 전문,
해커스 공인중개사 land.Hackers.com

🏠 해커스 공인중개사

· 해커스 공인중개사학원 및 동영상강의
· 해커스 공인중개사 온라인 전국 실전모의고사
· 해커스 공인중개사 무료 학습자료 및 필수 합격정보 제공

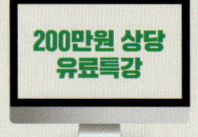